高等学校文科教材

辩证唯物主义和历史唯物主义原理

（第六版）

李秀林　王　于　李淮春　主编
杨　耕　修订、编著

中国人民大学出版社
·北京·

第六版说明

呈现在读者面前的这部教材，是《辩证唯物主义和历史唯物主义原理》第六版（以下简称“第六版”）。

1982年，受教育部政治理论教育司和中共北京市委大学工作部的委托，由李秀林、王于、李淮春教授主编，中国人民大学出版社出版了《辩证唯物主义和历史唯物主义原理》。从那时起到现在，时间已经过去了整整40年。40年来，《辩证唯物主义和历史唯物主义原理》先后出版了五版，发行量高达1 000余万册，在马克思主义哲学教学、研究和宣传中发挥了重要作用。同时，这也表明了《辩证唯物主义和历史唯物主义原理》的生命力和社会价值。

但是，我们注意到，自2004年《辩证唯物主义和历史唯物主义原理》第五版（以下简称“第五版”）出版以来，国际和国内形势都发生了重大变化，尤其是中国特色社会主义已经进入新时代，产生了习近平新时代中国特色社会主义思想这一马克思主义中国化的最新成果。作为马克思主义哲学教科书，《辩证唯物主义和历史唯物主义原理》理应以哲学的方式反映这一新的时代，反映这一新的成果。同时，自2004年“第五版”出版以来，科学、哲学研究取得了一系列新成果，马克思主义哲学研究取得了一系列新进展，马克思主义哲学教学积累了一系列新经验，这些新成果、新进展、新经验表明，“第五版”的内容和结构仍需进一步改进和完善，一些重要的理论观点需要进一步深入阐述和补充，一些亟待解决的理论问题需要进一步深入探讨和解答。

正因为如此，受中国人民大学出版社的委托，我对《辩证唯物主义和历史唯物主义原理》进行再一次修订，并向读者呈上“第六版”。

这次修订是一次全面的修订：

一是对“第五版”的基本观点进行了全面审视，力图用当代实践的新经验、科学研究的新成果、哲学研究的新观点阐述已经成为“常识”的马克思主义哲学的基本观点；深入挖掘、充分阐述以往被忽视甚至被“遗忘”的马克思主义哲学的基本观点；深入探讨、系统论证马克思、恩格斯有所论述但又未充分展开、详尽论述，同时又契合着当代重大问题的观点。任何一门教科书的任务，都是阐述这门学科的基本观点。哲学以及马克思主义哲学教科书也是如此。以当代实践、科学以及哲学本身的发展为基础，全面审视“第五版”阐述的基本观点，是本次修订的重心。

二是对“第五版”逻辑结构进行了全面调整，把“第五版”的导论调整为“第六版”的第一章，并重新撰写了第一章；把第九、十章合并为一章，调整为“第六版”的第十章，并对内容做了较大的删改；对每一章的“节”“目”都做了较大的修改、调整。“第六版”共分十二章：第一章　马克思主义哲学：科学的世界观与方法论；第二章　物质与世界；第三章　实践与世界；第四章　社会的本质与结构；第五章　人的本质与价值；第六章　联系与发展；第七章　联系与发展的基本规律；第八章　社会发展的规律与历史的创造者；第九章　认识与实践；第十章　认识过程与思维方法；第十一章　真理与价值；第十二章　社会进步与人的发展。“第六版”力图用这样一种新的逻辑结构、教学体系更好地阐述马克思主义哲学的基本观点。马克思主义哲学教学体系与科学体系既有联系，又有区别。教学体系重在阐述学科的基本观点，它既要依据学科的科学体系，又要符合认知心理学和教学规律。

三是对“第五版”的文字表述、标点符号做了全面修订，以使文字表述更加简洁，基本范畴的内涵更加清晰，基本观点的阐述更加准确，标点符号的使用更加规范。“第六版”的第一、二、五、六、八、十章是重新撰写的，第三、四、七、九、十一、十二章是对“第五版”的相关章节做了较大的修改而成的。本次修订实际上是一次重新编著。

四是“第六版”加大了对马克思主义经典作家，尤其是马克思著作引文的力度，充实了一些重要引文，以凸显“马克思”主义哲学。我们当然不能奉行“原教旨主义”，以教条主义的态度对待马克思主义哲学，认为只有马克思本人阐述过的哲学思想才是马克思主义哲学。按照这种观点，马克思主义哲学必然终止于1883年。实际上，马克思主义哲学是由马克思、恩格斯所创立、为他们的后继者所发展的关于无产阶级和人类解放的学说。同样，我们也不能以虚无主义的态度对待作为马克思主义哲学主要创始人的马克思的哲学思想。从创始人这个视角看，“马克思主义是马克思的观点和学说的体系。”（列宁）马克思是马克思主义哲学的主要创始人，离开了马克思哲学思想的马克思主义哲学，只能是打引号的马克思主义哲学。正因为如此，“第六版”加大了对马克思著作引文的力度，并以此引导学生去阅读马克思主义哲学经典著作。“只有从那些哲学思想的首创人那里，人们才能接受哲学思想。因此，谁要是向往哲学，就得亲自到原著那肃穆的圣地去寻找永垂不朽的大师。”（叔本华）

五是删去了“第五版”的“附录《辩证唯物主义和历史唯物主义原理》第一版至第四版的目录”，在“第六版”增加了“阅读文献”。

“第六版”仍然命名为“辩证唯物主义和历史唯物主义”原理。但是，辩证唯物主义和历史唯物主义不是两个“主义”，而是同一个“主义”，即“新唯物主义”的不同称谓。

用“辩证唯物主义”称谓马克思主义哲学，是为了凸显新唯物主义所内含的辩证法维度及其批判性和革命性。这是因为，无论在自然观上，还是在历史观上，新唯物主义“本质上都是辩证的”（恩格斯），而“辩证法在对现存事物的肯定的理解中同时包含对现存事物的否定的理解”，因而在本质上“是批判的和革命的”（马克思）。

与“辩证唯物主义”并列，加上“历史唯物主义”来称谓马克思主义哲学，是为了凸显新唯物主义所内含的历史性维度及其彻底性和完备性。这是因为，新唯物主义的彻底性和完备性集中体现在历史唯物主义中，而“自从历史也得到唯物主义的解释以后，一条新的发展道路也在这里开辟出来了”（恩格斯）。

正因为如此，“马克思和恩格斯在他们的著作中特别强调的是**辩证**唯物主义，而不是辩证**唯物主义**，特别坚持的是**历史**唯物主义，而不是历史**唯物主义**”（列宁）。苏联的辩证唯物主义和历史唯物主义教科书的确有许多局限性，但辩证唯物主义、历史唯物主义的确是马克思主义哲学的理论特征，我们不能因为苏联辩证唯物主义和历史唯物主义教科书的局限性而“废”辩证唯物主义、历史唯物主义之“名”。

同时，“第六版”又把实践的观点贯穿在辩证唯物主义和历史唯物主义之中。马克思主义哲学之所以在哲学史上造成了革命性变革，关键就在于，它以实践的观点为基础科学地解答了人与自然、人与社会，即人与世界的关系问题，从而实现了唯物主义和辩证法、唯物主义自然观和唯物主义历史观、辩证唯物主义和历史唯物主义的统一，实现了科学性和革命性、解释世界和改变世界的统一。马克思主义哲学与传统哲学的根本区别就在于，传统哲学脱离了人的活动、社会历史去追问所谓的“终极存在”，马克思主义哲学则从人的实践活动、社会历史出发去追问“对象、现实、感性”何以成为这样的存在；传统哲学关注的是“解释世界何以可能”，马克思主义哲学关注的是“改变世界何以可能”；传统哲学的理论主题是“世界何以可能”，马克思主义哲学的主题则是“人类解放何以可能”。

“哲学家们只是用不同的方式解释世界，问题在于改变世界。”“对实践的唯物主义者即共产主义者来说，全部问题都在于使现存世界革命化，实际地反对并改变现存的事物”（马克思）。在这个意义上，马克思主义哲学又是实践唯物主义。但是，实践唯物主义和辩证（历史）唯物主义也不是两个主义，而是同一个主义，即新唯物主义的不同称谓。用“实践唯物主义”称谓马克思主义哲学，是为了凸显新唯物主义所内含的实践性维度及其首要性和基础性。西方马克思主义倡导的实践唯物主义的确在很大程度上偏离了马克思主义哲学，但实践唯物主义的确是马克思主义哲学的理论特征，我们不能因为西方马克思主义倡导实践唯物主义而忌讳这一概念。

正因为如此，“第六版”力图以这样一种逻辑结构、教学体系来阐述马克思主义哲学的基本观点，以激发学生的反思的智慧和批判的精神，从而撞击理论思维，拓展理论视野，提升理论境界，确立马克思主义的信念，确立中国特色社会主义的政治信念。这样，脚下就会有一片坚实的土地。

作为马克思主义哲学教科书，“第六版”仍然是对马克思主义哲学的理解系统、解释系统。我深知，任何一个理解者、解释者在理解、解释某一著作、某一学说之前，都有一个“理解的前结构”、既定的“认知图式”在其头脑中存在着，并支配着其理解、解释的维度、广度和深度。“甚至最没有‘定见’的观察者，也不能用毫无偏见的眼睛去看他周围的世界”（罗伯-葛利叶）。你若看错了，你就会想错；你若想错了，你就会看错。这仿佛是一个矛盾，然而，却是一个客观存在的矛盾。理解、解释永远是具体的、历史的，它不可能超出理解者、解释者的实践活动、知识结构、价值观念和文化背景。因此，“第六版”对马克思主义哲学的理解、解释，也必然受到我本人的“理解的前结构”、既定的“认知图式”的制约，因而也必然存在着这样或那样的不足之处。我衷心欢迎一切批评和建议，并将认真思考这些批评和建议，以使《辩证唯物主义和历史唯物主义原理》不断完善。“一切发展中的事物都是不完善的”（马克思）。要求完善，是对学者的刻薄；但追求完善，是学者应有的品格。

中国人民大学出版社社长李永强编审、副总编辑徐莉编审高度重视“第六版”的编写、出版，并给予强有力的支持；学术出版中心主任杨宗元编审始终关注着“第六版”的编写、出版进程，实际上是“第六版”的参与者；责任编辑符爱霞、罗晶、邹艳霞、吴冰华以及实习编辑杜雅雯为“第六版”的出版付出了辛勤劳动；北京师范大学出版集团杜丽娟编辑不辞辛劳，打印了“第六版”的全部书稿，并核对了全部引文。在此，一并表达我的深深的谢意，并不由自主地想起了歌德的一句名言：不管我们愿意把自己摆在什么地位，事实上，我们都是集体性的人物。在这个意义上，“第六版”是集体合作的产物。

人们常说“缘分”。就我个人而言，我与《辩证唯物主义和历史唯物主义原理》有着不解之缘。我曾是《辩证唯物主义和历史唯物主义原理》的读者，我是读着《辩证唯物主义和历史唯物主义原理》走进中国人民大学的，而后又成为《辩证唯物主义和历史唯物主义原理》的作者。1988 年，在我刚刚留校任教之际，李淮春教授就把我引进《辩证唯物主义和历史唯物主义原理》第三版的作者团队，成为“第三版”“第四版”的作者之一，成为“第五版”的主要作者。而后，我又成为肖前、李秀林、汪永祥教授主编的《历史唯物主义原理》第二版的作者之一，成为《辩证唯物主义原理》第三版、《历史唯物主义原理》第三版的主要作者，和陈先达教授共同编著了《马克思主义哲学原理》等。李淮春教授是我编著教材的引路人。在《辩证唯物主义和历史唯物主义原理》第六版出版之际，李淮春教授离开我们已经整整五年了，我深深地怀念李淮春教授。

你的身影离我很远很远，
声音却常响在耳畔。

汪国真

杨　耕

2022.4

于北京世纪城

第五版说明

呈现在读者面前的这本教材，是《辩证唯物主义和历史唯物主义原理》的第五版。自 1982 年首次出版以来，《辩证唯物主义和历史唯物主义原理》以其观点明确、重点突出、层次明晰等鲜明特点，深受人们的欢迎。从第一版到第四版，《辩证唯物主义和历史唯物主义原理》发行了 1 000 多万册，在马克思主义哲学教学和宣传中发挥了它应有的作用，同时，这也表明了它的生命力和社会价值。

但是，自 1995 年《辩证唯物主义和历史唯物主义原理》第四版出版以来，自然科学和社会科学取得的新成果，马克思主义哲学研究的新进展，马克思主义哲学教学的新经验表明，《辩证唯物主义和历史唯物主义原理》的内容和结构仍需进一步改进与完善，一些重要的理论问题需要深入阐述和补充，一些亟待解决的理论问题需要深入探讨和解答，尤其是辩证唯物主义和历史唯物主义"一体化"应得到充分体现。

更重要的是，《辩证唯物主义和历史唯物主义原理》第四版出版以来，国际和国内形势都发生了重大变化。从国际看，世界进入科技信息化、经济全球化和政治格局多样化这样一个新的历史阶段；从国内看，中国特色社会主义实践也进入新的历史时期，社会主义市场经济体制的初步建立，建设社会主义政治文明的提出，以人为本、科学发展观的确立……向我们提出了一系列新问题，并为我们的思考提供了一个广阔的社会空间。马克思主义哲学不是“学院派”，它应当也必须关注现实，注重同现实“对话”，从而以哲学的方式反映并概括新的实践所提出的新的问题。这是马克思主义哲学教科书的重要任务。

因此，我们决定对《辩证唯物主义和历史唯物主义原理》再进行一次修订，并向读者献上《辩证唯物主义和历史唯物主义原理》第五版。

《辩证唯物主义和历史唯物主义原理》第五版仍然把马克思主义哲学命名为“辩证唯物主义和历史唯物主义”。但是，我们应当明白，辩证唯物主义和历史唯物主义不是两个不同的“主义”，而是同一个主义，即马克思“新唯物主义”的不同表述。用“辩证唯物主义”称谓马克思主义哲学，是为了透显马克思新唯物主义所内含的辩证法维度及其批判性和革命性，因为“辩证法在对现存事物的肯定的理解中同时包含对现存事物的否定的理解”，“按其本质来说，它是批判的和革命的”（马克思）。与“辩证唯物主义”并列，加上“历史唯物主义”来称谓马克思主义哲学，是为了透显马克思新唯物主义所内含的历史维度及其彻底性和完备性，因为马克思的新唯物主义的彻底性、完备性集中体现在历史唯物主义中。“马克思加深和发展了哲学唯物主义，而且把它贯彻到底，把它对自然界的认识推广到对人类社会的认识”，马克思的哲学是“完备的哲学唯物主义”（列宁）。“而自从历史也得到唯物主义的解释以后，一条新的发展道路也在这里开辟出来了”（恩格斯）。

同时，《辩证唯物主义和历史唯物主义原理》第五版又把实践的观点贯穿于辩证唯物主义和历史唯物主义之中。实践的观点是辩证唯物主义和历史唯物主义首要的、基本的观点。从哲学史上看，马克思之所以能发动一场震撼人类思想史的革命，关键就在于，他确立了科学的实践观，并以此为基础科学地解答了人与自然、人与社会，即人与世界的关系问题，从而实现了唯物主义和辩证法、唯物主义自然观和唯物主义历史观的统一。在这个意义上，马克思主义哲学又是实践唯物主义。用“实践唯物主义”来称谓马克思主义哲学，是为了透显马克思新唯物主义所内含的实践维度及其首要性和基本性。“对实践的唯物主义者即共产主义者来说，全部问题都在于使现存世界革命化，实际地反对并改变现存的事物”（马克思）。

但是，实践唯物主义与辩证历史唯物主义不是两种不同的哲学形态，而是同一种哲学形态——马克思主义哲学的不同表述。“哲学家们只是用不同的方式解释世界，问题在于改变世界。”（马克思）马克思的新唯物主义重在改变世界，关注的是人的实践活动和实际发展过程。实践活动本身就生成着“否定性的辩证法”，而全部社会生活在本质上是实践的。因此，在马克思主义哲学中，科学的实践观和“合理形态”的辩证法、唯物主义历史观是有机结合、融为一体的。这正是马克思新唯物主义的“新”之所在。

概而言之，马克思主义哲学是一个以科学的实践观为基础，唯物主义和辩证法、唯物主义自然观和唯物主义历史观“一体化”的理论体系。全面而又深入地阐述实践以及人与世界的关系，系统而又准确地阐释马克思主义哲学的基本观点，这是贯穿《辩证唯物主义和历史唯物主义原理》第五版的基本原则。

马克思主义哲学的科学体系和教学体系既有联系，又有区别。教学体系重在阐述学科的基本观点，它既要依据学科的科学体系，又要符合认知心理学和教育心理学的规律。在编写《辩证唯物主义和历史唯物主义原理》第五版时，我们充分考虑到这一点，力图设计一种既依据马克思主义哲学的科学体系，又符合认知心理学和教育心理学规律的马克思主义哲学教学体系。所以，《辩证唯物主义和历史唯物主义原理》第五版对马克思主义哲学教学体系的结构也做了新的安排，并力图以这样一种新的结构来反映马克思主义哲学的精神实质，阐述马克思主义哲学的基本观点，再现作为时代精神精华的马克思主义哲学。

任何一门教科书的任务，都是阐述这门学科的基本观点。哲学以及马克思主义哲学教科书也是如此。但是，马克思主义哲学的基本观点本身也不是凝固不变的，而是随着实践和科学的发展而不断发展的；同时，人们对马克思主义哲学的基本观点的认识也是一个不断发展的过程。据此，《辩证唯物主义和历史唯物主义原理》第五版对有关问题做了如下处理：

第一，对于像物质统一性、决定论、反映论这样一些已成为“常识”的基本观点，应结合当代实践的新经验和科学的新成果讲出新内容。所以，《辩证唯物主义和历史唯物主义原理》第五版增加了物质形态的层次性和同构性、物与物的关系和“为我而存在的关系”、动力学规律与统计学规律、符号与认识这样一些内容。

第二，有些观点本来就是马克思主义哲学的基本观点，只是由于种种原因，原有的马克思主义哲学教科书没有涉及或未重视这些观点。因此，《辩证唯物主义和历史唯物主义原理》第五版增加了这方面的内容，如实践是人的存在方式、社会生活本质上是实践的、人的发展的历史形态、人的异化及其扬弃等。

第三，有些观点在经典作家那里有所论述，但又未充分展开、详尽论证，而当代实践和科学的发展又日益突出了这些观点所内含的问题，使之成为迫切需要解答的“热点”问题。对这样一些观点，应以当代实践和科学为基础，深入探讨、充分展开、详尽论证，使之成熟、完善，上升为马克思主义哲学的基本观点。为此，《辩证唯物主义和历史唯物主义原理》第五版增加了人与自然的“和解”、传统文化与社会现代化、认识的有效性与人的生存实践、价值评价这样一些内容。

第四，有些观点本来是马克思主义哲学的基本观点，至今仍然是马克思主义的基本观点，但随着学科的分化，这些观点已从哲学中分化出去，成为其他学科的重要内容了，如阶级、国家和革命的理论就成为马克思主义政治学的内容了。对于这样一些观点，《辩证唯物主义和历史唯物主义原理》第五版没有列出专章来详尽展开，只是在有关章节中有所涉及。这样做，主要是适应学科的分化，而不是说这些观点不重要。实际上，任何一门学科的内容都要经历一个从不确定到确定，确定以后还要不断调整的过程。

《辩证唯物主义和历史唯物主义原理》第五版的定位仍是高等学校文科教材，适合文科的各个专业，包括哲学专业。同时，在编写过程中，我们又充分考虑了教育部 2002 年新颁布的《普通高等学校“两课”基本要求·马克思主义哲学原理》，并力图使文科专业课和思想政治课结合起来。

毫无疑问，马克思主义哲学教科书应当适应教学实践，但是，这种适应不是简单的适应，而是适应中的提高，提高中的引导。所以，《辩证唯物主义和历史唯物主义原理》第五版力图站在当代实践的基础上，尽量吸取科学发展和哲学研究的新成果。同时，哲学不仅是知识，而且是一种智慧；不仅是知识形态，而且是意识形态，是知识形态和意识形态的统一。因此，马克思主义哲学教科书不能仅仅传授“知识”，更重要的，是激发学生的反思态度和批判精神，从而拓宽理论视野，提升理论境界，确立马克思主义的信仰，确立中国特色社会主义的政治信念。

从《辩证唯物主义和历史唯物主义原理》第一版到第五版，时间跨度为 20 多年。正是在这 20 多年间，马克思主义哲学研究取得了重大进展和重要突破。《辩证唯物主义和历史唯物主义原理》第一版到第五版从一个侧面反映并体现了这一历史进程及其重大进展。所以，我们把《辩证唯物主义和历史唯物主义原理》第一版、第二版、第三版、第四版的目录作为第五版的附录，以希“窥一斑而知全貌”。

在《辩证唯物主义和历史唯物主义原理》第五版出版之际，我们深深怀念《辩证唯物主义和历史唯物主义原理》的奠基者李秀林教授，他离我们而去已近20个年头。李秀林教授在世时，曾多次表示，《辩证唯物主义和历史唯物主义原理》应每隔几年修订一次，使其日趋完善，成为真实体现马克思主义哲学本质特征的教科书。自1990年始，我们对《辩证唯物主义和历史唯物主义原理》进行了三次修订，先后把第三版（1990年）、第四版（1995年）和现在的第五版呈献给了读者。从上述意义上说，这是对李秀林教授遗愿的实践，也是对这位师长、朋友的眷恋。

《辩证唯物主义和历史唯物主义原理》第五版是集体合作的产物。由李淮春、杨耕拟定写作提纲，李淮春、杨耕撰写导论；杨耕撰写第一、二、三、七章；陈志良撰写第一、五、六、十章；郭湛撰写第四、十一、十二章；王霁撰写第八、九章。全书由李淮春统改、定稿。杨耕协助李淮春统稿，并对部分章节进行了改写或重写。

许多从事马克思主义哲学教学研究的同志为这部教材的修订提供了宝贵意见和建议，中国人民大学出版社的策划编辑李艳辉同志，责任编辑李京、邹莉同志为《辩证唯物主义和历史唯物主义原理》第五版的出版付出了辛勤劳动。在此，一并表达我们的谢意。

李淮春　杨　耕

2004.8.8

第四版说明

《辩证唯物主义和历史唯物主义原理》自 1990 年第二次修订（第三版）以来，距今又逾五年。五年来，改革开放和现代化建设，在邓小平理论的指引下，进入一个新的发展阶段；自然科学和社会科学有了新进展，科学的新发现、技术的新发明不断涌现，哲学，特别是马克思主义哲学研究正向纵深发展，并取得了一系列新成果。所有这些变化和发展，都应在马克思主义哲学教科书中得到反映和体现，换言之，马克思主义哲学教科书应努力吸取当代实践的新经验、当代科学的新成果、当代哲学的新思想，从而体现我们时代的“时代精神”。基于此，我们对《辩证唯物主义和历史唯物主义原理》再次进行修订，并把《辩证唯物主义和历史唯物主义原理》第四版奉献给读者。

《辩证唯物主义和历史唯物主义原理》第四版较之于第三版，在内容的增减和体系结构的安排上都有较大的变动。

第一，《辩证唯物主义和历史唯物主义原理》第四版进一步强调实践的观点是马克思主义哲学的首要的和基本的观点，是马克思主义哲学理论体系的基础。全书以科学的实践观为基础和轴心，力图贯通、统一马克思主义哲学的基本观点，以实践观和物质观的统一阐释本体论、认识论、价值论、方法论、人论及其关系。

第二，《辩证唯物主义和历史唯物主义原理》第四版改变了第三版先辩证唯物主义、后历史唯物主义“二分结构”的教学体系，力求按照马克思主义哲学的内在逻辑，突出和体现辩证唯物主义和历史唯物主义“一体化”的思想，即重建马克思主义哲学教学体系。因此，在《辩证唯物主义和历史唯物主义原理》第四版中，辩证唯物主义和历史唯物主义的理论结构是相互贯通、融为一体的，以此展现马克思主义哲学不是彼此分离的“两个主义”，而是“一个主义”，即以科学的实践观为基础的辩证的、历史的唯物主义。

第三，《辩证唯物主义和历史唯物主义原理》第四版力图吸收当代科学和哲学研究的新成果，对马克思主义哲学的理论内容进行了较多的调整和充实，在章节结构上也做了较大的增减和变动。除导论外，全书共设十四章，其中有四章是新设、重新整合的，即“第二章　实践与世界”“第七章　社会发展过程及其动力”“第八章　从客观辩证法到主观辩证法”“第十三章　传统文化和社会现代化”。

第四，本着简明扼要、方便实用的原则，《辩证唯物主义和历史唯物主义原理》第四版对第三版的文字表述进行了全面审视和修改，在篇幅上对第三版做了适当压缩。

《辩证唯物主义和历史唯物主义原理》第四版的执笔者有：王于（导论）、陈志良（第一、四、五、六、八、十二、十三章）、杨耕（第二、三、七章）、王霁（第九、十章）、郭湛（第十一、十四章）。全书由李淮春统改、定稿，郭湛、杨耕协助李淮春做了统改工作。

李淮春

1995.2.23

第三版说明

《辩证唯物主义和历史唯物主义原理》于1982年出版，1984年修订再版，再版后至今又历时六年。本书作为高等院校文科专业的哲学教材，以及自学高考、成人教育、干部理论学习等广为使用的哲学读物，再版的六年期间已先后发行数百万册。这对我们是最大的鼓励，同时，也对我们提出了更高的要求，鞭策我们在已有的基础上再接再厉，继续前进。

六年来，国际、国内的形势发生了许多重大的变化，我国改革开放和社会主义现代化建设的实践积累了新经验，科学提供了新成果，哲学，尤其是马克思主义哲学研究也取得了许多新进展，所有这些都应在马克思主义哲学教科书中得到充分的体现。同时，资产阶级自由化对哲学的影响也应给予反思，坚持和发展马克思主义哲学的任务仍然艰巨。显然，六年前编写的马克思主义哲学教科书是不能完全反映这些新经验、新成果、新进展、新情况的。

马克思主义哲学是时代精神的精华。学习、宣传和掌握马克思主义的科学世界观和方法论，不仅在当前具有特殊而重大的意义，而且是人们认识世界和改造世界的永恒的需要。正因为如此，近年来，党中央一再强调要“认真学习和研究马克思列宁主义、毛泽东思想的基本理论，特别是学习和研究马克思主义哲学，掌握科学的世界观和方法论”。

因此，我们决定对《辩证唯物主义和历史唯物主义原理》再做一次修改，保持和发扬原书的优点与长处，克服和弥补原书的缺点与不足，尽我们的最大努力，为读者提供一部学习马克思主义哲学的新版教科书。

《辩证唯物主义和历史唯物主义原理》第三版在总体框架、基本结构上保持了第二版的原貌，除少数章标题外，多数章标题、章结构没有变动。但是，各章的理论内容，许多节标题、节结构以及目标题、目结构，都有不同程度的修改、调整和补充，其中，有些做了较大的增删和变动。

第一，从内容到文字对全书做了全面审视、校正和修改，力求在理论阐述上更加准确、更加全面、更加深入，在阐述马克思主义哲学基本观点的基础上，突出强调了马克思主义哲学的认识论和方法论意义。

第二，一些章增设了新的节和目，理论内容有较大的充实，其中，有些部分是以往马克思主义哲学教科书很少涉及的，从而力求更好地反映时代精神，体现哲学、科学研究的新成果，展示马克思主义哲学是不断发展的学说。

第三，重新改写了一些章节，调整了一些节和目的结构，以力求更科学地反映马克思主义哲学的思想内容及其内在逻辑，更好地适应马克思主义哲学教学的需要。

总之，我们对《辩证唯物主义和历史唯物主义原理》做了力所能及的修改，但限于我们的水平，错误和不足之处在所难免，恳请同志们批评指正。

参加《辩证唯物主义和历史唯物主义原理》第三版编写工作的有：王于（绪论）、陈志良（第一—五章）、王霁（第六、七章）、杨耕（第八—十章）、郭湛（第十一—十三章）、李淮春（负责全书的统改、定稿）。

在此次修订过程中，我们得到肖前教授以及其他许多专家、学者的关注和建议，得到中国人民大学出版社的支持，责任编辑沈小农付出了辛勤的劳动。在此，一并表达我们的谢意。

编　者

1990.3

第二版说明

《辩证唯物主义和历史唯物主义原理》出版两年以来，先后发行了100多万册，这对我们既是鼓舞，也是鞭策。这部教材出版后，教育部政治思想教育司正式颁发了《辩证唯物主义和历史唯物主义原理教学大纲（修订本）》，而这本教材同大纲有些不尽一致的地方，增加了教学中的困难。同时，我国社会主义建设的客观形势发生了很大的变化，哲学理论上有不少新的进展；我们对于这部教材所存在的缺点和不足也有了新的认识。在这种情况下，我们决定对这部教材做一次修订。

《辩证唯物主义和历史唯物主义原理》修订本的章、节、目体例，除个别地方（唯物辩证法基本规律的叙述次序）外，一律同《辩证唯物主义和历史唯物主义原理教学大纲（修订本）》取得一致。按照《辩证唯物主义和历史唯物主义原理教学大纲（修订本）》的要求，《辩证唯物主义和历史唯物主义原理》修订本把原书第十、十一两章合并为一章，作为第十章；不少章节做了重要的调整和充实；第八章第四节、第十四章等，或者是新增写的，或者是重新改写的；其他部分，也做了力所能及的修改。我们的主观愿望是力求保持和发扬原书的优点与长处，克服和弥补原书的缺点与不足。但是，由于我们水平所限，《辩证唯物主义和历史唯物主义原理》修订本仍不可避免地会存在一些问题。

过去的两年里，很多从事马克思主义哲学教学、科研的同志对这部教材提出了宝贵的意见和建议。这里，除了表示我们的诚挚谢意外，恳望同志们继续对修订本提出批评和建议，以便今后再做修改。

参加这次修订工作的有李秀林、王于、李淮春三位同志，最后由李秀林同志统改、定稿。在修订过程中，我们得到中宣部理论局、教育部政治思想教育司、北京市委大学工作部，以及中国人民大学出版社、《教学与研究》编辑部有关同志的热情关怀和大力支持。在此一并致谢。

编　者

1984.3

第一版说明

《辩证唯物主义和历史唯物主义原理》是受教育部政治理论教育司和北京市委大学工作部委托编写的、作为高等学校文科共同课的哲学教材。这部教材吸取了已有的马克思主义哲学教材和有关著述的成果，辩证唯物主义部分特别参照了肖前等同志编写的《辩证唯物主义原理》（人民出版社出版）。但是，由于我们水平所限，缺点以至错误在所难免，恳望批评指正。

参加本书初稿执笔的有（以姓氏笔画为序）：王于（第一、十、十三章）、孙桃香（第八章）、吴定求（第三章）、李秀林（第二、十五章）、李淮春（第二、五、九、十五章）、柳纯忠（第七、十二章）、索爱群（第四章）、徐吉升（第十四章）、梅岱（第六章）和黄仲池（第十一章）等同志。在作者提供的初稿的基础上，主编们进行了编纂和修改，吴定求同志参加了部分章节的修改，索爱群同志做了编写业务的辅助性工作，最后由李秀林同志统改、定稿。

在编写过程中，我们得到了教育部政治理论教育司、北京市委大学工作部的关怀和指导，得到了中国人民大学出版社、中国人民大学哲学系的支持和帮助。责任编辑铁恩惠同志为成书付出了大量心血。在此一并致谢。

编　者
1982.3

目　录

第一章

马克思主义哲学：科学的世界观与方法论

马克思主义哲学的产生是人类思想史上的伟大变革，它使哲学的性质和职能发生了根本的转换，使整个社会科学发生了广泛而深刻的变化；马克思主义哲学具有与时俱进的理论品质，它随着实践、科学以至哲学本身的发展而不断发展，至今仍然占据着真理和道义的制高点。马克思在大学时所学的专业是法学，然而，对法学的深入研究使他“渴望专攻哲学”，强烈地感到“没有哲学我不能前进”。这句话，对于我们大学生，特别是文科大学生具有启示性。如果说专业传授知识，那么，哲学涵养智慧。马克思主义哲学则是科学的世界观和方法论。学习马克思主义哲学，将有助于我们确立辩证的思维方式、正确的人生观和中国特色社会主义的政治信念。

第一节　哲学与哲学的基本问题

学习马克思主义哲学，首先需要对哲学有一个基本了解。哲学是一门古老的学问。尽管古今中外众多的哲学家在研究哲学，人们的日常生活中也处处存在着哲学问题，但究竟什么是哲学则一直处于争论之中。因此，学习马克思主义哲学，首先就要正确理解、把握哲学的性质和特征、哲学的研究对象和基本问题。

一、哲学：世界观的理论形态

哲学一词源于古希腊文。在希腊文中，哲学是“爱智慧”的意思。在汉语中，“哲”的意思也是智慧。《尔雅·言音》曰：“哲，智也。”因此，从字面意义上说，哲学就是智慧之学。然而，这并不足以表明哲学的实质。作为一门学问，哲学是同人们的世界观联系在一起的，是世界观的理论形态，或者说，是理论化、系统化的世界观。

所谓世界观，就是人们对于生活于其中的世界以及人与世界关系的根本观点、根本看法。人类从诞生之日起，为了自身的生存和发展，时刻都需要同周围的世界打交道。为了获得生存所必需的衣、食、住等生活资料，就必须进行变革自然界的生产活动。在这个过程中，人们不仅要认识自然界以及人与自然的关系，而且要认识人自身以及人与社会的关系。开始，人们只是对个别的具体事物有所认识，久而久之，这种认识逐渐丰富并连贯起来，就形成了对人与世界的关系，包括世界的本质、世界上不同事物之间的关系、人在这个世界上的地位等问题的观点和看法。这些根本的观点、根本的看法就是世界观。任何一个健全的成年人都会在其生活过程中形成一定的世界观。然而，这种自发形成的世界观是不系统的，缺乏理论的论证和严密的逻辑性。

哲学则是通过一系列特有的概念、范畴和系统的逻辑论证而形成的理论体系。所以，哲学是系统化、理论化的世界观，是以总体方式把握人与世界关系的理论体系。理论形态的世界观同自发形成的世界观是不同的。人人都有自己的世界观，但这并不等于说人人都有哲学思想，个个都是哲学家。知道水到100℃会变成气体，到0℃变成固体，这是生活常识，从中引出质量互变规律，这才是哲学思想；知道物理学中有作用与反作用，化学中有化合与分解，生物学中有同化与异化，这是科学常识，从中引出对立统一规律，并把它转化为辩证方法，这才是哲学思想……人们要把握作为世界观理论形态的哲学，就需要通过自觉的学习和训练。

作为世界观的理论形态，哲学并不都是一样的。这是因为，在人类发展的不同历史阶段，由于实践水平、科学水平的不同，致使人们对人与世界关系的认识在深度和广度上也不同；同时，由于人们的根本利益、社会分工不同，致使他们对人与世界关系的认识态度也不同，因而他们的世界观也有明显的区别，尤其是在阶级社会，不同的阶级有不同的世界观，因而哲学是从属于特定的阶级并为该阶级的利益服务的。明快泼辣的法国启蒙哲学是这样，艰涩隐晦的德国古典哲学是如此，神秘莫测的非理性主义哲学也不例外。

哲学是通过概念运动反映事物运动的知识体系，凝结着人类认识在一定时代所达到的知识成果；同时，哲学又体现着特定阶级的利益、愿望和要求，又是一种意识形态。哲学在形式上是抽象的，表现为一种抽象的概念运动，但哲学的问题却是现实的。不管哲学家多么“清高”，如何“超凡入圣”，他们都不能不食人间烟火，都不能不生活在现实的社会中并属于一定的阶级，都不能不在现实的历史条件下进行认识活动、提出问题并拟定解决问题的方案。不管哲学在形式上多么抽象，我们都可以从中捕捉到现实问题。历史上凡是有成就的哲学，都是因为关注并解答了现实问题。哲学就是以抽象的概念运动来反映特定的社会关系和现实的社会运动，体现着特定的民族、阶级的利益、愿望和要求。所以，哲学具有二重性：既是一种知识形态，又是一种意识形态；追求的既是真理，又是某种信念。正因为如此，哲学不是科学，但它也能给予人真理；哲学不是宗教，但它也能使人有信仰。

哲学与科学既有联系，又有区别。哲学的发展，有一个同科学浑然一体而后分化的过程。古代，哲学与具体知识掺杂在一起，被人们当作“知识总汇”。近代，自然科学逐步从哲学中分化出去，形成了日益增多的独立的学科。然而，当时的一些哲学家没有真正理解哲学与科学分化的内涵，而是把哲学看作凌驾于一切具体科学之上、包罗万象的“科学的科学”，并认为各门具体科学仅仅提供不完全的、相对的真理，哲学则提供完全的、绝对的真理。实际上，他们妄想借助纯粹思辨来获得对自然界的终极认识，赋予自己以高居于科学之上，并把科学纳入自己体系的特权。结果，不仅造成哲学的僵化，而且阻碍了科学的发展。

哲学不同于科学。科学追求的仅仅是真理，哲学追求的不仅是真理，而且是价值，重在从整体上把握人与世界的关系。因此，哲学对对象的认识不是止于对其规律的认识，而是深入到对对象的意义和价值的认识；哲学不仅要知道对象是什么，而且要知道对象对人的生存与发展的意义和价值是什么，从而形成某种价值观。正因为如此，哲学是真理观和价值观的统一、知识形态和价值形态的统一。这是哲学不同于科学的一个重要特征。

哲学不同于科学，但哲学又不可能脱离科学。哲学之所以能够存在和发展，一个重要的原因就在于，它不断从科学所提供的新材料、新经验和新成果中进一步抽象、概括出关于人与世界总体关系的结论。同时，哲学能够为具体科学提供世界观和方法论的指导。科学史证明，科学家的研究活动，都是自觉或不自觉地在某种哲学世界观和方法论的指导下进行的。“自然科学家尽管可以采取他们所愿意采取的态度，他们还得受哲学的支配。问题只在于：他们是愿意受某种蹩脚的时髦哲学的支配，还是愿意受某种建立在通晓思维历史及其成就的基础上的理论思维形式的支配。”① 普朗克断言：“研究人员的世界观将永远决定着他的工作方向。”② 爱因斯坦指出：“认识论要是不同科学接触，就会成为一个空架子。科学要是没有认识论——要是这真是可以设想的——就是原始的混乱的东西。”③

哲学是世界观，但“世界观”并不是站在世界之外去“观世界”，从而形成关于“整个世界”的知识。如果这样理解作为世界观理论形态的哲学，就会混淆哲学与科学的区别，就会把哲学看成一种具有最高普遍性和最大普适性的“科学”，乃至把哲学当作凌驾于科学之上的“科学的科学”。恩格斯早就指出：随着现代科学的发展和现代唯物主义的产生，就“不再需要任何凌驾于其他科学之上的哲学了。一旦对每一门科学都提出要求，要它们弄清它们自己在事物以及关于事物的知识的总联系中的地位，关于总联系的任何特殊科学就是多余的了。于是，在以往的全部哲学中仍然独立存在的，就只有关于思维及其规律的学说——形式逻辑和辩证法。其他一切都归到关于自然和历史的实证科学中去了”④。作为理论形态的世界观，哲学不是把“整个世界”作为自己的研究对象，而是把人与世界的总体关系作为自己反思的对象，思维与存在的关系问题因此成为哲学的基本问题。

二、哲学的基本问题：思维与存在的关系问题

哲学从总体上反思人与世界的关系，而人与世界关系最本质的方面就是思维与存在的关系。这是因为，作为考察人与世界关系的主体，人本身既是这个世界中的自然存在物，又是有意识的社会存在物；人们在处理自己与世界的关系时，面对的是一个外在的、客观的物质世界，同时，人又是从自己的需要出发，按照某种思维方式去看待世界，并力图以自己的意愿和智慧去

---

① 《马克思恩格斯选集》第3卷，899页，北京，人民出版社，2012。

② 《自然科学哲学问题丛刊》，1980年第1期，17页。

③ 《爱因斯坦文集》第1卷，许良英等编译，480页，北京，商务印书馆，1976。

④ 《马克思恩格斯选集》第3卷，795页。

改造外部世界，把自己的精神属性赋予物质世界，这就必然产生思维与存在的关系问题。恩格斯在总结哲学史的基础上明确指出："全部哲学，特别是近代哲学的重大的基本问题，是思维和存在的关系问题。"①

思维与存在的关系问题包含两方面的内涵。

一方面是本体论问题，这就是思维与存在、精神与物质何者是世界的本原，即何者是第一性的问题。现实世界究竟是由思维或精神创造的，还是从来就是自在存在的？世界的本质和基础是精神的，还是物质的？这些问题在哲学上属于本体论问题。本体论研究世界本身的存在和本质问题。对思维与存在或精神与物质何者为第一性的回答，是一切哲学体系得以建立的理论前提，它规定着哲学的性质以及解决其他一切哲学问题的方向。正因为如此，恩格斯把对思维与存在或精神与物质何者为第一性问题的不同回答，作为划分唯物主义与唯心主义两个基本哲学派别的根本标准。

另一方面是认识论问题，这就是人的思维能否认识以及如何认识现实世界的问题，即思维与存在有无同一性的问题。恩格斯指出："思维和存在的关系问题还有另一个方面：我们关于我们周围世界的思想对这个世界本身的关系是怎样的？我们的思维能不能认识现实世界？我们能不能在我们关于现实世界的表象和概念中正确地反映现实？用哲学的语言来说，这个问题叫做思维和存在的同一性问题"②。这些问题在哲学上属于认识论问题，它所涉及的是认识的本质、认识的可能性及其实现等问题。历史上绝大多数哲学家或者从唯物主义立场出发，或者从绝对唯心主义立场出发，各自对这个问题做了肯定的回答。所以，列宁把是"从物到感觉和思想"，还是"从思想和感觉到物"作为划分唯物主义与唯心主义的标准。此外，还有一些哲学家否认人们认识世界的可能性，或者否认人们彻底认识世界的可能性，这就是哲学史上的不可知论或怀疑论。

哲学基本问题的本体论方面和认识论方面是互相联系着的。哲学家们对这两个方面的问题都在不同程度上做出了自己的回答。但是，由于时代的不同，认识水平的不同，哲学家们对这两个方面研究的侧重点也不尽相同，有的侧重本体论方面，有的侧重认识论方面。古代哲学侧重于本体论方面；近代哲学则侧重于认识论方面，并在"认识论转向"中深化了本体论研究。实际上，认识论必须以本体论为前提和出发点。无论从逻辑上看，还是从人的

---

① 《马克思恩格斯选集》第4卷，229页，北京，人民出版社，2012。

② 《马克思恩格斯选集》第4卷，231页。

认识过程来说，都只有回答了本体论的问题之后才能回答认识论的问题，即使那些否定本体论的哲学家，在他们解答认识论的问题时，总是包含着对本体论的问题的回答。认识论不可能脱离本体论，认识论总是渗透和贯穿着本体论。同时，本体论也不可能脱离认识论。任何关于本体的理论，都是通过一定的认识路线而形成的，本体论总是渗透着认识论。离开了认识论，离开对人的认识能力、认识本质、认识过程考察的本体论必然是独断的、不可靠的。

哲学不同于科学的又一个重要特征就在于，科学是以理论思维的形式去抽象、概括和解释存在的运动规律，实现人对存在、世界运动规律的把握，即实现思维与存在在规律层次上的统一，科学因此体现着思维与存在的"统一"的维度；哲学不是具体研究存在本身的运动规律，而是以理论思维的形式反思思维与存在的"关系"问题，如思维如何反映、表述存在的运动规律，科学及其理论成果因此成为哲学反思的对象，所以，哲学体现着反思思维与存在的"关系"的维度。这就是说，科学的逻辑是实现思维与存在的"统一"的逻辑，哲学的逻辑是反思思维与存在的"关系"的逻辑。正因为如此，思维与存在的关系问题成为哲学的"基本问题""最高问题"。

三、哲学的基本派别：唯物主义与唯心主义、科学主义与人本主义

"哲学是在发展中的系统，哲学史也是在发展中的系统；这就是哲学史的研究所须阐明的主要支点或基本概念"①。问题在于，哲学的发展总是在哲学的派别冲突中实现的。哲学的派别冲突是哲学发展的基本形式。在哲学史上，基本的派别冲突是唯物主义与唯心主义的理论冲突，而在这种冲突中又交织着辩证法与形而上学的理论冲突、经验论与唯理论的理论冲突。在现代，哲学的派别冲突在总体上表现为科学主义与人本主义的理论冲突。

唯物主义经历了三个发展阶段，表现为三种历史形态：古代朴素唯物主义、近代形而上学唯物主义和现代辩证（历史）唯物主义。

古代朴素唯物主义肯定物质是世界的本原，主张世界的物质统一性，同时，又把世界的物质统一性归结为某一种或几种具体的"原初"物质。例如，中国古代的"五行说"认为，宇宙万物是由水、木、金、火、土五种元素所构成的。古希腊的德谟克利特则认为，万物都是由微小的、不可分的原子所构成的。古代朴素唯物主义同时又交织着朴素的辩证法，是唯物主义和辩证法的自发结合。古希腊的赫拉克利特认为，世界是万物的统一体，它不

① 黑格尔：《哲学史讲演录》第1卷，贺麟等译，33页，北京，商务印书馆，1959。

是由任何神或任何人所创造的，它过去、现在和将来都是按一定的分寸燃烧着、按一定的分寸熄灭着的永恒的活火。在列宁看来，“这是对辩证唯物主义原理的绝妙的说明”①。古代朴素唯物主义虽然坚持了世界物质统一性的正确立场，但由于历史条件的局限，其基本观点缺乏科学的论证，在历史观中则背离唯物主义的原则，信奉唯心主义历史观。

近代形成了以培根、霍布斯、洛克为代表的17世纪英国唯物主义，以拉美特利、狄德罗、霍尔巴赫、爱尔维修为代表的18世纪法国唯物主义，以费尔巴哈为代表的19世纪德国唯物主义。从总体上看，它们都属于形而上学唯物主义。

近代英国、法国唯物主义以实证科学为基础，在“认识论转向”中探讨人与自然的统一性，寻求世界的物质统一性，强调“物质是一切变化的主体”。在这个过程中，形成了表征人的感性与理性矛盾的经验论和唯理论两种思潮及其冲突，如培根的唯物主义经验论和贝克莱、休谟的唯心主义经验论的对立，斯宾诺莎的唯物主义唯理论和笛卡尔、莱布尼茨的唯心主义唯理论的对立。这种冲突与对立又是同唯物主义与唯心主义的对立交织在一起的。近代英国、法国唯物主义是以近代科学为基础的，与近代科学密切相关。问题在于，近代科学在总体上处于“搜集材料”阶段，其孤立的、静止的研究方法被培根、洛克引入近代唯物主义后，就使其具有浓厚的形而上学性质。

与英国、法国唯物主义有所不同，费尔巴哈的唯物主义把人看作思维与存在统一的基础，把以自然为基础的人作为其“最高的对象”，是一个以自然为基础、以人为核心和出发点的唯物主义体系。在这个意义上，费尔巴哈的唯物主义又是人本唯物主义。费尔巴哈的唯物主义在总体上没有超出形而上学唯物主义的范畴，并在否定黑格尔唯心主义的同时，把辩证法也一起抛弃了。同时，社会生活的特殊性又使费尔巴哈唯物主义和整个近代唯物主义在历史观上重归唯心主义。

无论是古代朴素唯物主义，还是近代形而上学唯物主义，有一个共同的“主要缺点”，那就是，“对对象、现实、感性，只是从**客体**的**或者直观**的形式去理解，而不是把它们当做**感性的人的活动**，当做**实践**去理解，不是从主体方面去理解”②。正因为如此，马克思把“包括费尔巴哈的唯物主义”在内

① 《列宁全集》第55卷，299页，北京，人民出版社，1990。

② 《马克思恩格斯选集》第1卷，133页，北京，人民出版社，2012。

的“从前的一切唯物主义”归为“旧唯物主义”范畴。

唯心主义有许多流派，但归结起来不外两种基本形态：主观唯心主义和客观唯心主义。主观唯心主义把人的思想看作人们头脑中所固有的、主观自生的，把个人心灵、意识、观念等夸大为第一性的东西，否认物质世界和客观规律不依赖于人的意识而存在。中国明代王守仁的“心外无物”、英国贝克莱的“存在就是被感知”等观点，就是典型的主观唯心主义。客观唯心主义把某种“客观精神”说成是先于并独立于人类世界而存在的，物质世界则是这种“客观精神”的产物、表现或附属品。中国宋代朱熹的“理在事先”、古希腊柏拉图的“理念世界”、近代德国黑格尔的“绝对观念”等观点，就是典型的客观唯心主义。客观唯心主义实际上是把人的思想、精神、观念加以绝对化的结果，如果把它们进一步偶像化、神化，就会陷入宗教信仰主义。正是在这个意义上，列宁认为：“哲学唯心主义是**经过**人的无限复杂的（辩证的）**认识的一个成分**而通向僧侣主义的**道路**。”①

全部哲学史始终存在着唯物主义与唯心主义的对立和斗争，同时，也交织着辩证法与形而上学的对立和斗争。辩证法与形而上学是围绕着如何理解世界的存在状态以及用什么样的思维方法来把握世界而形成的。辩证法认为，世界是联系和发展的，而形而上学则以孤立的、静止的观点看世界，尤其是世界的本原。如前所述，赫拉克利特有着深刻的辩证法思想。黑格尔的概念辩证法则体现了唯心主义与辩证法的奇特结合和高度统一。正如马克思所说：“辩证法在黑格尔手中神秘化了，但这决不妨碍他第一个全面地有意识地叙述了辩证法的一般运动形式。”②

辩证法与形而上学都不是独立自存的，而是始终同唯物主义与唯心主义结合在一起的。历史上既存在过形而上学的唯心主义，也存在过辩证的唯心主义；既存在过形而上学的唯物主义，也出现过具有辩证思维因素的唯物主义，狄德罗的《拉摩的侄子》和卢梭的《论人类不平等的起源》就是“辩证法的杰作”，而斯宾诺莎也是近代辩证法的“卓越代表”③。

马克思、恩格斯在19世纪中叶创立的“新唯物主义”是“现代唯物主义”。无论在自然观上，还是在历史观上，“现代唯物主义本质上都是辩证

① 《列宁全集》第55卷，311页。

② 《马克思恩格斯全集》第23卷，24页，北京，人民出版社，1972。

③ 《马克思恩格斯选集》第3卷，789页。

的”[1]。在这个意义上，马克思主义哲学，即现代唯物主义是包括唯物主义历史观在内的辩证唯物主义。“辩证唯物主义是现代唯物主义最突出的特点，它本质上不同于18世纪形而上学唯物主义的地方就在这里。”[2] 同时，唯物主义历史观，即历史唯物主义的创立又具有特殊意义，它不仅结束了唯心主义历史观一统天下几千年的历史，为哲学开辟了“一条新的发展道路”，而且加深和发展了唯物主义，使唯物主义成为“完备的哲学唯物主义”“完整的哲学世界观”[3]。正因为如此，列宁指出：“马克思和恩格斯在他们的著作中特别强调的是**辩证**唯物主义，而不是辩证**唯物主义**，特别坚持的是**历史**唯物主义，而不是历史**唯物主义**。”[4] 在这个意义上，马克思主义哲学，即现代唯物主义是辩证唯物主义和历史唯物主义。马克思、恩格斯在科学实践观的基础上实现了唯物主义和辩证法、唯物主义自然观和唯物主义历史观的高度统一，从而把唯物主义提升到现代形态。

需要指出的是，唯物主义与唯心主义是哲学中的两个基本派别，它们只能在回答思维与存在、精神与物质何者为世界的本原，或者是“从物到感觉和思想”，还是“从思想和感觉到物”的意义上被使用。“除此之外，唯心主义和唯物主义这两个用语本来没有任何别的意思”[5]。

“唯物主义是重物轻人，追求财富和享乐的物本主义”，这种观点是对唯物主义的误解。唯物主义哲学中的“唯物”，是就其在解答思维与存在、精神与物质何者为世界的本原时所奉行的哲学路线来说的，是指物质第一性、意识第二性。就人在世界中的地位而言，唯物主义哲学并非都不重视人的价值和尊严。在文艺复兴和法国资产阶级革命时期，自然观上的唯物主义者往往又是人道主义者，就是很好的例证。至于把唯物主义理解为物本主义，认为唯物主义只重视物质生活，轻视精神生活，其结果是贪婪、非正义、无休止地追求财富和享乐，则是对唯物主义的曲解，其实质是贬低唯物主义在哲学中的地位和作用。

“唯心主义是轻物重人，追求道德和信仰的理想主义”，这种观点同样是误解。唯心主义哲学中所说的“唯心”，同样是就其在解答思维与存在、精神与物质何者为世界的本原时所奉行的哲学路线来说的。唯心主义与唯物主

---

① 《马克思恩格斯选集》第3卷，795页。

② 《普列汉诺夫文集》第3卷，王荫庭译，151页，北京，商务印书馆，2021。

③ 《列宁全集》第23卷，45、468页，北京，人民出版社，1990。

④ 《列宁选集》第2卷，225页，北京，人民出版社，2012。

⑤ 《马克思恩格斯选集》第4卷，231页。

义的本质区别，并不是因为唯心主义哲学有理想、有信仰，而是因为它否定世界的物质统一性，主张意识第一性、物质第二性。就信仰和理想而言，唯心主义者中固然不乏为理想而献身的人，唯物主义者也同样如此，法国唯物主义者就是很好的例证。正如恩格斯所说："如果说有谁为了'对真理和正义的热诚'（就这句话的正面的意思说）而献出了整个生命，那么，例如狄德罗就是这样的人。"①

马克思、恩格斯是彻底的唯物主义者，同时，又具有崇高的理想。马克思在中学毕业时就确立了"为人类福利而劳动"的理想："如果我们选择了最能为人类福利而劳动的职业，那么，重担就不能把我们压倒，因为这是为大家而献身；那时我们所感到的就不是可怜的、有限的、自私的乐趣，我们的幸福将属于千百万人，我们的事业将默默地、但是永恒发挥作用地存在下去，而面对我们的骨灰，高尚的人们将洒下热泪。"② 这是崇高的理想和崇高的选择。此选择从精神上和方向上决定了马克思的一生。可见，是否抱有理想和信仰，同唯物主义与唯心主义的区分毫不相干。

在现代，除了唯物主义与唯心主义两个基本派别的对立和冲突外，又出现了科学主义与人本主义双峰对峙的两大哲学思潮。

所谓科学主义，主要是指 19 世纪中叶以来逐步盛行起来的、力图用实证科学精神改造哲学的哲学思潮或哲学运动。现代科学发展及其广泛的应用，使得一些自然科学家和哲学家认为，"精确"的科学是伟大的，而"思辨"的哲学是渺小的，只有否定传统哲学，才能使科学从"形而上学"解放出来；只有用实证科学（自然科学）的理论和方法去改造哲学，才能使哲学变成"科学的哲学"。

科学主义的实质，是力图改变传统的关于哲学与科学关系的观点，"拒斥"传统意义上的哲学，把哲学变成科学的"副产品"。科学主义作为一种哲学思潮或哲学运动，有其特定的理论内涵和历史内涵，我们不能把科学主义混同于对科学的崇尚和倡导，更不能把科学主义混同于科学精神。科学精神是对真理的追求并为之奋斗的精神，即"求真"的精神，是面对现实探索规律的精神，即"求实"的精神。把具有特定内涵的"科学主义"与为真理奋斗的"科学精神"区别开来，批判"科学主义"、弘扬"科学精神"，是我们应有的基本态度。

---

① 《马克思恩格斯选集》第 4 卷，239 页。

② 《马克思恩格斯全集》第 40 卷，7 页，北京，人民出版社，1982。

人本主义有三种含义：一是指 14 世纪下半叶发源于意大利并传播到欧洲其他国家的文学和哲学运动；二是指德国古典哲学中费尔巴哈的人本唯物主义；三是指现代西方哲学中以人的本质、价值等为研究重心的哲学思潮，其中，存在主义是一种具有典型意义的人本主义。

存在主义哲学所凸显的是人的存在与其他一切存在的区别，并把人的存在作为哲学研究的对象。按照存在主义的观点，人以外的一切存在，都是“本质先于存在”，即某种特定物种的本质预先规定了该物种的个体的存在；与此相反，人的存在则是“存在先于本质”，即人在自身的存在过程中构成自己的本质，人是一种不断超越自己先前之所是的存在。正是由于人的存在的特殊性，才需要反思人的存在的哲学；而存在主义以前的全部哲学，却总是像对待其他存在一样追问人的“本质”。因此，除存在主义以外的全部哲学都是“本质主义”哲学。存在主义认为，寻求“本质”需要科学的研究方式，反思“存在”则需要哲学的研究方式；要求哲学像科学那样去寻找“本质”，必然得出科学主义的结论；让哲学反思人的“存在”，则是存在主义或人本主义哲学。可见，在存在主义这里，集中地表现了科学主义与人本主义的对立。

在科学主义看来，现代科学为人类提供了关于对象世界的规律性的认识，现代哲学的研究对象就是科学本身。所以，哲学不但不是“科学的科学”，相反，它是“科学的副产品”，即对科学命题进行逻辑分析并以此方式而存在。“哲学不是一种知识体系，而是一种活动的体系”，“哲学就是那种确定或发现命题意义的活动。哲学使命题得到澄清，科学使命题得到证实。科学研究的是命题的真理性，哲学研究的是命题的真正意义”①。因此，哲学具有双重性质：一方面，由于它以科学为存在基础，因而具有科学性质；另一方面，由于它是对科学进行逻辑的、语言的分析，因而又具有超科学的性质。这种科学化的哲学，不是为人们提供“普遍规律”，而是为人们消解种种“虚假问题”，“澄清”语言表达的意义，从而使人们能够“科学地”思考问题和“科学地”生活。

在人本主义看来，现代科学的发展既为哲学对人的反思提供了重要前提，又为哲学对人的反思提出了迫切要求。由于科学承担了对人以外的全部存在的研究，所以，哲学应该专门反思人这样一种特殊的存在，并从对人的

① 石里克：《哲学的转变》，洪谦主编：《逻辑实证主义》上卷，9 页，北京，商务印书馆，1982。

反思出发去重新理解人与世界的关系，反思包括科学活动在内的人的全部活动方式，回答人类存在的意义问题。正因为如此，现代人本主义哲学具体地探讨了自在存在与自为存在、理性与非理性、意识与非意识、语言与文化等诸多矛盾关系，在新的基础上展开了对人的哲学反思。

需要指出的是，面对现代科学的迅猛发展，在哲学中正在兴起一种"对科学的人文主义理解"的思潮。这种思潮认为，科学活动作为人类活动的一种方式，科学理论作为人类活动的结果，同人类自身一样，是一种历史性的存在，而不是超越人类之外或凌驾于人类之上的独立自主的实体。科学的认识论和方法论原则并不具有永恒的中立性，而是蕴涵着人类的历史性、解释原则和价值观念。因此，需要从人文主义的视野去理解科学，并在"对科学的人文主义理解"中，消弭科学主义与人本主义的对峙。这标志着科学主义与人本主义的相互渗透以至融合，是超越科学主义与人本主义对立的发展趋势。

现代著名哲学家莫尔顿·怀特由此认为，重要的是把 20 世纪哲学的两个对立要素，即科学主义与人本主义重新统一起来，"当我们一旦弄清楚学科之间没有明确的分界线，而且没有一门学科可以称得起在认识分类表中占有一个惟我独尊的位置时，当我们弄清楚了人类各种经验的形式也和认识同样重要时：只有到那个时候才算打通了最广义的、关于人的哲学研究的道路"①。怀特把这种"重新统一"称为"梦想"。实际上，这不是梦想，而是现代科学和哲学发展的总体趋向。马克思主义哲学以巨大的超前性预示了这种发展的总体趋向。在《1844 年经济学哲学手稿》中，马克思明确指出："自然科学往后将包括关于人的科学，正像关于人的科学包括自然科学一样：这将是一门科学。"②

第二节　马克思主义哲学的产生和基本特征

哲学体系往往以哲学家个人的名字命名，但它并非仅仅属于哲学家个

---

① 怀特：《分析的时代——二十世纪的哲学家》，杜任之译，243 页，北京，商务印书馆，1981。

② 《马克思恩格斯全集》第 42 卷，128 页，北京，人民出版社，1979。

人。黑格尔哲学不仅仅是黑格尔的哲学，更重要的是属于他的时代。每个哲学体系都有自己的“个性”，但这种“个性”是受时代制约的。法国启蒙哲学明快泼辣的“个性”，德国古典哲学艰涩隐晦的特征，存在主义消沉悲观的情绪，离开它们各自的时代背景都是无法理解的。从根本上说，任何一种哲学思潮、哲学体系都是时代的产物。马克思主义哲学也是如此。马克思主义哲学是19世纪中叶社会发展的必然产物，它是关于无产阶级和人类解放的学说，并在科学实践观的基础上实现了唯物主义和辩证法的统一、唯物主义自然观和唯物主义历史观的统一，科学性和革命性的统一，从而在哲学史上造成了一次革命性变革。

一、时代课题的哲学解答

黑格尔对哲学与时代的关系发表过深刻的见解：哲学是被把握在思想中的时代。“哲学并不站在它的时代之外，它就是对它的时代的实质的知识。同样，个人作为时代的产儿，更不是站在他的时代以外，他只在自己的特殊形式下表现这时代的实质，——这也就是他自己的本质”①；“时代精神是一个贯穿着所有各个文化部门的特定的本质或性格，它表现它自身在政治里面以及别的活动里面，把这些方面作为它的不同的成分”，而“哲学是对时代精神的实质的思维，并将此实质作为它的对象”②。马克思极为赞同黑格尔的这一见解，并做了进一步的发挥，即“任何真正的哲学都是自己时代精神的精华”③。

哲学思维是一种高度抽象化的思维，具有思辨性特点，因而往往造成哲学只是在精神王国中驰骋的假象。实际上，从哲学产生的背景以及它的理论内容和价值取向看，哲学是非常现实的。由哲学家们创造的哲学体系，不管其形式如何抽象，都可以从中捕捉到现实问题，任何一种哲学体系的形成都离不开哲学家生活其中的时代。哲学不是没有激情，没有冲动，没有爱憎的、平静的、苦思冥想的结果，相反，哲学是在时代推动下的一种追求，即以哲学的方式来解答时代课题。

马克思主义哲学就是19世纪中叶社会发展的必然结果。英国工业革命及其后果、法国政治革命及其后果、世界历史的形成及其意义，是资产阶级进行历史性创造活动的主要成果。这些成果及其引起的深刻复杂、具有现代

---

① 黑格尔：《哲学史讲演录》第1卷，贺麟等译，56－57页。

② 黑格尔：《哲学史讲演录》第1卷，贺麟等译，56页。

③ 《马克思恩格斯全集》第1卷，121页，北京，人民出版社，1956。

形式的社会矛盾，是推动马克思、恩格斯创立“新唯物主义”的根本原因，构成了马克思主义哲学得以产生的时代背景。

肇始于 18 世纪 60 年代的英国工业革命，到了 19 世纪 40 年代已经取得了决定性胜利，生产已经机器化、社会化，现代化运动开始启动；1789 年开始的法国政治大革命，到了 1830 年推翻复辟王朝时也取得了历史性胜利，资本主义制度得到了确定和巩固。英国工业革命和法国政治革命的胜利，标志着人类历史从封建时代进入资本主义时代，同时也就从“自然联系占优势”的时代转向“社会、历史所创造的因素占优势”的时代，从自然经济时代转向商品经济时代，从“人的依赖关系”的时代转向“以物的依赖性为基础的人的独立性”的时代。“资产阶级在它的不到一百年的阶级统治中所创造的生产力，比过去一切世代创造的全部生产力还要多，还要大。”① 资产阶级“创造出一个普遍利用自然属性和人的属性的体系”，创造出一个“普遍的社会物质变换，全面的关系，多方面的需求以及全面的能力的体系”，从而“创造了这样一个社会阶段，与这个社会阶段相比，以前的一切社会阶段都只表现为人类的**地方性发展**和**对自然的崇拜**”②。

资产阶级在取得巨大的历史成就的同时，也给自己带来了巨大的社会问题：生产社会化与生产资料私有制之间存在着无法解决的矛盾，人和人的活动都异化了，“对于通过劳动而**占有**自然界的工人说来，占有就表现为异化，自我活动表现为替他人活动和他人的活动，生命过程表现为生命的牺牲，对象的生产表现为对象的丧失，即对象转归异己力量、**异己的**人所有”③。到了 19 世纪中叶，这种社会矛盾日趋激化，异化状态日趋加深，其标志就是经济危机的频繁发生、无产阶级与资产阶级的斗争日趋激烈。1825 年，英国爆发了第一次资本主义经济危机，1836 年、1847 年爆发了波及欧洲各国的经济危机。这表明，“资产阶级的生产关系和交换关系，资产阶级的所有制关系，这个曾经仿佛用法术创造了如此庞大的生产资料和交换手段的现代资产阶级社会，现在像一个魔法师一样不能再支配自己用法术呼唤出来的魔鬼了”④。同时，欧洲无产阶级已经登上历史舞台，成为一支独立的反对资本主义的力量，其标志就是先后爆发了英国的“人民宪章运动”、法国里昂的工人起义

① 《马克思恩格斯选集》第 1 卷，405 页。

② 《马克思恩格斯全集》第 46 卷上，392、104、393 页，北京，人民出版社，1979。

③ 《马克思恩格斯全集》第 42 卷，102 页。

④ 《马克思恩格斯选集》第 1 卷，405－406 页。

和德国西里西亚的纺织工人起义。问题的实质就在于，无产阶级与资产阶级的对立，不是同资本主义制度的“后果”的对立，而是同资本主义制度的“前提”，即生产资料资本家私人占有制处于“全面的对立”。资本主义生产方式内在矛盾，即生产社会化与生产资料资本家私人占有制之间存在的无法解决的矛盾，向人们提出了一个重大的问题，即人类社会向何处去。这一问题构成了 19 世纪中叶的时代课题。

马克思主义哲学就是对 19 世纪中叶时代课题的哲学解答。马克思主义哲学的创立是同马克思对时代课题的解答密切相关、融为一体的。

在解答时代课题、创立马克思主义哲学的过程中，马克思、恩格斯始终贯穿着哲学批判。“黑格尔法哲学批判”“对黑格尔的辩证法和整个哲学的批判”“对批判的批判所作的批判”“对法国唯物主义的批判”“对黑格尔以后的哲学形式的批判”……这一系列的哲学批判使马克思得到了严格的理论锻炼，使他对哲学以及历史学、政治学、经济学等其他理论形式有了更透彻的理解，对现实的社会矛盾有了更深刻的认识，并自觉地认识到哲学是无产阶级的“**精神**武器”，是人类解放的“**头脑**”①。

在解答时代课题、创立马克思主义哲学的过程中，马克思、恩格斯不仅进行了哲学批判，而且进行了历史批判、政治批判和经济批判，对英国古典政治经济学、法国复辟时代历史学，以及英国、法国批判的空想的社会主义都进行了批判性的研究和哲学的反思。不仅德国古典哲学，而且英国古典政治经济学、法国复辟时代历史学、英国和法国批判的空想的社会主义也构成了马克思主义哲学的理论来源。精神生产不同于肉体的物质生产。以基因为遗传物质的物种延续是同种相生，哲学思维则可以通过对不同学科成果的吸收、消化和再创造，形成新的哲学形态。正像亲缘繁殖不利于种的发育一样，一种创造性的哲学一定会突破从哲学到哲学的局限。马克思主义哲学就是这样一种创造性的哲学。

在解答时代课题、创立马克思主义哲学的过程中，马克思、恩格斯还关注着自然科学的发展，并对自然科学的成果进行了哲学反思和概括。19 世纪中叶，自然科学已经从分门别类“搜集材料的科学”逐步转变为“整理材料的科学”，地质学、胚胎学、动物生理学、有机化学等陆续建立和发展起来，其中，细胞学、能量守恒和转化定律、以达尔文的名字命名的进化论这三大科学发现具有划时代的意义。19 世纪中叶的自然科学已经成为“关于过程、

① 《马克思恩格斯选集》第 1 卷，16 页。

关于这些事物的发生和发展以及关于联系——把这些自然过程结合为一个大的整体——的科学”①，“不仅能够说明自然界中各个领域内的过程之间的联系，而且总的说来也能说明各个领域之间的联系”，从而充分显示普遍联系的“辩证性质”②。

对19世纪中叶自然科学的反思使马克思、恩格斯自觉地意识到，关于“总联系”的特殊科学已经成为“多余”的了。“一旦对每一门科学都提出要求，要它们弄清它们自己在事物以及关于事物的知识的总联系中的地位，关于总联系的任何特殊科学就是多余的了。于是，在以往的全部哲学中仍然独立存在的，就只有关于思维及其规律的学说——形式逻辑和辩证法。其他一切都归到关于自然和历史的实证科学中去了。”③ 更重要的是，马克思、恩格斯还自觉地意识到，科学是一种在历史上起推动作用的、革命的力量，“科学和哲学结合的结果就是唯物主义”，“科学和实践结合的结果”将是“社会革命”④。对自然科学成果的哲学反思和概括研究不仅能够深刻地把握自然辩证法，而且有助于深刻地认识历史辩证法。“自然科学却通过工业日益**在实践上**进入人的生活，改造人的生活，并为人的解放作准备，尽管它不得不直接地完成非人化”⑤。因此，从历史运动中“排除掉自然科学和工业”，就不可能达到对历史的正确认识。

以实践批判为基础，哲学批判、政治经济学批判、空想社会主义批判有机结合，以及对自然科学的反思和概括，使马克思、恩格斯创立了“新唯物主义”哲学。反过来，新唯物主义哲学的创立，又使马克思、恩格斯比同时代人站得更高、看得更远，从而以深沉的智慧科学地解答了时代课题。从根本上说，马克思主义哲学就是对时代课题的哲学解答，是关于无产阶级和人类解放的学说。

马克思主义哲学的故乡是德国，但马克思主义哲学并非专属德国，而是一种“世界哲学”。

无疑，哲学具有民族性，不同的民族具有不同的哲学。显然，以古希腊罗马哲学为代表的西方哲学与以儒家学说为核心的中国哲学就不相同。东方哲学不同于西方哲学，即使同属东方哲学，中国哲学又不同于印度哲学，它

---

① 《马克思恩格斯选集》第4卷，251页。
② 《马克思恩格斯选集》第4卷，252页。
③ 《马克思恩格斯选集》第3卷，400页。
④ 《马克思恩格斯全集》第1卷，666-667、667页。
⑤ 《马克思恩格斯全集》第42卷，128页。

们彼此各有自己的特点；即使同以古希腊罗马哲学为源头，同属西方哲学的欧洲大陆哲学就不同于英美哲学，而德国古典哲学又具有自己的特色。但是，哲学的民族性并不排斥不同民族哲学之间存在着某种程度的共性，并不排斥不同民族哲学的相互影响、相互吸收，特别是进入资本主义时代以后，历史转变为“世界历史”，这种相互影响、相互吸收就成为发展趋势。

马克思主义哲学产生之前，民族性是哲学的主要特征。即使孔子、老子、康德、黑格尔的哲学对其他民族产生过影响，但这仍然属于文化交流和传播的范围，并未改变哲学的民族性。庄子哲学是中国哲学，黑格尔哲学是德国哲学，如此等等。与此不同，马克思主义哲学是世界性的学说。马克思曾经预言：必然会出现这样的时代，“那时，哲学对于其他的一定体系来说，不再是一定的体系，而正在变成世界的一般哲学，即变成当代世界的哲学”①。马克思主义哲学就是这样一种“世界哲学”，它是世界历史的产物。

这里所说的世界历史，不是通常的历史学意义上的世界史，即整个人类历史，而是特指各民族、各国家进入全面相互影响、相互制约、相互渗透，使世界“一体化”以来的历史。世界历史在今天已经是一个可经验到的事实了，但它却形成于19世纪。马克思以其惊人的洞察力注意到这一历史趋势，他用“历史向世界历史的转变”② 这一命题表征了这一历史趋势，并明确指出，资产阶级“首次开创了世界历史，因为它使每个文明国家以及这些国家中的每一个人的需要的满足都依赖于整个世界，因为它消灭了各国以往自然形成的闭关自守的状态”③。

世界历史的形成使以往那种各自闭关自守、自给自足的状态，被各民族各方面的相互交往和相互依赖所代替了，民族的片面性、局限性不断被消除。物质生产和精神生产都是如此。不但形成“世界市场”，而且形成一种“世界文学”，即世界性的精神产品。马克思主义哲学就是这样一种世界性的精神产品，它是在世界历史这个宏大的时代背景中产生的世界哲学。正因为如此，作为关于无产阶级和全人类解放的学说，马克思主义哲学“远在德国和欧洲境界以外，在世界的一切文明语言中都找到了拥护者”④，在不同的民族那里能够生根发芽，开花结果。

---

① 《马克思恩格斯全集》第1卷，121页。
② 《马克思恩格斯选集》第1卷，169页。
③ 《马克思恩格斯选集》第1卷，194页。
④ 《马克思恩格斯选集》第4卷，218页。

二、以科学的实践观为基础的辩证唯物主义和历史唯物主义的统一

马克思主义哲学的创立是哲学史上的革命性变革。马克思主义哲学之所以能够发动一场震撼人类思想史的革命，关键就在于，它以实践的观点为基础科学地解答了人与自然、人与社会，即人与世界的关系，从而实现了唯物主义和辩证法、唯物主义自然观和唯物主义历史观的统一。实践的观点是马克思主义哲学首要的和基本的观点。

从对立的两极去思考人与世界的关系问题上，旧唯物主义哲学与唯心主义哲学始终僵持于“本原”问题的自然本体与精神本体的抽象对立，并以还原论的思维方式去说明人与世界的统一，即旧唯物主义把人与世界的关系还原为抽象的自然，唯心主义则把人与世界的关系还原为“绝对精神”或“先验意识”。由于旧唯物主义以自然为本体，只是从被动的观点去理解人与世界的关系，忽视了人的能动性，因此，它所坚持的是一种单纯的、自在的客体性原则；由于唯心主义以精神为本体，只是从能动的观点去理解人与世界的关系，抽象地发展了人的能动性，因此，它所坚持的是一种单纯的、自为的主体性原则。这样，旧唯物主义与唯心主义就不仅固执于“本原”问题上的自然本体与精神本体的抽象对立，而且造成了思维方式上的客体性原则与主体性原则的互不相容。

马克思在《关于费尔巴哈的提纲》中精辟地揭示了这两种哲学的共同的主要缺点及其无法解决的内在矛盾：“从前的一切唯物主义（包括费尔巴哈的唯物主义）的主要缺点是：对对象、现实、感性，只是从**客体的或者直观**的形式去理解，而不是把它们当做**感性的人的活动**，当做**实践**去理解，不是从主体方面去理解。因此，和唯物主义相反，唯心主义却把**能动的**方面抽象地发展了，当然，唯心主义是不知道现实的、感性的活动本身的。费尔巴哈想要研究跟思想客体确实不同的感性客体：但是他没有把人的活动本身理解为**对象性的**［gegenständliche］活动。因此，他在《基督教的本质》中仅仅把理论的活动看做是真正人的活动，而对于实践则只是从它的卑污的犹太人的表现形式去理解和确定。因此，他不了解‘革命的’、‘实践批判的’活动的意义。”① 在这段简洁精辟的文字中，马克思既尖锐地指出了旧唯物主义忽视“主体方面”的局限性，又深刻地揭露了唯心主义“抽象”地发展了人的能动方面的本质，而二者共同的主要缺点就在于，都不理解实践活动的本质特征、地位和意义。

---

① 《马克思恩格斯选集》第1卷，133页。

对于旧唯物主义的批判，马克思强调的是，它“只是”从客体的或者直观的形式去理解“对象、现实、感性”，而“不是”把它们当作感性的人的活动，当作实践去理解，不是从主体方面去理解。显然，在马克思对旧唯物主义的总体评价中，包含着两方面的含义：一方面，马克思并不否认旧唯物主义从客体的或者直观的形式去理解“对象、现实、感性”的意义，相反，马克思在他的全部著作中都承认外部自然界对人的“优先地位”，并一再声明自己是“唯物主义者”；另一方面，马克思则批评旧唯物主义“只是”从客体的或者直观的形式去理解“对象、现实、感性”，而“没有”把它们“当作实践去理解”，“从主体方面去理解”。正是从第二方面，马克思展开了对旧唯物主义的批判，并在这种批判过程中创立了新唯物主义。

对于唯心主义的批判，马克思强调的是，它“抽象”地发展了人的能动方面，并进一步指出它“当然”不知道真正现实的、感性的活动。显然，在马克思对唯心主义的总体评价中，也包含着两方面的含义：一方面，马克思并不否认唯心主义“发展”人的能动方面的意义，相反，马克思也肯定人的能动性、创造性和主体性；另一方面，马克思则批评唯心主义“抽象”地发展了人的能动方面，因为它不知道现实的实践活动。正是从第二方面，马克思展开了对唯心主义的批判，并在这种批判过程中创立了“合理形态”的辩证法，即唯物主义辩证法。

可见，旧唯物主义与唯心主义虽然两极对立，但又有一个共同的主要缺点，即二者都不理解人类实践活动及其意义。正是这一共同的主要缺点，在近代哲学中造成了唯物主义与辩证法的分离，在旧唯物主义哲学中又形成了唯物主义自然观与唯心主义历史观的对立。旧唯物主义与唯心主义主要缺点的惊人一致，促使马克思深入而全面地探讨了人类实践活动及其意义，并以此为基础创立了新唯物主义，即实践的、辩证的、历史的唯物主义。这是唯物主义的现代形态，即现代唯物主义。

按照马克思的观点，实践首先是人以自身的活动来引起、调整和控制人与自然之间物质变换的过程；在这个过程中，人与人之间必须互换其活动，并必然结成一定的社会关系；而实践结束时得到的结果，在这个过程的开始时就已经在实践者的头脑中作为目的以观念形式存在着，并通过实践转化为现实。实践犹如一个转换器，通过实践，社会的人在自然中贯注了自己的目的，使之成为社会的自然、“历史的自然”；同时，自然又进入社会，转化为社会中的一个恒定的因素，使社会成为自然的社会、历史成为“自然的历史”。换言之，在人的实践活动中，自然与社会“一体化”了，构成了人们生活于其中的现实世界，即现存世界、感性世界。人类实践活动构成了现实世界得以存在与发展的基础。正如马克思所说，“这种活动、这种连续不断的感性劳动和创造、这种生产，正是整个现存的感性世界的基础”①。

由此可见，实践内在地包含着人与自然的关系、人与社会的关系以及人与其意识的关系，而这些关系的总和又构成了现实世界中的基本关系。可以说，实践以缩影的形式映现着现实世界，蕴涵着现实世界的全部秘密，是人类所面临的一切现实矛盾的总根源。正因为如此，马克思主义哲学“把感性世界理解为构成这一世界的个人的全部活生生的感性**活动**”②，并从实践出发去反观、透视和理解现实世界，把“对象、现实、感性”当作实践去理解。

因此，马克思主义哲学把哲学的任务规定为解答实践活动中的人与世界、主体与客体、思维与存在的关系，从而为改变世界提供方法论。马克思主义哲学就是为改变现存世界的实践活动而创立的，它本身就是对人类实践活动中的矛盾关系的一种理论反思。正如马克思所说，马克思主义哲学“是描述人们实践活动和实际发展过程的真正的实证科学”，其基本内容就是“从对人类历史发展的考察中抽象出来的最一般的结果的概括”③。这样，马克思主义哲学便找到了哲学与改变世界的直接结合点。

实践活动是主体与客体所构成的矛盾运动，它既是一种物质运动的客观过程，又是主体活动的创造过程，现存世界的物质性和辩证性，正是在人的实践活动中被揭示出来并加以确证的。

在物质实践中，人是以物的方式去活动并同自然发生关系的，得到的却是自然或物以人的方式而存在，从而使人成为主体，自然成为客体。这说明，实践使人与自然的关系成为“为我而存在”④ 的关系。这种“为我而存在”的关系是一种否定性的矛盾关系。具体地说，人要维持自身的存在，即肯定自身，就要对自然界进行否定性的活动，即改变自然界的原生态，使之成为“人化自然”“社会的物”“为我之物”。与动物不同，人总是在不断创造与自然的对立关系中去获得与自然的统一关系的，对自然客体的否定正是对主体自身的肯定。这种肯定、否定的辩证法使主体与客体处于双向运动中。实践不断地改造、创造着现存世界，同时，又不断地改造、创造着人本

① 《马克思恩格斯选集》第1卷，157页。
② 《马克思恩格斯选集》第1卷，157－158页。
③ 《马克思恩格斯选集》第1卷，153页。
④ 《马克思恩格斯选集》第1卷，161页。

身，包括人的社会关系、思维结构和价值观念。“环境的改变和人的活动或自我改变的一致，只能被看做是并合理地理解为**革命的实践**。”①

可以看出，人与自然之间这种“为我而存在”的否定性关系是最深刻、最复杂的矛盾关系。正是这种矛盾关系构成了马克思之前众多哲学大师的“滑铁卢”，致使唯物主义与辩证法遥遥相对。马克思高出一筹的地方就在于：通过对人的实践活动及其意义深入而全面的剖析，使唯物主义和辩证法结合起来了。这就是说，辩证唯物主义构成了马克思主义哲学的一个基本特征。

当马克思以科学的实践观为基础把唯物主义和辩证法结合起来时，也就实现了唯物主义自然观和唯物主义历史观的统一。这是同一个过程的两个方面。以科学实践观为基础的马克思主义哲学，既是唯物主义和辩证法的高度统一，又是唯物主义自然观和唯物主义历史观的高度统一。

社会不同于自然。在社会领域内进行活动的，都是具有意识、追求某种目的的人，任何事情的发生都有自觉的意图、预期的目的。社会生活的这种特殊性犹如横跨在自然与社会之间的“活动翻板”。在马克思主义哲学产生之前，即使是坚定的唯物主义者，当他们的视线由自然转向社会，开始探讨社会、历史时，几乎都被这块活动翻板翻向了唯心主义的深渊。从认识论的角度看，造成这种状况的根本原因，仍在于以往的哲学家不理解实践活动及其意义，不理解社会生活在本质上是实践的。马克思的高明之处就在于，他从实践出发去理解社会以及社会与自然的关系，从而创立了历史唯物主义。

按照马克思的观点，人们为创造历史，必须能够生存和生活；为了能够生存和生活，必须进行物质实践，实现人与自然之间的物质变换；为了实现人与自然之间的物质变换，人与人之间必须互换其活动，并必然结成一定的社会关系。这就是说，社会关系不是在人的活动之前或之外预成的，而是在人的实践活动中生成的，即使社会生产力本质上也是在人们改造自然的实践活动中形成的，实践是全部社会关系的发源地和全部社会生活的本质。“物质生活的生产方式制约着整个社会生活、政治生活和精神生活的过程。不是人们的意识决定人们的存在，相反，是人们的社会存在决定人们的意识。”②从根本上说，社会就是在实践所引起的人与自然之间的物质变换过程中形成和发展起来的，人与自然之间的物质变换由此成为社会存在和发展的基础，

① 《马克思恩格斯选集》第1卷，134页。

② 《马克思恩格斯选集》第2卷，2页，北京，人民出版社，2012。

构成了社会存在和发展的“永恒的自然必然性”。

正因为如此，以往的哲学家，包括旧唯物主义哲学家把人对自然的实践关系从社会历史中排除出去后，只能走向唯心主义历史观；马克思从物质实践出发去理解人与自然、人与社会的关系以及历史过程，则创立了历史唯物主义观，从而实现了唯物主义自然观和唯物主义历史观的统一。历史唯物主义因此构成了马克思主义哲学的又一基本特征。

需要指出的是，辩证唯物主义和历史唯物主义并不是两个“主义”，而是同一个主义，即新唯物主义，也就是现代唯物主义的不同表述。恩格斯认为，马克思和他从德国唯心主义哲学中“拯救”了“自觉的辩证法”，并把它“用于唯物主义的自然观和历史观”，无论在自然观上，还是在历史观上，“现代唯物主义本质上都是辩证的”①。在这个意义上，马克思主义哲学是辩证唯物主义。用“辩证唯物主义”称谓马克思主义哲学，是为了凸显马克思新唯物主义的辩证法维度及其批判性和革命性。正如马克思所说：“辩证法在对现存事物的肯定的理解中同时包含对现存事物的否定的理解，即对现存事物的必然灭亡的理解；辩证法对每一种既成的形式都是从不断的运动中，因而也是从它的暂时性方面去理解；辩证法不崇拜任何东西，按其本质来说，它是批判的和革命的。”② 与辩证唯物主义并列，加上“历史唯物主义”来称谓马克思主义哲学，是为了凸显马克思新唯物主义的历史性维度及其彻底性和完备性。正如列宁所说：“马克思加深和发展了哲学唯物主义，而且把它贯彻到底，把它对自然界的认识推广到对**人类社会**的认识。”“马克思的哲学是完备的哲学唯物主义”③。

总之，马克思主义哲学是以科学的实践观为基础的辩证唯物主义和历史唯物主义的统一。

三、以彻底的批判性为标志的科学性和革命性的统一

哲学不同于科学。哲学是某个阶级的思想家的观点、学说，但未必都是对客观世界的真理性认识。但是，哲学同科学又有内在联系。任何科学都以研究和把握某种规律为己任，哲学也以其独特的视角研究和把握某种规律。黑格尔指出：“科学，特别是哲学的任务，诚然可以正确地说，在于从偶然

① 《马克思恩格斯选集》第 3 卷，385、400 页。

② 《马克思恩格斯全集》第 23 卷，24 页。

③ 《列宁选集》第 2 卷，311 页。

性的假象里去认识潜蕴着的必然性。”① “哲学是关于真理的客观科学，是对于真理之必然性的科学”②。

就马克思主义哲学而言，它以人与世界的关系为对象，通过对自然科学和社会科学的反思，揭示了外部世界和人类思维的运动的一般规律。从这个意义上说，马克思主义哲学是科学，具有严格的科学性。马克思主义哲学不仅同实践活动相结合，而且同科学活动紧密联系，深入到自然科学和社会科学的基本领域。正如后现代主义大师詹姆逊（又译詹明信）所说，“马克思主义业已充分渗透到各个学科的内部，在各个领域存在着、活动着，早已不是一种专业化的知识或思想分工了”。“马克思主义的‘特权’在于它总是介入并斡旋于不同的理论符号之间，其深入全面，远非这些符号本身所能及”③。

马克思主义哲学又具有坚定的革命性，这首先表现为它的无产阶级的阶级性。马克思并不是一个以哲学为职业的哲学家，而“首先是一个革命家”，是哲学家和革命家的完美结合，“他毕生的真正使命，就是以这种或那种方式参加推翻资本主义社会及其所建立的国家设施的事业，参加现代无产阶级的解放事业，正是**他**第一次使现代无产阶级意识到自身的地位和需要，意识到自身解放的条件”④；马克思主义哲学并不是以知识论为核心的哲学，而首先是资本批判和社会革命的理论，是知识体系与革命理论的高度统一，“就这种批判代表一个阶级而论，它能代表的只是这样一个阶级，这个阶级的历史使命是推翻资本主义生产方式和最后消灭阶级。这个阶级就是无产阶级”⑤。“哲学把无产阶级当做自己的**物质**武器，同样，无产阶级也把哲学当做自己的**精神**武器”⑥。马克思主义哲学不是少数人的哲学，也不是所有人的哲学，更不是持所谓的“价值中立”立场的哲学，而是无产阶级的哲学，其理论主题就是无产阶级和人类解放。

马克思主义哲学的革命性又表现为它的实践性。黑格尔曾经把哲学比喻为黄昏时起飞的“猫头鹰”，强调哲学是一种事后的思考，即仅仅对已成之

---

① 黑格尔：《小逻辑》，贺麟译，304页，北京，商务印书馆，1980。

② 黑格尔：《哲学史演讲录》第1卷，贺麟等译，17-18页。

③ 詹明信：《晚期资本主义的文化逻辑》，陈清侨译，20、22页，北京，生活·读书·新知三联书店，1997。

④ 《马克思恩格斯选集》第3卷，1003页。

⑤ 《马克思恩格斯全集》第23卷，18页。

⑥ 《马克思恩格斯选集》第1卷，16页。

事的反思。马克思则把自己的哲学比喻为迎接黎明的“高卢雄鸡”，强调哲学改变世界的功能。从黑格尔的“猫头鹰”到马克思的“高卢雄鸡”，形象地表明了马克思主义哲学不同于以往一切哲学的特点——实践性。“哲学家们只是用不同的方式**解释**世界，问题在于**改变**世界。”① 正因为如此，马克思主义哲学关注的重心就是改变世界的实践活动及其内在规律，并把实践的观点作为自己首要的和基本的观点。在这个意义上，马克思主义哲学又是实践唯物主义。“对**实践的**唯物主义者即**共产主义者**来说，全部问题都在于使现存世界革命化，实际地反对并改变现存的事物。”② 马克思主义哲学是解释世界与改变世界、理论与实践的高度统一。

马克思主义哲学的科学性和革命性具有内在的统一性。马克思主义哲学之所以具有严格的科学性，是因为它本身就是对科学的反思和概括，并揭示了外部世界和人类思维的运动的一般规律，尤其是历史规律；马克思主义哲学之所以具有坚定的革命性，就是因为它是以严格的科学性为前提的，“科学越是毫无顾忌和大公无私，它就越符合工人的利益和愿望”③。马克思主义哲学是革命性和科学性的高度统一。正如列宁所说，马克思主义“对世界各国社会主义者所具有的不可遏止的吸引力，就在于它把严格的和高度的科学性（它是社会科学的最新成就）同革命性结合起来，并且不仅仅是因为学说的创始人兼有学者和革命家的品质而偶然地结合起来，而是把二者内在地和不可分割地结合在这个理论本身中”④。

马克思主义哲学的科学性和革命性及其统一性集中体现为它的彻底的批判性。彻底的批判性是马克思主义哲学的精神实质。早在马克思主义哲学创立之初，马克思就提出：要建构一种“批判的哲学”⑤，“**对现存的一切进行无情的批判**”，“在批判旧世界中发现新世界”⑥，从而“对当代的斗争和愿望作出当代的自我阐明”⑦，并明确指出：“**彼岸世界的真理**消逝以后，**历史的任务**就是确立**此岸世界的真理**。人的自我异化的**神圣形象**被揭穿以后，揭露**非神圣形象**中的自我异化，就成了为历史服务的**哲学**的迫切**任务**。于是对天

① 《马克思恩格斯选集》第1卷，136页。

② 《马克思恩格斯选集》第1卷，155页。

③ 《马克思恩格斯选集》第4卷，265页。

④ 《列宁选集》第1卷，83页，北京，人民出版社，2012。

⑤ 《马克思恩格斯全集》第1卷，418页。

⑥ 《马克思恩格斯全集》第1卷，416页。

⑦ 《马克思恩格斯全集》第1卷，418页。

国的批判就变成对尘世的批判，对**宗教的批判**就变成对**法的批判**，对**神学的批判**就变成对**政治的批判**”①。马克思主义哲学就是这样一种“为历史服务的哲学”，它是哲学批判与政治批判的高度统一，是哲学批判与意识形态批判的高度统一，是哲学批判与资本批判的高度统一。正是在这种多重批判中，马克思主义哲学发现了现实的社会存在，发现了人的自我异化的秘密所在，发现了实现无产阶级和人类解放的现实道路。正因为如此，马克思把自己的新唯物主义称为“**真正**批判的世界观”②；列宁把马克思的新唯物主义称作“批判的唯物主义”③。

马克思主义哲学不仅以批判的态度对待资本主义社会，而且以批判的精神对待社会主义社会，认为社会主义社会也是一个需要不断改革的社会；马克思主义哲学不仅以批判的态度对待其他哲学思潮，而且以批判的精神对待自己的理论，进行自我批判。马克思主义哲学从不故步自封，把自己的理论看作最终完成的终极真理体系。历史已经证明，凡是以终极真理自诩的思想体系，如同希图万世一系的封建王朝一样，无一不走向没落。马克思主义哲学不会重蹈这些思想体系的覆辙，其根本保证就在于，它自觉地植根于实践之中，以批判的态度对待现存事物、哲学思潮，以批判的精神对待自己的理论，以强烈的历史感和责任感，依据实践的发展和科学的进步，创造性地发展自己的理论，并及时修正某些被实践证明业已陈旧的观点和结论。马克思主义哲学的批判性使它成为一个不断发展的理论体系。

列宁自觉地意识到：“对于俄国社会党人来说，尤其需要**独立地**探讨马克思的理论，因为它所提供的只是总的**指导**原理，而这些原理的应用**具体地说**，在英国不同于法国，在法国不同于德国，在德国又不同于俄国。”④ 因此，“我们决不把马克思的理论看做某种一成不变的和神圣不可侵犯的东西；恰恰相反，我们深信：它只是给一种科学奠定了基础，社会党人如果不愿落后于实际生活，就**应当**在各方面把这门科学推向前进”⑤。在领导俄国革命的过程中，列宁始终把马克思主义同俄国具体实际相结合，并反思和概括了自然科学的最新成就，在“各方面”全面地发展了马克思主义哲学，把马克思主义哲学推向了一个新的阶段——列宁主义阶段。

---

① 《马克思恩格斯全集》第1卷，453页。

② 《马克思恩格斯全集》第3卷，261页，北京，人民出版社，1960。

③ 《列宁全集》第1卷，368页，北京，人民出版社，1984。

④ 《列宁选集》第1卷，274-275页。

⑤ 《列宁选集》第1卷，274页。

毛泽东明确提出了马克思主义中国化这一重大的历史课题。在实现马克思主义中国化第一次历史性飞越过程中，毛泽东把马克思主义同中国具体实际相结合，对一系列独创性的经验做了哲学概括；同时，又总结、继承了“从孔夫子到孙中山”的“珍贵的遗产”①，从而深刻地阐述了以实践为基础的认识活动发展规律，系统地阐述了唯物辩证法的根本规律——对立统一规律，使马克思主义哲学“取得民族形式”，具有“中国的特性”“中国作风和中国气派”，形成了马克思主义哲学的中国形态——毛泽东哲学思想，创造性地发展了马克思主义哲学，尤其是马克思主义认识论和辩证法。

邓小平深刻总结了中国社会主义实践的历史经验、世界社会主义运动历史经验，明确指出：“搞社会主义一定要遵循马克思主义的辩证唯物主义和历史唯物主义”②；同时，又强调必须把马克思主义同中国具体实际相结合，“马克思主义必须是同中国实际相结合的马克思主义，社会主义必须是切合中国实际的有中国特色的社会主义”③，从而创立了中国特色社会主义理论。邓小平理论、“三个代表”重要思想、科学发展观，形成了中国特色社会主义理论体系，实现了马克思主义中国化第二次历史性飞跃，并以其独特的哲学思想发展了马克思主义哲学。

习近平把马克思主义同中国具体实际相结合，同中华优秀传统文化相结合，坚持毛泽东思想、邓小平理论、“三个代表”重要思想、科学发展观，深刻总结并充分运用中国共产党成立以来的历史经验，从新的实际出发，对关系新时代党和国家事业发展的一系列重大理论问题、实践问题进行深邃思考和科学判断，以全新的视野深化了对共产党执政规律、社会主义建设规律、人类社会发展规律以及人与自然关系的认识，取得一系列重大的理论创新成果，创立了习近平新时代中国特色社会主义思想。习近平新时代中国特色社会主义思想是当代中国马克思主义、21 世纪马克思主义，是中国文化和中国精神的时代精华，实现了马克思主义中国化第三次历史性飞跃，并以一系列原创性的哲学思想发展了马克思主义哲学。

20 世纪二三十年代，在欧洲产生了“西方马克思主义”这一社会思潮，并先后发展出“弗洛伊德的马克思主义”“存在主义的马克思主义”“结构主义的马克思主义”“新实证主义的马克思主义”等流派。西方马克思主义试

① 《毛泽东选集》第 2 卷，534 页，北京，人民出版社，1991。
② 《邓小平文选》第 3 卷，118 页，北京，人民出版社，1993。
③ 《邓小平文选》第 3 卷，63 页。

图用现代西方哲学的理论成果重释马克思主义哲学，“重建马克思主义”，并以此批判当代资本主义社会。在这个过程中，西方马克思主义在一些重要问题上偏离了马克思主义哲学，同时，又在一些重要问题上深化了马克思主义哲学的具体观点，深化了对资本主义生产方式运动规律的认识。正如习近平所说：“当代世界马克思主义思潮，一个很重要的特点就是他们中很多人对资本主义结构性矛盾以及生产方式矛盾、阶级矛盾、社会矛盾等进行了批判性揭示，对资本主义危机、资本主义演进过程、资本主义新形态及本质进行了深入分析。这些观点有助于我们正确认识资本主义发展趋势和命运，准确把握当代资本主义新变化新特征，加深对当代资本主义变化趋势的理解。”①

历史上的许多思潮流派、理论体系都随着其创始人的逝世而逐步走向衰亡。马克思主义哲学不是这样。马克思主义哲学自觉地植根于实践，并以批判的精神对待自己，正因为如此，马克思、恩格斯逝世之后，一批又一批、一代又一代后继者以新的实践为基础，从不同方面、在不同程度上推进和发展了马克思主义哲学。马克思主义哲学就是由马克思、恩格斯所创立，为他们的后继者不断发展的关于无产阶级和人类解放的学说。批判与自我批判，这是马克思主义哲学的精神实质，并具有内在的当代意义。后现代主义大师德里达指出：“要想继续从马克思主义的精神中吸取灵感，就必须忠实于总是在原则上构成马克思主义而且首要地是构成马克思主义的一种激进的批判的东西，那就是一种随时准备进行自我批判的步骤。这种批判在原则上显然是自愿接受它自身的变革、价值重估和自我阐释的。”在当代，“求助于某种马克思主义的批判精神”②。

第三节　学习马克思主义哲学的意义

哲学是“文明的活的灵魂”③，是民族文化的核心。所以，世界上许多国家都重视哲学教育。在西方，哲学课已成为面向高等学校各专业学生的选修

① 《习近平谈治国理政》第 2 卷，67 页，北京，外文出版社，2017。

② 德里达：《马克思的幽灵：债务国家、哀悼活动和新国际》，何一译，124、122 页，北京，中国人民大学出版社，1999。

③ 《马克思恩格斯全集》第 1 卷，121 页。

课。中国自古以来就重视哲学教育。在中国，启蒙教育和哲学教育几乎是同步的。从《三字经》中的“人之初，性本善；性相近，习相远”，到《幼学琼林》中的“混沌初开，乾坤始奠”，既是识字教育，又是世界观、人生观的启蒙教育。马克思主义哲学是科学的世界观和方法论，学习马克思主义哲学具有重要的意义。

一、确立辩证的思维方式

英国著名科技史专家李约瑟曾用大量事实表明，17 世纪之前，无论在科学技术上，还是在思维方式上，中国都走在世界前列。“当希腊人和印度人很早就仔细地考虑形式逻辑的时候，中国人则一直倾向于发展辩证逻辑。”① 然而，17 世纪以后，中国却落后于欧洲的发展，这一现象在鸦片战争之后变得更为突出。李约瑟把这一现象称为“历史的倒转”。“历史的倒转”值得我们深思。要把这一“历史的倒转”再倒转过来，就必须确立辩证的思维方式。黑格尔认为，“辩证法构成科学进展的推动的灵魂”，“是知识范围内一切真正科学认识的灵魂”②。恩格斯指出，“对于现今的自然科学来说，辩证法恰好是最重要的思维形式”③。“一个民族要想站在科学的最高峰，就一刻也不能没有理论思维。”④ 实际上，一个民族要想走在时代的前列，是不能离开理论思维的。这种“理论思维无非是才能方面的一种生来就有的素质。这种才能需要发展和培养，而为了进行这种培养，除了学习以往的哲学，直到现在还没有别的办法”⑤。因此，我们应当学习哲学，尤其是马克思主义哲学，掌握辩证的思维方式。

所谓思维方式，就是指人们用以把握、理解和解释事物的概念框架的组合方式和运作方式。人们通常所说的“收敛的思维方式”与“发散的思维方式”、“形象的思维方式”与“抽象的思维方式”、“形而上学的思维方式”与“辩证的思维方式”等，都是指概念框架的组合方式和运作方式。与形而上学的思维方式不同，辩证的思维方式“在考察事物及其在观念上的反映时，本质上是从它们的联系、它们的联结、它们的运动、它们的产生和消逝方面

---

① 李约瑟：《中国科学技术史》第 3 卷，《中国科学技术史》翻译小组译，337 页，北京，科学出版社，1979。

② 黑格尔：《小逻辑》，贺麟译，177 页。

③ 《马克思恩格斯选集》第 3 卷，874 页。

④ 《马克思恩格斯选集》第 3 卷，875 页。

⑤ 《马克思恩格斯选集》第 3 卷，873 页。

去考察的”[①]。现代科学表明，要精确地描绘世界的发展和人类的发展，“就只有用辩证的方法，只有不断地注意生成和消逝之间、前进的变化和后退的变化之间的普遍相互作用才能做到”[②]。因此，恩格斯认为，随着现代科学发展，必然产生一个“复归”辩证思维的运动，即“回到辩证法”[③]。

在恩格斯看来，这一“复归”辩证思维的运动可以有两条不同的道路：一条是由于自然科学本身的发展而“自然地实现”；一条是借助“辩证的哲学”帮助而自觉地实现。20 世纪科学以及哲学的发展证实了恩格斯这一观点的真理性、预见性，证实了上述由于科学的发展而“自然地实现”和借助“辩证的哲学”帮助而自觉地实现这两条道路同时在起作用。随着经典科学的非经典化，随着系统论、控制论、信息论等新科学的产生，随着“相对性原则”“测不准原理”“互补性原理”等为科学思维所承认和运用，人类思维出现了向辩证思维新的“复归”运动，即“回到辩证法”。这再次表明，辩证法是“最重要的思维形式”。因此，我们应有高度的自觉，确立辩证的思维方式。

为了确立辩证的思维方式，我们应当学习、把握“辩证思维的主要形式”“辩证思维的基本规律”，即“辩证逻辑”。列宁对辩证逻辑提出了基本要求：“辩证逻辑则要求我们更进一步。要真正地认识事物，就必须把握住、研究清楚它的一切方面、一切联系和‘中介’，我们永远也不会完全做到这一点，但是，全面性这一要求可以使我们防止犯错误和防止僵化。这是第一。第二，辩证逻辑要求从事物的发展、‘自己运动’（像黑格尔有时所说的）、变化中来考察事物……第三，必须把人的全部实践——作为真理的标准，也作为事物同人所需要它的那一点的联系的实际确定者——包括到事物的完整的‘定义’中去。第四，辩证逻辑教导说，‘没有抽象的真理，真理总是具体的’”[④]。

确立辩证的思维方式，既要尊重常识，又要超越常识。所谓常识，就是那种普通的、平常的，但又经常的甚至持久起作用的知识。常识的最大特点就在于，它来源于日常生活经验，符合日常生活经验，又适用于日常生活经验，是人们的个体经验中积淀起来的共同经验，因而能够满足人们日常生活

① 《马克思恩格斯选集》第 3 卷，397 页。
② 《马克思恩格斯选集》第 3 卷，398 页。
③ 《马克思恩格斯选集》第 3 卷，841 页。
④ 《列宁选集》第 4 卷，419 页，北京，人民出版社，2012。

的需要。正因为如此，常识“在日常应用的范围内”是“极可尊敬的东西”。问题在于，常识“一跨入广阔的研究领域，就会碰到极为惊人的变故”①。例如，在日常生活中，我们知道，“是就是，不是就不是”②，但在“广阔的研究领域”③“进行较精确的研究”时，我们就会发现，“某种对立的两极，例如正和负，既是彼此对立的，又是彼此不可分离的，而且不管它们如何对立，它们总是互相渗透的”④。正是这种对立统一关系推动着事物的运动变化发展，使“任何一个有机体，在每一瞬间都既是它本身，又不是它本身”⑤。

人一生下来，就处在常识的包围中，是在常识的“哺育”下成长起来的。当常识逐渐占据人们的心灵，它就成为人们所熟知的东西，成为思考的支点。问题在于，熟知并非真知。“哲学的特点，就在于研究一般人平时所自以为很熟悉的东西。一般人在日常生活中，不知不觉间曾经运用并应用来帮助他生活的东西，恰好就是他所不真知的，如果他没有哲学的修养的话”⑥。同时，“常识包括有它的时代的共同意见”，因而成为这个时代的“思维方式”；作为这个时代的“共同意见”“思维方式”，常识往往又“包含着这个时代的一切偏见”⑦。因此，常识往往又成为人们思维的“盲区”。科学史和哲学史一再启示我们，科学和哲学就是对常识的不断冲击、突破和超越，人类思想的任何进步都是在突破和超越常识的过程中实现的。

在日常生活中，常识是人们思考的支点，而不是思考的对象；在哲学思维的关系中，常识则成为哲学反思、批判的对象，换言之，哲学不是常识的“延伸”“概括”，而是对常识的反思、批判和超越。因此，我们应当认真学习哲学，尤其是马克思主义哲学，确立辩证的思维方式，从而拥有常识，又不迷信常识；运用常识，而又随时准备超越常识。

二、确立正确的人生观

人生观就是关于人生的根本观点。在现实生活中，人们必然对自身存在的有关问题，如人究竟为什么活着、人活着有什么价值、人怎样活着才有意义，以及自己应该成为一个什么样的人等问题产生看法。对于这些问题的不

---

① 《马克思恩格斯选集》第3卷，396页。
② 《马克思恩格斯选集》第3卷，396页。
③ 《马克思恩格斯选集》第3卷，396页。
④ 《马克思恩格斯选集》第3卷，397页。
⑤ 《马克思恩格斯选集》第3卷，397页。
⑥ 黑格尔：《哲学史演讲录》第1卷，贺麟等译，25页。
⑦ 黑格尔：《哲学史演讲录》第2卷，贺麟等译，33页，北京，商务印书馆，1960。

同回答，就形成了不同的人生观。

人生观的问题根源于人的特殊的存在方式，以及由此构成的特殊矛盾。人是源于自然的存在，然而，源于自然的人类又是超越自然、寻求自由的社会存在，这就构成了人的存在与自由的矛盾；人是现实的存在，然而，现实的人却不满足人的现实，总是想把现实变为人所希望和向往的现实，这就构成了人的理想与现实的矛盾；人的个体生命是有限的，然而，人总是力图以某种追求去超越有限的生命，让人的生命显示其历史意义，这就构成了人的生命的有限性与无限性的矛盾。自由与必然、理想与现实、有限与无限的矛盾推动了人本身的发展，不断深化着人对自身的理解，从而形成具有丰富内容的人生观。

一个人的人生观的形成和确立，是各种条件影响的结果。人们所处的社会关系、生活环境，个人的经历以及所受的教育等，都与人生观的形成有密切的关系，特别是个人的经济地位更为重要。但是，自发形成的人生观一般是零散的、模糊的和不稳定的。理论形态的世界观从总体上揭示了人与世界的关系，说明了人在世界中的地位和作用，阐述了人的生命的意义和价值，它通过对人的实践活动和认识活动的规范、引导，实际地塑造人们的行为方式乃至整个生活方式。因此，要确立自觉的、系统的人生观，就需要以理论化、系统化的世界观引导。一般说来，有什么样的世界观，就会有什么样的人生观。

如果说宗教作为一种世界观是关于人的“死”的观念，是讲“生”如何痛苦，死后如何升天堂的，那么，哲学作为一种世界观则是关于人的“生”的学问，是教人们如何生存，如何生活得有意义、有价值的。哲学总是关注“人生在世”的大问题，求索天、地、人的人与自然关系之辩，探讨你、我、他的人与社会关系之辩，反思知、情、意的人与自我关系之辩，追寻真、善、美的人与生活关系之辩，凝结成作为世界观和人生观相统一的哲学范畴，从而构成了人生的“最高支撑点”。只有哲学才能真正“看透”人生，解答“人生之谜”。

马克思主义哲学关注的是“现实的人及其历史发展”[①]。按照马克思主义哲学的观点，现实的人不能脱离现实世界，人既然生活在自然中，就必然产生一个人与自然的关系问题；人既然生活在社会中，就必然产生一个人与社会的关系问题。人生观的核心是解决“自我”的问题。可是，在人与自我的

① 《马克思恩格斯选集》第4卷，247页。

关系中必然渗透着人与自然、人与社会的关系，对人生的不同看法必然包含着对人与自然的关系、人与社会的关系问题的不同理解。饮食男女本是一种自然现象，可“朱门酒肉臭，路有冻死骨”却是一种社会现象。罗密欧与朱丽叶式的爱情悲剧、周文雍和陈铁军“刑场上的婚礼”的爱情故事如此激动人心，并不是因为爱情是两个自然人之间的私情，而是其中的社会内涵。“人生自古谁无死，留取丹心照汗青”这一千古绝句表明，人的死本身属于自然规律，死的意义却属于历史规律。英雄与小丑、流芳百世与遗臭万年的分界线就在于：你是如何把握和处理人与历史规律的关系的。凡是顺历史规律而动、推动社会发展者，是英雄，流芳百世；凡是逆历史规律而动、阻碍社会发展者，是小丑，遗臭万年。

马克思主义哲学正是从人与自然、人与社会的双重关系，即人与世界的关系中去把握人本身的，并明确指出：“作为**确定的人**，现实的**人**，**你**就有**规定**，就有使命，就有任务，至于**你**是否意识到这一点，那都是无所谓的。这个任务是由于**你的**需要及其与现存世界的联系而产生的。”① 这就是说，对人生问题的理解有赖于对人与自然、人与社会，即人与世界关系的理解。对人与世界总体关系的理解和把握就是世界观。因此，人生观与世界观密切相关。

人生观是个哲学问题，而不是科学问题。数学、物理学、化学、医学、生物学、考古学等都不可能解答“人生之谜”。再好的望远镜看不到这个问题，倍数再高的显微镜看不透这个问题，再先进的计算机也算不出这个问题……所以，我们既要“为学”，又要“为道”。“为学”，就是学习专业知识。学习专业知识可以使人成为某一方面的专业人才，学物理学的能够成为物理学家，学经济学的能够成为经济学家，等等。可是，单纯的“为学”又有局限性，因为它能够把人培养成专业人才，但又往往把人局限在某个专业之内。所以，我们还要“为道”，即学哲学。学哲学能使我们具有独到的眼界，正是这种独到眼界使我们能够从对立中看到统一，从肯定中看到否定，从偶然中看到必然，从有限中看到无限……善于在人与自然、人与社会、理想与现实、真理与价值、自由与必然等多重关系中寻求生命的价值和意义，从而确立正确的人生观。

人生观与价值观也密切相关。价值观涉及社会生活的各个方面，其核心是对事物和人生的评价。作为世界观的理论形态，哲学不仅包含对世界的本

---

① 《马克思恩格斯全集》第3卷，329页。

质、规律的认识和理解，而且包含着对事物意义的理解和评价，对人生的意义和价值的评价。如前所述，哲学对事物的认识不是止于对其规律的认识，而是进入对事物的意义和价值的认识，明确事物对人的生存、发展的意义和价值。马克思主义哲学对人与世界关系的探索，从根本上说，就是为人的思想和行为提供根本的标准或尺度，也就是为人的活动提供“最高支撑点”。如何看待人与世界的关系、怎样评价人与世界的关系，这是激发人们进行哲学思考的深层理论问题。这一问题也就是价值观问题。

世界不会自动地满足人，人以自己的活动让世界满足自己。这就是人与世界的价值关系。当人以改变世界的方式来维持和发展自身的存在之后，价值就贯穿于人类的全部活动之中，作为目的性要求制约着人的全部活动，并使人与世界具有了价值关系。马克思主义哲学并不是孤立地从认知关系去理解和解释人与世界的关系的，相反，它认为人对世界的认知关系本身就蕴涵着人对世界的价值关系。

价值观既是如何看待人与世界关系的理论与方法，更是怎样评价人与世界关系的理论与方法。价值观的深层意义就在于，它是对人的思想和行为根本标准或尺度的哲学反思。人的生命活动是创造意义的活动，然而，究竟什么是有意义的，什么是无意义的，怎样做是有意义的，怎样做是无意义的，区分有意义与无意义的根据是什么，评价有意义与无意义的标准是什么，在社会与自然、个人与社会、理想与现实、进步与代价等诸种矛盾中，如何确立评价的标准和选择的根据等，都属于价值观范畴，同时，也是人生观问题。

这表明，从人生观和价值观的统一中去理解人生，确立正确的人生观，不仅具有深刻的理论意义，也具有显著的现实意义。

三、确立中国特色社会主义的政治信念

马克思主义的社会主义，即科学社会主义与马克思主义哲学具有内在的联系。社会主义社会的“首要任务”“主要任务”“根本任务”是发展生产力，确认发展生产力是社会主义社会的绝对的、必需的实际前提，是科学社会主义的基本原则；而确认生产力是社会发展的“主要标准”，同样是历史唯物主义的基本原则；社会主义制度与资本主义制度之间“具有决定意义的差别当然在于，在实行全部生产资料公有制（先是国家的）基础上组织生产”①，确认生产资料公有制是社会主义社会的经济基础，是科学社会主义的

① 《马克思恩格斯选集》第4卷，601页。

基本原则，而确认以对“生产资料的公共占有”① 为基础，实现“联合起来的个人对全部生产力的占有”②，同样是历史唯物主义的基本原则；马克思主义哲学从总体上把握人与自然、人与人（社会）的关系，而共产主义就是“人和自然界之间、人和人之间的矛盾的**真正**解决”③，所以，马克思认为，“实践的唯物主义者”也就是“共产主义者”；确立有“个性的个人”，实现人的全面而自由发展，是马克思主义哲学所指向的社会发展的目标，而促进人的全面发展是马克思主义关于建设社会主义新社会的本质要求。1894 年，意大利社会党人卡内帕请恩格斯找一段话作为《新纪元》的题词，以表征社会主义社会的本质特征。为此，恩格斯从《共产党宣言》找出这样一段话，即“代替那存在着阶级和阶级对立的资产阶级旧社会的，将是这样一个联合体，在那里，每个人的自由发展是一切人的自由发展的条件”，并认为除了这段话，“再也找不出合适的了”④。

马克思主义哲学是科学社会主义的理论基础，并蕴涵着科学社会主义的基本原则。只有深入学习马克思主义哲学，才能深刻把握科学社会主义，确立中国特色社会主义的政治信念。

哲学不等于政治，哲学家不是政治家，有的哲学家甚至想方设法远离甚至脱离政治，但政治需要哲学。脱离了哲学，没有经过哲学论证的政治缺乏理念、逻辑力量和精神支柱，因而缺乏说服力、凝聚力和引导力，很难得到人们的认同和拥护。同时，哲学也不可能脱离政治。哲学总是具有自己特定的政治背景，总是以自己的独特方式蕴涵着政治，总是具有这样或那样的政治效应。法国启蒙哲学为法国资产阶级革命鸣锣开道，德国古典哲学为德国资产阶级摇旗呐喊，即使是高深莫测、被一些学者认为是“纯粹哲学”的解构主义也不例外。用解构主义大师德里达的话来说就是，解构主义是通过解构既定的话语结构挑战既定的历史传统和现实的政治结构。

马克思主义哲学一开始就是同“政治批判”结合在一起的，并认为哲学和政治的“联盟是现代哲学能够借以成为真理的唯一联盟”⑤。从根本上说，哲学就是以抽象的概念运动反映现实的社会运动、特定的经济关系和政治关系，因而它总是具有这种或那种政治效应；更重要的是，哲学与时代的统一

---

① 《马克思恩格斯选集》第 4 卷，362 页。
② 《马克思恩格斯选集》第 1 卷，210 页。
③ 《马克思恩格斯全集》第 42 卷，120 页。
④ 《马克思恩格斯选集》第 4 卷，647 页。
⑤ 《马克思恩格斯全集》第 27 卷，443 页，北京，人民出版社，1972。

性首先是通过它的政治效应实现的，所以，哲学变革总是政治变革、社会变革的先导。马克思主义哲学是科学性和革命性的高度统一。学习马克思主义哲学，就是要使我们既具有深沉的哲学智慧，又具有敏锐的政治意识，从而确立中国特色社会主义的政治信念。

中华民族曾创造了灿烂而独特的古代文明，为人类社会的发展做出了不可磨灭的重大贡献。近代以来，由于西方资本主义的入侵和封建统治的腐败，中国逐步沦为半殖民地半封建社会。因此，争取民族独立、人民解放和实现国家富强就成为近代以来中国人民的历史任务，凝聚着几代中国人的思索与奋斗、光荣与梦想。然而，无论是农民战争，还是洋务运动，无论是戊戌变法，还是辛亥革命，都没有也不可能完成这一历史任务。正是在“山穷水尽诸路皆走不通”的情况下，“十月革命一声炮响，给我们送来了马克思列宁主义。十月革命帮助了全世界的也帮助了中国的先进分子，用无产阶级的宇宙观作为观察国家命运的工具，重新考虑自己的问题。走俄国人的路——这就是结论”①。“走俄国人的路”，就是走社会主义道路。历史已经证明，只有社会主义才能救中国，只有社会主义才能发展中国。中国走上社会主义道路既是历史的必然，又是中国人民的自觉选择，是二者的高度统一。

社会主义制度在中国确立之后，建设社会主义现代化国家和实现中华民族的伟大复兴就成为中国人民的历史任务，凝聚着当代中国共产党人和中国人民的思索与奋斗、光荣与梦想。基于对社会发展和国家前途命运的深刻把握，对社会主义革命和建设实践的深刻总结，对时代潮流的深刻洞察，对人民群众期盼和需要的深刻体悟，中国共产党开启了改革开放，带领中国人民走上了中国特色社会主义道路。“把马克思主义的普遍真理同我国的具体实际结合起来，走自己的道路，建设有中国特色的社会主义，这就是我们总结长期历史经验得出的基本结论。”②“走自己的路”，就是走中国特色社会主义道路。历史已经并正在证明，只有中国特色社会主义才能代表中国的未来，只有坚持和发展中国特色社会主义才能实现中华民族伟大复兴。走中国特色社会主义道路既是历史的必然，又是中国人民的自觉选择，是二者的高度统一。

马克思主义不仅深刻改变了世界，而且深刻改变了中国。“马克思主义为中国革命、建设、改革提供了强大思想武器，使中国这个古老的东方大国

① 《毛泽东选集》第4卷，1471页，北京，人民出版社，1991。

② 《邓小平文选》第3卷，3页。

创造了人类历史上前所未有的发展奇迹。”① 因此，我们只有认真学习马克思主义哲学，深刻把握这一科学的世界观和方法论，才能深刻理解中国革命、建设、改革的历史进程及其规律，才能深刻理解中国人民、中华民族的历史命运，从而真正确立中国特色社会主义的政治信念。

中国特色社会主义，是马克思主义理论逻辑和中国社会发展历史逻辑的高度统一。因此，学习马克思主义哲学，确立中国特色社会主义的政治信念，应当坚持理论联系实际的方法。理论联系实际既是马克思主义哲学的根本原则，也是学习马克思主义哲学的根本方法。马克思主义是科学，而不是启示录。马克思主义哲学没有也不可能提供有关当代一切问题的现成答案，相反，马克思主义哲学反对“教条式地预料未来”，并认为不同时代需要研究不同时代的现实生活和现实活动过程。“马克思的整个世界观不是教义，而是方法。它提供的不是现成的教条，而是进一步研究的出发点和供这种研究使用的方法。”②

毛泽东极为强调马克思主义哲学的方法论功能，曾把马克思主义哲学形象地比喻为望远镜和显微镜。习近平深悟毛泽东这一形象比喻的深刻内涵，并从“政治责任”的高度强调要“掌握马克思主义立场观点方法，以此作为政治上的望远镜和显微镜”③。学习和掌握了马克思主义哲学，我们就犹如有了望远镜，可以看得更远，高瞻远瞩；犹如有了显微镜，可以看得更细，见微知著，从而在理论与实际相结合的过程中确立中国特色社会主义的政治信念，自觉投身于建设中国特色社会主义的伟大实践中，为实现中华民族的伟大复兴做出自己应有的贡献。

---

① 习近平：《在纪念马克思诞辰200周年大会上的讲话》，14页，北京，人民出版社，2018。

② 《马克思恩格斯全集》第39卷，406页，北京，人民出版社，1974。

③ 《十七大以来重要文献选编》中，674页，北京，中央文献出版社，2011。

第二章 物质与世界

哲学要从总体上把握人与世界的关系，首先就要考察世界的本质是什么，世界上千姿百态、形态各异的事物是在什么基础上统一起来的，世界以什么样的形式存在和发展着的。这是一切哲学派别都必须回答的问题。马克思主义哲学认为，世界在本质上是物质的，自然、社会、人类及其意识都是在物质这一客观实在的基础上统一起来的，世界的统一性就在于它的物质性。

第一节　物质及其存在形式

唯物主义的基本前提，就是承认物在我们的意识之外并且不依赖于我们的意识而存在着。实践和科学不断地揭示、证实着外部世界的物质性。确认世界的物质统一性，确立科学的物质观，是马克思主义哲学的前提。

一、物质：标志客观实在的哲学范畴

物质范畴是唯物主义哲学关于世界本原和统一性的最高抽象，是唯物主义世界观的基石。然而，在不同的哲学体系中，“物质”具有不同的地位并被给予不同的解释，而且在哲学和科学中也有各自不同的理解和定义。“在20世纪，一方面唯物主义哲学（它把物质说成是唯一真正的实在）不仅在世界上许多国家成为现行官方世界观的组成部分，而且即使在西方哲学中，譬如在所谓身心讨论的范围内，也常常处于支配地位。但是另一方面，恰恰是物质这个概念始终是使这个世纪科学感到最困难、最难解决和最难理解的概念”①。实际上，对物质概念理解的困难古已有之，只是到了20世纪，由于科学革命之深刻、社会变革之剧烈所造成的复杂情况，使“物质比以前更加难以理解”罢了。同时，20世纪的科学革命和社会变革又进一步证实了物质的根本特征就是客观实在性。

就唯物主义哲学本身而言，对物质的理解也有一个发展过程。依据对物质认识的深度和广度，可以把唯物主义哲学划分为三种形态，即古代的朴素唯物主义、近代的形而上学唯物主义、现代的辩证唯物主义（历史唯物主义），这三种不同形态的唯物主义代表了对物质的哲学认识由低级到高级、由片面到全面的三个发展阶段。

古代朴素唯物主义从世界的“本原”“基质”“统一性”问题引出了物质问题，并把水、火、土、“元气”、“原子”等所谓的“原初物质”当作世界的本原。古代中国的“元气说”认为，一切有形的物体都由客观的元气所生成，元气构成了世界的本体。古希腊的“原子论”认为，世界万物都是由不可分割的原子和虚空构成的，原子因此成为世界的本体。古代朴素唯物主义试图说明世界的物质性，这在本质上是正确的。但是，这些观点只是一种猜测，在当时没有也不可能为科学所证实，而且把物质归结为某种具体的物质形态，实际上是把一般归结为个别，把问题简单化，使认识片面化了。

近代形而上学唯物主义以近代自然科学为依据解释世界的物质性，认为原子是物质结构的最深层次，是最小的物质单位，并由此把物质归结为原子，得出原子是世界的本原，原子的特性是一切物质的特性的结论。这就是形而上学唯物主义的物质观。形而上学唯物主义的物质观是对朴素唯物主义物质观的深化和发展，但又存在很大的缺陷：不理解特殊与一般、个性与共性的真实关系，把原子这一特殊的物质层次当作物质的一般，把原子的个性

① 施太格缪勒：《当代哲学主流》下卷，王炳文等译，536页，北京，商务印书馆，1986。

当作物质的共性，从而把特定历史条件下的关于物质结构的自然科学理论同哲学上的物质范畴混为一谈；割裂了自然界和人类社会的物质统一性，没有看到也不理解人类社会的物质性及其特征，从而在社会历史领域里陷入了唯心主义。

辩证唯物主义的物质观集中体现在列宁关于物质的经典定义中："物质是标志客观实在的哲学范畴，这种客观实在是人通过感觉感知的，它不依赖于我们的感觉而存在，为我们的感觉所复写、摄影、反映。""物质概念，除了表示我们通过感觉感知的客观实在之外，不表示任何其他东西。"① 这一物质定义的基本内涵是，物质的根本特征是客观实在性，"物质"是对一切可以从感觉上感知的事物共同本质的抽象。正如恩格斯所说，"物、物质无非是各种物的总和，而这个概念就是从这一总和中抽象出来的"，"'物质'和'运动'这样的词无非是**简称**，我们就用这种简称把感官可感知的许多不同的事物依照其共同的属性概括起来"②。因此，"物质本身是纯粹的思想创造物和纯粹的抽象。当我们把各种有形地存在着的事物概括在物质这一概念下的时候，我们是把它们的质的差异撇开了。因此，物质本身和各种特定的、实存的物质不同，它不是感性地存在着的东西"③。这说明，物质是各种具体实物的共性，物质范畴是从各种具体实物中抽象概括出来的普遍的哲学概念。

确认物质的根本属性是"客观实在性"，这就把"物质本身"与物质的具体形态、具体结构区分开来，把哲学的物质范畴与自然科学的物质结构理论区分开来；同时，由于"客观实在性"不仅概括了自然物质的根本属性，而且概括了社会物质的根本属性，这就为把唯物主义贯彻到历史领域奠定了理论基础。辩证唯物主义的物质定义言简意赅，包含了丰富的内容，具有多方面的意义。

第一，辩证唯物主义的物质观坚持了唯物主义一元论，同唯心主义一元论和二元论划清了界限。从物质与意识的对立统一关系中去把握物质、规定物质，是辩证唯物主义物质观的根本特点。物质与意识的关系是人类在认识活动和实践活动中所遇到的最普遍的关系、最基本的矛盾。正是从这个最普遍的关系、最基本的矛盾中，列宁对物质做出了最本质的规定，指明了物质

① 《列宁选集》第2卷，89、198页。

② 《马克思恩格斯选集》第3卷，939页。

③ 《马克思恩格斯全集》第20卷，598页，北京，人民出版社，1971。

对于意识的根源性，意识对于物质的派生性，体现出解决哲学基本问题的唯物主义立场。同时，这又表明，物质与意识的对立，“仅仅在承认什么是第一性的和什么是第二性的这个认识论的基本问题的范围内才有绝对的意义。超出这个范围，这种对立无疑是相对的”①。这是因为，意识本质上是对物质世界的反映，而反映者是不能同被反映者相脱离的。因此，意识不可能成为与物质绝对对立的、世界的另一个本原。这就既同唯心主义一元论划清了界限，又同二元论划清了界限。

第二，辩证唯物主义的物质观体现了本体论和认识论的高度统一，同不可知论划清了界限。物质这一客观存在是“人通过感觉感知的”，是可以通过对事物的“抽象概括”认识的，而不是不可捉摸、不可认识的“自在之物”。“物质”是对“各种物的总和”的抽象，“物质本身和运动本身还没有人看到过或以其他方式体验过；只有现实地存在着的各种物和运动形式才能看到或体验到”②，因此，“通过认识单个的物和单个的运动形式，也就相应地认识物质**本身**和运动**本身**”③，即认识到物质是标志客观实在的哲学范畴。“物质这个概念……在认识论上指的只是不依赖于人的意识而存在并且为人的意识所反映的客观实在”④。更重要的是，这种认识不断深化，认识的界限被不断地打破。这就是说，物质的具体形态、结构、特性是可变的、相对的，人们对物质的认识也是可变的、相对的，是不断深化的发展过程。辩证唯物主义的物质观表明，世界上只存在尚未认识的东西，不存在不可认识的东西。这就同不可知论划清了界限。

第三，辩证唯物主义的物质观体现了唯物主义与辩证法的统一，从理论前提上体现出与旧唯物主义物质观的本质不同。在辩证唯物主义中，物质不是作为一切事物的基础，不是作为物体性质的支撑者，而是对一切事物、过程所做的最高的哲学概括。“物质的**唯一**‘特性’就是：它是**客观实在**，它存在于我们的意识之外。”⑤ 指出客观实在性是一切物质的共性，既肯定了哲学的物质范畴同自然科学的物质结构理论的联系，又把它们区分开来，从而克服了形而上学唯物主义的缺陷。物质的具体形态、具体结构是物质的“个性”，是可变的、相对的；一切具体形态、不同结构的物质又都是客观实在，

① 《列宁选集》第2卷，108－109页。

② 《马克思恩格斯选集》第3卷，939页。

③ 《马克思恩格斯选集》第3卷，939－940页。

④ 《列宁选集》第2卷，192页。

⑤ 《列宁选集》第2卷，192页。

是不变的、绝对的。不管物质的形态、结构多么特殊和多变，它们都永远保持着客观实在这一共同的根本属性。辩证唯物主义的物质学说在唯物主义发展史上引起的变革是深刻的，以至于一些只熟悉旧唯物主义的哲学家、科学家竟认为，“辩证唯物主义不再是真正的唯物主义了”。

辩证唯物主义物质观的创立，标志着哲学物质观的现代转折，并且同当代科学的发展具有一致性。按照海森堡的观点，量子力学及其“测不准原理”并没有否定微观粒子的客观实在，而是表明微观粒子具有与宏观物体不同的特性。“无论如何不能说自然界中的事件依赖于我们对它们的观察。这只能说，科学处于人和自然之间”①。有关“客观实在”的研究仍是当代科学和哲学关注的焦点问题之一。围绕客观论与主观论、实在论与反实在论、还原论与反还原论的争论，归根到底，就是关于如何理解“客观实在”的争论，其实质是，在当代科学和哲学中如何深化对“客观实在”的理解问题。正是这一问题把马克思主义哲学的物质观同当代科学和哲学共同关心的问题联系起来了，并凸现了马克思主义哲学物质观的当代意义。

第四，辩证唯物主义的物质观体现了唯物主义自然观与唯物主义历史观的统一，在理论基础上体现出与旧唯物主义的本质不同。旧唯物主义承认“物质的自然”，它在对自然事物的说明中坚持了客观性原则，即把自然事物理解为独立于人的意识的客观存在。对于社会事物，旧唯物主义由于不理解人的实践活动是社会生活的本质，因而不能坚持客观性原则，不能正确理解“社会的物”、社会存在的客观实在性，结果把社会理解为一种主观的存在，把社会历史变成了所谓的“精神的历史”。这就制造了“物质的自然”与“精神的历史”对立的神话，旧唯物主义因此也成了“半截子”的唯物主义，即仅仅是自然观上的唯物主义。马克思主义哲学既以实践的观点为基础揭示了自然界的物质性，又以实践的观点为基础揭示了人类社会的物质性。换言之，辩证唯物主义的物质范畴不仅是对自然事物本质特征的抽象、概括，而且是对社会生活本质特征的抽象、概括，具有人们的“物质活动”“物质的社会关系”的内涵。正如列宁所说：“当阿·莱维说马克思认为同人类的‘现象的活动’相符合的是‘物的活动’，即人类的实践不仅具有（休谟主义和康德主义所谓的）现象的意义而且还具有客观实在的意义的时候，他的话在本质上是正确的。”② 这就是说，辩证唯物主义物质观的确立，建立起统一

① 海森堡：《严密自然科学基础近年来的变化》，180页，斯图加特，克莱特出版社，1959。

② 《列宁选集》第2卷，81页。

的说明自然过程和历史过程的唯物主义原则，实现了唯物主义自然观和唯物主义历史观的统一，使唯物主义成为彻底的、完备的理论。

二、物质运动与时间、空间

物质与运动密切相关、不可分割。物质是运动的载体，而运动是物质的属性，时间和空间则是运动着的物质或物质运动的存在形式。

运动是标志事物变化过程的哲学范畴。“运动，就它被理解为物质的存在方式、物质的固有属性这一最一般的意义来说，涵盖宇宙中发生的一切变化和过程，从单纯的位置变动直到思维。”① 在一定意义上说，辩证法就是关于外部世界和人类思维运动的一般规律的科学。

运动同物质一样，具有最大的广泛性和普遍性。不存在没有物质的运动，也不存在没有运动的物质；无运动的物质或无物质的运动都是不可设想的。物质和运动不可分割地联系着。物质是运动的担当者，是一切运动的实体基础；运动是物质所固有的属性，是一切物质形态的存在方式。

物质是运动的，没有不运动的物质，这说明运动是普遍的、永恒的和无条件的，因而是绝对的；物质又有某种静止的状态和稳定的形态，但这种静止和稳定总是暂时的、有条件的，因而是相对的。正是在这一意义上，静止是运动的一种特殊状态。运动的绝对性与静止的相对性是物质运动的两个属性，我们既要重视绝对运动，又要关注相对静止，在坚持运动绝对性的前提下，肯定静止相对性的重要作用。离开相对静止来谈运动，就会使一切变成不可捉摸、无法认识的东西，从而导致相对主义和诡辩论。

物质又是在时间和空间中运动的。所谓时间，是指物质运动过程的持续性、顺序性，是物质运动节律的体现。物质运动的这种节律表现为：一事物存在和一种运动过程进行的久暂，一事物和另一事物、一种运动过程和另一种运动过程依次出现的先后顺序。时间的特点是一维性或不可逆性，即时间只有从过去、现在到将来一个方向，它的流逝总是沿着单向前进，去而不返，不可逆转。所谓“机不可失，时不再来”，就是人们对时间不可逆性的体验。空间是指运动着的物质的广延性。这种广延性表现为：物体彼此间的并存关系和分离状态，物体的体积、形态、位置和排列次序等。空间的特点是三维性，即任何物体都有长、宽、高三个方向。

时间和空间同物质运动是不可分离的。一方面，时间和空间离不开物质运动，离开物质运动的时间和空间是不存在的，时间是以物质在空间的运动

---

① 《马克思恩格斯选集》第3卷，951页。

来度量和认识的，离开物质在空间的运动，时间就成为无法度量、神秘莫测的东西；另一方面，物质运动也离不开时间和空间，任何物质形态都是在特定的时间和空间中运动的，离开了时间和空间的物质运动也是不存在的。时间和空间同物质运动的不可分离性，表明了时间和空间的客观性。同物质运动一样，时间和空间也是不依赖于人的意识的客观存在。

哲学上的时空观念与科学上的时空观念密切相关。以牛顿力学为代表的近代科学认为，存在着可与物质运动分离的绝对时间和空间。绝对的、真正的和数学的时间自身在流逝着，而且由于其本性而均匀地、与任何其他外界事物无关地流逝着；绝对的空间，就其本性而言，是与外界任何事物无关而永远是相同的和不动的，这就是牛顿力学的“绝对时间”和“绝对空间”。以牛顿经典力学为代表的近代科学直接影响了近代唯物主义。近代唯物主义把时间和空间同运动着的物质割裂开来，认为时间和空间可以脱离物质的运动而独立存在，具有不受物质形态和运动形式影响的绝对不变的特性；时间是与物质运动无关的绝对均匀流逝的纯粹的持续性；空间是与物质相脱离的绝对空虚的框架，虽有物质充塞其中，但它本身却是不变的。这也体现出近代唯物主义的形而上学的性质。

以爱因斯坦相对论为代表的现代科学否定了牛顿力学的“绝对时间”和“绝对空间”，在进一步证明了时间和空间客观实在性的同时，深刻地揭示出时间和空间同物质运动的联系：物质的运动、质量都制约着时间和空间的特性、形式。

爱因斯坦建立了狭义相对论，用“光速不变”重新审定了时间的概念。按照爱因斯坦狭义相对论，某一事件在时间上的先后顺序是确定的、不可逆的，如炮弹总是先发射、后落地，发射和落地不可能同时发生，更不可能先落地、后发射。但是，两个事件的“同时”性却不是绝对的，而是相对的，“同时”或“不同时”只有和运动着的物质体系联系起来才能确定。不同地点发生的两件事在地面上的观察者看来是同时发生的，在高速运动的观察者看来则不是同时发生的。这就是说，“同时”的概念随着物质运动状态的变化而变化，没有不变的时间，没有绝对不变的同时性；物质客体尽管有其空间的广延性和时间的持续性，但在不同的物质运动体系中，空间广延的长短和时间间隔的快慢也不是绝对的，而是相对的。

具体地说，在测量运动速度接近光速的物体时，静止坐标系统的观察者可以测出，随着运动速度的加快，物体沿着运动方向的长度就会缩短，时钟的速率就会变慢。这就是所谓的“尺短效应”，即尺子的长度在不同的运动着的物质体系中是不一样的，它会随着运动速度的加快而缩短，运动的速度越快，长度就变得越短，即空间的广延性或伸张性是随着物质运动的变化而变化的；同一个时钟的时间间隔性在不同的物质运动体系中也是不一样的，它会随着运动速度的加快而变慢，运动的速度越快，指针的速率就变得越慢，即时间的间隔性是随着物质运动的变化而变化的。

爱因斯坦的广义相对论则揭示了空间和时间与场这种物质的内在联系，即没有引力场存在或者引力场很弱的时空则是平直的时空，有引力场存在的宇宙时空是弯曲的时空，而且物质质量愈大，分布愈密，引力场愈强，时空也愈弯曲。这样，广义相对论就深入到时间、空间与场这种物质形态的关系中，深刻地揭示了时空曲率与引力场、质量密度的关系，从而进一步证明了时间和空间与物质运动不可分离的关系。这表明，现代科学的发展不是推翻，而是证实、深化了马克思主义哲学时空观的真理性。

三、自然物质与社会物质

现实世界的物质形态是千差万别的。“物之不齐，物之情也。”（《孟子·滕文公上》）但是，从总体上可以把现实世界中存在着千差万别的物质形态划分为两种基本形态，即自然物质与社会物质。自然物质，即自然存在是指自然界中存在的客观事物，包括无机界、有机界和生物界；社会物质，即社会存在是指为社会的物质生产方式、物质生活过程，以及在物质生产中对象化的物质产品。

现代科学为合理地划分物质存在形态提供了理论依据。运动是物质的存在方式，划分物质存在形态的依据是物质的运动形式。从总体上看，物质运动有机械运动、物理运动、化学运动、生物运动和社会运动五种形式。在这五种运动形式中，机械运动、物理运动、化学运动又可归结为无机界运动，因此，物质运动可归结为三种基本形式，即无机界运动、生物运动和社会运动。如果进一步把生物运动归结为自然运动，那么，物质运动可归结为自然运动形式与社会运动形式。与此相应，可把物质存在划分为自然物质与社会物质，即自然存在与社会存在两种基本形态。

物质运动的五种形式构成了一个层层递进的等级阶梯。在这个等级阶梯之中，一方面，低级运动形式构成较高级运动形式的基础，高级运动形式包含着低级运动形式；另一方面，高级运动形式又具有自己的特殊规定性，不能归结为低级运动形式。从无机物质到生命物质，是物质世界演变的一次重大的飞跃；从自然物质到社会物质，则是物质世界演变的一次更为重大的飞跃。社会运动包含生物运动，但又不同于生物运动以至整个自然运动。正如恩格斯所说："社会发展史却有一点是和自然发展史根本不相同的。在自然界中（如果我们把人对自然界的反作用撇开不谈）全是没有意识的、盲目的动力，这些动力彼此发生作用，而一般规律就表现在这些动力的相互作用中。在所发生的任何事情中，无论在外表上看得出的无数表面的偶然性中，或者在可以证实这些偶然性内部的规律性的最终结果中，都没有任何事情是作为预期的自觉的目的发生的。相反，在社会历史领域内进行活动的，是具有意识的、经过思虑或凭激情行动的、追求某种目的的人；任何事情的发生都不是没有自觉的意图，没有预期的目的的。"① 这就是说，自然运动是自在的运动，社会运动是自在自为的运动。人类社会与自然界在运动形式上的本质不同，构成了社会物质与自然物质之间的本质区别。

社会物质与自然物质既有联系，又有区别。社会物质的产生是以自然物质的存在为前提的，而"单纯的自然物质"就是"没有人类劳动物化在其中，也就是说，只要它是不依赖人类劳动而存在的单纯物质"②。社会物质不可能脱离自然物质，但又不等于自然物质，它是在人们改造自然物质的实践活动中生成的，是"人类劳动物化在其中"的物质。"人通过自己的活动按照对自己有用的方式来改变自然物质的形态"③，并在其中贯注了自己的目的。"只有当我们理解到，社会存在的形成过程，它对自己的基础的超越以及获得独立的过程，都是以不断实现目的论设定为基础的，我们才能合理地谈论社会存在。"④

在现实世界中，自然物质与社会物质并不是互不相干的两个部分，而是相互渗透、融为一体的。人类社会产生之前，只有"单纯的自然物质"。人类社会产生之后，一部分自然物质通过人的实践活动进入社会生活领域，以被改造过的形式包含在社会物质中。这就是说，可以根据与社会生活的关系把自然物质分为两个部分：一是尚未进入社会生活的自然物质；二是进入社会生活的自然物质。其中，后一部分自然物质或者作为生产对象，或者被人们加工为生产工具进入社会物质生产中，或者作为自然环境进入人们的社会生活中，从而成为影响社会发展、人类生存的重要条件。社会发展史表明，进入社会中的自然物质随着人的实践活动的发展而不断地深化和扩大着，社

① 《马克思恩格斯选集》第4卷，253页。
② 《马克思恩格斯全集》第46卷上，337页。
③ 《马克思恩格斯全集》第23卷，87页。
④ 卢卡奇：《关于社会存在的本体论》上卷，白锡堃等译，11页，重庆，重庆出版社，1993。

会物质是不断发展着的客观存在。

对于社会物质，即社会存在，我们不仅要看到其中的自然物质，更重要的是，要理解和把握其中包含的社会关系的内涵。正是其中的自然物质，使社会物质成为“可感觉”的物；正是其中的社会关系的内涵，使社会物质又成为“超感觉”的物。正因为如此，“社会的物”是“可感觉而又超感觉的物”①。马克思高度重视物质的“社会存在形式”，并认为：“把人们的社会生产关系和受这些关系支配的物所获得的规定性看作物的**自然属性**，这种粗俗的唯物主义，是一种同样粗俗的唯心主义，甚至是一种拜物教，它把社会关系作为物的内在规定归之于物，从而使物神秘化。”②

第二节　从自然界到人类社会

人类社会从自然界演化、发展而来，自然界的演化、发展是人类社会产生的物质前提；劳动则是人类社会产生的现实基础，劳动创造了人和人类社会。要把握世界的物质统一性原理，就要正确理解人类社会与自然界的物质统一性。

一、人类社会产生的自然前提

人类社会的产生有其自然前提和现实基础。自然前提为人类社会的产生提供了可能性，而这种可能性转化为现实性的基础则是劳动。

自达尔文创立进化论以来，“人是从猿进化而来的”这一结论已成为举世公认的事实。现代科学进一步证明，人和人类社会是从古猿及其动物联合体演化、发展而来的，古猿的体质形态、群体结构及其生存环境，构成了人和人类社会形成的自然前提。

古猿的生存环境是指与古猿获取食物、防御敌害等生存条件相关联的自然环境。古生物学、古人类学和考古学的研究表明，由于当时气候条件的变化以及热带草原向森林的“进袭”，古猿的生存环境有一个从林栖到地栖直至完全转入开阔的热带草原的演变过程。与生存环境的演变相适应，古猿的体质形态和群体结构发生了重要变化。

---

① 《马克思恩格斯全集》第23卷，89页。

② 《马克思恩格斯全集》第46卷下，202页，北京，人民出版社，1980。

从体质形态看，古猿从林栖转入热带草原生活后，逐步开始两足直立行走。尽管这种直立行走的步态不如现代人那样稳健，但是，这一变化对于从猿到人来说却具有重要意义：一方面，它扩大了视野；另一方面，它使解放了的前肢可以随时握有合用的天然工具或武器，从而使古猿适应环境的能力——取食或自卫的能力迅速增长。与此同时，猿脑的结构开始发生重组，脑容量缓慢扩大。这些都为人类的产生在体质上准备了自然前提。

从群体结构看，古猿的群体结构向着大规模和严密化的方向发展。转入热带草原生活的古猿，为了维持自己的生存，必须防御猛兽和群体狩猎。这两种行为方式要求古猿群体有组织地协同行动，形成足以和猛兽正面对抗的自卫力量，而且对于古猿来说，过地栖生活越频繁，走向草原越深入，其群体的规模就越大，组织程度也就越严密。在这个过程中，古猿群体结构逐步形成两个新特征：一是古猿的协同行动是依靠面对“首领”的定向方式实现的，即每一个群的成员都把注意力集中在作为“首领”的一个或几个古猿身上，全群的行动都直接以首领的行为作为标准，这就更能保障全群活动的协调一致；二是面对“首领”的定向方式主要借助于群内原先已有的协作互助关系来实施，即通过姿态、声音等相互理解后加以推行。古猿的群体结构是人类的社会组织形式得以产生的自然前提。

二、人类社会产生的现实基础

达尔文的进化论从生物学方面解答了人类起源的问题，得出了人是从古猿进化而来的结论。但是，构成社会主体的人并不单纯是一些有生命的生物。人固然是自然存在物，更重要的，是社会存在物；从猿到人的转化也不仅仅是简单的生物进化过程，更是一个从自然界向人类社会飞跃的根本质变。转入热带草原生活后，古猿在体质形态和群体结构上的变化只是为人和人类社会的产生提供了自然前提，人和人类社会产生的内在机制与现实基础却是劳动。劳动是整个人类生活的第一个基本条件，它既是使人类社会从自然界独立出来的基础，又是人类社会区别于自然界的标志。在人和人类社会的形成过程中，劳动起了决定性的作用。马克思主义哲学关于劳动创造人的原理，在肯定达尔文学说的基础上，进一步揭开了猿如何变成人的奥秘。

劳动是专属于人和人类社会的范畴。劳动是人类对自然界的积极改造，其根本标志在于制造工具。在纯粹的自然界中，并不存在真正意义的劳动。但是，劳动却以萌芽的形式存在于自然界的高级动物——古猿的活动中，它有一个从古猿动物式的本能活动向人类劳动的演变过程。

古猿由于生存的需要，把天然的树枝和现成的石块作为工具，用来觅取食物、构筑巢穴、防御其他兽类的袭击。古猿的这种动物式的本能活动，孕育着人类劳动的萌芽，经过一定的发展，转变为人类祖先的“最初的动物式的本能的劳动形式”①。这种劳动形式对于从猿到人的转变具有重要的中介作用。

首先，它促使前肢已经得到解放的古猿越来越多地利用自然界现成的“工具”从事获取生活资料的活动。这种本能式的劳动反过来又促进了手和脚的专门化发展，使前肢更灵活、更精巧，逐渐使猿“手”具备了变为制造和使用工具的人手的可能性。所以，恩格斯认为，“手不仅是劳动的器官，**它还是劳动的产物**”②，“手的专业化意味着**工具**的出现，而工具意味着人所特有的活动，意味着人对自然界进行改造的反作用，意味着生产”③。

其次，它促使古猿的心理不断发生变化，并对所感知的周围环境产生一种意识。虽然这种意识“带有动物的性质”，只是对自然界的一种“纯粹动物式的意识”“纯粹的畜群意识”④，但却是人类意识的发端。

再次，它促使语言的产生。随着劳动形式的不断扩大，随着古猿生理结构和心理特征的不断变化以及交往的迫切需要，在古猿群体中，彼此间已经到了有些什么非说不可的地步了，于是，在意识产生的同时，语言开始产生，“语言和意识具有同样长久的历史”⑤。在语言和劳动的推动下，猿脑开始转变为人脑。

可见，在这种“最初的动物式的本能的劳动形式”中，人的体质形态、心理特征以及意识和语言开始形成。因此，对劳动创造人的理论不应理解为，似乎在人形成之前就已经存在着某种既成形式的“劳动”，然后由这种“劳动”把人创造出来。实际上，这里所说的“劳动”和“人”都不是某种预成的、超历史的东西，而是处于发生和演化过程中的一种活动形式，是“正在形成中的劳动”和“正在形成中的人”。这种“正在形成中的人”是人类形成的开端。正是在这种意义上，马克思主义哲学认为，劳动创造了人本身。

随着“最初的动物式的本能的劳动形式”的发展，一种制造工具的活动逐渐经常化、固定化，成为一种必然的和普遍的现象。制造工具必须通过特

---

① 《马克思恩格斯全集》第 23 卷，202 页。
② 《马克思恩格斯选集》第 3 卷，990 页。
③ 《马克思恩格斯选集》第 3 卷，859 页。
④ 《马克思恩格斯选集》第 1 卷，161 页。
⑤ 《马克思恩格斯选集》第 1 卷，161 页。

定的中介，即制造工具的工具，如打制石斧、石块、刮削木棒的石片等，这是动物即使是最高级的动物所不能的。换言之，以制造工具为标志的劳动是“专属于人的劳动”。制造工具是真正的人类劳动的标志，也是“人猿相揖别”的标志。

人为了满足自身的需要必须与自然之间进行物质变换；为了实现人与自然之间的物质变换，人与人之间又必须进行活动互换，并必然结成一定的社会联系和社会关系。“只有在这些社会联系和社会关系的范围内，才会有他们对自然界的影响，才会有生产”①。任何生命的存在，都以其特有的方式同周围环境进行物质变换，以维持自己的生存。人也不例外。但是，人是以其特有的劳动作为自己生命活动的形式，通过劳动获取自己必需的生活资料，维持自己的生存的。因此，劳动又是人的本质力量的现实表现，是人的本质的自我确证，即人的本质体现在改造对象世界的劳动及其成果中。劳动是人之为人的内在本性。

劳动是社会关系形成的基础。劳动不仅生产着为人们生存和社会生活所必需的劳动产品，而且生产着人与人之间的社会关系，首先是在劳动过程中结成的人们之间的生产关系，如劳动资料的占有和使用关系，劳动的分工与协作关系，劳动产品的交换、分配与消费关系等。劳动一方面标志着人与自然界的关系，另一方面蕴涵着人与人的社会关系。劳动方式不同，人们之间的社会结合形式，即采取什么样的社会联系的方式也不相同。人们之间的生产关系随着劳动的发展而发展，并由此产生出政治关系和思想关系。人类社会复杂的关系之网，就是在劳动的基础上形成和发展的。

“一当人开始**生产**自己的生活资料……的时候，人本身就开始把自己和动物区别开来。”② 在人和人类社会的形成过程中，劳动是一个决定性的条件。劳动不仅把人类社会和自然界分离开来，同时又把二者联系起来，即劳动不间断地实现人与自然之间的物质变换，从而使人类社会能够继续存在和发展下去。

三、人类社会的物质性

人类社会的存在和发展以自然界的存在和人本身的存在为前提，以物质资料的生产方式为基础。自然环境（地理环境）、人本身和生产方式构成社会的基本要素，其中，物质生活的生产方式集中体现了人类社会的物质性。

---

① 《马克思恩格斯选集》第 1 卷，340 页。

② 《马克思恩格斯选集》第 1 卷，147 页。

自然环境是指与人类社会所处的位置相联系的各种自然条件的总和，如气候、土壤、山脉、河流、矿藏等，它是社会存在和发展必要的前提条件。人类社会只要存在，就必然处在一定的自然环境之中，脱离自然环境的社会是不可能存在的。自然环境是社会存在和发展的前提条件，但它不是社会发展的决定因素。自然环境的好坏、优劣可以加速或延缓社会的发展，但不能决定社会的性质，不能决定社会制度的更替，相反，自然环境的面貌及其变化受制于人们的生产活动和社会关系，并在越来越大的程度上变成了“历史的自然”。

人本身的生产是社会存在和发展的又一前提条件。人是社会的主体，“全部人类历史的第一个前提无疑是有生命的个人的存在”，而且物质生活的生产和再生产“第一次是随着**人口的增长**而开始的”①。因此人本身的生产、人的数量和质量、人口的增长率等，从不同方面对社会发展的影响，起着有利或不利、加速或延缓的作用。但是，人本身的生产不是社会发展的决定因素，相反，人本身的生产受制于物质生产、社会发展的状况。人本身的生产当然有生物的特性，体现着生物学规律，但人本身的生产同时又受制于物质生活的生产方式，受社会发展规律的支配。正因为如此，马克思认为，不存在“抽象的人口规律”，并明确指出：“每一种特殊的、历史的生产方式都有其特殊的、历史地起作用的人口规律。”②

物质生活的生产方式就是指劳动者和劳动资料，即生产资料相结合的特殊方法和方式，是生产力和生产关系的统一。物质生产是社会历史的发源地，在社会生活的诸要素中，只有物质生活的生产方式才是社会存在和发展的决定力量。

第一，生产方式构成了人类社会赖以存在的基础，是社会这一特殊机体的物质担当者。如前所述，人类为了生存，为了谋取生活资料，就必须进行物质生产，“人们生产自己的生活资料，同时间接地生产着自己的物质生活本身”③。物质生活是整个社会生活的基础。作为生产力和生产关系统一体的生产方式，既是社会与自然相互联系的纽带，又是社会机体的“骨骼”，社会机体的“血肉”都是在它的基础上“生长”起来的，抽掉生产方式就没有人类社会这一特殊的物质体系。在这个意义上，生产方式就是人类社会

① 《马克思恩格斯选集》第1卷，146、147页。
② 《马克思恩格斯全集》第23卷，692页。
③ 《马克思恩格斯选集》第1卷，147页。

本身。

第二，生产方式决定着社会的结构和性质。有什么样的生产方式，就有什么样的社会结构。社会结构、政治结构和观念结构，都根源于生产方式，都直接或间接地为生产方式所制约，不同的生产方式必然造就不同性质的社会形态。正如马克思所说，“以一定的方式进行生产活动的一定的个人，发生一定的社会关系和政治关系。经验的观察在任何情况下都应当根据经验来揭示社会结构和政治结构同生产的联系”①。

第三，生产方式决定着社会形态的更替。生产力与生产关系的矛盾运动导致生产方式发生变化；随着生产方式的变化，社会形态也必然发生更替，社会形态的演变是由生产方式的变化所决定的。“随着新生产力的获得，人们改变自己的生产方式，随着生产方式即谋生的方式的改变，人们也就会改变自己的一切社会关系。”② “大体说来，亚细亚的、古希腊罗马的、封建的和现代资产阶级的生产方式可以看做是经济的社会形态演进的几个时代。”③社会历史归根到底是物质生产的历史，是生产方式演变的历史。

作为人类社会存在和发展的决定力量，生产方式集中体现了人类社会的物质性。生产方式中的生产力体现着人们改造自然的现实的物质力量，实现的是人与自然之间的物质变换，正是这种物质变换构成了社会存在和发展的永恒的“自然必然性”，因而是“物质生产力”；生产关系是人们在物质生产中发生的“一定的、必然的、不以他们的意志为转移的关系”④，体现的是“物质的社会关系”，即“不通过人们的意识而形成的社会关系：人们在交换产品时彼此发生生产关系，甚至都没有意识到这里存在着社会生产关系”⑤，正是这种物质的社会关系构成了全部社会关系的基础。因此，生产方式是人类社会中的物质力量、物质变换和物质关系的统一体，是一种客观存在。

人类社会物质性的特殊标志就是生产方式所体现的物质性，即它们本身固有的“物质力量”、“物质变换”和“物质关系”，并最终体现在作为“物质力量”的生产力上。人类社会的物质性标志着社会与自然之间具有内在的统一性。列宁指出：“马克思和恩格斯是唯物主义者。他们用唯物主义观点观察世界和人类，看出一切自然现象都有物质原因作基础，同样，人类社会

① 《马克思恩格斯选集》第1卷，151页。

② 《马克思恩格斯选集》第1卷，222页。

③ 《马克思恩格斯选集》第2卷，3页。

④ 《马克思恩格斯选集》第2卷，2页。

⑤ 《列宁选集》第1卷，8页。

的发展也是受物质力量即生产力的发展所制约的。"[①] 这样，马克思主义哲学就揭示了社会与自然的物质统一性。

第三节 从物质到意识

随着人和人类社会的产生，人类意识也就产生了。意识的产生既是一个自然历史过程，又是一个社会历史过程。从本质上看，意识是物质世界在人脑中的主观映象。

一、意识产生的自然前提和社会基础

意识的产生是一个漫长的历史过程。在这一过程中，有三个决定性的环节：其一，由一切物质所具有的反应特性到低级生物的刺激感应性；其二，由低级生物的刺激感应性到高级动物的感觉和心理；其三，由高级动物的感觉和心理到人的意识的产生。

意识产生的第一个环节，是由物质的一般反应特性到低等生物的刺激感应性。反应特性是一切物质都具有的，它在漫长的历史发展中，在一定的条件下，产生出原始生命物质的刺激感应性。无生命物质的反应特性和生命物质的反映特性既有区别又有联系。二者的共同特征是：如果没有引起反应的物体，就不能产生反应，而引起反应的物体是不依赖于产生反应的物体而存在的；在反应过程中，反应的物体只是反应了被反应物体的部分属性，而不是全部属性。二者的区别是：非生物的反应特性都是通过改变自身的形态或者转化为他物而表现出来的，而生物的反映特性则是为了维持自己的生存和发展，以新陈代谢、自我更新为特征；非生物的反应特性没有选择性，而生物的反映特性则是为了维持其生存而具有趋利避害的选择性。

意识产生的第二环节，是在刺激感应性的基础上发展出动物的感觉和心理。低等生物同环境的关系比较单纯和稳定，因而它们只需刺激感应性就够了。在周围环境日趋复杂多变的情况下，生物原有的刺激感应性就不足以适应环境了。正是在这种矛盾的推动下，经过漫长的"自然选择"，产生了动物的感觉。在刺激感应性的反映中，信息、物体、刺激必须同时出现，而在感觉中，信息和物体可以是间接的联系，动物依据嗅觉，由气味来追捕猎

---

① 《列宁选集》第1卷，91页。

物，猎物与气味在时间和空间上已经不是直接的了。动物这一“移动”的生物，通过视觉、听觉、味觉、嗅觉、触觉等分别反映外界对象的属性，这就大大提高了适应复杂多变的环境的能力。

生物的反映特性离不开一定的物质器官。单细胞生物的刺激感应性是通过细胞膜的外层——质膜获得的。动物的感觉也有自己的物质基础，这就是专门反映外界刺激的感觉器官以及在此基础上形成的反映机制——神经系统。动物的感觉总是同相应的感觉器官和神经系统联系在一起的。在生物进化过程中，动物感觉进一步发展为动物心理。动物心理不仅包括简单的动机，而且包括知觉、表象和情绪。动物心理活动的产生，依赖于更高级的物质基础，它不仅需要各种不同的感觉器官和神经系统，而且需要有指挥神经系统的中心——大脑。大脑是动物心理活动的物质基础。

从刺激感应性到动物的感觉、心理的发展，为人类意识的产生准备了自然前提。正是在这个意义上，我们说意识是自然界长期发展的产物。

意识不仅仅是自然界长期发展的产物，更重要的是社会的产物。意识同人类社会一起产生，并随人类社会的发展而发展。要真正理解意识是社会的产物，必然要追溯到劳动，因为劳动创造了人和人类社会，而劳动本身就是一种社会活动。

劳动为意识的产生和发展提供了客观的需要及可能。人的劳动同动物活动的根本区别在于，是否制造和使用工具。制造工具并使用工具改造外部世界的劳动不仅要求人们认识事物的现象，而且要求人们把握事物的本质和规律。这是动物的感觉和心理所不能胜任的。正是在劳动这一客观需要的推动下，产生出人的抽象思维能力，产生出人类意识这种高级的反映形式。马克思指出：“思想、观念、意识的生产最初是直接与人们的物质活动，与人们的物质交往，与现实生活的语言交织在一起的。”① 它首先是人们的物质活动的“直接产物”，而后又成为物质生活的“必然升华物”。从这时起，随着物质劳动和精神劳动的分离，“意识才能摆脱世界而去构造‘纯粹的’理论、神学、哲学、道德等等”②。

作为思维外壳的语言也是在劳动过程中产生和发展的。在劳动过程中，由于协同动作的需要，人们已经到了彼此间有些什么非说不可的地步了，于是，产生了语言。“语言**是**一种实践的、既为别人存在因而也为我自身而存

① 《马克思恩格斯选集》第1卷，151页。

② 《马克思恩格斯选集》第1卷，162页。

在的、现实的意识。语言也和意识一样，只是由于需要，由于和他人交往的迫切需要才产生的。”① 语言的产生，使人脑能够用词汇、概念来概括各种感觉材料，进行抽象思维活动，从而使人类获得了交流思想的工具，推动了人类意识的发展。

在劳动和语言的推动下，猿脑变成人脑，并随着劳动和语言的发展而日趋完善，容量越来越大，结构越来越复杂和严密，从而为意识的产生和发展提供了物质基础。离开了劳动和社会，就不会有人的意识。正因为如此，马克思指出：“意识一开始就是社会的产物，而且只要人们存在着，它就仍然是这种产物。”②

二、意识：物质世界的主观映象

意识是物质的产物，但又不是物质本身。意识是特殊的物质——人脑的机能。作为人脑的机能，意识是人脑在第一信号系统和第二信号系统的基础上进行的精神活动。现代生理学表明，动物和周围世界之间的相互作用，是通过反射活动进行的。反射分为无条件反射和条件反射两大类。无条件反射是动物对外界环境作用的一种生而具有的反射，它是由遗传而获得的本能；条件反射是在无条件反射的基础上，由动物自身活动的经验而建立起来的。条件反射使动物不仅能反映那些与生命有直接联系的事物和现象，而且可以反映那些与生命无直接联系的事物和现象，即反映那些与生命建立了暂时性联系的事物和现象。

现代生理学把这种接受外部具体刺激而引起的条件反射，叫作第一信号系统，它是动物唯一的信号系统。人除具有第一信号系统外，还有第二信号系统。所谓第二信号，就是信号的信号——语言和文字。引起条件反射的语言和文字，是许多同类刺激物的概括和标志，它使人的条件反射的深度和广度达到了动物所不能比拟的状况。在第一信号系统基础上产生的反映，是具体形象的感性反映；在第二信号系统基础上产生的反映，是抽象概括的理性反映。第一信号系统是人和动物共有的，第二信号系统则是人所特有的。人脑在第一信号系统和第二信号系统的基础上进行的精神活动就是意识。现代神经生理学已从反射过程深入到神经细胞的水平，并发现人脑是通过传递生物电、处理信息流来进行意识活动的，人脑的意识活动，就是神经细胞输入信息和输出信息的过程。

---

① 《马克思恩格斯选集》第1卷，161页。
② 《马克思恩格斯选集》第1卷，161页。

人脑是意识的器官，但不是意识的源泉。意识是人脑的机能，但只有人脑还不能产生意识。从本质上看，意识是对物质世界的主观映象。“观念的东西不外是移入人的头脑并在人的头脑中改造过的物质的东西而已。”① “感觉是客观世界、即世界自身的主观映象。”②“改造过的物质的东西”“客观世界的主观映象”，都是从主体与客体、主观与客观的关系上对于意识本质的科学规定。它说明，意识就其反映的形式来说是主观的，就其反映的对象和内容来说则是客观的。

意识的主观性表现在三个方面：

第一，意识形式的主观性。意识是由各种反映形式共同组成的完整体系，包括感觉、知觉、表象等感性认识与概念、判断、推理等理性认识。感性认识与理性认识都是人的主观世界所特有的，而且受到人的主观状态（感情、兴趣、知识结构、价值观念、思想方法等）的影响。

第二，个体意识之间的差别性。对于同一对象或同一客观过程，不同的人、不同的主体会有不同的反应，存在着反应速度的快慢、数量的多少、程度的深浅等区别。这表现了意识是因人而异的，具有主观性。

第三，意识的创造性。意识的主观性不仅表现为主观映象是对客观对象近似真实的摹写，而且可以创造性地深入事物的本质，甚至可能表现为同现实似乎毫不相干的虚幻的、荒诞的观念状态。

意识的主观性并不能否定意识的源泉和内容的客观性，任何意识都是客观内容与主观形式的统一。

首先，尽管意识的形式是主观的，但感性认识与理性认识所反映的对象都是客观存在的。

其次，尽管个体意识之间有着差别性，但这种差别性无非是先天素质和后天实践的差异所造成的。无论是哪一种原因，或者是两种原因兼而有之，归根到底，都可以从他们的物质生活过程中得到说明，产生的根源是客观的。

再次，意识的任何创造性的反映，即使是虚假的主观映象，归根到底，也是对于客观对象的反映。人的意识，不管主观色彩多么浓厚，不管披上什么样的神秘外衣，归根结底，在现实生活中都有着自己的客观“原型”。正如鲁迅所说：“天才们无论怎样说大话，归根结底，还是不能凭空创造。描

① 《马克思恩格斯全集》第23卷，24页。

② 《列宁全集》第18卷，118页，北京，人民出版社，1988。

神画鬼，毫无对证，本可以专靠了神思，所谓‘天马行空’似的挥写了，然而他们写出来的，也不过是三只眼，长颈子，就是在常见的人体上，增加了眼睛一只，增长了颈子二三尺而已。”① 马克思明确指出：“意识［das BewuBtsein］在任何时候都只能是被意识到了的存在［das bewuBte Sein］，而人们的存在就是他们的现实生活过程。如果在全部意识形态中，人们和他们的关系就像在照相机中一样是倒立成像的，那么这种现象也是从人们生活的历史过程中产生的，正如物体在视网膜上的倒影是直接从人们生活的生理过程中产生的一样。”②

三、意识的结构和功能

从意识的具体内容看，意识是知、情、意三者的统一。“知”指知识，是人类对世界的一种真理性的追求，它与认识的内涵是统一的；“情”指情感，是人类对客观事物的感受和评价，表现为热爱、仇恨、向往、遗憾以及喜怒哀乐等心理的体验活动；“意”指意志，是人类追求某种目的和理想时表现出来的自我克制、毅力、信心和顽强不屈的精神状态。作为有意识的社会存在物，人类不仅追求着对世界的真理性的认识，而且也追求着人类自身的发展，追求着建立合理的人与世界的关系。

从意识的自觉程度看，意识可划分为潜意识与显意识。潜意识是未被主体自觉意识到的心理活动、思维活动的总和，是一种不知不觉的意识活动，或者说，是一种没有被主体自觉意识到的意识；显意识是人们自觉认识到的，受一定目的控制，并用言辞表达的意识活动。显意识既可以表现为理性意识，也可以表现为非理性意识。人类的意识总是潜意识与显意识的统一。在显意识控制下的那些反映，只是与有意行为有关的那些部分；而大量的随意行为则是由潜意识自发形成的。

从意识活动的指向性看，意识又可以区分为对象意识与自我意识。对象意识指向客观世界的各种事物、关系和过程，形成对客体的“物的尺度”的认识；自我意识则指向人类自身，形成对主体的“内在尺度”的认识。对象意识与自我意识的指向性和功能是不同的，二者的矛盾直接显示出人的意识尺度的特殊性，即物的尺度与人的尺度的矛盾、外部客观必然性尺度与人的内部需要尺度的矛盾。但是，对象意识与自我意识在意识活动中不可能截然分开，二者在人的意识活动中相互制约、相互渗透、相互转化，在实践活动

① 《鲁迅全集》第6卷，219页，北京，人民文学出版社，1981。

② 《马克思恩格斯选集》第1卷，152页。

中不断得到统一。

从意识的发展角度看，意识又可区分为传统意识、现实意识和未来意识。传统意识是人类从历史发展中继承下来的意识，它已经自然而然地渗透于人们业已习惯的行为方式、生活方式和情感方式之中，具有强大的惯性作用；现实意识是人们在现实的实践和交往活动中所形成的意识；未来意识则是人们依据社会和实践的发展趋势而形成的意识。传统意识、现实意识和未来意识是每一代人在生活中必然遇到的三种意识，处理好三者的关系对引导人们的实践活动具有重要意义。

一切事情都是由人做的，“做就必须先有人根据客观事实，引出思想、道理、意见，提出计划、方针、政策、战略、战术，方能做得好。思想等等是主观的东西，做或行动是主观见之于客观的东西，都是人类特殊的能动性。这种能动性，我们名之曰‘自觉的能动性’，是人之所以区别于物的特点”①。作为物质世界的主观映象，意识具有其独特的功能，具有巨大的能动作用。具体地说，意识活动具有目的性和计划性，人的活动的蓝图、目标、方式和步骤等，都体现着意识活动的目的性和计划性；意识活动具有能动性和创造性，意识不仅能够反映事物的外部现象，而且能够认识事物内部的本质和规律，不仅能够“复制”当前的对象，而且能够追溯过去。正如马克思所说，在认识现实的过程中，能够得出“一些原始的方程式，——就像例如自然科学的经验数据一样，——这些方程式会说明在这个制度以前存在的过去。这样，这些启示连同对现代的正确理解，也给我们提供了一把理解过去的钥匙”②。更重要的是，意识可以认识和把握事物的发展规律及其趋势，并通过思维的反思和建构，预见未来，实现对客观事物超前的、观念的改造，然后通过实践把理想变成现实，从而改变世界、创造世界。这就是列宁所说的，“人的意识不仅反映客观世界，并且创造客观世界”③。

在现时代，人的意识和人工智能的关系引人注目。我们不可低估人工智能的作用和意义，但也不能把“机器思维”和人脑思维等同起来。人工智能实际上撇开了人脑的内在结构，撇开了意识的社会性，而仅仅把人的意识作为一种信息处理过程。这表明，人工智能并不等于人本身的智能，更不会超过人本身的智能，只不过是类似于人的思维的“机器思维”，本质上是对人

---

① 《毛泽东选集》第2卷，477页。

② 《马克思恩格斯全集》第46卷上，458页。

③ 《列宁全集》第55卷，182页。

的意识的模拟。

思维模拟并非思维本身，人工智能不是本来意义上的人的智能。“机器思维”同人脑思维具有本质的区别：

其一，人工智能纯系无意识的、机械的、物理的过程，而人类意识却主要是生理的和心理的过程。人工智能永远也不可能具备由人类的感情、直觉、想象等心理活动所构成的精神世界。

其二，人工智能没有社会性，在解决问题时，并不探求任务本身的社会意义，它执行指令而不顾后果。人类意识却具有社会性，人在行动时，一般都会考虑由此引起的社会效果。

其三，人工智能不具备人类意识的能动的创造性。电脑不会自动地提出问题，而且它对任务的解决是机械的，人脑不仅能够主动提出问题，而且能够创造性地解决问题；电脑只能接收人脑的“指令”，必须由人预先把思维过程加以形式化和符号化，以一定的信息输入电脑后，电脑才能工作，二者的程序总是人脑的思维在前，电脑的功能在后。

总之，从微观世界的基本粒子到宇观世界的星系云团，从无生命的物质形态到有生命的生物形态，从自然界到人类社会以及人类社会的物质性，从物质到意识以及意识的本质是物质世界在人脑中的主观映象，等等，表明世界的统一性就在于它的物质性。同时，这也表明，世界的物质统一性，以具体物质形态的差异性、多样性为前提；而物质形态的差异性、多样性，又以它们的客观实在性为基础。离开多样性的物质统一性，是空洞的抽象；离开客观实在性的多样性，是纯粹的虚无。世界的物质统一性包括一切具体的物质形态和物质层次，但又不能归结为其中的某一形态或某一层次，世界的物质统一性是在客观实在基础上的统一，是多样性的统一。恩格斯说：“世界的真正的统一性在于它的物质性，而这种物质性不是由魔术师的三两句话所证明的，而是由哲学和自然科学的长期的和持续的发展所证明的。”①

“人们决心在理解现实世界（自然界和历史）时按照它本身在每一个不以先入为主的唯心主义怪想来对待它的人面前所呈现的那样来理解；他们决心毫不怜惜地抛弃一切同事实（从事实本身的联系而不是从幻想的联系来把握的事实）不相符合的唯心主义怪想。除此以外，唯物主义并没有别的意义。不过在这里第一次对唯物主义世界观采取了真正严肃的态度，把这个世

---

① 《马克思恩格斯选集》第3卷，419页。

界观彻底地（至少在主要方面）运用到所研究的一切知识领域里去了”①。世界的物质统一性原理不仅是马克思主义哲学的基本观点，而且是中国共产党实事求是思想路线的理论基础。一切从实际出发，理论联系实际，实事求是，在实践中检验真理和发展真理，是从世界的物质统一性原理中得出的最重要的结论。“我们共产党人是彻底的唯物主义者，只能实事求是地肯定应当肯定的东西，否定应当否定的东西。”②

---

① 《马克思恩格斯选集》第4卷，249页。

② 《邓小平文选》第2卷，333-334页，北京，人民出版社，1994。

第三章 实践与世界

与唯心主义哲学把世界的本原和统一性归为精神不同，马克思主义哲学确认自然界的“优先地位”，并认为世界的统一就在于物质性；与旧唯物主义哲学“只是从**客体的或者直观**的形式去理解”“对象、现实、感性”也不同，马克思主义哲学把“对象、现实、感性”“当做**感性的人的活动**，当做**实践**去理解”，“从主体方面去理解”①。无论是唯心主义哲学，还是唯物主义哲学，都不理解实践的作用和意义，马克思主义哲学则从实践出发，唯物辩证地理解和把握人与世界、人类活动的能动性与世界的物质性的关系，从而建立起科学的完整的世界观和方法论。为了深刻而全面地把握人与世界的关系，需要进一步了解实践的本质、运行机制以及实践与世界的关系。

---

① 《马克思恩格斯选集》第1卷，133页。

第一节　实践的本质与结构

实践是人的存在方式，有其独特的本质、结构和运行机制。只有正确把握实践的本质、结构和运行机制，才能真正理解实践的作用和意义，从而深刻而全面地理解和把握人与世界的关系。

一、实践：人所特有的对象化活动

实践作为一种社会现象，早就引起了哲学家的注意。古希腊哲学家苏格拉底说过，只要一息尚存，他就永不停止哲学的实践。亚里士多德认为，实践是包括了完成目的在内的活动。在欧洲哲学史上，康德正式把“实践”概念引入哲学，并提出了“理论理性”和“实践理性”的概念，认为实践理性具有行动的能力，通过规范人的意志而支配人的道德活动，进而使人达到自由。康德的“实践”没有超出伦理实践的范围。

费尔巴哈把“实践”和“生活”联系起来，提出了一些富有启发性的见解，如提出“理论所不能解决的那些疑难，实践会给你解决”①，这就把实践看成理论的根源，体现了费尔巴哈哲学的唯物主义本质。但是，费尔巴哈“没有把人的活动本身理解为**对象性的**［*gegenständliche*］活动”，“不了解‘革命的’、‘实践批判的’活动的意义”②，因而不理解实践与人、实践与世界的真实关系，只是从客体的形式去理解“对象、现实、感性”。正因为如此，马克思把费尔巴哈的唯物主义“包括”在“旧唯物主义”的范畴之内，并认为“正是在共产主义的唯物主义者看到改造工业和社会结构的必要性和条件的地方，他却重新陷入唯心主义”③。

黑格尔提出了“实践理念”的概念，并把它作为达到和实现“绝对理念”的一个必经的环节，认为“理论理念”的任务是消除主观性的片面性，即接受存在的世界，使真实有效的客观性作为思想的内容；“实践理念”高于“理论理念”，它的任务在于扬弃客观思想的片面性，按照主观的内在本

① 《费尔巴哈哲学著作选集》上卷，荣震华等译，248页，北京，生活·读书·新知三联书店，1959。

② 《马克思恩格斯选集》第1卷，133页。

③ 《马克思恩格斯选集》第1卷，158页。

性去规定并改造客观世界的事物和现象。黑格尔实际上是以一种思辨的形式揭示了人类实践活动的创造性特征，不仅指出了理论活动与实践活动的区别，而且说明了实践在改造世界、创造人类历史方面的重要意义。但是，黑格尔讲的实践在根本上是抽象的理论活动，现实的人的活动只是这种抽象的理论活动的“样式”，究其实质，还是把实践限制在精神、观念活动的范围内。这表明，唯心主义也不理解现实的实践活动本身，因而“抽象地发展了”人的“**能动的**方面”①。

传统哲学之所以没有正确理解实践的本质特征问题，除了唯心主义哲学与旧唯物主义哲学各自的主观原因之外，还有客观原因。那就是，作为人所特有的活动，实践本身就具有矛盾的特征：一方面，实践是人的有目的的活动，它含有人的主观因素，受人的理性、意志的支配，体现了人对理想世界的追求；另一方面，实践又是作为物质实体的人，通过工具等物质手段同物质世界进行物质变换的客观过程。不能全面而深刻地把握实践的这种内在矛盾，是造成唯心主义哲学与旧唯物主义哲学各执一端、争执不下的认识论根源。

马克思主义哲学发现，物质生产活动是人类的第一个历史活动，也是每日每时必须进行的社会活动，因而是最基本的实践活动。物质生产首先是人以自身的活动来引起、调整和控制人与自然之间物质变换的过程；为了实现人与自然之间的物质变换，人与人之间又必须互换活动，并必然结成一定的社会关系。在这个过程中，人与自然的关系制约着人与人的社会关系；反过来，人与人的社会关系又制约着人与自然的关系。同时，物质生产过程结束时得到的结果，在这个过程开始时就作为目的在生产者头脑中以观念的形式存在着，然后通过实践由观念存在转化为客观存在，即物化为现实存在。

这就是说，生产实践既是人与自然之间物质变换的过程，又是人与人之间互换活动的过程，同时，还是人与自然之间物质和观念的变换过程。正因为如此，实践活动是同自然过程既相互联系又相互区别的自觉的社会过程。这样，马克思主义哲学就找到了把能动性、自主性、创造性与现实性、客观性、物质性统一起来的中介和基础。

从词义上看，实践就是实行或行动，指的是人们实现某种主观目的的活动，即主观见之于客观的活动。在马克思主义哲学中，实践是指人能动地改造客观世界的对象性活动。对实践本质的这一理解和规定，包含着两层相互

① 《马克思恩格斯选集》第1卷，133页。

联系的含义。

实践的第一层含义，是指实践是人所特有的对象化活动。这里，首先肯定了实践活动的对象性质，即它是以人为主体，以客观事物为对象的现实活动；更重要的是，实践把人的目的、理想、知识、能力等本质力量对象化为客观实在，创造出一个属人的对象世界。马克思指出："劳动的产品就是固定在某个对象中、物化为对象的劳动，这就是劳动的**对象化**。劳动的实现就是劳动的对象化。"①

与动物消极地适应自然的本能活动不同，人的实践活动具有自主性。实践的自主性表现在，人通过实践不仅能够认识客观规律，而且能够利用客观规律，使客观规律为人所用，达到物为人所掌握和占用的目的。更重要的是，实践具有创造性，能够创造出按照自然规律本身无法产生或产生的概率几乎等于零的事物。人对世界的改造本质上就是创造。没有创造，就不会形成适合人类生存和发展的属人世界。

实践的自主性和创造性一起，共同体现了人的主体性特征。实践是由人发动同时又是为了人的活动，它使人与物的关系由物支配人变成人支配物，使人与物的关系转变为"为我而存在的"② 关系。由此，确立了人对自然界的主体地位。在实践中，人按照对事物运动规律和自身内在需要的双重认识去改造事物，把它塑造成适合人占有和对人有用的形式，充分显示了人的主体能动性。同时，人在实践中自觉地把自己与自然界区分开来，意识到自我的存在，形成了自我意识，具有了主体意识。实践的发展过程，既是人的主体性不断发展和提升的过程，同时，也是人的主体意识不断提高和弘扬的过程。

实践的第二层含义，是指实践具有物质的、感性的性质和形式。这一特征使实践活动同人以观念的方式把握物质世界的活动，如认识活动、理论活动等区别开来。实践具有直接现实性的特征。所谓直接现实性，就是指实践是人把自己作为物质力量并运用物质手段同物质对象发生实际的相互作用，这种"感性活动"同"感性对象"一样具有客观实在性。

实践活动的直接现实性不同于自然物的直接现实性。纯粹的自然存在物不包含人的主观活动，因此，它们不可能证实或证伪某种理论（认识）。实践则不同，它既同人的主观活动相联系，又能从人的主观活动的圈子里走出

① 《马克思恩格斯全集》第42卷，91页。

② 《马克思恩格斯选集》第1卷，161页。

来，外化、物化为感性的客观实在。人通过实践活动不仅能使自己的利益和需要得到满足，而且检验着自己的目的、愿望、意图和计划等是否符合客观实际，检验着自己对事物的认识是否正确。只有实践才能证实或证伪某种理论（认识），而理论（认识）却不能通过自身得到证实或证伪。这体现出实践优于或高于理论的地方。正如列宁所说，“**实践高于（理论的）认识**，因为它不仅具有普遍性的品格，而且还具有直接现实性的品格”①。

二、实践：人的存在方式

“一个种的全部特性、种的类特性就在于生命活动的性质”②。马克思的这一论断表明：判断一个物种的存在方式就是看其生命活动的性质和特征。具体地说，动物是在消极适应自然的过程中维持自己的生存的，动物的存在方式就是其本能活动，动物的存在方式是由其生理结构，特别是活动器官的结构决定的。与此不同，人是在利用工具积极改造自然的过程中维持自己的生存的，因此，实践构成了人的存在方式。

从人类生存的前提来看，“全部人类历史的第一个前提无疑是有生命的个人的存在。因此，第一个需要确认的事实就是这些个人的肉体组织以及由此产生的个人对其他自然的关系”③。这就是说，人类历史的第一个前提就是人必须“活”着，维持自己的生命存在，所以，人类的第一个历史活动，也是每日每时必须进行的社会活动，就是改造自然，“生产物质生活本身”④。正是这种实践活动不断地创造着人类生存和发展的根本条件，由此成为人的生命之根和立命之本。

从人与动物的区别来看，“有意识的生命活动把人同动物的生命活动直接区别开来”⑤，而人的意识是在实践中生成和确证的。正是在实践过程中，人的肉体组织发展出了意识和自我意识的能力，从而使人的生命活动成为有意识的生命活动，人成为“有意识的类存在物”。“通过实践创造**对象世界**，即**改造**无机界，证明了人是有意识的类存在物”⑥。

从人的本质来看，人的本质在现实性上是社会关系的总和，而现实的社会关系是在人的实践活动中生成的。“以一定的方式进行生产活动的一定的

① 《列宁全集》第55卷，183页。
② 《马克思恩格斯全集》第42卷，96页。
③ 《马克思恩格斯选集》第1卷，146页。
④ 《马克思恩格斯选集》第1卷，158页。
⑤ 《马克思恩格斯全集》第42卷，96页。
⑥ 《马克思恩格斯全集》第42卷，96页。

个人，发生一定的社会关系和政治关系”[①]。正是在改造自然的实践过程中，人们之间结成了一定的社会关系。这种社会关系反过来又制约和规定人的本质。换言之，人在实践活动中生产自己的社会联系、社会本质，从而使自己成为现实的“社会存在物”[②]。

“有意识的类存在物”“社会存在物”使人的活动具有了自觉能动性，使人脱离了动物界，成为“**能动的**自然存在物”[③]。人在实践活动中把自己从动物界提升出来，创造出人之为人的一切特征。人的秘密就在实践活动中。正如马克思所说，“个人怎样表现自己的生命，他们自己就是怎样。因此，他们是什么样的，这同他们的生产是一致的——既和他们生产**什么**一致，又和他们**怎样**生产一致”[④]。实践构成了人类特殊的生命形式，即构成了人的存在方式。

“**能动的**自然存在物”“社会存在物”“有意识的类存在物”统一于实践活动中。这表明，人通过实践使自己成为一种自我创造的主体性存在。

作为人的存在方式、人所特有的对象性活动，实践具有三个基本特征：客观实在性、自觉能动性和社会历史性。

第一，实践是客观的实在的活动。构成实践的诸要素和前提，即实践的主体（人）、实践的对象（外在世界）和实践的手段（工具等），都是可感知的客观实在；实践的结果，即通常所说的“事实”，也是外在于人的意识而客观存在的；实践的发展过程及其广度、深度都受到客观条件的制约和客观规律的支配。作为改造物质世界的活动，实践以感性实体（人）同感性实体（物）发生关系，并以感性方式作用于感性对象，因而是物质活动，具有客观实在的意义。列宁指出：“当阿·莱维说马克思认为同人类的‘现象的活动’相符合的是‘物的活动’，即人类的实践不仅具有（休谟主义和康德主义所谓的）现象的意义而且还具有客观实在的意义的时候，他的话在本质上是正确的”[⑤]。

第二，实践是自觉的能动的活动。实践是人们自觉地改造物质世界的创造性活动。在实践活动中，人把“物”的内容映射到自身中，同时，又把自身的需要以目的的形式灌注到“物”的内容中，使观念的东西转化为物质的

① 《马克思恩格斯选集》第 1 卷，151 页。

② 《马克思恩格斯全集》第 42 卷，123 页。

③ 《马克思恩格斯全集》第 42 卷，167 页。

④ 《马克思恩格斯选集》第 1 卷，147 页。

⑤ 《列宁选集》第 2 卷，81 页。

东西，使“物性”具有“人性”，从而使“物”变成从属于人的社会存在，在人与物之间建立起一种新的更高的统一关系。在这一点上，人的实践活动与纯粹的自然运动是根本不同的。实践活动的目的性、自主性、创造性表明，实践具有自觉能动性。自觉能动性不仅是实践的特点，而且是实践发展水平的标志之一。

第三，实践是社会的历史的活动。实践一开始就是社会的实践，是历史地发展着的实践。人们总是在一定的社会关系中进行实践活动的，尽管实践可以表现为单个人的个体活动，但个人总是凭借着社会力量去同自然发生关系、从事实践活动的。为了进行生产，人们之间必然发生一定的社会关系，只有在这些社会关系的范围内，才会有生产。“甚至当我从事**科学**之类的活动，即从事一种我只是在很少情况下才能同别人直接交往的活动的时候，我也是**社会的**，因为我是作为**人**活动的。不仅我的活动所需的材料，甚至思想家用来进行活动的语言本身，都是作为社会的产品给予我的，而且我**本身的**存在**就是**社会的活动”①。同时，人的实践活动总是受到一定历史条件的制约，实践的对象、范围、规模和方式都受到历史条件的制约。历史条件不同，实践活动的方式和方法也就不同。实践因此又是历史的活动，具有历史性。

从总体上看，人的实践活动具有三种基本形式。

实践的第一种基本形式，是处理人与自然之间关系的活动，即物质生产活动。人类只有首先通过物质生产解决吃、喝、住、穿等物质生活资料问题，才可能从事政治、艺术、科学、哲学等其他活动。因此，改造自然的生产活动既是人类最早的实践活动，又是根本的、决定其他一切活动的活动。正如毛泽东所说，“人的社会实践，不限于生产活动一种形式，还有多种其他的形式”②，但“生产活动是最基本的实践活动，是决定其他一切活动的东西”③。

实践的第二种基本形式，是处理人与人之间社会关系的实践活动，即社会交往以及组织、管理和变革社会关系的活动。既然物质生产离不开一定的社会关系，总是在一定的社会关系中进行，那么，同物质生产相伴而行，就必须维持和巩固那些适合生产发展的社会关系，或调整和改变那些不适合生

---

① 《马克思恩格斯全集》第42卷，122页。

② 《毛泽东选集》第1卷，283页，北京，人民出版社，1991。

③ 《毛泽东选集》第1卷，282页。

产发展的社会关系。因此，处理社会关系的活动构成了实践的又一基本形式，它被生产实践决定，同时，又反过来制约生产实践。历史已经证明，人与人的关系依赖于人与自然的关系，同时，人与自然的关系又受制于人与人的关系。人与人的关系处理得好坏与否，直接影响着人与自然的关系。因此，处理社会关系的“社会”实践被改造自然的生产实践决定，同时，处理社会关系的“社会”实践又反过来制约改造自然的生产实践。在阶级社会中，由于社会关系主要是通过阶级关系表现出来的，所以处理社会关系的活动主要表现为阶级斗争实践。

实践的第三种基本形式，是以实验为主要方法的科学活动。科学实践作为一种独立的实践形式，是同近代科学的产生相联系的。相对于科学认识和科学理论而言，科学实验是为成功地改造世界而进行的一种探索性活动。一种活动是不是实践活动，关键在于它是否超出了纯粹的意识活动范围，是否改变了除实践主体的意识之外的其他存在物的状态。“物理学家是在自然过程表现得最确实、最少受干扰的地方考察自然过程的，或者，如有可能，是在保证过程以其纯粹形态进行的条件下从事实验的”①，其目的就是要以实验结果证实或证伪某一理论，因而它必须也必然要超出纯粹的意识活动范围，成为一种基本的实践形式。在现代实践活动中，科学实践与生产实践密切相关，科学实践仍然以生产实践为基础，同时，由于科学技术已成为“第一生产力”，所以，生产实践在越来越大的程度上依赖于科学实践。

三、实践的理性结构和社会结构

人的实践活动之所以与自然物质运动具有不同的特点，是因为人有理性，实践活动是理性支配下的活动，是社会活动。因此，要把握实践活动的特殊规律，就必须了解实践中的理性结构和社会结构。

自然运动严格遵循着自然规律，不存在违反客观规律的可能。人的实践活动是有目的的活动，这就出现了两种可能性：可能符合客观规律，也可能违反客观规律。违反客观规律可能性的出现，说明实践活动并不是由自然规律直接支配的。实践有其自身特有的运动规律。实践活动规律实质上是主体与客体相互作用的规律，它直接支配着实践活动。这个规律对实践活动的直接制约，不同于自然规律对自然运动的直接制约，其特点就在于，整个过程都必须通过精神活动，尤其是理性活动的机制起作用。

从理性在实践活动中的功能来看，理性首先是反映了客体的本质和规律

① 《马克思恩格斯全集》第23卷，8页。

以指导实践的理性。具体地说，在实践过程中，活动结果总是首先以表象的形式存在于活动之前，是一种尚未实现的东西，所以，关于活动结果的表象并不是由活动结果对感官的刺激形成的，也不仅仅是人的想象和意志的产物，而是理性思维的结果。人们只有依据对象的本质和规律提供的多种可能性，才能从中选择某一种可能性作为实践的目的。这种本质与现象、现实与可能的变换过程，只有依据理性思维才能进行。离开对事物的本质和规律的理解，实践的目的就无法确立。反过来，这种理性思维所确立的目的一旦形成，就支配着人们实践活动的方式、方法和过程。正如马克思所说，“劳动过程结束时得到的结果，在这个过程开始时就已经在劳动者的表象中存在着，即已经观念地存在着。他不仅使自然物发生形式变化，同时他还在自然物中实现自己的目的，这个目的是他所知道的，是作为规律决定着他的活动的方式和方法的，他必须使他的意志服从这个目的”①。

人的实践活动内在地包含了这样一个循环规定：一方面，主体只有具备一定的理性才能从事实践活动；另一方面，主体的理性只有在实践活动中才能形成并显示其价值的意义，得到充分的发展。因此，理性作为实践的内在要素，不仅对实践起着积极的指导作用，而且制约着人的实践能力，制约着实践的深度和广度。理论联系实际并不是简单地顺从当前的实践，仅仅为当前的实践做注释和论证，而是依据客体的本质、规律及发展趋势，批判地审视实践，设想实践发展的种种可能性，从而理智地指导实践。

离开反映客体规律的理性的指导，实践活动就无法进行。但是，反映客体规律的理性不能直接决定整个活动系统。从理论到实践的转化，还必须有一系列中间环节，其中最重要的环节就是反映主体的需要、利用理论进行实践的理性。同反映客体规律的理性相比，反映主体本身需要的理性具有三个特点：

第一，从反映的内容来看，前者反映的是客体的关系和规律，它把客体的规定性纳入主体认识之中，转化为主体能力；后者反映的是主体的需要，以及主体的能力、道德原则和伦理水平等内容，其实质是要把主体对象化，依据主观世界去改造客观世界。

第二，从追求的方向来看，前者追求的是客体的必然性，是利用这种对必然性的认识，向人们展现外部世界的各种可能性，以供主体行动时选择；后者追求的是客体的应然性，以供主体根据应然性在客体发展的多种可能性

---

① 《马克思恩格斯全集》第23卷，202页。

中进行选择。从二者在实践中的功能来看，主体活动与客体运动的区别，并不在于一个自觉地为客观规律所支配，一个盲目地为客观规律所支配。如果人类实践的全部任务就在于领悟客体的规律并为实现客体的规律而活动的话，那么，人类就永远不会超出动物的水平。人作为主体，其活动的根本特点就在于，这种活动是一种自主的活动。在这个过程中，反映客体规律的理性向主体展现可供选择的多种可能性，以及对各种可能性后果的估计；反映主体本身需要的理性则力图把必然性和应然性结合起来，从而确定活动的目标，确定哪种可能性是现实的可能性，并在活动中把它转化为现实。

第三，从活动的方式来看，前者主要是以概念、判断、推理等逻辑思维方式，使感性认识上升到理性认识，规律的可重复性受到特别的重视；后者主要是以信念、计划、方案等方式，使理性目的在感性世界中实现出来，具有个别性、一次性特征。这种理性虽然反映和表达意志、情感等非理性因素，但它本身并不是非理性的，而是以理性的方式，把盲目的冲动转化为实践的意志，对朦胧的情感、欲望进行审视、强化或抑制，把情感和欲望付诸实践。只有通过这个环节，主体的能动性才能转化为实践的能动性。

实践活动展开以后，就会在主体之外形成一种新的客观运动过程。这种新的客观运动过程改变了原来的主体与客体关系的状态。因此，要肯定或否定实践结果，重新调整理论与实践的关系，就必须依靠评价理性。

评价理性体现了反映客观规律的理性与反映主体需要的理性的统一，是平衡主体与客体关系的理性，其功能主要表现在两个方面：一方面，依据预定的目的评价实践的成果，判断其成败，以此决定是终止这种活动，还是继续这种活动；另一方面，根据实践的结果评价原来的目的和手段的价值。评价理性的特点在于，它一旦发现价值标准上的差异，就总是倾向于较高的价值标准，这是人类理性不断消除个别主体的主观性，建立起较为客观的价值标准的内在根据。

反映客体规律的理性、反映主体内在需要的理性以及体现二者统一的评价理性，构成了实践活动的理性结构。同时，实践活动还有自己的社会结构。从个人活动来看，社会关系是个人之间的联系；从人的整体活动来看，社会关系则是实践的内在结构或实践的社会结构。

人作为主体，不是孤立的个体，而是以社会整体的形式同自然发生关系的。在实践活动中，人总是处于一定的社会关系中，每一个人都凭借着社会关系与他人及其活动发生联系。个人之间的这种社会关系，就是实践活动的内在结构，或者说，是实践活动的社会结构。马克思指出："人们在生产中不仅仅影响自然界，而且也互相影响。他们只有以一定的方式共同活动和互相交换其活动，才能进行生产。为了进行生产，人们相互之间便发生一定的联系和关系；只有在这些社会联系和社会关系的范围内，才会有他们对自然界的影响，才会有生产”①。

实践的社会结构表现在实践活动的方方面面，其中主要表现在经济、政治和文化等方面，并且体现在经济制度、政治制度和文化制度之中。人类实践就是由个人在相对稳定的、多层次的社会关系中形成的总体性的活动系统。对于个人的实践活动来说，实践的社会结构是外在的，它以外在的强制性制约着个人活动；对于人类的实践活动来说，实践的社会结构却是内在的，它从内部规定了实践整体的社会性质。

实践的社会结构既是实践活动的结果，又是实践活动的前提。某一历史时代的实践结构，是在过去实践活动的基础上形成的，是过去实践的结果；这个结构又是后来实践活动的前提，人一生下来就处于一定的社会关系中，只能在这个社会结构中从事实践活动，同时，人的活动又发展着实践力量，从而改变着过去实践的社会结构。实践的社会结构不是永恒不变的静态结构，而是随着人的本质力量的发展不断变化的动态结构，实践的社会结构是具体的、历史的。在不同历史发展阶段，有不同的实践的社会结构。人们是以社会整体的力量与自然发生关系的。但是，社会的整体力量又是由个人之间的相互作用构成的，只有在个人的实践活动中才能形成社会的整体力量。因此，在与自然进行物质变换的过程中，人们需要支出的总劳动量及全部特殊劳动就必须在个人之间进行分配，使个人在社会总劳动中成为一定数量和一定特殊劳动的承担者。这就是个人在社会总体实践中的社会分工。

社会分工是实践社会化的形式，它使社会总体实践划分为既相对独立又相互联系的若干部分，社会成员也被固定地分配在不同类型的实践之中。分工一方面标志着人类原始群体的分化，反映着个人与个人、集团与集团的对立；另一方面又使人的实践活动进一步社会化，使不同的个人、不同的劳动处于一种更加紧密的有机联系中，从而形成一个有内在联系的实践系统。在这个意义上说，社会分工构成了实践的社会结构。马克思指出：“分工的各个不同发展阶段，同时也就是所有制的各种不同形式。这就是说，分工的每一个阶段还决定个人在劳动材料、劳动工具和劳动产品方面的相互关系。”②

---

① 《马克思恩格斯文集》第1卷，724页，北京，人民出版社，2009。

② 《马克思恩格斯选集》第1卷，148页。

人在社会结构中活动，就使人超越了生命个体的局限性，获得了社会性。但是，实践的社会结构一旦形成，又会成为一种外在力量，对个人实践起着制约作用。实践的社会结构既是人获得主体性的依据，又是控制主体活动的一种力量。因此，应不断改变那些不适合发展人的能动性、创造性和主体性的实践的社会结构。

第二节　实践的主体与客体及其相互作用

从人的活动的视角考察人与世界的关系，就形成了主体与客体这两个哲学范畴。人是一种实践中的存在。在实践活动中，人把自身之外的存在都变成了自己活动的对象，变成了自己的客体，与此同时，也就使自己成为主体性的存在。在实践活动中，主体与客体处在一种相互作用的过程中，不断地实现主体客体化和客体主体化的双向运动，并体现了客体对主体的制约性与主体对客体的超越性的辩证法。

一、实践的主体及其结构

所谓实践的主体，是指从事实践活动的人。实践的主体是实践活动中具有能动性、创造性和自主性的因素，担负着提出实践目的、操纵实践工具、改造实践客体，从而驾驭和控制实践活动的任务。

主体是从事实践活动的人，而人要成为实践的主体，就要具备必要的能力结构。在主体的能力结构中存在着三种基本要素：

第一，“人本身的自然力”，是实践主体能力结构中的物质性基础。人本身必须具有与自然物相适应的自然力，才能与自然进行物质变换，从而以一种现实的、感性的力量同自己的对象发生相互作用。当然，人作为实践主体具有的自然力，不同于一般自然物的自然力。人的自然力是精神支配下的物质力量，因而人不仅能够积极地适应自然界，而且能够能动地改造自然界，创造出自然界本身不可能自动生成的客观对象。

第二，进入主体实践活动中并为主体所实际掌握、运用的知识和经验，是实践主体能力结构中的知识性因素。要成为实践的主体，人不仅要具有自然力，而且要具有能够超越这种自然力以及外部自然力的精神力量，首先是知识力量。在实践活动中，主体能力的知识性因素主要指为实践主体所实际掌握、运用的知识。主体只有掌握了关于实践对象、实践手段及实践主体自身的知识，才能根据主体的需要、客体的本性以及实践的手段所提供的可能性恰当地提出实践目的，并设计实现这一目的的具体途径、方法和步骤。主体对有关实践活动的知识掌握得越深刻、越全面，从事实践活动的自觉性就越高，成功的可能性就越大。

第三，人的情感和意志，是实践主体能力结构中的精神性因素。主体的情感、意志等非知识性因素对主体实践活动的发动与停止、对主体实践能力的发挥起着重要的控制和调节作用。人在实践活动中不可能不具有某种情感，情感的状态对实践活动的进行及得失成败，具有重要的影响和作用。同时，作为目的性的活动，实践需要一种能够持续地指向目的的意志，以克服障碍，达到目的，取得成功。"三军可夺帅也，匹夫不可夺志也"，讲的就是这个道理。实践的主体是知、情、意的统一整体，实践主体能力的发挥不仅取决于知识的主导作用，而且总是伴随着主体对客体的情感体验和意志努力。人是一种"有**激情**的存在物。激情、热情是人强烈追求自己的对象的本质力量"①。

实践主体的能力不是与生俱来的，而是在一定的历史条件下通过实践和学习逐步形成与不断发展起来的。在这个意义上，人是一种未完成的存在物。只有通过后天的实践和学习，获得相应的能力，并不断发展与完善这种能力结构，人才能成为现实的实践主体。离开了后天的实践和学习，离开了社会，主体的能力只能是潜在的，并不是现实的。正因为如此，实践的主体还有自己的社会构成。

从主体的社会构成来看，实践的主体可以划分为个人主体、群体主体和人类主体三种形式。个人有其相对独立的实践范围和形式，在这个意义上，个人成为独立的主体，即个人主体。群体主体是指以一定的群体形式进行实践活动时形成的主体，包括集团、阶级、民族。在阶级社会，尽管在民族中存在着利益不同的阶级，但只要这种民族内部对抗还没有发展到外部冲突，它就要在一定的意义和程度上使自己以整体的形式从事某些实践活动。人类主体是指发展着的人类整体。由于人类在实践活动中有时存在着共同的对象，面临着共同的需要，所以需要共同的行动。所以，在一定意义上说，人类也构成了一种主体形态。迄今为止，自觉的人类主体还没有完全形成，这一方面是由于自然的原因，如地理的原因使不同民族之间产生一定的隔离性，另一方面更重要的是因为社会的原因。在国际上还存在民族利益、阶

① 《马克思恩格斯全集》第42卷，169页。

级利益对立的条件下，人类只能在某些有限的方面，在一定的条件下，共同以人类主体的身份从事改造世界的实践活动。只有消灭了阶级，自觉的人类主体才能真正形成。

对主体的社会结构的分析表明，在实践活动中，不仅具体的主体同一定的客体发生着改造与被改造的关系，而且主体与主体之间必然结成一定的社会关系，并相互依存、相互影响、相互作用。具体的实践主体，一方面受到社会关系的制约，另一方面又以其能动的活动在不同方面、不同程度上影响和改变社会关系。因此，在实践活动中，不仅主体与客体之间发生着相互作用，而且主体内部也发生着不同主体之间的相互作用。

二、实践的客体及其形式

在实践活动中，客体是主体活动对象的总和，是进入主体活动领域，并同主体发生功能性关系，或为主体活动所指向的客观事物。因此，对于实践的客体要从两个方面去理解：一方面，客体首先是一种不以主体的主观意志为转移的客观存在，客观事物不仅在成为客体之前就具有客观性特征，而且进入主体与客体的关系结构之后，这种客观性特征仍然保持着；另一方面，客体不是与客观事物相等同的概念，客观事物只有在被纳入主体活动范围内，作为主体活动所指向的东西并与主体相对立时，才成为客体。

第一，哪些客观事物能够成为实践的客体，不仅取决于这些客观事物的自在本性，同时，也取决于人的本质力量发展的水平。换言之，哪些客观事物能够成为实践的客体，不仅取决于客观事物具有哪些可被人类利用的属性，更重要的是取决于实践的水平能否把握、利用客观事物的这些属性。例如，核能是客观存在的事物，但人类在很长时间内并不知道这种能量，后来知道了这种能量，但在一定时间内还不能对其加以利用，只是在发明了可控核反应装置后，核能才成为实践的客体。

第二，客体是由实践活动历史地规定着的，客观事物的各个方面、各种属性不是同时整个地成为实践活动的客体的。不仅就整个自然界来说，客观事物被纳入主体活动范围内要有一个过程，即使是已经进入主体与客体关系结构的客观事物，人们也只有通过认识和实践的不断发展，才能不断发现其对人而言的有用的属性，从而以新的方式改造和利用它们，以满足人们不断发展的需要。

第三，客体的存在和发展不仅表示客体本身发生了特定的变化，而且这种变化本身就是主体本质力量的确证。就是说，通过客体的变化和发展可以透视主体能力及需要的变化和发展，客体不断扩大的过程也就是实践以及主体本质力量不断发展的过程。正如马克思所说，“**工业**的历史和工业的已经产生的**对象性**的存在，是一本**打开了的关于人的本质力量的**书”①。人原本是自然界长期发展的产物，被自然支配，可实践却扭转了乾坤，使人成为一种主体性的存在，使自然成为客体，被人支配。

同主体一样，客体也是历史的范畴。被纳入主体活动范围内的客体是不断扩大的，客体因此也就具有了与主体的历史活动相联系的多种形式。其中，自然形式的客体、社会形式的客体和精神形式的客体构成了客体的内在结构。

自然形式的客体是客体的最基本的形式。在人类最初的、最基本的实践中，客体是自然。这种客体既包括同主体的对象性活动发生关系的天然自然物，也包括人们用某种方式改造或制造出来的人工自然物。人工客体既是主体实践活动的结果，同时，又是主体实践进一步改造的对象，如汽车、火车、飞机、计算机、互联网等。

社会形式的客体首先是指现实的社会结构，如经济制度、政治制度等，同时，也包括体现在物上的社会关系。从事实践活动的人，必须同时把在自己的活动中形成的社会关系作为自己认识和改造的对象，社会关系因此成为社会形式的客体。社会客体的存在形式与自然客体的存在形式有很大的不同：自然客体是以实物的形式存在的，社会客体则是以实物的形式体现着社会关系。作为人的实践活动的产物，“**实物是为人的存在，是人的实物存在**，同时也就是**人为他人的定在**，是他**对他人的人的关系**，是**人对人的社会关系**”②。

精神形式的客体是指以物的形式存在，并成为人们实践活动对象的精神生产的结果，如以书籍为物质载体的各种理论、学说等。精神客体都有自己的“物化”形式，但人们注重的不是它们的“物化”形式，而是这些“物化”形式体现或携带的精神内容。精神客体是人们在自己的实践活动中创造出来的，同时，也是人们继续进行认识和实践的对象。

三、实践主体与客体的相互作用及其中介

主体与客体是实践活动的两极，但仅仅有主体与客体还不能形成二者之间的相互作用。在主体与客体之间还需要一个将二者现实地连接起来的中介，二者才能实现相互作用。实践主体与客体之间的中介不仅使主体与客体相互作用成为可能，而且中介的性质还决定了主体与客体相互作用的性质。

---

① 《马克思恩格斯全集》第42卷，127页。

② 《马克思恩格斯全集》第2卷，52页，北京，人民出版社，1957。

实践的主体、中介、客体的相互联系，构成了实践活动的基本结构。

实践的中介是适应主体与客体相互作用的方式和特点而产生、发展起来的，包括实物工具和语言符号两种形式。

实践的实物工具可以分成两类：

一类是作为人的肢体延长、体能放大的工具系统。从手工工具、畜力到机器系统和动力能源系统，都属于这种实物工具。这部分实物工具的共同特点是，强化人的某一方面的体力，放大主体实际作用于客体的某一方面的功能，从而作为主体与客体之间相互作用的中介和导体而发挥作用。

另一类是作为人的感官和大脑延伸、智力放大的工具系统。从望远镜、显微镜到现代自动探测器、遥感装置，从机械计算器到电子计算机系统等，都属于这种实物工具。它们是人的感官和大脑本身功能的放大，它们的制造与使用突破了人的感官和大脑的自然界限，极大地提高了主体接收、处理和加工信息的能力。

语言符号一方面是主体的思维活动得以进行的形式，另一方面也是主体之间交往得以进行的中介，因而也是主体与客体相互作用的中介。作为主体与客体相互作用的中介，语言符号包括肢体语言、口头语言、图形符号、文字以及自然语言和人工语言。文字的出现使人们思想的传递可以跨越特定的时间和空间；在自然语言基础上发展起来的形式化的人工语言使人工智能成为可能，使人本身与人工智能之间的信息交流，以及人工智能装置之间的信息交流成为可能。语言符号本身也有物质载体，而且这种载体随着实践和科学的发展而发展。互联网的出现极大地突破了以往语言符号载体的局限性，对主体的交往形式、主体与客体相互作用的方式产生了革命性的变革。

在实践活动中，实物工具和语言符号不是截然分开、各自独立起作用的，而是交织在一起，共同构成了主体与客体相互作用的中介系统。

实践是一个以主体、中介、客体为基本骨架的动态发展系统。其中，实践的主体是能动性的因素，实践的客体是制约性的因素，实践的工具则是把主体与客体连接起来，使二者之间的相互作用得以实现的中介。

从实践主体与客体相互作用的特点和实质来看，这种相互作用既不同于一般的物质实体之间的相互作用，也不同于一般的精神与物质之间的相互作用，而是把这两种相互作用都包含于自身。

主体与客体之间的相互作用具有物质性的特点，但又不能把这种相互作用的本质归结为一般的物质性。一切物与物之间的相互作用都是无意识的、盲目的，都不可能以主体与客体相互作用的形式出现。在主体与客体之间的相互作用中，出现了一般物质实体之间的相互作用所没有的新的关系，这就是反映与被反映、思考与被思考、能动与受动、创造与被创造之间的关系。

因此，主体在主体与客体相互作用中的过程中占据主导地位和中心地位。也正因为如此，在实践过程中，主体一方面受到客体的制约和限定，另一方面又不断地发展自己的能力，以自觉能动的活动不断打破客体的限定，超越现实客体。主体与客体之间的这种限定和超越或限定中的超越关系，就是实践主体与客体相互作用的实质。

从实践主体与客体相互作用的内容和结果来看，这种相互作用是通过主体客体化和客体主体化的双向运动而实现的。

所谓主体客体化，是指人通过实践使自己的本质力量转化为对象物，即转化为客体。马克思指出："在生产中，人客体化，在消费中，物主体化"①。生产实践是人们运用自身的力量并运用工具改造自然的过程。在这个过程中，对象按照主体的需要和要求发生了结构与形式上的变化，形成了自然界原来没有的种种对象物。这种对象物是在人与外在世界的相互作用中被创造出来的，是人的体力和智力物化的体现，也就是主体的本质力量通过实践活动转化为静止的物质的存在形式，即积淀、凝聚和物化在对象中。"劳动的产品就是固定在某个对象中、物化为对象的劳动，这就是劳动的**对象化**。劳动的实现就是劳动的对象化。"② 因此，主体客体化也就是主体通过实践活动向对象的渗透和转化，即主体对象化。实际上，不仅生产是如此，人类一切活动的结果都是主体客体化的结果，是"对象性的存在"。

所谓客体主体化，是指客体从客观对象的存在形式转化为主体生命结构的因素或主体本质力量的因素。在生产实践中，主体一方面通过物质和能量的输出改变着客体，同时，另一方面又需要把一部分客体作为直接的生活资料加以消费，或者把物质工具作为自己身体器官的延长包括在主体的生命活动之中。这些都是客体向主体的渗透和转化，即客体主体化。实际上，人通过改造对象的活动消化精神产品，使之转化为主体意识的一部分，也是客体主体化的表现。

人通过主体客体化，即主体对象化造成人的活动成果的体外积累，形成了人类积累、交换、传递、继承和发展自己本质力量的特殊方式——社会遗传方式，从而使人类的物质文化成果和精神文化成果不会因个体的消失而消

---

① 《马克思恩格斯全集》第46卷上，26页。

② 《马克思恩格斯全集》第42卷，91页。

失；人通过客体主体化，能够占有、吸收前人的活动成果，不断丰富人的本质力量，提高主体能力，从而使主体能够以新的更高的水平改造客体。因此，实践主体与客体的相互作用总是不断地在新的基础上进行着。

在主体客体化的同时，必然发生客体主体化。主体客体化与客体主体化的双向运动是人类实践活动的两个不可分割的方面，二者互为前提、互为媒介，人就是通过这种运动形式不断解决着现实世界的矛盾。客体对主体的制约性和主体对客体的超越性，是人类实践活动的本质内容。

第三节　实践与世界的二重化

实践是主体客体化与客体主体化的双向运动过程。在这个过程中，实践不仅改造客观世界，而且形成人的主观世界，创造属人世界。客观世界和主观世界、自在世界和人类世界分化与统一的基础就是人的实践活动。实践不仅具有认识论意义，更重要的是具有世界观意义。

一、人对物质世界的实践把握

实践改造物质世界，即人对物质世界的实践把握是通过目的、手段和结果的反馈调控过程实现的。实践过程包括三个基本环节：确立实践目的和实践方案；实践主体依据目的、方案，通过一定的中介作用于客体；完成、检验和评价实践活动的结果，并根据实践结果修正实践目的和实践方案，从而对实践活动本身进行反馈调节。人对物质世界的实践把握正是通过这三个基本环节进行的。

人的任何实践活动都是以实现某个目的为目的的。马克思指出："蜜蜂建筑蜂房的本领使人间的许多建筑师感到惭愧。但是，最蹩脚的建筑师从一开始就比最灵巧的蜜蜂高明的地方，是他在用蜂蜡建筑蜂房以前，已经在自己的头脑中把它建成了。劳动过程结束时得到的结果，在这个过程开始时就已经在劳动者的表象中存在着，即已经观念地存在着。他不仅使自然物发生形式变化，同时他还在自然物中实现自己的目的，这个目的是他所知道的，是作为规律决定着他的活动的方式和方法的，他必须使他的意志服从这个目的。"① 这说明，目的性是实践活动的基本特征之一。目的既是实践运行的初

① 《马克思恩格斯全集》第23卷，202页。

始环节，也是实践运行的内控因素，它贯穿和渗透于整个实践过程及其结果之中。

实践目的的提出意味着人们对自身需要有了一定的认识，同时，也意味着人们对客观事物及其规律有了一定的认识。确立实践目的的过程，实际上就是主体在实际改造客体之前把自己的内在尺度运用于客体，在思维中对客体进行观念改造，在观念中预先规定活动的结果，形成关于理想客体的观念模型的过程。

实践目的的提出总是以现存的事物为依据。但是，现存的事物无法满足主体的需要，主体提出的目的不论是何种性质、何种类型的，都表现为要建立一种或实现一种客观世界中现在还没有的事物。实践目的的提出表明人对客观世界的不满足，在目的当中鲜明地体现着主观与客观、理想与现实、实然与应然的矛盾。

实践目的的提出既然要以客观规律以及人自身的需要为前提，那么，要提出目的就必须认识客观规律以及人自身发展的规律。但是，对事物的正确认识又要以实践为前提，而在主体设定实践目的时，现实的实践活动还没有展开。因此，任何实践目的的提出都不可避免地含有主观因素。目的具有主观性并不意味着人在从事实践活动之前不能提出相对合理的实践目的。这是因为，任何一次具体实践都以过去的实践经验为前提，在这一过程中，人们也积累了关于某类客观对象的本质和规律的知识；客观事物在结构、属性等方面的共性，使人们能够把过去的知识、经验推广运用于尚未改造过的新的客观事物。

可以看出，人的实践过程并不是一般的“原因—结果”的转化过程，而是“原因—目的—结果”的转化过程，即目的作为环节插入客观的因果关系链条中，作为一种特殊的原因而起作用。这是一种特殊的因果关系，是一种指向未来的特殊的因果转化过程。人的实践过程因此就表现为一种有目的的自觉的物质活动过程，并改变了客体的自然进程。卢卡奇正确地指出：“劳动把目的论和因果性之间的以二元论为基础的、统一的相互关系引入了存在之中，而在产生劳动之前，自然界中只有因果过程。因此，这类由两个方面构成的整体，只是在劳动及其社会结果当中，只是在社会实践当中，才现实存在着。这样，改造现实的目的论设定所具有的那种模式，就成了人类每一社会实践的本体论基础。”①

① 卢卡奇：《关于社会存在的本体论》上卷，白锡堃等译，11页。

不论实践目的如何体现了主体尺度与客体尺度的结合，它本身都还是观念形态的东西。目的本身所包含的主观与客观的矛盾不可能在主观范围内得到解决。为了使目的在外部世界中得到实现，主体就需要借助各种手段把实践方案付诸实施。手段就是目的在外部世界中实现自身的中介，实践的过程也就是目的通过手段而实现自身的过程。

作为实践活动的工具，手段是人的身内器官功能和身外自然力的统一。手段是由人身外的自然物构成的，是一种身外的自然力，但它又是人的身内器官功能的外化，从而成为人的身外器官。所以，马克思把它称为“社会人的生产器官”①。正是借助这种身外器官，人突破了身内器官功能的局限，使主体力量具有无限发展的可能性。

作为实践活动的工具，手段又是人的过去活动和未来活动的统一。手段首先是人过去活动的产物，而后才成为人未来活动的前提。这表明，手段是凝聚了、物化了人过去的实践活动的“人化自然”。正因为如此，手段把前人活动和后人活动、过去活动和未来活动联系起来了。这样，每一代人在使用手段进行实践活动时，实际上是把前人的活动及其成果，历史上所创造的人类力量的总和纳入自身之中，以人“类”的资格去从事新的实践活动，从而使社会发展和人的发展成为一个不断向上的、滚雪球式的过程，并形成了区别于生物进化规律的社会发展规律。

因此，实践过程实现的是双重否定：一方面，主体实际地否定了作为目的之前提的客体的现成客观性；另一方面，主体又实际地否定了目的本身的单纯主观性。在这种双重否定中，作为目的之前提的客体没有消失，但改变了它原先的那种自在形式，转化为符合目的要求的客体；目的本身也没有消失，但否定了它原先的观念形态，即通过实践而对象化、物化于被改变了的客体中。通过这种双重否定，实际上建立了一种体现主体与客体、主观与客观相统一的新的事物。这就是目的的实现。

主体通过实施实践方案，使目的通过手段以对象化的方式在客体上表现出来，就达到了实践结果。实践结果是人的目的在客观事物中的凝聚和体现，因而是实践过程中各种要素的融合。实践结果虽然体现着人对自然事物的观念改造，但它作为实在的东西，一经产生就同其他客观事物一样成为不以人的观念为转移的客观存在。

实践通过目的、手段而达到结果，实现了主体对客体实际的改造和把

① 《马克思恩格斯全集》第23卷，409页。

握。但是，实践的运行过程并没有就此完结。“一般地说来，不论在变革自然或变革社会的实践中，人们原定的思想、理论、计划、方案，毫无改变地实现出来的事，是很少的。这是因为从事变革现实的人们，常常受着许多的限制，不但常常受着科学条件和技术条件的限制，而且也受着客观过程的发展及其表现程度的限制（客观过程的方面及本质尚未充分暴露）。在这种情形之下，由于实践中发现前所未料的情况，因而部分地改变思想、理论、计划、方案的事是常有的，全部地改变的事也是有的。即是说，原定的思想、理论、计划、方案，部分地或全部地不合于实际，部分错了或全部错了的事，都是有的。”① 同自然运动的结果相比，实践活动的结果有一个显著的特点，那就是它具有成败的属性。所以，人们要把实践结果作为客体进行评价，并由此反思实践目的和过程。

通过对实践结果进行科学评价，人们可以从实践结果的正负、大小，实践效率的优劣、高低上，获得对实践目的、实践过程的再认识；然后，再用这种认识来检查、审视原有的实践目的、实践方案等，进而调整、修正实践目的、实践方案。这就是实践系统的反馈调节机制。实践反馈既包括在具体实践过程通过目的与结果之间的相互作用对实践本身的反馈调节，也包括在社会实践系统中通过不同实践之间的相互作用对某一具体实践活动的反馈调节。

实践反馈不一定等到实践出现对象化结果才开始进行。主体在按照一定的目的和方案进行实践活动时，往往会遇到一些困难、障碍，会出现一些预想不到的“变异情况”，这就可能使实践活动出现错误或偏差，以至于出现实践活动失控或实践活动的阶段性结果背离预期目的等现象。因此，主体必须根据实践过程中出现的某种结果、某种信息、某种变化，及时地对实践活动进行反馈调节。只有这样，才能随时修正错误和偏差，使实践活动顺利地、合目的地运行。实际上，人的实践活动一旦启动、展开，它本身就成为一种客观过程，成为人们认识和改造的对象。这种修正、调整、改造实践的实践，是更高层次的实践，是实践的自我变革。

总之，实践是以主体、中介、客体为基本框架，通过目的、手段、结果的反馈调控而自我变革、自我发展的过程。正是在这个过程中，世界二重化了，即分化为客观世界和主观世界、自在世界和人类世界。

---

① 《毛泽东选集》第1卷，293-294页。

二、客观世界和主观世界的分化与统一

所谓客观世界，是指物质的、人们可以感知的世界，是人的意识活动之外的一切客观存在的总和。从内容上看，客观世界包括两个部分，即自然存在和社会存在。前者不依赖于人的活动而独立存在，后者形成于人的实践活动之中，但又不以人的意识、意志为转移。二者的共同之处就在于，它们都是具有客观实在性的物质存在，而不是观念存在或观念集合体。自然存在和社会存在的统一构成了“外部世界”或“物质的世界”，即客观世界。

所谓主观世界，是指人的意识、观念世界，是人的头脑反映和把握物质世界的精神活动的总和，既包括意识活动的过程，又包括意识活动所创造的观念，即意识活动的成果。主观世界不仅起于主体的心意，而且表现为主体的心意状态。人的欲求、愿望、情感、意志、目的、观念、信念、思维等，都是主观世界的不同表现形式。从总体上看，主观世界是知、情、意的统一体。

客观世界不同于主观世界。这种不同表现在两个方面：

一是客观世界和主观世界具有异质性。客观世界存在于人的意识活动之外，具有直接现实性，并按照自己固有的规律运动着，自然存在的基础是它自身，社会存在的基础是人们的物质实践；主观世界则存在于人的意识活动之内，它是以人脑为物质（生理）基础，以意识诸要素及其运动为机理的。主观世界的广延性、伸张性，即意识或思维空间体现在意识或思维活动中。从这个意义上说，主观世界就是主体意识活动所具有的智力、智慧、思维能力大小强弱的幅度、界限，以及它所能接受、理解和处理信息的思维容量域。不同的主体有不同的主观世界。

二是客观世界的发展和主观世界的发展具有不完全同步性。从根本上说，客观世界决定主观世界，客观世界是主观世界的外在空间，主观世界和客观世界的关系是反映与被反映的关系。然而，主观世界毕竟是一种非直接现实性的存在，起于心意之内的“由己性”是其基本特征之一。这种“由己性”使人们可以在心意之内随意组合、建构客体，从而使主观世界既可以在某些方面背离客观世界，发生幻想、错误，也可能超越客观世界，对未来存在做出超前反映。这样，就出现了主观世界的发展和客观世界的发展不完全同步的状态。主观世界和客观世界的发展有着复杂的矛盾关系，主观世界一方面可以肯定、表现、反映客观世界，另一方面也可能对客观世界发生偏离、否定和超越，二者始终交织在一起。

客观世界和主观世界既是对立的，又是统一的：

首先，客观世界和主观世界在内容上具有同构性。所谓同构，是指具有彼此对应的基本要素及其结构方式。客观世界和主观世界的同构性是由主观世界形成的前提、条件和基础造成的。主观世界并不是脱离客观世界而独立自存的实体，也不是超然于客观世界而绝对孤立自存的世界，它从属于客观世界，是由客观世界派生的。从根本上说，主观世界是对客观世界的反映，它在观念的形式中反映着客观世界的内容，在概念中凝结着对客观世界本质的理解。“观念的东西不外是移入人的头脑并在人的头脑中改造过的物质的东西而已”①。主观世界实质上是被人的头脑所反映并转换为观念形式的客观世界，在内容上源于客观世界，因而必然与之具有同构性。

其次，客观世界的运动规律和主观世界的运动规律具有同一性。由于主观世界在内容上与客观世界具有同构性，主观世界的运动规律是对客观世界的运动规律的反映和升华，所以，主观世界的运动规律，即思维规律同样具有必然性、重复性、常规性的特征。不管人们是否意识到思维规律的要求，是否遵循思维规律进行认识活动，思维规律都要起作用。辩证法的基本规律，如对立统一规律，就既存在于客观世界，也存在于主观世界。当我们把概念辩证法看作“现实世界的辩证运动的自觉的反映”② 时，“辩证法就归结为关于外部世界和人类思维的运动的一般规律的科学，这两个系列的规律在本质上是同一的，但是在表现上是不同的”③。

最后，客观世界和主观世界又是互相转化的。如前所述，主观世界本质上是反映在人的头脑中并转换为观念形式的客观世界；主观世界，尤其是其中的理想存在，通过实践又能转化为现实的存在，成为客观世界的一部分，并不断地更新着客观世界的内容。

客观世界和主观世界分化与统一的现实基础就是人的实践活动。

第一，客观世界和主观世界的关系形成于人的实践活动中。主观世界并不是客观世界自动分化的结果，也不是由各种“先天范畴”构成的思维之网。“人的思维的最本质的和最切近的基础，正是**人所引起的自然界的变化**，而不仅仅是自然界本身；人在怎样的程度上学会改变自然界，人的智力就在怎样的程度上发展起来”④。无论从发生来说，还是就发展而言，实践都是主

① 《马克思恩格斯全集》第23卷，24页。
② 《马克思恩格斯选集》第4卷，250页。
③ 《马克思恩格斯选集》第4卷，249－250页。
④ 《马克思恩格斯选集》第3卷，922页。

观世界的现实基础，主观世界是实践活动在人的头脑中的内化。正是在实践活动中，物质世界发生了分化，它被反映在人的头脑中并转化为主观世界。就是说，实践使统一的物质世界分化为客观世界和主观世界。

第二，实践是客观世界和主观世界相互接触的中介。只有在实践中，客观世界和主观世界才能相互接触，客观世界的内容才能转化为主观世界的内容。这一转化是一个不断深入和扩大的过程。对于每个时代特定的主体来说，并不是客观世界的所有内容都能构成主观世界的内容，只有被纳入人的实践以及认识活动范围内的那部分客观世界的内容，或者说，只有被纳入实践以及认识活动中的那部分客观世界为主体所认识，并沉积、内化为意识的时候，才能转化为人的主观世界。实践从根本上制约着客观世界和主观世界接触的范围，以及主观世界对客观世界反映的广度和深度。

第三，实践是客观世界和主观世界相互转化的途径。不仅客观世界只有通过实践以及认识活动才能转化为主观世界，而且主观世界也只有通过实践才能转化为客观世界。实践本身就是主观见之于客观的活动，是主观和客观的“交错点”，它“不仅具有普遍性的品格，而且还具有直接现实性的品格”①。因此，实践是客观世界和主观世界相互转化的途径。

实践是人的有目的的活动。这种有“目的的活动不是指向自身……而且为了通过消灭**外部**世界的规定的（方面、特征、现象）**来获得具有外部现实形式的实在性**”②。换言之，人在实践活动中不仅接受外部世界的客观规律，而且要依据自己的目的利用客观规律改变客观世界，使之成为符合人的目的和要求、满足人的需要的属人世界。因此，在客观世界和主观世界分化与统一的过程中，同时又形成了自在世界和人类世界的分化与统一。

三、自在世界和人类世界的分化与统一

自在世界和人类世界是两个相互对应的概念。自在世界又称天然自然，这一概念包含着两重含义：一是指人类世界产生之前的自然界，这是人类世界产生之前的先在世界；二是指人类活动尚未达到的自然界。自然界在广度和深度上都是无限的，永远存在着人类活动尚未达到的部分，即尚未被人化的部分，这一部分自然界仍然属于自在世界。人类世界又称属人世界，它是指在人类实践基础上形成的“人化自然”和人类社会的统一体。所谓人化自然，是指被人的实践改造过并打上了人的目的和社会关系烙印的自然。自在

① 《列宁全集》第55卷，183页。

② 《列宁全集》第55卷，183页。

世界和人类世界都具有客观实在性。人并不是在自在世界之外创造人类世界，而是在自在世界所提供的材料的基础上表现自己的本质力量，建造人化自然、人类世界。人的实践可以改变天然自然的外部形态、内部结构乃至其规律起作用的方式，但不可能消除天然自然或自在世界的客观实在性。相反，天然自然的客观实在性通过实践延伸到人化自然、人类世界之中，并构成了人类世界客观实在性的自然基础。这是自在世界和人类世界的共同点。

自在世界和人类世界的区别在于，自在世界是独立于人的活动或尚未被纳入人的活动范围内的自然界，其运动变化完全是自发的，一切都处在盲目的相互作用之中。人类世界和人的活动不可分离。人化自然是被人的活动改造过的自然，它体现了人的需要、目的、意志乃至审美能力，正如马克思所说："人也按照美的规律来建造"①；人的社会关系是在人的活动过程中生成和变化发展的，人类世界的独特性就是它对主体实践活动的依赖性。当然，人类世界不可能脱离自在世界，它要将自在世界作为自己存在和发展的前提，但人类世界毕竟不同于自在世界，也不是自在世界自动延伸的产物。从根本上说，人类世界是人的实践活动的对象化，是人的对象世界。

世界本无自在世界和人类世界之分，只是出现了人及其活动之后，"自然之网"才出现了缺口并一分为二，即在自在世界的基础上叠加了一个与它既对立又统一的人类世界。实践是自在世界和人类世界分化与统一的基础。

如前所述，生产实践不仅使天然自然发生形态的改变，而且把人的目的性因素注入自然界的因果链条中，使自然界的因果链条按同样客观的"人类本性"发生运转。由此，"我们还能引起自然界中根本不发生的运动（工业），至少不是以这种方式发生的运动，并且我们能赋予这些运动以预先规定的方向和范围"②。生产实践当然不能改变、创造或消除自然物的本性和规律，但却能把人的内在尺度运用到物质对象上，把人的目的灌注到物质对象中，从而按人的方式来规范物质运动的方向和过程。用中国古代唯物主义哲学家张载的话说，就是人通过实践活动"为天地立心"。

在人的实践活动中，天然自然这个"自在之物"日益转化为体现了人的目的并能满足人的需要的"为我之物"。这一过程就是自然"人化"的过程，其结果是从天然自然中分化出人化自然。"自然的人化"强调的是"自然界

---

① 《马克思恩格斯全集》第42卷，97页。

② 《马克思恩格斯选集》第3卷，921页。

对人说来的生成过程”①，换言之“自然的人化”强调的不是自然界的变化，而是自然界在人的实践过程中不断获得属人的性质，不断被改造成适合人生存和发展的条件，成为人的本质力量的确证和展现。所以，马克思认为，人化自然，即“在人类历史中即在人类社会的产生过程中形成的自然界是人的**现实的**自然界；因此，通过工业——尽管以**异化**的形式——形成的自然界，是真正的、**人类学的**自然界”②。

自然“人化”的过程同时就是社会形成和发展的过程。人们在从事物质生产、改造自然的同时，形成、改造与创造着自己的社会联系和社会关系。没有人与人之间的社会关系，也就不可能有人与自然的现实关系。“一切生产都是个人在一定社会形式中并借这种社会形式而进行的对自然的占有。”③这就是说，自然的“人化”是在社会之中而不是在社会之外实现的。正是在这个意义上，马克思指出，“自然界的**人的**本质只有对**社会的**人说来才是存在着的”，“只有在社会中，自然界对人说来才是人与**人联系的纽带**，才是他为别人的存在和别人为他的存在，才是人的现实的生活要素；只有在社会中，自然界才是人自己的**人的**存在的**基础**。只有在社会中，人的**自然的**存在对他说来才是他的**人的**存在”④。在实践活动中生成的人化自然和人类社会的统一，构成了人类世界。

人通过自己的实践活动在自在世界的基础上建造了属人的世界，从而使世界二重化为自在世界和人类世界。自在世界和人类世界又具有内在联系。这种内在联系体现在两个方面：

一方面，自在世界构成了人类世界存在和发展的自然基础，人在实践活动中把天然自然同化于自身，转化为自己的本质力量，同时，又把这种本质力量对象化于人类世界之中；人类世界形成之后又反过来制约天然自然，不断地改变自在世界的界限。现代科学成果表明，自然史上最高的“会聚”发生在自然史向人类史的转化之时，此时，较低层次的自然系统成为较高层次的社会系统的组成部分，而社会系统又反过来对自然系统施加着“约束”。

另一方面，天然自然通过人的实践活动转化为人化自然，并在人化自然、人类世界中延续了自己的存在；同时，人化自然不可避免地要参与整个

① 《马克思恩格斯全集》第42卷，131页。
② 《马克思恩格斯全集》第42卷，128页。
③ 《马克思恩格斯全集》第46卷上，24页。
④ 《马克思恩格斯全集》第42卷，122页。

大自然的运动过程。这就会出现两种情况：一是自在世界的运动以其强大的力量强行铲除人化自然的痕迹，使人的活动成果趋于淡化和消失；二是人化自然改变了自然规律起作用的范围和结果，改变了自然过程，尤其是生物圈的运动过程，这就可能对人产生负面效应。这就是恩格斯所说的自然界“对人进行报复”的问题，即“如果说人靠科学和创造性天才征服了自然力，那么自然力也对人进行报复，按人利用自然力的程度使人服从一种真正的专制，而不管社会组织怎样”①。正因为如此，马克思和恩格斯提出了“合理地调节人和自然之间的物质变换”以及“人类同自然的和解”问题。

实践改造自然，不仅仅是改变自然物的形态，更重要的是在自然物中灌注人的目的和本质力量，创造出按照自在世界本身的运动不可能产生的事物。实践改造世界的过程，实际上就是创造世界的过程。实践的创造性集中体现在实践创造出一个与自在世界既对立又统一的人类世界。

人类世界在内容上包含自然和社会两个方面。但是，人类世界不是自然界和社会的“相加”，而是在实践的基础上形成的人化自然与人类社会“二位一体”的世界。在人类世界中，自然与社会相互作用、相互渗透，摆在人面前的是社会的自然和自然的社会，或者说是“历史的自然和自然的历史”②。

人类世界中的自然不是脱离人的自然，而是被人们“加工”过的自然；人不仅改造自然存在，而且通过实践使自身的本质力量和社会关系也进入自然存在，并赋予自然存在新的尺度——社会（历史）性。一切对自然的加工、改造都是在“一定的社会形式中并借助这种社会形式”进行的。在人类世界中，自然界意味着什么，自然与人的关系如何，人对自然的作用采用了什么样的形式、内容和范围等，都受到社会关系的制约。在人类世界中，自然不仅保持着天然的物质本性，而且具有了社会关系的内涵；不仅具有客观实在性，而且具有社会历史性。人化自然是一个社会（历史）范畴。

在人类世界中，如同自然被社会制约一样，社会也被自然制约。人类社会是在人与自然之间的物质变换过程中形成和发展起来的，人类历史也无非“是自然界对人说来的生成过程”。在人类世界中，自然本身的规律不可能被完全消融到对它进行占有的社会过程中；自然界并非外在于社会，而是作为一种恒定的因素出现在社会历史过程中，成为社会的内在要素。人与自然之

---

① 《马克思恩格斯选集》第 3 卷，275－276 页。

② 《马克思恩格斯选集》第 1 卷，156 页。

间的物质变换构成了社会存在和发展得以实现的“永恒的自然必然性”①。社会发展既不是纯自然的过程，也不是脱离自然的超自然的过程，而是与自然运动“相似”的过程。把人对自然的实践关系从社会（历史）中排除出去，就等于把社会（历史）建立在虚无之上。

社会的自然和自然的社会都是人们实践活动的产物。实践是自然与社会相互作用、相互渗透的中介和基础。一句话，实践是人类世界得以存在的根据和基础，在人类世界的运动中具有导向作用。人类世界当然不能归结为人的意识，但同样不能还原为天然自然。人类世界只能在实践中存在。实践，“这种活动、这种连续不断的感性劳动和创造、这种生产，正是整个现存的感性世界的基础，它哪怕只中断一年，费尔巴哈就会看到，不仅在自然界将发生巨大的变化，而且整个人类世界以及他自己的直观能力，甚至他本身的存在也会很快就没有了”②。

人类世界是实践中的存在，而实践本身又处在不断的变化发展之中。人类世界因此是一个动态的，不断发展、不断生成、不断形成更大规模、更多层次的开放体系。正如马克思所说，人们“周围的感性世界决不是某种开天辟地以来就直接存在的、始终如一的东西，而是工业和社会状况的产物，是历史的产物，是世世代代活动的结果，其中每一代都立足于前一代所奠定的基础上，继续发展前一代的工业和交往，并随着需要的改变而改变他们的社会制度”③。

可见，人的实践活动是一种不断分化世界，使世界二重化，又不断统一世界的活动。对人来说，世界既是本原性的存在，又是对象性的存在。所以，马克思认为，不仅要从客体方面，而且要从主体方面，从“感性的人的活动”，即从实践出发去理解“对象、现实、感性”。实践不仅改变世界，而且创造世界，在改变现存世界的过程中创造新世界。马克思主义哲学正是通过人类实践活动来反观世界，建构了一种“新世界观”，从而实现了哲学世界观的深刻变革。

① 《马克思恩格斯全集》第23卷，56页。
② 《马克思恩格斯选集》第1卷，157页。
③ 《马克思恩格斯选集》第1卷，155页。

第四章

社会的本质与结构

社会离不开自然，但又不同于自然。社会生活在本质上是实践的，历史不过是追求着自己目的的人的活动而已。因此，人类社会具有自己独特的本质与结构。马克思主义哲学产生之前，众多哲学家都没有正确理解社会与自然的关系，没有正确理解社会的本质、结构及整体性。马克思主义哲学则在科学的实践观的基础上揭示了社会同自然的关系，深刻地理解和把握了社会的本质、结构及整体性。

第一节　社会的本质与整体性

人类社会是“一切关系在其中同时存在而又互相依存的社会机体”①。社

① 《马克思恩格斯选集》第1卷，223页。

会的这种整体性根源于人的实践活动。全部社会生活在本质上是实践的。社会结构不过是人的实践活动的对象化，社会制度是人们交往关系的规范化、制度化，而社会有机体正是在物质生产、精神生产、人本身生产以及社会关系生产这四种生产过程中得以生成和更新的。

一、实践：社会生活的本质

如何理解社会的本质，这是历史观的核心问题，也是各派历史哲学争论的焦点。马克思主义哲学产生之前，人们并没有真正理解和把握社会的本质，社会或者被神化，或者被精神化，或者被自然化了。马克思主义哲学通过对实践活动深入而全面的探讨，深刻而科学地把握了社会的本质，即全部社会生活在本质上是实践的。

把社会神化的是神学历史观。神学历史观用一种超自然的力量，即神灵的意志来说明社会历史，认为社会本质上是“神定的一种秩序”，“神意”是主宰国家兴亡、民族盛衰的最高力量。神学历史观既否定了社会的客观性，又否定了人的主体性，从而把历史本身的因果关系纳入神学宿命论之中，对社会的本质做了宿命论的歪曲。

把社会精神化的是唯心主义历史观。唯心主义历史观认为，社会本质上是人的意志、意识活动或心理活动的产物，或者说，是“绝对精神”运动的产物，如同自然是“绝对精神”在空间中的展现一样，社会历史是“绝对精神”在时间中的展开。在唯心主义历史观的视野中，“历史是不自觉地，但必然是为了实现某种预定的理想目的而努力，例如在黑格尔那里，是为了实现他的绝对观念而努力，而力求达到这个绝对观念的坚定不移的意向就构成了历史事变中的内在联系”①，而“旧唯物主义在历史领域内自己背叛了自己，因为它认为在历史领域中起作用的精神的动力是最终原因，而不去研究隐藏在这些动力后面的是什么，这些动力的动力是什么”②。

的确，人是社会的主体，社会的存在和发展离不开人的有意识的活动。唯心主义历史观看到了这种特殊性，但又夸大了这种特殊性，没有进一步探究人有意识的活动背后的物质活动。主观唯心主义以及旧唯物主义“不彻底的地方并不在于承认精神的动力，而在于不从这些动力进一步追溯到它的动因”③；客观唯心主义，特别是黑格尔的历史观承认这一“动因”的存在，

---

① 《马克思恩格斯选集》第4卷，253页。
② 《马克思恩格斯选集》第4卷，255页。
③ 《马克思恩格斯选集》第4卷，255页。

“但是它不在历史本身中寻找这种动力，反而从外面，从哲学的意识形态把这种动力输入历史”①，人类历史的规律和发展进程成了一种在人类历史之前就预先存在的超历史的“绝对计划”。

把社会自然化的是自然主义历史观。自然主义历史观或者把社会的本质归结于自然条件，即社会所处的自然（地理）环境，或者把社会的本质归结为人的自然属性，即生物本能，认为人类与“动物社会”在本质上是同一的。无疑，社会离不开自然，自然环境是社会存在和发展的永恒的、必不可少的物质条件，并对社会发展起着影响和制约作用。但是，自然环境不可能构成社会的本质，也不能决定社会制度及其变革。这是因为，自然环境只有通过人的生产实践才能转化为社会要素，对社会产生影响和作用，而且这种作用的性质和程度本身又是由生产实践的状况决定的。社会的本质也不能归结为人的自然属性。不存“动物社会”，动物个体的结合方式是动物在被动适应环境的过程中形成的一种本能习性，它属于自然现象，服从生物学规律；个人的社会结合方式则是在能动地改造自然的实践活动中形成的，受制于实践活动规律。

自然主义历史观看到了自然环境或人的自然属性对社会的影响和制约作用，但又夸大了这种作用，夸大了社会与自然的同一性。正如恩格斯所说，“自然主义的历史观……是片面的，它认为只是自然界作用于人，只是自然条件到处决定人的历史发展，它忘记了人也反作用于自然界，改变自然界，为自己创造新的生存条件”②。

从认识论的角度看，造成这种状况的原因是社会的特殊性。社会的特殊性犹如横跨在自然与社会之间的“活动翻板”，马克思主义哲学产生之前，即使一些坚定的唯物主义者，当他们的视线由自然转向社会，开始探讨社会的本质时，也被这块“活动翻板”翻向了唯心主义的深渊。把社会神化、精神化、自然化的根本原因就在于，或者“不知道现实的、感性的活动本身”，或者“不了解‘革命的’、‘实践批判的’活动的意义”③。

马克思主义哲学通过对实践深入而全面的探讨，在人类思想史上第一次揭示了人类社会的本质，即“全部社会生活在本质上是**实践的**”④。

① 《马克思恩格斯选集》第4卷，255页。
② 《马克思恩格斯选集》第3卷，922页。
③ 《马克思恩格斯选集》第1卷，133页。
④ 《马克思恩格斯选集》第1卷，135页。

首先，实践构成了社会关系的发源地。

实践首先是人以自身的活动来引起、调整和控制人与自然之间的物质变换的过程。为了实现人与自然之间的物质变换，人与人之间也必须互换活动，并必然结成一定的社会关系。人如果不以一定的方式结合起来共同活动，便不能进行生产。为了进行生产，人们必然发生一定的社会关系；只有在这些社会关系的范围内，才会有人与自然的关系。人与自然的关系和人与人的关系相互制约，共生于生产实践中。同时，人与其意识的关系也生成于实践活动中。

这就是说，实践内在地包含着三重关系，即人与自然的关系、人与人的关系以及人与其意识的关系，这些关系构成了基本的社会关系，即物质的社会关系和思想的社会关系。实践构成了社会关系的发源地，并以浓缩的形式包含着基本的社会关系。正如马克思所说，“以一定的方式进行生产活动的一定的个人，发生一定的社会关系和政治关系”①。社会关系生成于人的实践活动之中。

其次，实践构成了社会生活的基本领域。

如前所述，实践有三种基本类型，即制造物质生活资料的实践、改造社会关系的实践以及创造精神文化的实践。这三种实践既相互区别又相互作用，构成了社会生活的基本领域，即社会的物质生活、政治生活和精神生活。即使在宗教神学中，世界被二重化为宗教世界和世俗世界，这一现象也同样可以从实践中得到正确的理解和说明。“世俗基础使自己从自身中分离出去，并在云霄中固定为一个独立王国，这只能用这个世俗基础的自我分裂和自我矛盾来说明”②。因此，“凡是把理论引向神秘主义的神秘东西，都能在人的实践中以及对这种实践的理解中得到合理的解决”③。

在整个社会生活过程中，生产实践具有基础和决定作用。物质生产在生产人的生活资料的同时，就是在生产人的物质生活本身，而物质生活的生产方式制约着人的政治生活、精神生活乃至整个社会生活。

最后，实践构成了社会发展的动力之源。

从内容上看，社会发展主要是人与自然的关系和人与人的社会关系的变迁，而人与自然的关系和人与人的社会关系就生成于人的实践活动中，并随

① 《马克思恩格斯选集》第1卷，151页。

② 《马克思恩格斯选集》第1卷，134页。

③ 《马克思恩格斯选集》第1卷，135－136页。

着实践的发展而发展。这就是说，社会发展不过是人的实践活动在时间中的展开，社会发展的动力绝不会产生于实践活动之外，而只能形成于实践活动之中。

物质生产实践构成了社会发展的根本动力，即生产力与生产关系的矛盾运动。从根本上说，生产力与生产关系的矛盾运动就是在生产实践过程中所形成的人与自然、人与人之间的矛盾及相互作用。即使生产力，也不是纯粹的外部自然力，而是人的实践能力。改造社会关系的实践推动着社会的制度变迁和进步，在阶级社会中，阶级斗争构成了社会发展的直接动力。所以，实践构成了社会发展的动力之源。

马克思主义哲学确认实践是社会的本质，也就是从实践出发去理解社会，或者说，把社会"当做**实践**去理解"①。从实践出发去理解社会的根本点在于，从物质生产的内在结构，即生产方式出发去理解和剖析社会结构。马克思主义哲学始终"从物质实践出发来解释各种观念形态"②，并"根据经验来揭示社会结构和政治结构同生产的联系"③。社会的整体化、有机化就是通过生产方式对社会结构的规范来实现的。生产力决定社会的经济结构，经济结构又决定政治结构、观念结构乃至整个社会结构，从而形成了以生产方式为基础的社会有机体。

二、社会：不断自我更新的有机体

社会有机体思想在马克思主义哲学中占有重要地位，它为我们全面理解社会的内部结构、生长机制以及运动规律提供了科学的方法论。"马克思和恩格斯称之为辩证方法（它与形而上学方法相反）的，不是别的，正是社会学中的科学方法，这个方法把社会看做处在不断发展中的活的机体"④，"辩证方法要我们把社会看做活动着和发展着的活的机体"⑤。

从思想史上看，圣西门已初步提出了社会有机体思想。圣西门去世后，他的门徒在《圣西门学说释义》中明确提出，"社会是一种有机的整体"。之后，孔德和斯宾塞创立了社会有机体理论。孔德把社会同生物体进行比较，认为社会也是一种有机体，并把社会机体分解成家庭、阶级、种族以及城市和社区，认为家庭是社会的细胞，阶级或种族是社会的组织，城市和社区是

---

① 《马克思恩格斯选集》第 1 卷，133 页。

② 《马克思恩格斯选集》第 1 卷，172 页。

③ 《马克思恩格斯选集》第 1 卷，151 页。

④ 《列宁选集》第 1 卷，32 页。

⑤ 《列宁选集》第 1 卷，55 页。

社会的器官。斯宾塞则认为，社会机体同生物机体一样，由营养系统、循环系统和调节系统三个部分组成。其中，从事生产的工人、农民为社会提供营养系统，商人、企业家、银行家处于循环系统，对社会进行分配，而政府官员则对社会进行调节，三者应各司其职、相互协调，使社会成为一个稳定的整体。

孔德、斯宾塞等人的社会有机体理论的合理性在于，把社会“作为一个整体来看待”。但是，孔德、斯宾塞等人的社会有机体理论在总体上是错误的：他们站在社会达尔文主义的立场上对社会和生物机体进行简单类比，认为社会发展只是“动物进化的普遍系列的一部分”，并把生物进化规律搬到社会发展领域，所以他们的社会有机体理论实际上是一种用生物有机体概念来分析社会的观点和方法。

在马克思主义哲学中，“社会机体”是囊括全部社会生活及其关系的总体性范畴，是指在社会中“一切关系在其中同时存在而又互相依存”①。“现在的社会不是坚实的结晶体，而是一个能够变化并且经常处于变化过程中的有机体”②。社会有机体与生物有机体具有“相类似的现象”，但二者又具有本质的区别。社会生活在本质上是实践的，社会是以人的实践活动为基础的、不断自我更新的有机体，这是马克思主义社会有机体理论的基石。

同生物有机体相比，社会有机体具有三个基本特征：

第一，社会有机体形成于人的实践和交往活动之中。

社会有机体不同于生物有机体，它不是形成于物种规定的本能活动之中，而是根源于人的实践活动。与动物的本能活动不同，人的实践活动是使用工具的活动。工具执行着人的身体器官的功能，同时，它又是由自然材料构成的，属于人的身外器官。作为人的身外器官，工具具有超个体的特征，即工具不是生长在个人身上的器官，不会随着个体的死亡而消亡，因而能够不断被复制，能够在不同的个体之间转换，从而成为个人之间相互联系的中介。一个人掌握了他人制造的工具，也就等于掌握了他人的能力；他把工具作为活动手段，实际上是把他人的能力作为自己活动的手段，这就形成了人与人之间的社会联系，构成了社会有机体。

社会有机体根源于人的生产实践，直接形成于人的交往活动之中。社会是人与人交互作用的产物。人与人之间的交互作用就是个人之间的交往。个

---

① 《马克思恩格斯选集》第1卷，223页。

② 《马克思恩格斯选集》第2卷，84页。

人之间的交往必须借助一定的规范才能进行，交往的规范化、制度化形成了交往的秩序和结构，从而形成了社会有机体。这是一个以物质生活的生产方式为基础逐层整合而成的总体协调的体系。个人通过实践及交往活动创造了社会，并使社会成为一种有机体；社会作为有机整体反过来又制约和规定个人的活动，或者说，社会又创造着个体。

第二，社会有机体是一种具有自我意识的有机体。

任何有机体都具有自组织、自调节的功能，一个系统的有机性程度取决于它的自组织、自调节的程度。人类社会是一个有机性程度极高的机体，更重要的是，人类社会具有自我意识，从而异于并优于生物有机体。生物有机体的自组织、自调节是生物的本能活动；社会有机体的自组织、自调节是有意识的活动，是在一定程度上被自身意识到、以某种自觉的形式进行的。社会的主体是人。人与动物的不同之处就在于，“他的意识代替了他的本能，或者说他的本能是被意识到了的本能”①。与动物的生命活动不同，人的生命活动是有意识的，“有意识的生命活动把人同动物的生命活动直接区别开来”②。

科学知识和意识形态都是社会的自我意识。科学知识再生产的目的在于调节和控制人与自然的关系；意识形态再生产的目的在于调节和控制人与社会的关系，协调各种社会力量，形成自觉的集体行为。各种社会制度，包括经济制度、政治制度，都是通过人的意识形成的，实际上是意识到自己交往活动的社会主体自觉建立起来的社会规范，以约束、协调个体的运动，从而使社会作为一个整体而存在和运行。这是社会有机体自组织、自调节过程的集中体现。

第三，社会有机体再生与更新的内在机制是物质生产、精神生产和人自身生产的统一。

任何一种有机体要维持自己的存在，都必须同周围的环境进行物质变换。社会有机体要存在下去，也必须不间断地进行人与自然界之间的物质变换，为此，就要不间断地进行物质生产。除此之外，社会还必须进行精神生产。精神生产就是“思想、观念、意识的生产”③，是创造系统化、理论化的精神产品的生产。精神生产在整个社会生产中处于枢纽地位，是社会有机体

① 《马克思恩格斯选集》第1卷，161-162页。
② 《马克思恩格斯全集》第42卷，96页。
③ 《马克思恩格斯选集》第1卷，151页。

维系各种关系的控制器。社会有机体要维持自己的存在，还必须进行人类自身的生产，即种的繁衍。最初的物质生产是由人自身生产的需要引起的，是由“他们的肉体组织所决定的”①；最初的社会关系也是在人自身生产的过程中形成的，“家庭起初是唯一的社会关系”②。正是人自身再生产的要求构成了物质生产以及精神生产的内在动力。

物质生产、精神生产和人自身生产的过程同时就是社会关系再生产的过程。“生命的生产，无论是通过劳动而生产自己的生命，还是通过生育而生产他人的生命，就立即表现为双重关系：一方面是自然关系，另一方面是社会关系”③。社会的经济关系、政治关系、思想关系、亲属关系等正是在物质生产、精神生产和人自身生产的过程中形成的。物质生产、精神生产和人自身生产是社会活动的三个方面，三者在历史上同时存在并相互制约，始终发生作用。正是在这三种生产的过程中，社会有机体不断地再生与自我更新。

在社会有机体再生与自我更新的过程中，物质生产、精神生产和人自身生产的作用是不同的。精神生产最初直接与物质生产交织在一起，是人们物质生活过程的“直接产物”④，后来又成为物质生活过程的“必然升华物”⑤；人自身生产的状况首先取决于物质生产及其创造的生活资料、享受资料和发展资料的性质与水平，人自身生产不仅是生物遗传过程，同时又是社会遗传过程；物质生产构成了精神生产、人自身生产乃至整个社会有机体的基础。

马克思指出，社会“这种有机体制本身作为一个总体有自己的各种前提，而它向总体的发展过程就在于：使社会的一切要素从属于自己，或者把自己还缺乏的器官从社会中创造出来。有机体制在历史上就是这样向总体发展的。它变成这种总体是它的过程即它的发展的一个要素”⑥。这就是说，社会有机体体现着社会的整体性或总体性，确认社会是一个有机体，就是要求从对个别社会要素、领域、过程的研究上升到对社会总体的研究，只有放到社会总体中才能理解和说明个别社会现象、领域或过程。马克思主义的社会有机体分析法也就是整体分析法，即总体分析法。“马克思的名言：‘每一个社会中的生产关系都形成一个统一的整体’，是历史地了解社会关系的方法

① 《马克思恩格斯选集》第1卷，147页。
② 《马克思恩格斯选集》第1卷，159页。
③ 《马克思恩格斯选集》第1卷，160页。
④ 《马克思恩格斯选集》第1卷，151页。
⑤ 《马克思恩格斯选集》第1卷，152页。
⑥ 《马克思恩格斯全集》第46卷上，235-236页。

论的出发点和钥匙。”①

三、社会结构：交往活动的制度化

社会结构的内涵就是社会关系。问题在于，人与人之间的社会关系并不是先于人而存在的，而是形成于人的实践活动之中。人改造自然的活动不可能是个体孤立地进行的，而是在诸多个人共同活动的条件下进行的；诸多个人之间的共同活动，则是通过个人之间的交往活动而形成的；个人之间的交往，就是人与人之间的交互活动。正是这种人与人之间的交互活动形成了人与人之间的社会关系，亦即形成了社会。“社会——不管其形式如何——是什么呢？是人们交互活动的产物。”②“为了不致失掉文明的果实，人们在他们的交往［commerce］方式不再适合于既得的生产力时，就不得不改变他们继承下来的一切社会形式。——我在这里使用‘commerce’一词是就它的最广泛的意义而言，就像在德文中使用‘Verkehr’一词那样。例如：各种特权、行会和公会的制度、中世纪的全部规则，曾是唯一适应于既得的生产力和产生这些制度的先前存在的社会状况的社会关系。”③ 从直接性上看，社会关系就是个人之间的交往关系。

人在与自然进行物质变换的同时必须进行人与人之间的交往。人与自然的物质变换是主体与客体之间的关系，人与人之间的交往则是主体间关系或人际关系，它是在物质生产的基础上进行的，其规模和形式等都受到生产状况的制约。人与人之间的交往必须借助于一定的规范才能进行，而这些规范是由物质生产的状况决定的。因此，交往关系植根于物质生产，物质生活的生产方式规定、制约着交往方式。同时，一定的交往方式一旦形成，又反过来制约生产力的发展，制约人本身的发展。马克思指出：“人们是受他们的物质生活的生产方式，他们的物质交往和这种交往在社会结构和政治结构中的进一步发展所制约的”，“现实的、从事活动的人们，他们受自己的生产力和与之相适应的交往的一定发展——直到交往的最遥远的形态——所制约”④。

人与人之间的交往是在物质生产的基础上发生的，直接或间接同物质生产活动相联系，并依其同物质生产联系的密切程度而展现为不同的层面。其

---

① 卢卡奇：《历史与阶级意识——关于马克思主义辩证法的研究》，杜章智等译，59页，北京，商务印书馆，1999。

② 《马克思恩格斯选集》第4卷，408页。

③ 《马克思恩格斯选集》第4卷，409页。

④ 《马克思恩格斯选集》第1卷，152页。

中，基本形式有三种，即经济交往、政治交往和精神交往。在这三种交往中形成了三种基本的社会关系，即经济关系、政治关系和思想关系。

人与人之间的交往活动产生于物质生产活动，而物质生产活动在一定的发展水平上，只需要、只允许某些特定的交往形式作为自己的社会形式。这就需要交往活动规范化、制度化。经济交往的规范化、制度化形成一定的社会经济制度，构成了社会的经济结构；政治交往的规范化、制度化形成社会政治制度，构成了社会的政治结构；精神交往的规范化、制度化形成特定的意识形态体系，构成了社会的观念结构。

人与人之间交往活动的规范化、制度化是社会有机体自组织、自调节过程的集中体现。交往活动的规范和制度限定、调整人们的交往关系，把分散的个体组织起来，使个人活动协调起来，从而使社会作为一个整体而存在和运行。可以说，人与人之间交往的关系结构是社会有机体的隐结构，交往的制度结构则是社会有机体的显结构。其中，基本的结构就是经济结构、政治结构和观念结构。

第二节　社会的经济结构

社会的经济结构是由经济关系构成的。在马克思主义经典著作中，经济关系有广义和狭义之分。广义的经济关系既包括人与人之间的生产关系，也包括生产力，甚至包括自然环境。恩格斯指出：“我们视之为社会历史的决定性基础的经济关系，是指一定社会的人们生产生活资料和彼此交换产品（在有分工的条件下）的方式。因此，这里包括生产和运输的**全部技术**……此外，在经济关系中还包括这些关系赖以发展的**地理基础**和事实上由过去沿袭下来的先前各经济发展阶段的残余……当然还包括围绕着这一社会形式的外部环境。”[①] 狭义的经济关系仅仅指由生产力决定的人与人之间的生产关系。与此相应，经济结构也有广义和狭义之分。不管广义的经济关系、经济结构，还是狭义的经济关系、经济结构，都同生产力密切相关。

一、生产力：人与自然之间的现实关系的标志

“人们为了能够‘创造历史’，必须能够生活。但是为了生活，首先就需

---

① 《马克思恩格斯选集》第4卷，648页。

要吃喝住穿以及其他一些东西。因此第一个历史活动就是生产满足这些需要的资料，即生产物质生活本身”①。生产力就是人们在物质生产活动中形成的解决社会同自然之间矛盾的实际能力，是人类改造自然使其适应社会需要的物质力量。从哲学的视角看，生产力是标志人类改造自然的实际能力的范畴，从根本上体现了人与自然之间的现实关系。

生产力是在物质生产活动，即劳动中形成的。劳动对象、劳动资料和劳动者构成了生产力的基本要素。

劳动对象是指人们通过劳动对之进行加工，使之成为具有使用价值、以满足社会需要的那一部分物质资料，包括未经人们加工的自然物和经过人们加工的物体。劳动对象是进行物质生产的前提，同时，又是生产力发展状况的一种标志，不同的生产力状况有不同的劳动对象。

劳动资料，又称生产资料，是人们在劳动过程中用以改变或影响劳动对象的物质资料或物质条件，其中，最重要的是生产工具。生产工具是劳动者和劳动对象之间的中介，直接传递着人对自然界的作用，是衡量生产力水平的尺度。生产工具不仅在人与自然之间起着中介作用，制约着劳动对象的广度和深度，而且在人与人之间起着中介作用，对劳动组织形式起着直接的制约作用，劳动组织形式的演化，归根到底，是由生产工具的变化决定的。所以，马克思指出：“各种经济时代的区别，不在于生产什么，而在于怎样生产，用什么劳动资料生产。劳动资料不仅是人类劳动力发展的测量器，而且是劳动借以进行的社会关系的指示器。”②

劳动者是人，但并非所有人都是劳动者。劳动者是指具有一定的生产经验、劳动技能和知识，能够运用劳动资料作用于劳动对象，即具有一定的劳动能力并且从事物质生产活动的人。劳动者应具有劳动能力，不仅要有一定的体力，而且要有一定的智力。这是因为，物质生产活动是人们有意识、有目的的活动，既需要体力的支出，也需要智力的支出，而且随着生产力的发展和科学技术的进步，智力因素所占的比重将日益增加，脑力劳动者在生产中的作用将越来越突出。“自然界没有制造出任何机器，没有制造出机车、铁路、电报、走锭精纺机等等。它们是人类劳动的产物，是变成了人类意志驾驭自然的器官或人类在自然界活动的器官的自然物质。它们是**人类的手创**

① 《马克思恩格斯选集》第1卷，158页。
② 《马克思恩格斯全集》第23卷，204页。

造出来的人类头脑的器官；是物化的知识力量。”① 正因为如此，马克思认为，“生产力中也包括科学”②。在现时代，科学与技术已呈现出“一体化”的趋势，并决定着生产力发展的水平、规模和速度，社会活动由此从“生产—技术—科学”转化为“科学—技术—生产”，因此，“科学技术是第一生产力”③。

从生产力的构成可以看出，生产力是在人的本质力量和外部自然力的相互作用、相互转化的过程中形成的，是人们的实践能力。因此，生产力具有属人性、物质性、社会性和历史性。

第一，生产力具有属人性。生产力不是超历史的预成的实体，它不是存在于人的活动之外，而是存在于人的活动之中，是在人的物质生产活动中形成的、人们能够直接掌握的力量。因此，生产力具有属人的性质。

第二，生产力具有物质性。生产力包含有意识的因素，但又不以人的意识、意志为转移，人们不能自由地选择生产力。现存的生产力是前人实践活动的客观结果，同时又构成人们当前实践活动的既定的客观前提。从根本上说，生产力是在人与自然之间物质变换过程中形成的特殊的物质力量。正是在这个意义上，马克思把生产力称为“物质生产力”。

第三，生产力具有社会性。个人的劳动能力是生产力的构成要素，生产力离不开个人的劳动能力。但是，生产力并不是个人劳动能力简单相加的“算术和”，而是个人劳动能力通过一定的社会结合方式而形成的社会力量。“受分工制约的不同个人的共同活动产生了一种社会力量，即成倍增长的生产力。”④ 正是在这个意义上，马克思把生产力称为“社会生产力”。

第四，生产力具有历史性。物质生产以人的需要为内在动因，而人的需要又是历史地发展的，“已经得到满足的第一个需要本身、满足需要的活动和已经获得的为满足需要而用的工具又引起新的需要”⑤。由于人的需要在同物质生产的相互作用中不断变化发展，所以，人们进行物质生产的动因在客观上是永恒的。这就是说，在物质生产活动中形成的生产力不管如何发达，总是具有继续发展的内在动力，必然随着人们需要的变化和物质生产的发展而处于不断发展之中。生产力总是具体的、历史的。

---

① 《马克思恩格斯全集》第46卷下，219页。
② 《马克思恩格斯全集》第46卷下，211页。
③ 《邓小平文选》第3卷，274页。
④ 《马克思恩格斯选集》第1卷，165页。
⑤ 《马克思恩格斯选集》第1卷，159页。

二、经济结构：生产关系的总和

这里说的社会的经济结构是狭义的经济结构，即人们在物质生产过程中结成的生产关系的总和。马克思指出："人们在自己生活的社会生产中发生一定的、必然的、不以他们的意志为转移的关系，即同他们的物质生产力的一定发展阶段相适合的生产关系。这些生产关系的总和构成社会的经济结构，即有法律的和政治的上层建筑竖立其上并有一定的社会意识形式与之相适应的现实基础。"①

从静态来看，生产关系由生产资料所有制、生产活动中人与人的关系和产品分配关系构成。生产资料所有制，是人与生产资料结合的方式，它表明生产资料归谁所有，被谁支配；生产活动中人与人的关系，是指人们在生产过程和生产体系中处于何种地位，即是统治与被统治、支配与被支配的关系，还是平等的分工、合作关系；产品分配关系，是指产品分配的方式和比例关系，工资、地租或资本利润都是分配的形式。

在生产关系中，生产资料所有制是根本的、决定的方面，它构成全部生产关系的基础。这是因为，只有生产资料所有制，才能把生产力中的人与物的要素结合起来，使生产力由可能变成现实；只有生产资料所有制、人与物结合的具体方式，才是区分社会经济结构或经济形态的根本标志；生产资料所有制决定生产关系的其他方面，有什么样的生产资料所有制，就有什么样的人与人的关系，就有什么样的分配关系。

从动态来看，生产、分配、交换和消费四个环节构成了生产关系，构成了生产关系这个"总体的各个环节，一个统一体内部的差别"②。特定的生产资料所有制正是通过生产、分配、交换和消费这四个环节的运转过程实现与体现出来，并维持存在的，否则，生产资料所有制就会落空。例如，资产阶级所有制就是通过直接生产领域中的支配雇佣工人，分配领域中的不劳而获、按"资"分配，交换领域中的"平等"交换，以及消费领域中的工人阶级相对贫困化这四个环节实现的。正是在这个意义上，马克思指出："给资产阶级的所有权下定义不外是把资产阶级生产的全部社会关系描述一番"③。

生产关系不是存在于人的活动之外的超历史的存在物，而是根源于人的物质生产活动。人们在生产物质产品的同时也生产着生产关系，"人们是在

---

① 《马克思恩格斯选集》第 2 卷，2 页。
② 《马克思恩格斯选集》第 2 卷，699 页。
③ 《马克思恩格斯选集》第 1 卷，258 页。

一定的生产关系中制造呢绒、麻布和丝织品的。但是……这些一定的社会关系同麻布、亚麻等一样，也是人们生产出来的”①。当然，生产关系不是按照人的意志任意构成的。生产关系，是人与人之间的“物质联系”，是“物质的社会关系”②，人既不能自由选择，也不能任意改变，从根本上说，生产关系由生产力决定，并同人的物质利益紧密相关。

正因为如此，生产关系不是凝固不变的，它具有历史性。到目前为止，人类社会经历了五种生产关系，即原始社会的生产关系、奴隶社会的生产关系、封建社会的生产关系、资本主义社会的生产关系和社会主义社会的生产关系。这些生产关系分别构成了五种社会经济结构，即五种社会经济形态。

从内容上看，社会经济结构就是生产关系的总和，这里的“总和”是指多种生产关系的总和。从历史上看，一种生产关系往往以萌芽状态、成熟状态和残余状态分别存在于依次出现的社会经济结构之中。我们在考察任何一种社会经济结构时都会发现，在该社会经济结构中，并不是只存在一种生产关系，而往往是多种生产关系同时存在并相互影响、相互作用。但是，在社会经济结构中，各种生产关系并不是占有同样的地位，起着同样的作用。在多种生产关系中必然有一种生产关系占据统治地位，起着主导作用。正是这种占统治地位的生产关系决定了社会经济结构的性质。马克思指出：“在一切社会形式中都有一种一定的生产决定其他一切生产的地位和影响，因而它的关系也决定其他一切关系的地位和影响。这是一种普照的光，它掩盖了一切其他色彩，改变着它们的特点。”③ 例如，在当代中国，不仅有占主体地位的公有制的生产关系，而且有非公有制的生产关系，它们共同构成了当代中国的社会经济结构，但占主体地位的公有制的生产关系决定了当代中国经济结构的性质，并使其他所有制的生产关系具有了特殊性。

作为“生产关系的总和”，社会经济结构是适应一定的生产力状况而建构起来的，是生产力的“函数”，但是，作为“生产关系的总和”的经济结构一旦形成，就会对生产力产生反作用，促进或者阻碍生产力的发展。同时，经济结构又直接决定社会的政治结构和观念结构，构成政治结构和观念结构的现实基础。正是在这个意义上，马克思又把作为“生产关系的总和”的社会经济结构称为社会的经济基础，并指出：“任何时候，我们总是要在

① 《马克思恩格斯选集》第1卷，222页。
② 《列宁选集》第1卷，8页。
③ 《马克思恩格斯选集》第2卷，707页。

生产条件的所有者同直接生产者的直接关系——这种关系的任何形式总是自然地同劳动方式和劳动社会生产力的一定的发展阶段相适应——当中，为整个社会结构，从而也为主权和依附关系的政治形式，总之，为任何当时的独特的国家形式，找出最深的秘密，找出隐蔽的基础。”①

三、阶级：特定经济结构中的人群共同体

在社会发展的过程中，与特定的经济结构相联系，出现了特殊的人群共同体——阶级。除原始社会外，到目前为止，社会经济结构中都存在着阶级这种人群共同体。

阶级首先是一个经济范畴。阶级的划分是由人们在特定的社会经济结构中所处的不同地位和结成的不同关系决定的。“所谓阶级，就是这样一些大的集团，这些集团在历史上一定的社会生产体系中所处的地位不同，同生产资料的关系（这种关系大部分是在法律上明文规定了的）不同，在社会劳动组织中所起的作用不同，因而取得归自己支配的那份社会财富的方式和多寡也不同。所谓阶级，就是这样一些集团，由于它们在一定社会经济结构中所处的地位不同，其中一个集团能够占有另一个集团的劳动。”② 这就是说，阶级首先是一个经济实体。

区别阶级的根本标志，是看其与生产资料的关系，是否占有生产资料，是否占有其他集团的劳动。从本质上看，阶级就是基于对生产资料占有关系的不同而形成的利益根本对立的社会集团或人群共同体。阶级一旦形成，就必然会在政治、思想、情感以及生活方式等方面有所表现和反映，一定的阶级必然有与其相应的政治、思想以及其他多方面的特征。但是，阶级本质上是一个经济范畴，阶级的区别根源于经济地位不同。所以，“区别各阶级的基本标志，是它们在社会生产中所处的地位，也就是它们对生产资料的关系”③。

要正确把握阶级概念，就必须弄清阶级与等级、阶层的区别和联系。

等级是一个政治法律范畴，是指由法律规定或认可的具有一定特权和专利的社会集团。等级与阶级的区别在于：等级比阶级的外延狭窄，等级不是一切阶级社会而仅仅是奴隶社会和封建社会所具有的；从根本上说，阶级反映的是人们之间的经济关系，等级则是按照地位、身份、门第、职业对社会

---

① 《马克思恩格斯全集》第25卷，891－892页，北京，人民出版社，1974。

② 《列宁全集》第37卷，13页，北京，人民出版社，1986。

③ 《列宁全集》第7卷，30页，北京，人民出版社，1986。

成员所进行的划分，反映的是人们之间的政治法律关系。当然，阶级与等级又有联系。一个阶级中往往包含着不同的等级，一个等级中也可以包含不同的阶级。例如，法国大革命时期“第三等级”就包含了资产者、无产者、农民和小资产阶级，而在奴隶社会和封建社会，阶级表现为一些特别的等级，阶级关系往往被等级关系所掩盖。

阶层有两层含义：其一，指同一阶级内部按照经济状况、社会地位或其他标准划分的若干层次，如资产阶级中有工业资本家、商业资本家、金融资本家；其二，指按照特定的标准，如谋生方式，把各阶级中的部分成员联合起来而构成的社会集团。例如，知识分子阶层就是按照劳动分工的原则划分的。我们既要防止用阶层划分代替阶级划分，又要把这两种划分联系起来，从而在不同层次和不同向度上把握社会成员的结构状况，准确识别个人或集团的阶级或阶层归属。

阶级又是一个历史范畴。阶级是特定时代的生产方式的产物，“**阶级的存在**仅仅同**生产发展的一定历史阶段**相联系”①。在原始社会初期，由于没有剩余产品，不存在一个社会集团占有另一个社会集团的劳动的可能性，因而不存在阶级。阶级的形成是生产力有了一定程度的发展而又相对发展不足的结果。在阶级产生的过程中，非经济的因素，如战争和暴力，确实起过重要的促进作用。但是，财富只有先由劳动创造出来，然后才能被掠夺；暴力不能创造财富，只能使财富重新分配；暴力可以促进阶级的形成，但暴力不是阶级产生和存在的基础。

阶级是特定时代的生产方式的产物。首先，金属工具的使用所导致的剩余产品的出现，为一个社会集团占有另一个社会集团的劳动提供了可能。其次，生产资料私有制的出现使社会集团的分离转化为阶级的对立。社会分工从一开始就包含着对生产资料的支配，并产生了把这一支配权转化为所有权的可能性。一旦条件具备，在社会分工的基础上就必然产生私有制，从而形成不同的阶级。所以，马克思指出：“分工的各个不同发展阶段，同时也就是所有制的各种不同形式。这就是说，分工的每一个阶段还决定个人在劳动材料、劳动工具和劳动产品方面的相互关系。”② 从历史上看，三次社会大分工直接破坏了以血缘关系为纽带的原始人群共同体，产生了社会大分裂，即分裂为经济利益根本对立的人群共同体——阶级。

---

① 《马克思恩格斯选集》第 4 卷，426 页。

② 《马克思恩格斯选集》第 1 卷，148 页。

从阶级差别的最初萌发到阶级的产生是一个漫长的历史过程，主要是通过三个途径进行的：其一，氏族酋长、军事首领依靠他们的权力和地位，把一些剩余产品占为己有，特别是利用部落之间发生战争的机会掠夺和积累财富，从而形成氏族显贵；其二，由于社会分工和产品交换的发展，财产不平等现象日益扩大，氏族内部逐渐分化出一些富裕的家庭，这些家庭拥有较多的生产资料或其他财富，成为氏族内部的富人；其三，通过战争把俘虏变为奴隶，从而使阶级的划分逐渐扩大到全社会。

阶级产生以后，人们的社会结合方式发生了重大的变化，即人类社会由以血缘关系为纽带联系起来的无阶级结构转化为以阶级关系为主线的阶级结构。

第三节　社会的政治结构与观念结构

在社会经济结构的基础上形成了社会的政治结构与观念结构。政治是经济的集中表现，并与阶级斗争有不解之缘。在阶级社会中，“政治就是各阶级之间的斗争”①，政治结构集中反映了阶级的经济利益，观念结构则是对经济结构以及政治结构的反映，它建立在经济结构的基础之上并为经济结构以及政治结构服务。

一、政治结构及其核心

社会的政治结构是指建立在经济结构之上的政治法律设施、政治法律制度及其相互关联的方式，包括政党、政权、军队、警察、法庭、监狱和关于政权的组织形式、立法、司法、宪法和规程等。前一个系列是实体因素，后一个系列则是规章与准则。由于政治结构建立在经济结构的基础之上，所以，马克思又把政治结构称为“政治的上层建筑”②。政治是经济的集中体现。政治结构反映的是阶级或阶层的经济利益。在任何一个社会中，以政治活动为职业的只是少数政治家，而与政治活动有这样或那样联系的却是社会的全体成员。这就是政治的阶级（阶层）性和政治的普遍性原理。

国家政权是政治结构的核心，是政治体系运行的基本设置。如果说政治

---

① 《列宁选集》第4卷，308页。

② 《马克思恩格斯选集》第2卷，2页。

结构是整个社会结构中起控制作用的部分，那么，国家政权则是整个社会结构的控制中心。国家政权把政治结构以及观念结构结合为控制社会的机构，通过这个机构来控制（管理和指导）全部社会生活，从而执行社会职能。“政治统治到处都是以执行某种社会职能为基础，而且政治统治只有在它执行了它的这种社会职能时才能持续下去”①。

从历史的长过程来看，经济结构的状况决定着政治结构的状况，政治结构适应经济结构，追踪经济结构，围绕着经济发展的中轴线而演变。但是，政治结构又有其相对独立性，会对经济结构产生这样或那样的影响，并会这样或那样地影响经济运行。“一方面是经济运动，另一方面是追求尽可能大的独立性并且一经确立也就有了自己的运动的新的政治权力。总的说来，经济运动会为自己开辟道路，但是它也必定要经受它自己所确立的并且具有相对独立性的政治运动的反作用，即国家权力的以及和它同时产生的反对派的运动的反作用”②。因此，必须按照现实的经济结构建立相应的政治结构。

政治结构的核心是国家政权。从历史上看，国家的产生是阶级斗争的结果，同时，又同社会职能的分化紧密相连。

国家的产生是阶级斗争的结果。在原始社会，没有阶级，人们共同劳动，平等相处，社会秩序依靠传统习惯和氏族首领的威信来维持。随着生产资料私有制的确立和阶级的出现，原始社会的血缘纽带和传统习俗被打破了，习惯的力量和族长的威信失去了作为调整人们行为的规范和维持社会秩序的规则的职能，社会分裂为敌对的阶级而陷入原有方式无法解决的矛盾之中。在氏族和部落原有职能已经失灵的情况下，占人口极少数的奴隶主阶级要迫使数量上远远超过自己、占人口绝大多数的奴隶供其剥削，保护自己和社会不致在无休止的斗争中被毁灭，并使对奴隶的剥削固定化，就必须凭借暴力的强制性机关，于是，国家应运而生。正如恩格斯所说，“国家是社会在一定发展阶段上的产物；国家是承认：这个社会陷入了不可解决的自我矛盾，分裂为不可调和的对立面而又无力摆脱这些对立面。而为了使这些对立面，这些经济利益互相冲突的阶级，不致在无谓的斗争中把自己和社会消灭，就需要有一种表面上凌驾于社会之上的力量，这种力量应当缓和冲突，把冲突保持在‘秩序’的范围以内；这种从社会中产生但又自居于社会之上

① 《马克思恩格斯选集》第3卷，559-560页。

② 《马克思恩格斯选集》第4卷，609-610页。

并且日益同社会相异化的力量，就是国家”①。

国家的产生同社会管理职能的独立化密切相关。在社会分工出现之前，社会管理职能十分简单，不可能也没必要成为一种独立活动。自从社会分工出现之后，生产活动及其产品交换在规模和复杂程度上有了很大发展，需要一个权威组织来保证生产和交换的顺利进行，而脑力劳动同体力劳动相脱离并成为某些人的专门职业，使得建立一种权威的管理机构不仅具有了必要性，而且具有了现实的可能性。恩格斯指出：“社会产生它不能缺少的某些共同职能。被指定执行这种职能的人，形成**社会内部**分工的一个新部门。这样，他们也获得了同授权给他们的人相对立的特殊利益，他们同这些人相对立而独立起来，于是就出现了国家。”②

从历史上看，社会管理职能的独立化与阶级的分化是交织进行的，社会分工同时造成社会集团的分离以及私有制和阶级的产生。所以，当国家成为管理社会生活的独立机构时，它就不可避免地同时成为统治阶级压迫和控制被统治阶级的工具。国家本质上是一个阶级概念、政治范畴，它是阶级统治的工具，是一个阶级镇压另一个阶级的暴力机关。尽管国家也管理公共事物，控制社会秩序，但其目的服从于统治阶级的根本利益。“国家是文明社会的概括，它在一切典型的时期毫无例外地都是统治阶级的国家，并且在一切场合在本质上都是镇压被压迫被剥削阶级的机器。”③

同原始氏族组织相比，国家具有三个特征：其一，按地域而不再以血缘为标志来划分和组织居民；其二，一种特殊权力机关的设立，这就是常任官吏、特殊的武装队伍以及各种强制性机关；其三，为了维持这种特殊的机关，就需要征收赋税。上述三个特征是氏族组织不具有的，当这些特征完全具备时，就标志着国家的形成。

在人类历史上，不同的阶级建立了不同类型的国家，即奴隶制国家、封建制国家、资本主义国家和社会主义国家。这些国家又各有自己不同的政权形式。奴隶制国家有帝国政体（罗马帝国）和共和政体（雅典共和国）等形式；封建制国家通常采取君主专制的形式；资本主义国家或采取共和制形式，或采取君主立宪制形式，实行立法、行政、司法三权分立。社会主义国家是一种新型的国家，担负着全新的历史任务：“社会主义的本质，是解放

---

① 《马克思恩格斯选集》第 4 卷，186 - 187 页。

② 《马克思恩格斯选集》第 4 卷，609 页。

③ 《马克思恩格斯选集》第 4 卷，193 页。

生产力，发展生产力，消灭剥削，消除两极分化，最终达到共同富裕”①，并不断促进人的全面发展。完成这一历史任务又是同“**消灭一切阶级**和进入**无阶级社会**的过渡”② 联系在一起的。在这个意义上，社会主义国家是人类历史上最后一种国家类型。

国家作为阶级矛盾不可调和的产物，如同阶级一样，也是一个历史的范畴。同阶级的消灭联系在一起的是国家的消亡。如前所述，国家是一种从社会中产生，但又自居于社会之上并日益同社会相脱离、相异化的力量，是一种“虚幻的共同体”③。社会主义革命就是要“把靠社会供养而又阻碍社会自由发展的国家这个寄生赘瘤迄今所夺去的一切力量，归还给社会机体”④。“这是社会把国家政权重新收回，把它从统治社会、压制社会的力量变成社会本身的生命力；这是人民群众把国家政权重新收回，他们组成自己的力量去代替压迫他们的有组织的力量”⑤。当国家真正成为整个社会的代表时，即国家与社会走向同一之日，也就是国家消亡之时。这是国家与社会关系发展的总趋势，其实现是一个漫长的历史过程。社会主义制度的建立使我们站在了这个过程的起点上。

二、观念结构及其要素

观念结构是指政治法律思想、文学艺术、伦理道德、宗教、哲学等意识形态的联结方式。由于观念结构建立在经济结构的基础之上，并与政治上层建筑相对应，所以，观念结构又被称为观念的上层建筑或思想的上层建筑。在阶级社会，观念形态都具有意识形态性，观念结构因此又被称为意识形态的上层建筑。

意识形态属于社会意识范畴。作为一个哲学范畴，社会意识总括了人的一切意识要素、观念形态以及全部精神现象及其过程，它是人们对社会存在的反映。“意识一开始就是社会的产物，而且只要人们存在着，它就仍然是这种产物”⑥。在这个意义上，人的意识本质上都是社会意识，都是对现实生活或社会存在的反映。“意识［das BewuBtsein］在任何时候都只能是被意识

① 《邓小平文选》第3卷，373页。
② 《马克思恩格斯选集》第4卷，426页。
③ 《马克思恩格斯选集》第1卷，199页。
④ 《马克思恩格斯选集》第3卷，101页。
⑤ 《马克思恩格斯全集》第17卷，588页，北京，人民出版社，1963。
⑥ 《马克思恩格斯选集》第1卷，161页。

到了的存在［das bewuBte Sein］，而人们的存在就是他们的现实生活过程。”① 人们的意识随着人们的社会存在的改变而改变。“不是人们的意识决定人们的存在，相反，是人们的社会存在决定人们的意识。”②

意识形态又不等于社会意识。从历史上看，社会意识是与人类社会一同产生的，有了人类社会就有了社会意识，意识形态则是在人类劳动、社会关系和思维能力发展到一定阶段时才出现的，而且与私有制、阶级关系以及脑力劳动与体力劳动的分工密切相关；从现实上看，社会意识既包括意识形态，也包括科学知识，即非意识形态部分。这就是说，意识形态属于社会意识，但并不包括全部社会意识。

在阶级社会的每一种社会形态中，往往存在着三种不同的意识形态：一是反映现存社会占统治地位的生产关系，并为其服务的意识形态；二是旧社会遗忘的意识形态，它反映已被消灭和正在被消灭的旧的生产关系；三是反映现存社会中正在成长着的生产关系的意识形态。其中，反映和维护占统治地位的生产关系的意识形态占统治地位。不同的意识形态之间，不可避免地要展开斗争。意识形态领域的斗争是阶级斗争的一个重要方面。历史和现实都证明，各个阶级都极为重视意识形态的斗争，并把它当作争得或保持自己在经济、政治上统治权的思想武器。

一般说来，在经济结构中占统治地位的阶级必然在观念结构中占主导地位。支配着物质生产资料的阶级，同时必然支配着精神生产资料，统治阶级总是利用自己的统治地位，调节着自己时代的思想的生产。因此，“占统治地位的思想不过是占统治地位的物质关系在观念上的表现，不过是以思想的形式表现出来的占统治地位的物质关系；因而，这就是那些使某一个阶级成为统治阶级的关系在观念上的表现，因而这也就是这个阶级的统治的思想”，“统治阶级的思想在每一时代都是占统治地位的思想”③。只有这种意识形态直接决定着观念结构的性质，并成为该社会的精神标志。

意识形态主要有五种形式，即政治法律思想、文学艺术、伦理道德、宗教、哲学。

政治思想是关于政治制度、政治生活、国家、阶级及其相互关系的观点，法律思想是关于法的关系、规范和设施的观点。政治思想和法律思想的

① 《马克思恩格斯选集》第1卷，152页。

② 《马克思恩格斯选集》第2卷，2页。

③ 《马克思恩格斯选集》第1卷，178页。

联系极其密切，广义的政治思想就包括了法律思想。政治和法律是经济的最直接、最集中的体现，政治法律思想因此成为最直接、最集中反映经济结构的意识形态，并往往处于观念结构的核心地位。

文学艺术是通过塑造具体生动的形象来反映社会生活的意识形态，它的最大特点就是依靠形象的美来表现人们对社会生活的理解、感情、愿望，按照审美的规则来把握和再现社会生活，并用美的感染力影响社会生活。

伦理道德是调整人们之间以及个人与社会之间关系的行为规范，是一种依靠社会舆论、习惯、传统和教育来起作用的精神力量。在阶级社会，每一个阶级都有自己的伦理思想和道德准则。

“宗教是人的本质**在幻想中的实现**”①，是支配人们的自然力量和社会力量在人们头脑中的虚幻的、颠倒的反映，是由对超自然实体，即神灵的信仰和崇拜来支配人们命运的一种意识形态，包括信仰、宗教仪式和特殊的生活规定。宗教信仰、规定等同宗教组织、神职人员等结合在一起，形成一种社会势力。

哲学是系统化、理论化的世界观，是最抽象的意识形态，是关于社会生活、人与世界的关系的总体意识，并以最一般的原则引导人们的社会生活。

政治法律思想、文学艺术、伦理道德、宗教、哲学，这五种意识形态相互作用、相互制约、相互渗透，构成了一个完整的观念结构。

三、观念结构的作用与相对独立性

在观念结构中，政治法律思想、文学艺术、伦理道德、宗教、哲学这五种意识形态有着不同的内容、形式和作用：

第一，对社会生活反映的内容不同。各种意识形态都是对社会生活的反映，但它们反映的角度各不相同。政治法律思想是直接为维护或改变某种生产关系服务的，文学艺术从审美的角度反映人们的社会生活，道德从伦理的角度反映个人、家庭、阶级和社会的关系，宗教和哲学都是从总体上反映社会生活、人与世界的关系。

第二，对社会生活反映的形式不同。各种意识形态反映社会生活的形式，大体上依文学艺术、宗教、伦理道德、政治法律思想和哲学的次序，一个比一个更抽象、更概括、更富于概念和逻辑的特色。文学艺术的语言是形象，宗教的语言是抽象与直观感性的混合物，伦理道德和政治法律思想的语言是同人们的具体行为密切相关的特殊概念，哲学的语言则是抽象的一般

---

① 《马克思恩格斯选集》第1卷，2页。

概念。

第三，同经济结构联系的密切程度不同。政治法律思想、伦理道德、文学艺术、宗教、哲学同经济结构的联系，依次一个比一个更远、间接环节更多。政治法律思想直接随着经济结构的变化而变化，伦理道德则在一定程度上保持着自身的传统和惯性，文学艺术、宗教、哲学往往要通过许多中间环节（政治法律思想、伦理道德、政策等）才同经济结构联系起来。

第四，对社会生活的作用不同。各种意识形态对社会生活反作用的方式、大小和性质是不同的。依哲学、宗教、文学艺术、伦理道德、政治法律思想的次序，它们在贯彻于社会活动时，分别通过对人们做思想上的原则指导、心理感召和情感熏陶、舆论和习俗的维护，直至半强制和强制的约束，一个比一个更富有指令性和强制性，而其作用的具体收效，也一个比一个更及时、更迅速。当然，它们的作用并不是固定的，在不同的历史条件下，某种意识形态会产生特殊的作用。

在观念结构中，各种意识形态都源于经济结构，都是对社会生活的反映，同一性质的意识形态都为同一经济形态、政治形态服务，只不过反映和服务的重点、方式不同罢了。同时，各种意识形态之间在内容上相互渗透，在形式上相互交叉，在发展过程中相互影响。例如，文学艺术把伦理道德、政治、宗教、哲学等作为内容，哲学和宗教曾经互为形式，政治法律思想和伦理道德在内容上互相包含，伦理道德对政治法律思想也有很大的约束力。诸种意识形态既各有特点，又相互作用，构成了观念结构的整体，形成了强大的精神力量。正如恩格斯所说，“政治、法、哲学、宗教、文学、艺术等等的发展是以经济发展为基础的。但是，它们又都互相作用并对经济基础发生作用。”①

以意识形态为内容的观念结构源于经济结构，并反映政治结构，但一经形成，便具有相对的独立性。这种相对独立性主要体现在三个方面：

首先，观念结构的变化发展与经济结构的变化发展不一定完全同步。观念结构有时会落后于经济结构，对社会的发展起阻碍作用；有时又会预见到经济结构未来的发展趋势，从而引领社会发展，对社会的发展起推动作用。不过，这些都只是相对的。旧的意识形态不可能在它的经济基础被消灭之后长久地存在下去，新的意识形态也只有在社会已经具备提出新的任务的条件时才可能产生。

---

① 《马克思恩格斯选集》第4卷，649页。

其次，观念结构的发展具有历史继承性。一定历史发展阶段的观念结构，在内容上主要是反映现实的经济结构以及政治结构，同时，也会吸收、保留以往形成的某些意识形态的思想材料，"古为今用"；在形式上会继承既有的形式，同时，又根据新的内容对旧的形式加以改造，并创造新的形式，"推陈出新"。正是由于这种继承性，才有观念结构发展的独特的历史及其可以追溯的历史线索，才能形成各具特色的民族文化传统。恩格斯指出："历史方面的意识形态家（历史在这里应当是政治、法律、哲学、神学，总之，一切属于**社会**而不是单纯属于自然界的领域的简单概括）在每一科学领域中都有一定的材料，这些材料是从以前的各代人的思维中独立形成的，并且在这些世代相继的人们的头脑中经过了自己的独立的发展道路。"①

最后，观念结构对经济结构以及政治结构具有能动的反作用。这种反作用是通过把不同的阶级，尤其是统治阶级的利益要求内化为人们的思想、情感，以支配人们的行动，从而影响社会的经济结构和政治结构来实现的。正如毛泽东所说："一定的文化（当作观念形态的文化）是一定社会的政治和经济的反映，又给予伟大影响和作用于一定社会的政治和经济"②。这种反作用，表现在质上，就是它对社会发展产生影响的性质，即是促进还是阻碍社会的发展；表现在量上，就是它影响社会发展的程度深浅、范围大小、时间长短等。在整个人类历史中，没有一个重大历史事件的起源不能用经济必然性来说明；同时，没有一个重大历史事件不为一定的意识形态所引导、所伴同、所追随。经济必然性不可能脱离人的实践活动而成为独立的客体，也不可能脱离意识形态而纯粹地发生作用。意识形态必然"对经济基础发生反作用，并且能在某种限度内改变经济基础"③。

观念结构能动的反作用集中体现在意识形态维护或批判现实社会、调控人的活动这两大功能上。

作为经济结构，即经济形态的反映，意识形态必然具有维护或批判现实社会的功能。意识形态的能动性不仅在于它能够反映现实社会，而且在于它能够评价现实社会。评价的结果就是维护或批判。维护或批判是同一功能的两个侧面，维护的是同自身性质相同的东西，批判的是同自身性质相反的东西。一般说来，维护仅仅存在于性质相同的经济形态、政治形态和意识形态

① 《马克思恩格斯选集》第4卷，642-643页。
② 《毛泽东选集》第2卷，663-664页。
③ 《马克思恩格斯选集》第4卷，611页。

之间。一定的经济形态、政治形态总是产生相应的意识形态，而一定的意识形态也总是维护相应的经济形态、政治形态。

批判则有两种情况：一是在不同性质的经济形态、政治形态和意识形态之间的批判，即旧的、过时的意识形态和新的、代表未来的意识形态对现实的经济形态、政治形态进行批判；二是意识形态对与其同一性质的经济形态、政治形态进行批判。前一种批判着眼于旧制度的复辟或新制度的确立，后一种批判则是通过批判达到从根本上维护现实社会的目的。

人的活动是有意识的活动。意识形态在个人、群体、社会各个层次上支配着人的活动，必然对人的活动具有调节功能。动物的活动靠本能和心理调节，人的活动则主要靠意识形态以及心理调节。具体地说，意识形态可以确定人的活动的目的和方式，对活动做可行性分析，规划活动程序；对人的活动加以必要的调节，部分调整甚至完全停止不适当或不可行的计划，或全力以赴完成原计划；意识形态能够在实践的基础上超越现实社会，创造出理想社会的观念，并以此引导人的活动。

意识形态对个人或群体活动的调控作用，是通过对个人意识或群体意识的影响来实现的。各种意识形态交织在一起形成一个整体，调控人的活动。这里，关键是意识形态掌握群众的广度和深度。“批判的武器当然不能代替武器的批判，物质力量只能用物质力量来摧毁；但是理论一经掌握群众，也会变成物质力量。理论只要说服人［ad hominem］，就能掌握群众；而理论只要彻底，就能说服人［ad hominem］。所谓彻底，就是抓住事物的根本。”①

① 《马克思恩格斯选集》第1卷，9-10页。

第五章

人的本质与价值

人是什么，这是哲学家们特别关注且争论很大的问题，以至卢梭发出这样的感叹："人类的各种知识中最有用而又最不完备的，就是关于'人'的知识。"① 的确如此。人类最关心的是自己，但在相当长的历史时期内最不了解的恰恰是自己。马克思主义哲学重新探讨了人的存在方式，并以此为基础科学地解答了人的本质与价值，以及个人与社会关系的问题。

第一节　人的个体存在与社会存在

人是社会的主体，个人是这种主体的最基本的形态。其他主体形态，包括群体主体、人类主体，都是在个人或个人主体的基础上形成的。人的个体

① 卢梭：《论人类不平等的起源和基础》，李常山译，62页，北京，商务印书馆，1962。

存在，即个体的发展，是在社会关系及其传统的作用下实现的。人的个体存在依赖于人的社会存在，反过来，人的社会存在也依赖于人的个体存在。

一、人的个体发生与社会遗传

“全部人类历史的第一个前提无疑是有生命的个人的存在。因此，第一个需要确认的事实就是这些个人的肉体组织以及由此产生的个人对其他自然的关系。”① 同其他物种的生物一样，人的个体生命的诞生是一个自然现象。婴儿虽然一生下来就进入了社会，但他首先遇到的并不是真正的社会联系，而是血缘联系，即自然联系。对于个人的幼年时期而言，以家庭为主的人与人之间的联系首先具有自然的特点。

随着个人的成长，个人越来越多地进入社会关系领域。人在本质上是社会存在物，但这种社会本质不是与生俱来、先天具有的，而是在社会活动中后天获得的。从这个意义上讲，个人的成长过程就是个人社会化的过程。问题在于，个人要在社会中生存，参与社会生活，就得掌握必要的社会规范、社会程序。这种社会规范、社会程序是人的生物遗传基因所没有的，只有在社会生活中通过交往、学习才能获得。同时，社会凭借自身的机制将自己积累的规范、程序一代一代传下去，因而形成了人的社会遗传。动物仅仅具有自然遗传机制，人不仅具有自然遗传机制，而且具有社会遗传机制。人的生存和发展是自然遗传与社会遗传的统一。

个人通过自然遗传与社会遗传而成长的过程，是个人“成熟”的过程。个人的社会“成熟”与生物成熟相伴而行，这是个人作为真正意义上的社会个体的发生过程。在这个过程中，个人逐渐成为具备必要的素质和能力，享有一定的权利和义务，认识到自己的社会作用，并对自己的行为负责的社会成员。科学研究表明，在个人发展过程中存在着一些关键期，这些关键期对个人个性的形成产生深刻的影响。在这些关键期，个人的生理因素、心理因素的发育和发展方面，个人的社会品质的形成和发展方面，会发生明显的解构和重建。在这种解构和重建的过程中，个人又会形成新的心理因素、社会品质，这些新的心理因素、社会品质又成为个人的个性进一步发展的基础。

在人的个体发生和发展过程中，自然（生物）遗传和社会遗传起着原发性的作用。人类不仅依靠自然遗传，而且依靠社会遗传积累了自己的长期进化的成果，并能够把一切遗传的成果通过社会活动世世代代传递下去。个人要成为社会活动的参与者、创造者，就必须继承人类文明成果。由家庭到学

① 《马克思恩格斯选集》第1卷，146页。

校再到社会，个人逐步进入形成人的本质的社会关系体系之中，进入文明发展的历史过程之中。

对于人的个体发生和发展而言，其自然遗传和社会遗传的区别集中表现为二者的继承机制是以两种不同的方式实现的。个人的生物属性的继承有赖于自然遗传，在人类世世代代生息繁衍的同时，人的基因，即自然的程序或结构通过胚胎细胞遗传下去。作为社会的人，个人的活动程序，不是通过生物基因这种物质载体传递下去，而是通过参加社会活动，在学习与掌握社会程序和历史经验的过程中形成的。人类的历史经验、社会程序、社会关系的世代相传，就是社会遗传。社会遗传的实质不是人体内实现的生物过程，而是后人再现前人的思想和行为的方式，即后人再现前人与自然、前人与社会的关系。在这个意义上可以说，社会遗传是社会关系的再生产。

规定和影响人的个体发生的是两个相互作用、具有不同质的程序系统：一个是自然遗传的程序系统，它是人成为社会存在物的自然前提；另一个是社会遗传的程序系统，这是一种超越自然的程序系统，它使个人进入社会关系之中并具有社会本质。个人的社会特征不是人的生物基因决定的，而是在人的社会活动中形成的，是一代又一代人创造性地继承以往历史创造的文明成果，才得以世代相传的。由于社会遗传，个人才可能较快地掌握基本的、必要的社会规范、社会程序。

社会遗传是人的活动的过程，是以过去的历史经验为基础的有目的的活动。每一代的个人都要通过学习来继承已有的文明成果，从而形成自己的活动程序和价值取向。社会遗传是一种在历史过程中延续和实现的社会机制，它把人类社会的发展过程和文明结果，凝聚为社会的程序和取向，集中在社会意识和个人意识之中，在人类世世代代的更替中传递，从而使个人成为社会的个人。

个人首先要掌握已有的社会程序，借以在自己的社会活动中遵循社会程序。这是一方面。另一方面，个人总是在适应现实的同时，又不满足于现实状况，因而总是在遵循已有社会程序的同时，根据实际的需要修改、补充已有的社会程序，创造新的社会程序。每一代的个人由于继承和创新而拥有的社会程序又通过社会遗传传递下去，对于后代的个人来说，这是他们不仅必须继承，而且必须发展的社会程序。社会的发展要求社会程序的发展，但发展的前提是继承，继承是发展的起点。社会程序的传承，即社会遗传，是人类社会不断发展的内在机制。

社会遗传不同于自然遗传即生物遗传，不是生物基因复制的产物，而是社会环境和社会活动的产物。人的个体发生是自然遗传即生物遗传的结果，更是社会遗传的结果，是自然遗传和社会遗传的统一。

二、人的社会化与个性化

人是自然存在物，但更重要的是社会存在物，具有动物不具有的社会属性。但是，对个人而言，社会性并不是个人与生俱来的属性。马克思说过，“出生只是赋予人以**个人**的存在，首先只是赋予他以生命，使他成为**自然**的个人”①。个人要由自然的人成为社会的人，必须经过社会化的过程。个人之所以成为社会的人，乃是他进入社会后逐步社会化的结果。成长着的个人通过参与家庭、学校、工作单位、社会团体的活动，进入社会生活领域，在实践中积累与掌握物质生活、政治生活和精神生活的经验，逐步地实现了社会化。在历史的进程中，一代一代的个人不断地社会化，形成一种社会文明继承和社会关系再生产的机制，这是人类社会整体存在和延续的根本保障。

对于个人来说，社会化使他学会与他人相处，共同参与社会生活；对于社会来说，个人的社会化使社会成员以一种无形的纽带联系起来，按照共同的社会规则活动，从而使社会生活正常运转。个人的社会化使个人成为社会机体的有效组成部分，使社会成为由有效组成部分构成的有机整体。这种使人整体化的社会化，是使人由自然的人发展为社会的人，从而越来越具有普遍性的过程；同时，也是社会日益增强其内部的人际联系，从而越来越具有统一性的过程。

人的社会性并不排斥人的个性，人的个性化是同社会化相伴而行的。人的社会化与个性化是同一过程的两个方面。马克思指出：“人是一个**特殊的**个体，并且正是他的特殊性使他成为一个个体，成为一个现实的、**单个的**社会存在物”②。

人的个性是指属于个人特殊品质的思想、感情、行为和自我意识。人的个性化就是指个人逐步形成作为自己特殊品质的思想、感情、行为和自我意识的过程，这一过程只有在社会生活和社会关系之中才能进行。与人的社会化不同，人的个性化表征的是人的特殊性和差别性，是人作为个体的独立人格的形成。个性是个人的比较稳定的心理和行为特征的总和，是特定的社会关系和个人独特的社会经历的反映。

个人生存于社会之中，社会又存在于众多的个人之中。个人是社会总

---

① 《马克思恩格斯全集》第1卷，377页。

② 《马克思恩格斯全集》第42卷，123页。

体、人的类存在的单个存在方式，个性是人的社会本质、类本质的个别存在形式。个人及其个性之所以能够以单个方式和个别形式表现社会总体与人的类存在，表现人的社会本质、类本质，就是因为个人现实地生活于一定的社会联系和社会关系之中，并且是这种社会联系和社会关系的主体与承担者。个性是现实的个人在自己的活动中形成和表现出来的特性，个性总是在人与自然、人与社会和人与自身的关系中发展。

人的个性首先表现为个体的唯一性。正像没有两片完全相同的树叶一样，也不会有两个个性完全相同的人。人的个性并非以生物基因的形式在人出生时就储存在人身上，而是在个人独特的人生经历过程中形成的。人的个性是在个人生理素质的基础上，在一定的社会历史和自然环境条件下，通过接受教育和参加实践逐步形成与发展起来的。群体经验、社会意识和具体的社会程序的影响，人的出生和个体生活的特点，同个人生理和心理相互作用，产生了无穷多的要素组合，形成了人的个性的多样性。

人的个性的显著标志，就是个人不可重复的、独一无二的形象。人之独具个性的形象既包括相貌、仪表、情感、言谈、举止、行为等可感知的方面，也包括内在于这些外在方面的性格、气质、意志、道德、思想、智慧等精神性的内涵，是所有这些要素有机构成的整体。人的个性也就是人的独特性，这一个性是唯一的，既不可能被取代，也不可能被复制。即使利用基因技术能够“克隆”人的躯体，也不可能“克隆”人的个性，因为造成人的个性及其变化的历史条件是不可能“克隆”的。

人的个性形成于社会活动和社会交往的过程中，人的个性化同时就是人的社会化的过程。人的社会化的过程要求个人根据社会的需要不断调整自己的行为和举止，调整自己的情感和思想的表达方式。因此，必须发展与自我意识相联系的自我评价能力，借以协调个人与社会的关系。个人的自我意识和自我评价构成人的个性的内核，以此为核心形成个性的不可重复性，成为现实的个人所独具的特点。

从要素的构成上讲，个性是三个基本要素综合作用的结果：一是生物遗传的素质，二是社会环境的特点，三是个性的心理的内核——“自我”。其中，具有核心意义的是“自我”。“自我”是个性内部的心理现象，它决定个性的品格，以及个人对自己和社会期望的程度等，是形成人的理想、信念、价值取向和世界观的内在根据，也是形成包括自尊感、责任感、正义感、审美感、认同感等在内的人的社会情感的内在根据。因此，“自我”是人的个性结构的中心。

但是，我们必须正确理解“自我”。作为主体，人的确具有“自我”的特性，“自我”是对人作为主体的肯定；“自我实现”是指人的一切都要由人来实现，而不是指人的一切都根源于自我。人的一切都是由人来实现的，人具有能动性和创造性，能够把自然和社会提供的客观的可能性转化为自己的需求与目的，然后通过自己的活动使之实现，这就是自我实现。可“巧妇难为无米之炊”，人仅凭自我什么也实现不了。实际上，所谓的自我实现就是人的自我创造，人通过自己的活动创造了自己需要的东西，从而达到自己的目的。换言之，人通过自己的活动创造自我，创造自己的人生价值。离开了实践活动和社会关系而谈论“自我”与“自我实现”，没有任何意义。

在一定意义上说，个性即其人。作为独一无二的存在物，个人首先与其作为生物个体所具有的遗传特点相联系，其次与其成长的社会的微观环境相联系。个人的遗传特点和微观环境的不可重复性，以及个人在这些特定条件下进行的活动，创造出不可重复的个人经验，所有这一切组合、融会在一起，形成了个人的独一无二性。人的个性一旦形成，就具有相对稳定性。个性在人的一生中既是变化的，同时，又是相对稳定的，在短时间内很少能看到个性的明显变化。“江山易改，本性难移”，说的就是人的个性的相对稳定性。

与人的社会性相统一的人的个性的发展，是社会进步的重要因素，具有不可替代的社会价值。毛泽东指出：“没有几万万人民的个性的解放和个性的发展”，“要想在殖民地半殖民地半封建的废墟上建立起社会主义社会来，那只是完全的空想”①。社会的发展所要求的人的社会化，是要使个人与社会之间相互协调，而不是也不可能把人塑造成从一个模子里铸造出来的机械产品。没有个性差异的“一般人”，是在现实生活中根本不存在的抽象的人。人类社会越是向前发展，社会生活就越具有多样的联系，就越是要求其社会成员发展多样的个性，社会进步本身包含着构成社会整体的人的个性化。

在阶级社会，人的个性的发展普遍受到压抑，尤其是“在资产阶级社会里，资本具有独立性和个性，而活动着的个人却没有独立性和个性”②；极少数人的个性畸形发展，绝大多数人的个性得不到发展。在分析了整个阶级社会发展的历史之后，马克思指出：“个性的比较高度的发展，只有以牺牲个人的历史过程为代价。……因为在人类，也像在动植物界一样，种族的利益

---

① 《毛泽东选集》第3卷，1060页，北京，人民出版社，1991。

② 《马克思恩格斯选集》第1卷，415页。

总是要靠牺牲个体的利益来为自己开辟道路的”①。社会主义革命就是要消除人们现存的生存条件，消除整个旧社会的生存条件，确立有“个性的个人”②。

三、现实的个人与现实的社会

个人与社会的关系一直是哲学家关注且争论不休的问题。在马克思主义哲学产生之前，主要存在社会唯实论与社会唯名论两种观点的对立。

社会唯实论的首要的和根本的原则是把社会事实视为物，认为社会本身就是一个整体结构，有着自己的类型、活动方式和功能；社会由个人结合而成，但社会的整体性不是个人特性的相加，相反，社会的整体性决定个人的特性，使个人成为社会所规范的个人。例如，黑格尔就认为，国家是社会组织的最高形式，个人从国家这个整体中获得“绝对个体性”，即“实体性的个体性”。

社会唯名论的首要的和根本的原则是把社会看成“虚无的存在”，认为社会是个人的相加，本身并不是一个实在的整体；个人的属性先于并高于社会的整体属性，只有从个体出发才能真正理解社会的本质特征，即不是真实的存在，而仅仅是一个“名称”。例如，费尔巴哈哲学以及斯密、李嘉图经济学都认为，社会是由孤立的个体组成的，只要研究这些原子式的个人，就能理解社会以及个人与社会的关系。

社会唯实论与社会唯名论各执一端，但又存在着共同的根本缺陷，即都不理解个人与社会的现实关系是在人的实践活动中形成的，实践既是人的存在方式，又构成了社会生活的本质。正因为如此，无论是社会唯实论，还是社会唯名论，它们所讲的“个人”都是抽象的个人，它们所讲的“社会”同样是抽象的社会，因而它们对个人与社会的关系的解释只能是抽象的、空洞的。

马克思主义哲学对社会唯名论做了深刻的批判，认为费尔巴哈等人“所分析的抽象的个人，是属于一定的社会形式的”③，“个人**是社会存在物**。因此，他的生命表现，即使不采取**共同的**、同其他人一起完成的生命表现这种直接形式，也**是社会生活的**表现和确证”④。同时，马克思主义哲学也对社会

---

① 《马克思恩格斯全集》第26卷Ⅱ，125页，北京，人民出版社，1973。
② 《马克思恩格斯全集》第3卷，87页。
③ 《马克思恩格斯选集》第1卷，135页。
④ 《马克思恩格斯全集》第42卷，122－123页。

唯实论做了深刻的批判，认为“应当避免重新把‘社会’当作抽象的东西同个人对立起来”①，“社会结构和国家总是从一定的个人的生活过程中产生的”②。因此，“**正像**社会本身生产**作为人的人**一样，人也**生产**社会”③。

马克思主义哲学中的“社会”是现实的社会。“社会”与“类”既有联系，又有区别。“类”强调的是生物特性，“社会”强调的是“社会关系”。在生物中种的关系是个体与类的关系。类本性是个体生而具有的自然本性。人也是一“类”，任何个人同人“类”的关系，存在着与其他生物相似的关系，即个体与类的关系。人要成为人，首先就要具有人的“类”本性。可是，人不仅是“类存在物”，更重要的是社会存在物；现实的个人不仅是生物学意义上的个体，更重要的是以物质生产活动为基础的社会的一个成员。“一窝蜜蜂实质上只是一只蜜蜂，它们都生产同一种东西”④。对个人的思考，如果着眼于类本性，那么，一个人与全体人是一样的；如果着眼于社会关系，那么，我们在不同的社会或同一个社会就会看到不同的个人，就会看到属于不同阶级、阶层的个人的“个性”。脱离了社会关系的“鲁滨孙”式的个人，是虚构，而不是现实。脱离了社会，我们就无法正确理解个人与人“类”的关系。

马克思主义哲学中的“个人”是现实的个人。“个人”这一概念可以从两个方面来理解：一是相对于人类而言，个人是指高级生物物种——人类的单独个体；二是相对于社会而言，个人是指作为社会共同体的一个成员的单独个体。作为个体的人，“个人”这一概念是从人的单独性方面来描述现实中的人的。马克思主义哲学所说的“个人”不是抽象的个人，而是现实的个人。“这里所说的个人不是他们自己或别人想象中的那种个人，而是**现实中的**个人，也就是说，这些个人是从事活动的，进行物质生产的，因而是在一定的物质的、不受他们任意支配的界限、前提和条件下活动着的”⑤。

第一，现实的个人是在现实的社会关系中从事实践活动的人。个人所从事的实践活动，不仅在普遍的意义上是人区别于动物的本质活动，而且在特殊的意义上是某人区别于他人的标志，因而是人的共性和个性具体统一的现实根据。由于人的实践活动始终是在一定的社会关系中进行的，所以，特定

① 《马克思恩格斯全集》第42卷，122页。
② 《马克思恩格斯选集》第1卷，151页。
③ 《马克思恩格斯全集》第42卷，121页。
④ 《马克思恩格斯全集》第46卷上，195页。
⑤ 《马克思恩格斯选集》第1卷，151页。

的社会关系的现实性就成为个人的现实性的基本内容。从个人生存于其中的社会关系的实际状况，可以看出其生存的条件、文明的程度和人与人之间在发展上的差别。

第二，现实的个人是进行对象性活动的人。对象的现实性乃是个人的现实性的外在表现。主体与客体在现实性上是相互依存、相互制约、相互作用的，没有对象作为活动客体的现实性，也就没有个人作为活动主体的现实性。个人因其活动的多样性而成为多重主体，从而面对多重客体，正是这多重客体的总和构成了个人的现实的对象世界。这个现实的对象世界是个人现实存在的确证物。根据一个人的对象世界，即客体，可以判断其作为主体的性质和存在的状态。例如，一个木工的技术水平、审美情趣，就表现在他制作的家具中。一个人究竟是什么人，他的特点就体现在他的活动及其对象化的成果中。人的生命活动方式决定了人与动物的区别，个人的活动方式则决定了彼此之间的区别。脱离了个人的活动及其对象化的成果，我们是无法认识和判断一个人的。

第三，现实的个人是在一定的历史时空中活动的人。现实的个人总是生活在现实的时间和空间，尤其是社会时间和社会空间中，并受制于这种现实的社会时间和社会空间以及个人能够支配的时间。马克思指出："当分工一出现之后，任何人都有自己一定的特殊的活动范围，这个范围是强加于他的，他不能超出这个范围：他是一个猎人、渔夫或牧人，或者是一个批判的批判者，只要他不想失去生活资料，他就始终应该是这样的人"①。个人能够支配的时间即自由时间越多，他的活动领域就越多，活动"范围"就越大，发展的空间也就越大。正是在这个意义上，马克思认为，时间是"人的积极存在"，是"人的发展的空间"②。

第四，现实的个人是属于一定群体的人。现实的个人总是从属于一定的群体，最初从属于家庭、氏族，后来从属于由氏族扩大而成的公社，随着阶级的产生，又从属于特定的群体——阶级以及阶层。现实的个人总是通过一定的群体与社会、其他群体、其他个人发生关系。"某一阶级的各个人所结成的、受他们的与另一阶级相对立的那种共同利益所制约的共同关系，总是这样一种共同体，这些个人只是作为一般化的个人隶属于这种共同体，只是由于他们还处在本阶级的生存条件下才隶属于这种共同体；他们不是作为个

① 《马克思恩格斯选集》第1卷，165页。

② 《马克思恩格斯全集》第47卷，532页，北京，人民出版社，1979。

人而是作为阶级的成员处于这种共同关系中的"①。因此，需要从个人、群体与社会的关系来看个人的现实性。个人所属的群体的现实状况，该群体在社会中的地位和作用，个人与该群体的实际联系，特别是个人在该群体中的地位和作用，都是个人的现实性的内容。

第五，现实的个人是具有一定的素质、能力、经验、知识、智慧、意志等主体要素的人。这是人本身的现实性。现实的个人的素质、能力、经验、知识、智慧、意志等，是使人成为现实的主体的基本条件，也是造成人的个体差异的主体原因。一个人的素质、能力等结合在一起，就会形成自己作为主体的内在的本质力量或人格力量。如果在人与人的社会结合中，个人的素质、能力、经验、知识、智慧、意志等能够实现较好的社会组合，形成互动和互补的关系，那么，就会释放出重要的"社会结合能"。更重要的是，人是有意识和自我意识的主体，既知道自己的"现有"，又知道自己的"应有"，并且能够通过自己的活动从"现有"达到"应有"，把理想变为现实。因此，个人的现实性并不仅仅意味着已经实现的一切，而且包含着现实的可能性，包含着合乎必然性的发展趋势。

现实的个人生成于实践活动中，存在和发展于现实的社会中。现实的社会的内涵就是社会关系。马克思指出："社会不是由个人构成，而是表示这些个人彼此发生的那些联系和关系的总和。"② "各个人借以进行生产的社会关系，即**社会生产关系，是随着物质生产资料、生产力的变化和发展而变化和改变的。生产关系总合起来就构成所谓社会关系，构成所谓社会，并且是构成一个处于一定历史发展阶段上的社会**，具有独特的特征的社会"③。现实的社会总是建立在现实的生产力和生产关系的基础上，并决定着个人的现实性。

但是，现实的社会又不可能脱离现实的个人而独立自存。如前所述，社会关系生成于人的实践活动中，以一定的方式进行生产活动的一定的个人，发生一定的社会关系。历史的每一个阶段都遇到一定的生产力、人与自然的关系和个人之间历史地形成的社会关系，这些生产力、人与自然的关系和个人之间的社会关系一方面预先规定了新一代及其个人的生活条件，使他们具有特殊的性质，另一方面又为新一代及其个人的活动所改变。这表明，"人

① 《马克思恩格斯选集》第1卷，201-202页。
② 《马克思恩格斯全集》第46卷上，220页。
③ 《马克思恩格斯文集》第1卷，724页。

创造环境，同样，环境也创造人”①。

现实的个人生存于现实的社会中。但是，这并不意味着社会只是容纳个人的“绝对空间”，个人生存在社会中就像豆子放在盒子里一样。个人与社会不是外在的二元的关系，既不存在离开社会的个人，也不存在离开个人的社会。正因为如此，马克思强调，“首先”应当避免把社会当作抽象的东西同个人对立起来，并认为“**正像**社会本身生产**作为人的人**一样，人也**生产**社会”②。“社会——不管其形式如何——是什么呢？是人们交互活动的产物。”③

第二节　人的属性与本质

人的个体发生是自然遗传与社会遗传相统一的过程。在这种双重遗传的过程中形成的现实的人，必然具有双重属性，即自然属性与社会属性，其中，社会属性制约并改造着自然属性；决定人之为人的是社会关系，人的本质，在其现实性上，是一切社会关系的总和；社会关系又生成于人的实践活动中，正像社会本身“生产”作为人的人一样，人也“生产”社会，或者说，人创造社会环境，同样，社会环境也创造人。

一、人的自然属性与社会属性

所谓“人性”，是指人具有什么样的属性，凡是人身上具有的属性，都可以被叫作人性。归纳起来说，人性或人的属性主要有三个方面，即自然属性、社会属性和精神属性。人的精神属性本质上属于社会属性，在这个意义上，可以把人性分为两个方面：自然属性与社会属性。人是双重存在物，即自然存在物与社会存在物的统一，因此，人必然具有双重属性，即自然属性与社会属性。

人的自然属性，是指人的肉体特征和生物特性。中国古人说的“食色，性也”，指的就是人的自然属性。马克思把“吃、喝、性行为”称为人的

① 《马克思恩格斯选集》第1卷，172－173页。
② 《马克思恩格斯全集》第42卷，121页。
③ 《马克思恩格斯选集》第4卷，408页。

“动物的机能”①，实际上就是指人的自然属性。“食”与“色”，或者“吃、喝、性行为”是人与动物共有的，正如恩格斯所说，“人来源于动物界这一事实已经决定人永远不能完全摆脱兽性，所以问题永远只能在于摆脱得多些或少些，在于兽性或人性的程度上的差异”②。恩格斯在这里所说的人的“兽性”，就是指人的自然属性、生物本能。

人的社会属性，是指人从其所依存的实践活动和社会关系中获得的特性，包括人的社会角色、价值观念、道德规范等，是人作为社会存在物而具有的特性。人所具有的社会属性，离开了人所依存的实践活动和社会关系是无法理解的。人的自然属性是与生俱来的，人的社会属性则是在社会活动中形成的，并随着社会关系的变化而变化。“社会人的一定性质，即他所生活的那个社会的一定性质”③。人的“活动和享受，无论就其内容或就其**存在方式**来说，都是**社会的**，是**社会的**活动和**社会的**享受”④。即使以人的态度对待人，也并不是所谓的人的本性，而是一种新的社会关系的体现。

人之所以从事物质生产活动是由人的“肉体组织所决定”的，人的自然属性是社会属性得以存在的物质前提。同时，人的社会属性又制约着人的自然属性，以道德、法律规范人的自然属性并在其中打上了社会的烙印，从而使人的自然属性成为社会化的自然属性。离开了社会，人的自然属性就退化为动物的生物属性。“只有在社会中，人的**自然**的存在对他说来才是他的**人的**存在”⑤。

人与动物都有摄食的需要，但人的食品生产和享用是社会性的；人与动物都有繁衍的需要，但人的繁衍需要的满足是在婚姻制度中实现的，而婚姻制度本身就是一种社会制度；动物的力量是一种纯粹的自然力量，人的力量本质上是一种社会力量，它凝聚在生产工具和社会组织中，起重机的力量是任何一种动物的力量都无法达到的，而合理的社会组织形成的“合力”也是任何一种动物群体都无法产生的。人的本质力量的发展不是由人的自然属性，而是由人的社会属性决定的。只有社会化的自然属性才是人的属性。

正因为如此，在考察人的属性时，马克思提出了人的两种特性：“肉体本性”“私人特质”与“国家特质”“社会特质”，即自然属性与社会属性的

---

① 《马克思恩格斯选集》第 42 卷，94 页。

② 《马克思恩格斯选集》第 3 卷，478 页。

③ 《马克思恩格斯全集》第 19 卷，404 页，北京，人民出版社，1963。

④ 《马克思恩格斯全集》第 42 卷，121－122 页。

⑤ 《马克思恩格斯全集》第 42 卷，122 页。

问题，并认为人的本质“不是人的胡子、血液、抽象的肉体的本性，而是人的**社会特质**”，当国家和个人发生关系时，“不是和**肉体的**个人发生联系，而是和**国家的**个人发生联系”，“和个人的**国家特质**发生联系”，因为国家的职能不过是“人的社会特质的存在和活动的方式”①。所以，对人的本质，“应该按照他们的社会特质，而不应该按照他们的私人特质来考察他们”②。

人的自然属性与社会属性的关系问题，涉及一个重大的哲学问题，这就是文明与人性的关系问题。

文明的进步，总是使人的自然本能的实现受到某种限制，使人的自然本能的实现有利于人的“人化”，即越来越减少“兽性”而趋向完美。我们当然反对宋明理学“存天理、灭人欲”的观点，因为它用所谓的“理”来扼杀人的自然属性。同时，我们也反对弗洛伊德主义的观点，即文明是对人性的压抑。把文明与人性对立起来，实际上是把人的社会属性与自然属性对立起来，因为文明是社会发展的结晶，社会的进步表现为文明的进步。人离动物越远，人就越文明，社会就越进步。一个生活在文明社会中的人，不会感到不能随便满足自己的生理需要是一种压抑。只有把人仅仅看作生物的人，把人性仅仅视为生物本性的人，才会把文明视为异物，视为对人性的束缚。人的生命活动不可能脱离人的生物本能活动，但人的生命活动并非只是人的生物本能活动。人的生命活动是“有意识的生命活动”③，是受到社会关系制约的社会活动。

弗洛伊德、马尔库塞等人关于文明是对人性的压抑的观点，实际上是对人的异化的谴责和抗议，并力图对社会中“违反人性”的现象做出解释。但是，他们把社会中的不合理现象归之于文明与人性的对立，从历史观来看则是错误的。人类进入阶级社会后，文明中存在野蛮、进步中存在退步，根源并不在于文明与人性的对立，而在于社会制度。在阶级社会中，统治阶级往往把被统治阶级的基本需要，或者把被统治阶级基本需要的满足压到最低限度。正如马克思所说，在资本主义社会，“一方面所发生的需要和满足需要的资料的精致化，在另一方面产生着需要的牲畜般的野蛮化和最彻底的、粗糙的、抽象的简单化”④。“人不仅失去了人的需要，甚至失去了**动物**的需

① 《马克思恩格斯全集》第1卷，270页。
② 《马克思恩格斯全集》第1卷，270页。
③ 《马克思恩格斯全集》第42卷，96页。
④ 《马克思恩格斯全集》第42卷，133页。

要。"[1] 这就必然导致为人的生存而斗争的社会革命。实际上，一个合理的社会制度不是压制人的需要，而是以合理的方式满足这种需要，并不断提高这种需要的质量。

二、人的本质：社会关系的总和

在人性的各种规定中，人的本质属性是人之为人的内在根据。"根据就是内在存在着的本质，而本质实质上即是根据。"[2] 人不是纯粹的自然存在物，不是单纯生物学意义上的人，现实的人总是生活在一定的社会关系中，是实践着的社会的人。离开人的社会性，就无从了解人的本质。"**人**不是抽象的蛰居于世界之外的存在物。人就是**人的世界**，就是国家，社会"[3]。"人的本质不是单个人所固有的抽象物，在其现实性上，它是一切社会关系的总和"[4]。这就是说，人的"现实的本质"不是单个人天生就具有的东西，也不是"把许多个人**自然地**联系起来的普遍性"[5]，即"类本性"。现实的人总是处在特定的社会关系中，同时，又是这种社会关系的承担者。因此，要真正认识人的现实本质，就要深刻认识和把握现实的社会关系。"每个个人和每一代所遇到的现成的东西：生产力、资金和社会交往形式的总和，是哲学家们想象为'实体'和'人的本质'的东西的现实基础"[6]。

人是社会关系的承担者，社会关系决定了人的社会地位。一个人是奴隶还是奴隶主，是地主还是农民，是资本家还是工人，等等，这并非取决于他的自然本性，而是取决于他生活于其中的社会关系的性质。"黑人就是黑人。只有在一定的关系下，他才成为**奴隶**。纺纱机是纺棉花的机器。只有在一定的关系下，它才成为**资本**。脱离了这种关系，它也就不是资本了"[7]。这就是说，决定黑人成为奴隶的，不是所谓的黑人的"本性"，而是特定的社会关系。一个人"成为奴隶或成为公民，这是社会的规定"[8]。不同时代、不同社会中的人所承担的社会关系不同，他们的社会地位也就不同，因而彼此之间也就不同；同一时代、同一社会中的人所承担的社会关系的共同性，使他们

---

① 《马克思恩格斯全集》第42卷，134页。
② 黑格尔：《小逻辑》，贺麟译，261页。
③ 《马克思恩格斯选集》第1卷，1页。
④ 《马克思恩格斯选集》第1卷，135页。
⑤ 《马克思恩格斯选集》第1卷，135页。
⑥ 《马克思恩格斯选集》第1卷，173页。
⑦ 《马克思恩格斯文集》第1卷，723页。
⑧ 《马克思恩格斯全集》第46卷上，220页。

之间具有共同性，但他们由于在社会关系中的地位不同，所以彼此之间也不相同。

人的本质是社会关系的“总和”。这个“总和”包括经济关系、政治关系和思想关系，血缘关系、地缘关系和业缘关系，等等。其中，经济关系，即生产关系，对人的本质起着决定性作用。在阶级社会，生产关系主要体现为阶级关系。正因为如此，马克思指出：“我决不用玫瑰色描绘资本家和地主的面貌。不过这里涉及到的人，只是经济范畴的人格化，是一定的阶级关系和利益的承担者。”① 在探讨人的本质时，我们既要看到社会关系的“总和”，更要注意经济关系，即生产关系的决定作用。正如马克思所说，“资本家和雇佣工人，本身不过是资本和雇佣劳动的体现者，人格化，是由社会生产过程加在个人身上的一定的社会性质，是这些一定的社会生产关系的产物”②。

人的本质是社会关系的“总和”，但这个“总和”并非凝固不变，而是处于不断的变化过程中。因此，作为社会关系的总和，人的本质必然随着社会关系的变化而变化。人的本质是具体的、历史的。从奴隶主、地主到资本家，从奴隶、农民到工人，他们的思维方式、价值观念、伦理道德等都处在不断的变化中，主体意识也处在不断的提升中，而决定这种变化的力量，不是所谓的人的“本性”，而是社会关系及其变化。

人的本质与人的本性是两个既有联系又有区别的范畴。动物的本性是动物生而具有的属性，人的本性也是人生而具有的属性。但是，人的本质不是生而具有的，人的本质是指使人成为人的根据。例如，一匹马之所以是马，是因为它具有马的本性；某一匹马之所以是良马，是因为它最集中、最充分地体现了马的本性。这种使马成为马的特性，就是马这个种所具有的类本性。类本性不是存在于个体之外，而是个体生而具有的自然属性。人当然也有类本性，人要成为人，从种的角度看，首先要具有人的类本性。但是，构成人的本质的东西不是生物学上的类，而是社会关系。这是因为，人只有生活在社会关系中才能成为现实的人，即使人的类本性，也要受到社会关系的制约，受到社会关系的再铸造而发生变化。

在日常生活中，人们常说爱是“天性”。实际上，爱是人们在交往活动和社会关系中所凝结的感情，是人作为人的社会属性。爱情之所以激动人

---

① 《马克思恩格斯全集》第23卷，12页。

② 《马克思恩格斯全集》第25卷，995页。

心，不是因为爱情是两个肉体人之间的私情，而是因为它的社会内涵。人作为生物个体当然有其自然属性，这是人能够成为人、能够成为特定的个人的自然前提。但是，决定人的本质的，不是人与其他动物相同的自然属性，而是与其他动物不同的社会属性，是人生活于其中的社会关系。

在现实社会中，社会关系通常通过物来表现，或表现为物的关系，于是，出现了社会关系物化的现象。现实的人，是生活在现实的实物世界中并受这一世界制约的人。在人的世界，“**实物是为人的存在，是人的实物存在，**同时也就是**人为他人的定在，**是他**对他人的人的关系，**是**人对人的社会关系**”①。自人类社会产生以来，人类生产的物质产品就物化着人与人的关系，可以说，产品关系体现着生产关系、社会关系。在商品经济社会，商品物化着人与人的关系，商品关系体现着生产关系、社会关系，或者说，人与人的社会关系总是同物结合着，并在形式上表现为物或物与物的关系。马克思指出，“商品形式的奥秘不过在于：商品形式在人们面前把人们本身劳动的社会性质反映成劳动产品本身的物的性质，反映成这些物的天然的社会属性，从而把生产者同总劳动的社会关系反映成存在于生产者之外的物与物之间的社会关系”②。

实际上，“商品形式和它借以得到表现的劳动产品的价值关系，是同劳动产品的物理性质以及由此产生的物的关系完全无关的。这只是人们自己的一定的社会关系，但它在人们面前采取了物与物的关系的虚幻形式”③。从本质上看，这种物或物与物的关系作为对象性的存在凝结着人的本质力量，反映或折射着人的社会关系。同时，这种物或物与物的关系又反客为主，支配人或人与人的关系，从而使人的本质在对象化中异化。在资本主义社会，资本运动不断地把人当作商品、当作具有商品的规定的人、当作非人化的存在物生产出来。然而，即使这种异化了的人的本质，在其现实性上，也是在异化劳动的基础上形成的异化的社会关系的总和。

三、社会关系的生产与再生产

人的本质是由社会关系决定的，但社会关系并不是先于或外在于人的活动而存在的。相反，社会关系就生成于人的活动中，尤其是物质生产活动中。在物质生产活动中，为了实现人与自然之间的物质变换，人与人之间必

① 《马克思恩格斯全集》第2卷，52页。
② 《马克思恩格斯全集》第23卷，88-89页。
③ 《马克思恩格斯全集》第23卷，89页。

须进行活动互换，并在这种活动互换的过程中结成一定的社会关系。这就是说，人们在进行物质生活资料的生产与再生产的同时，进行着社会关系的生产与再生产。正如马克思所说，“人们是在一定的生产关系中制造呢绒、麻布和丝织品的。……这些一定的社会关系同麻布、亚麻等一样，也是人们生产出来的”①，“人们按照自己的物质生产率建立相应的社会关系”②。

有生命的人是物质生产的主体，因此，人们在物质生产与再生产的同时，必须进行人本身生命的生产与再生产。每天都在重新生产自己生命的人又生产着另外一些人，即人自身的繁殖。人本身生命的生产与再生产，同时也是相应的社会关系的生产与再生产。“生命的生产，无论是通过劳动而生产自己的生命，还是通过生育而生产他人的生命，就立即表现为双重关系：一方面是自然关系，另一方面是社会关系”③。物质生活资料的生产与再生产，人的生命的生产与再生产，社会关系的生产与再生产，不是人的社会活动的三个阶段，而是人的社会活动的三个方面或三个因素。从人类历史的最初时期开始，这三个方面就同时存在着，而且在人类历史上始终起着作用。

社会关系的再生产，包括简单再生产与扩大再生产两种情况。社会关系的简单再生产，是将原有的社会关系“克隆”式地再生产出来，即完全延续传统的社会关系；社会关系的扩大再生产，则意味着社会关系在原有基础上的扩长，包括量的意义上的扩大再生产和质的意义上的扩大再生产。量的意义上的扩大再生产，是同一性质的社会关系在范围上的扩大，从性质上看，它不过是社会关系简单再生产的延伸。然而，量变到一定程度就会引起质变，就会导致新的社会关系的产生。因此，这种量的意义上的扩大再生产是向质的意义上的扩大再生产过渡的环节。质的意义上的扩大再生产，是具有新的性质的社会关系的产生和发展。这种质的意义上的扩大再生产使社会关系发生显著的变化。

日常的社会关系的变化是自发地进行的，是一个由量变到质变的过程。人们在意识到这种变化的必然性，以及这种变化存在着多种可能性时，就会有意识地干预这种变化的进程，希望产生符合自己利益和意愿的社会关系。当社会中越来越多的人意识到社会关系的变化，并自觉地以群体、阶级、民族等为主体来推动这种变化时，社会关系的变革或革命的时代就到来了。正

① 《马克思恩格斯选集》第1卷，222页。
② 《马克思恩格斯选集》第1卷，222页。
③ 《马克思恩格斯选集》第1卷，160页。

如马克思所说，“社会的物质生产力发展到一定阶段，便同它们一直在其中运动的现存生产关系或财产关系（这只是生产关系的法律用语）发生矛盾。于是这些关系便由生产力的发展形式变成生产力的桎梏。那时社会革命的时代就到来了”①，“随着新生产力的获得，人们改变自己的生产方式，随着生产方式即谋生的方式的改变，人们也就会改变自己的一切社会关系”②。

社会关系生成于人的有意识的活动中，但社会关系一旦形成就不以人的意识、意志为转移，并构成了某种社会。**“生产关系总合起来就构成所谓社会关系，构成所谓社会，并且是构成一个处于一定历史发展阶段上的社会，**具有独特的特征的社会。”③ 现实的人总是生活在这种具有“独特的特征的社会”中，并因此成为具有“独特的特征”的现实的人。

第三节　人的社会价值与个人价值

人是社会的人，人在社会生活中的价值或意义就是人的价值。因此，必须在人与社会的关系中考察人的价值。人的价值可以分为人的社会价值与个人价值，即个人对社会的价值和对个人自身的价值，二者既有区别，又有联系。对人的价值的评价应当包括这两个方面。

一、人的社会价值

人是既依赖社会而生活，同时又对社会发生作用的社会存在物。从根本上说，人的价值就在于，它是一种创造价值的价值。因此，所谓个人的价值首先是指个人的社会价值。个人的社会价值就是个人对社会的积极的、肯定的作用，是个人在社会生活中体现的对社会的意义，或者说，个人的社会价值就是个人的创造活动对社会需要的满足。

每个人在社会生活中都有自己特定的位置，充当一定的社会角色，因而具有社会学所说的“角色价值”。人生活在家庭中，家庭是组成社会的“细胞”，因而每个人的存在本身对于家庭和社会就是有意义即有价值的。但是，人的社会价值不仅体现在其存在性上，更重要的是体现在其生产性上。实践

① 《马克思恩格斯选集》第2卷，2-3页。

② 《马克思恩格斯选集》第1卷，222页。

③ 《马克思恩格斯文集》第1卷，724页。

是人的存在方式。人的存在依赖于实践活动，特别是依赖于物质生活资料的生产。没有必要的物质生活资料，人类就无法维持自身生命的存在，就既不能实现人类自身的生产，也无从进行精神产品的生产。个人的社会价值最重要的表现是个人劳动能力的发挥。这里所说的劳动，不仅指体力劳动，而且包括脑力劳动。

人作为劳动者的价值，是通过自己创造的满足社会需要的价值物表现出来的。在这个意义上可以说，一个人劳动贡献、创造成果的大小标志着其社会价值的大小。一个人的劳动贡献、创造成果越大，其社会价值就越大；反之，其社会价值就越小。对社会不承担任何责任，不做任何贡献的人，就是没有社会价值的人。个人创造的价值是个人自身价值的确证。

个人的社会价值不仅表现在物质财富的创造方面，而且表现在精神财富的创造方面。人是"有意识的类存在物"，不仅有物质生活的需要，而且有精神生活的需要。精神生产的社会价值，是难以用数字计量的。有些物质产品是被人们一次性消费掉的，但精神产品不是这样。精神产品的价值是长久的，优秀的精神产品具有永久的魅力。马克思指出，希腊艺术和史诗至今"仍然能够给我们以艺术享受，而且就某方面说还是一种规范和高不可及的范本"①。由于精神产品更多具有个人智力劳动的特点，所以，在创造精神产品的过程中，个人的社会价值就显得更为突出。

一个人有没有社会价值，不仅取决于他的劳动能力与创造能力，而且取决于他的道德水准。如果一个人的品格是高尚的，他的劳动态度和精神面貌能为他人、社会做出榜样，那么，他就向社会提供了精神价值，尤其是道德价值。一个人的道德水准越高，他对社会做出的贡献，即社会价值就越大。一般说来，一个人的道德水准与其社会价值呈正比例关系，合乎道德且道德水准更高的行为总是具有更高的社会价值。实际上，道德关系本身就具有价值属性，因为道德是调整人与人之间以及个人与社会之间关系的行为规范。

人的社会价值的实现有赖于人的能力，在"心有余而力不足"时，人的社会价值难以实现。但是，人的社会价值又不是简单地取决于人的能力的大小，更重要的是这种能力的发挥程度。个人的能力总是有大有小。有的人能力较强，但不愿为他人、社会付出，甚至"拔一毛而利天下，不为也"；有的人能力较弱，但在他人、社会需要时能够倾其全力，全心全意为人民服务。比较这两种人，后者才真正具有社会价值。正如毛泽东所说，"一个人

① 《马克思恩格斯选集》第2卷，711页。

能力有大小，但只要有这点精神，就是一个高尚的人，一个纯粹的人，一个有道德的人，一个脱离了低级趣味的人，一个有益于人民的人”①。

根据人的能力的发挥程度，而不是仅仅根据人的能力的大小或是否具有能力来判断人的社会价值，具有重要的意义。一个人的能力再大，如果只顾自己的私利，不顾公共利益，不惜损害他人、社会的利益，甚至把自己的幸福建立在别人的痛苦之上，那么，他就没有什么社会价值可言。

运用社会的尺度来评价个人的价值，即判断个人的社会价值，就是要看个人的活动及其结果是否满足了社会的需要，以及在何种程度上满足了社会的需要。个人是通过对社会的贡献显示自己的人生意义，实现自己的主体性价值的。每个在历史上真正显示了“人的价值”的人，都是做出了卓越社会贡献的人。所谓“人生的价值在于贡献”，就是说，人应该在对社会的贡献中实现和表现自己的社会价值。这是评价人的价值的社会尺度。

社会的发展构成人类的历史，评价人的价值的社会尺度同时也就是历史尺度。个人的社会价值的实现是一个历史过程，因而对一个人的社会价值的评价也是一个历史过程。由于人的活动动机和效果的矛盾性，以及这种活动所依赖的社会条件和所涉及的社会关系的复杂性，有些影响深远的个人的社会价值一时难以评判。“千秋功罪，谁人曾与评说”，说的就是这个道理。真正能够评判个人的社会价值的，不是个人自己，也不是别的某个人或某些人，而是整个社会，并且是整个社会历史。“历史是最公正的审判官。”评价人的价值的尺度是一个社会的、历史的尺度。

二、人的个人价值

价值是人的创造物，是作为主体的人的活动的产物。看似物所具有的能够满足人的需要的功能，即物对人的意义，实际上是人的创造价值的活动具有能够满足自己需要的功能。所以，物对人的意义本质上是人的活动对人自身的意义。通过创造物的价值来满足自己的需要，是人满足自己需要的特殊方式，这种特殊方式显示了人的活动对于人自身的价值，即人的个人价值。

人的个人价值，即个人的存在和行为对于自身的意义，就是个人通过自己的活动来满足自己的需要。一个人越是通过自己的活动来满足自己的需要，他的个人价值就越大；反之，则越小。人的价值不等于他所创造的全部价值的总和，从根本上说，人的价值是一种创造价值的价值。个人的自我实现也是一种个人价值，其意义就在于，个人按照自己的需要，由自己去创造

① 《毛泽东选集》第 2 卷，660 页。

和拥有价值。当个人不以任何别的东西为目的，而以自身为目的来创造价值时，这种活动就是自为的、自由的活动，是个人价值的自我实现。

首先，人的个人价值表现为个人对自己生命价值的肯定。

生命对于每个人只有一次，它的存在是人的一切价值的基础。离开了人的生命存在，人的任何价值都无从谈起。个体生命的存在是个人价值的前提，它本身就是一种价值，而且是首要的价值。但是，个体生命不是个人价值的全部。一个人如果只知道维持自己的生命存在，那么，就无异于一个动物。人的生命价值在于其超越动物生命存在的意义。

一个人只要活着，作为能动的主体就有发挥自己体力和智力的需要，即参加实践活动的需要。个人通过参加生产活动、政治活动、科学活动、艺术活动等来满足这种需要，实现自己的个人价值。从本来的意义上讲，劳动是人的第一需要，因为只有满足这种需要才能实现和肯定人的个人价值。尽管在私有制社会，尤其是资本主义社会，由于劳动的异化，人们往往厌恶劳动、逃避劳动，但这种劳动的异化实际上以一种否定的形式表现了劳动者的个人价值。劳动对人的个人价值究竟是肯定还是否定，并不取决于劳动本身，而取决于劳动的社会形式，即取决于社会的生产关系。

其次，人的个人价值表现为人有自尊的需要，需要他人、社会的理解与尊重，这是个人作为人所应有的价值。

“尊严就是最能使人高尚起来、使他的活动和他的一切努力具有崇高品质的东西”①。人应当也必须有尊严，应当也必须自尊，对自己的生命、人格、个性、能力、意志、事业等采取积极的、肯定的态度。心理学所讲的自尊心的核心，实际上就是个人对自己价值的判断。对自己个人价值的肯定，并不意味着对他人个人价值的否定，尊重自己不能以贬低他人为前提。拥有自尊心不是妄自尊大，认为自己处处比他人优越，而是应有独立和健全的人格，对自己有充分的信心，包括相信自己能够克服自己的缺点和不足。

一个人不能只要求他人、社会尊重自己的尊严、利益和权利，同时自己也应尊重他人的尊严、利益和权利，更重要的是应尊重社会的整体利益和根本利益。反过来，任何公平和正义的社会都会尊重每个人的尊严、利益和权利，同时，对危害他人、社会的个人加以惩罚。这是因为，动物不会也不可能对自己的行为及其后果负社会的和道德的责任，人则必须对自己的行为及其后果负社会的和道德的责任。社会对个人尊严的高度重视，归根到底，是

① 《马克思恩格斯全集》第40卷，6页。

组成社会的个人对自身价值的肯定。

最后，人的个人价值表现为人的自我实现。

当代著名心理学家马斯洛从心理学角度论证了人的自我实现的需要，阐述了人从自我实现中肯定个人价值的必要性，并认为所有人都向往自我实现，或者说，都有自我实现的倾向。问题在于，马斯洛所说的个人的自我实现属于心理学范畴，更重要的是，在马斯洛看来，个人的自我实现的需要是根植于人的生物本能性的一种需要，人具有自我发挥和自我完善的本能倾向。显然，马斯洛的自我实现论具有浓厚的人本主义色彩。

马克思主义哲学所说的自我实现，是指人在实践活动中达到的“自我改变”或自我发展。“环境的改变和人的活动或自我改变的一致，只能被看做是并合理地理解为**革命的实践**。”① 人的一切都是由人来实现的。人具有能动性和创造性，能够把客观存在的可能性转化为自己的需要和目的，然后通过自己的活动去实现这一目的。这就是马克思主义哲学所说的人的自我实现。自我实现是对人的主体性的肯定。但是，“巧妇难为无米之炊”，任何人，如果脱离了集体、社会，仅凭自我，什么都实现不了。个人只有在推动社会发展的过程中才能实现自我发展。

人的个人价值表现为个人的自我实现，根源就在于人有一种超越自我的理想追求。人是现实性的存在，同时，又是一种追求理想的存在。从现实性到理想性，再从理想性到现实性，是人通过认识活动和实践活动的转化实现的。个人的这种理想追求，决定了个人价值的实现总是面向未来的，个人价值的自我实现发展总是以“新我”为目标的。个人只有在不断的创造性活动中，在对现实性的不断超越中，在自我的不断发展中，才能感受到自己作为人的生命存在的意义，感受到自己作为人的尊严和幸福，从而感受到自己的个人价值。

三、人的社会价值与个人价值的关系

社会价值与个人价值是人的价值的两个方面。人的社会价值是个人对于社会的意义，人的个人价值则是个人对于自身的意义。无疑，人自身需要有意义，人应当实现自己的个人价值。然而，人毕竟是社会的人，人自身意义的实现离不开人生活于其中的社会。不管人们是否承认，人自身的意义或希望自身具有的意义，归根到底，都是在其自身与社会的关系中所体现的意义，人自身价值的实现是依赖于社会的。人的个人价值总是与社会价值相联

① 《马克思恩格斯选集》第1卷，134页。

系，并且在事实上是从属于社会价值的。

人的个人价值当然是重要的，但人不可能是一种孤立的、封闭的个体存在物，而只能是社会存在物。正如马克思所说，“人是一个**特殊的**个体，并且正是他的特殊性使他成为一个个体，成为一个现实的、**单个的**社会存在物”①。人要生存，首先就要结成一定的生产关系，形成一定的社会关系。离开一定的社会关系，人就不能进行社会的物质生产，人的生存需要和发展需要就无法得到满足，人的个人价值也就无法实现。因此，孤立的个人和个人价值是不存在的，现实存在的只是与社会价值联系在一起的个人价值。

个人价值的实现不是纯粹内省式的心理修养过程，而是一个实践过程。实践活动在本质上是社会活动，是在特定的社会关系中进行的活动。人的个人价值的现实化，看起来似乎只是个人的事情，实际上，这种现实化总是与他人有关，具有社会性质。正如马克思所说，“人同自身的关系只有通过他同他人的关系，才成为对他说来是**对象性的**、**现实的**关系”②，“各个人的出发点总是他们自己，不过当然是处于既有的历史条件和关系范围之内的自己”③。

除了个人价值，人还有社会价值。人不应该也不可能把自己完全封闭在个人价值的自我实现中。任何人，不管多么“清高”，多么“超凡入圣”，都不能不食人间烟火，都不能不生活在一定的社会中，并以这种或那种形式参与社会活动，因而都具有一定的社会价值。社会生活在本质上是实践的，历史本质上是人的实践活动在时间中的展开，是追求着自己目的的人的活动。因此，人对自己的个人价值的追求和创造，既离不开社会，又或多或少地具有社会意义。人不仅具有个人价值，而且具有社会价值，更重要的是，人只有在创造社会价值的过程中，才能实现自己的个人价值。

人要想活得有价值，就要努力奋斗。积极意义的个人奋斗是不可指责的。这是因为，一个人只有经过奋斗，才能充分表现自己是什么样的人，充分实现自己的个人价值，而且只有通过奋斗，才能不断提升自己的本质力量，为社会做出更大的贡献，创造更大的社会价值，才能使自己的个人价值与社会价值一致。自觉地为社会发展做贡献，实现自己的社会价值，不仅不是自我的丧失，相反，是自己的个人价值的实现。

---

① 《马克思恩格斯全集》第42卷，123页。

② 《马克思恩格斯全集》第42卷，99页。

③ 《马克思恩格斯选集》第1卷，199页。

"个人是社会存在物。"[①] 因此，个人只有在推动社会发展的过程中，才能求得个人发展，实现自我价值，才能显示自己的人生意义。从根本上说，人与社会的关系决定了个人只有在社会中，并且只有通过社会才能实现自己的个人价值。"只有在共同体中，个人才能获得全面发展其才能的手段"[②]。为社会创造价值与实现个人价值并不冲突，相反，创造社会价值是实现个人价值的根本途径，"人们只有为同时代人的完美、为他们的幸福而工作，才能使自己也达到完美"[③]。

人的个人价值的实现离不开社会价值的创造。这是因为，社会能够给予个人的东西，是人们自己创造和贡献出来的，在这里，贡献是前提；社会给予做出贡献的人满足和尊重，只有为社会做出贡献的人，才配得到这种满足和尊重，脱离贡献的享受和索取，是"寄生虫"行为。社会的发展有赖于人们的贡献，只有贡献大于获取，社会才能不断发展；如果索取和享受大于贡献，则社会就不能存在下去。同时，人们也只有在社会的不断发展中，才能得到越来越多的满足和享受。爱因斯坦指出："一个人的价值，应当看他贡献什么，而不应当看他取得什么"[④]，"一个人的真正价值首先决定于他在什么程度上和在什么意义上从自我解放出来"[⑤]。

个人的自我存在、自我发展与社会存在、社会发展互为前提。没有个人的存在，就没有社会的存在；反过来说，没有社会的存在，也就没有个人的存在。离开社会的发展，个人的发展就失去了基础；离开个人的发展，社会发展就失去了前提。人是社会的主体，历史是追求着自己目的的人的活动过程，即使"生产力的历史"，也不过是"个人本身力量发展的历史"[⑥]，社会发展是无数个人本身力量发展的结果，"人们的社会历史始终只是他们的个体发展的历史"[⑦]。因此，尊重社会和尊重个人是互为因果的，人的社会价值与个人价值在本质上是统一的。

个人价值与社会价值的统一意味着目的与手段、权利与义务的统一。

个人价值是个人对自身的意义，是对个人主体地位的肯定，而个人主体

---

① 《马克思恩格斯全集》第42卷，122页。
② 《马克思恩格斯选集》第1卷，199页。
③ 《马克思恩格斯全集》第40卷，7页。
④ 《爱因斯坦文集》第3卷，许良英等编译，145页，北京，商务印书馆，1979。
⑤ 《爱因斯坦文集》第3卷，许良英等编译，35页。
⑥ 《马克思恩格斯选集》第1卷，204页。
⑦ 《马克思恩格斯选集》第4卷，409页。

地位的确立意味着个人自身成为目的，同时，每个人都应是目的与手段的统一。马克思指出："每个人是手段同时又是目的，而且只有成为手段才能达到自己的目的，只有把自己当作自我目的才能成为手段"①。一个把自己作为目的的人，要在两个方面把自己作为手段：一是作为自己本身的手段；二是作为他人、社会的手段，在满足他人、社会需要的过程中满足自己的需要，"每个人只有作为另一个人的手段才能达到自己的目的"②。一个人只想当目的，不愿做手段，这是皇权思想；一个阶级只想当目的，不愿做手段，这是剥削阶级观念；整个人类只想当目的，不愿做手段，那就会陷入空想主义之中。

权利是对个人主体地位的社会确认，是个人在社会关系中应当享有的利益以及实现这种利益的权力。承认个人是目的，就要承认作为主体的个人的权利。这种人权是社会对个人的最基本需要的肯定和满足，也是个人价值的重要体现。人权并不是天赋的，而是个人作为特定社会成员的权利，是具体的历史的权利，"权利决不能超出社会的经济结构以及由经济结构制约的社会的文化发展"③。

有权利，必有义务。义务是指个人在一定社会关系中对他人、社会应尽的责任。权利与义务不可分割，**"没有无义务的权利，也没有无权利的义务"**④。个人的权利，对社会来说，表现为对社会的义务；个人的义务，相对于社会来说，表现为社会的权利。这就是说，任何权利的实现都以义务的履行为条件，任何权利主体都要承担相应的义务，承担相应的责任。

① 《马克思恩格斯全集》第46卷上，196页。
② 《马克思恩格斯全集》第46卷上，196页。
③ 《马克思恩格斯选集》第3卷，364页。
④ 《马克思恩格斯选集》第3卷，172页。

第六章

联系与发展

人、自然、社会处于联系之中，自然、社会中的各因素、各领域也处于这样或那样的联系之中；相互联系必然引起相互作用，相互作用必然导致运动、变化、发展。当我们深思熟虑地考察自然界、人类历史和精神活动的时候，呈现在我们眼前的，是一幅由种种联系交织起来的画面，是一幅普遍联系和永恒发展的世界图景。在一定意义上说，辩证法就是关于世界普遍联系和永恒发展的科学。

第一节　联系的普遍性

实践、科学和哲学已经证明并正在证明，世界处在普遍联系之中，既不存在绝对孤立的物，也不存在绝对孤立的人；不仅物与物之间存在着这样或那样的联系，而且人与人之间也存在着这样或那样的联系；更重要的是，人通过自己的活动使物与人的关系成为一种“为我而存在的”关系。

一、世界的普遍联系

作为哲学范畴，联系或关系包括一切事物、现象、过程之间及内部诸要素之间的相互影响、相互作用和相互制约。联系既是客观存在的，又是普遍存在的。

联系是客观存在的。联系的客观性是指，联系是事物本身所固有的，不以人的意志为转移。就与人的关系来说，事物的联系可分为自在事物的联系与人为事物的联系。自在事物中的机械、物理、化学、生物的联系在人产生之前就存在着，它们当然不以人的意志为转移；人为事物的联系是人类实践活动的产物，尽管它们体现出“人化”的特点，但它们同样不以人的意志为转移。人为事物的联系只有体现了客观的联系才具有真实性，并只有经过实践这一客观的物质活动才能转化为现实性。所以，人类所创造的一切事物的联系，就其本质而言，也是不以人的意志为转移的。

联系又是普遍存在的。唯物辩证法关于普遍联系的观点包括两重含义：一是指世界上的一切事物、现象、过程都不是孤立存在的，都与周围的其他事物、现象、过程这样或那样地联系着，世界是相互联系的统一整体；二是指任何事物、现象、过程内部的各个要素、部分、环节都是这样或那样联系着。世界上的一切事物都不是孤立存在的，它们无不与周围的事物处于普遍的联系之中。系统论、控制论、信息论以及自组织理论证明，整个世界不仅有着纵向的联系，而且有着横向的联系。科学史表明，把通常看来似乎没有联系的事物联系起来，往往构成了科学上的重大发现，如把粒子性（非连续性）与波动性（连续性）结合起来就建立了量子力学。现代科学发展的一个重要特点，就是在两门或多门学科的交叉处、相交处建立起新的学科。

世界上的事物既作为个体事物而存在，又作为普遍联系中的事物而存在。“每个事物（现象等等）的关系不仅是多种多样的，并且是一般的、普遍的。每个事物（现象、过程等等）是和其他的**每个**事物联系着的。”① 要理解每个事物如何与其他每个事物联系起来，就必须理解“中介”这一概念。中介指的是两个事物之间的中间联系。两个不同的个体事物可以通过中介而联系起来，通过中介被纳入一个普遍联系的系统之中。“一切 vermittelt＝都是经过中介，连成一体，通过过渡而联系的。”② 一切都互为中介体现着事物普遍联系的特性。这表明，每个事物都是普遍联系中的一环，因而每个事物

① 《列宁全集》第55卷，191页。

② 《列宁全集》第55卷，85页。

都可以成为其他事物的中介，每个事物与其他事物通过中介而连成一体，所不同的只是两个事物之间的中介联系多些或少些、复杂些或简单些而已。所以，事物的普遍联系只有经过互为中介才能实现，而中介也只有在普遍联系中才能产生和存在。

二、普遍联系中的系统联系

在现代，普遍联系的观念又是与系统联系的观念结合在一起的。系统观的确立，使人们对事物存在状态的认识由“实物中心论”进入“系统中心论”。

系统观念古已有之。从词源学的角度看，系统（system）这个词最早出现在古希腊语中，意指由部分组成的整体。德谟克里特著有《世界大系统》一书，这是最早采用“系统”这个词的著作。亚里士多德则提出了“整体大于它的各部分的总和”这一具有系统思想的命题。但是，从古代到近代，人们对世界认识的主流观点却是“实物中心论”，即把注意力集中在一个个彼此区分开来、各自独立的实物上，自觉或不自觉地认为世界只是无数不同的实物单位的集合体。古代哲学、近代哲学中那些关于不可再分割的基本实物单位的抽象，如“质点”、“刚体”、“宇宙元素”、没有内部结构的“原子”等，集中地体现了“实物中心论”。

系统论是现代科学和哲学发展的产物。恩格斯在总结19世纪自然科学的重大发展时，明确指出：“由于这三大发现和自然科学的其他巨大进步，我们现在不仅能够说明自然界中各个领域内的过程之间的联系，而且总的说来也能说明各个领域之间的联系了，这样，我们就能够依靠经验自然科学本身所提供的事实，以近乎系统的形式描绘出一幅自然界联系的清晰图画。”①“关于自然界所有过程都处在一种系统联系中的认识，推动科学到处从个别部分和整体上去证明这种系统联系。”② 在系统论的创立过程中，黑格尔和马克思的辩证法思想对系统论的创立起过重要的促进作用。因此，一般系统论创立者贝塔朗菲把黑格尔和马克思看作系统论的理论先驱。

系统论是全面揭示对象的系统存在、系统关系的观点和方法，其基本特征是，把事物、过程、现象看作系统的存在，通过对相关性的研究和定量化，深入认识世界。按照系统论的观点，任何事物都存在着系统和要素两个方面，系统是诸要素相互联系的整体，或者说，系统是相互作用的诸要素所构成的整体，要素是整体中的各个部分，一般说来，系统大于其要素相加之

---

① 《马克思恩格斯选集》第4卷，252页。

② 《马克思恩格斯选集》第3卷，412页。

和。这是因为，系统的存在不仅依赖于要素的存在，而且依赖于要素与要素之间的相关性，正是在要素之间的相关性中产生了有机的统一体——系统。系统的分类是多种多样的：从要素性质的角度来看，有物质系统和精神系统、自然系统和社会系统、天然系统和人工系统等；从结构和功能的角度来看，有静态系统和动态系统、线性系统和非线性系统等；从系统与环境的关系来看，有封闭系统和开放系统等。

系统论观察和分析事物具有一系列特点：

第一，相关性特点。任何事物都与其他事物处于相关性之中，事物内部的诸要素也处于相关性之中。正是这种相关性使事物形成了“关系质”，从而表现出系统的特点。

第二，整体性特点。事物的相关性形成了事物的整体性，这种整体性表现为，系统对外来作用能作为一个统一的整体做出反应，而不管它作用于哪一部分；同时，系统作为一个整体，具有它的每个要素都不单独具有的功能和性质。这种只有系统整体才具有的特殊的规定性和功能，就是“系统质”和系统功能。整体性是系统的本质特征。一般系统论就是对“整体”和“整体性”进行科学探索。

第三，有序性特点。系统内部结构具有层次等级式的组织化特征，每个系统都由若干作为要素的子系统组成，而每个子系统又由一定数量的更低层次的要素组成。在这种层次等级式的结构中，系统中的各个要素都保持其特定的位置，具有一定的顺序和规则。认识一个系统，也就是要认识从事物的相关性、整体性中产生的有序性。系统内部的“序”必须在与环境的不断“耗散”过程中，即与环境的物质、能量、信息的动态交流中才能保持和发展。从系统内在的有序过程和系统与环境的交换过程来分析系统，认识就进入了系统的整体性的本质特征中。从系统的整体发展方向来看，系统的形成是从无序向有序、从低级有序向高级有序的不断演化过程。事物有序性的不同使系统的结构呈现出层次等级的不同。

第四，模型化特点。系统论不仅对复杂事物进行定性研究，而且对它们进行定量研究。系统论从相关性、整体性、有序性的角度研究系统，既是定性的，又是定量的。系统论通过使系统方法与数学方法、人工智能、逻辑学相结合，把系统分解为各种模型，提供模型的各种可能的运动过程，从而为人的活动提供具体模型和最优解。

就其思想实质而言，系统论就是按照事物本身的系统特性把对象放在系统的联系中加以把握。构成科学系统观和方法论的主要原则有相关性原则、整体性原则、有序性原则、协调性原则、定量化原则、最优化原则等，这些原则及其相应方法的形成和发展，显示了事物普遍联系的深刻性和具体性，不仅给科学和实践带来了巨大的效益，而且为唯物辩证法的具体化提供了范例。

三、普遍联系中的“为我而存在的”关系

世界的普遍联系总是通过联系的多样性而存在的。对于联系的多样性，我们可以从不同的角度划分出直接联系与间接联系、内部联系与外部联系、本质联系与非本质联系等。从总体上看，联系可划分为两大类，即物与物的关系和物“为我而存在的”关系。马克思指出：“凡是有某种关系存在的地方，这种关系都是为我而存在的”①。在马克思看来，人是在积极改造环境的过程中适应环境的，改造自然是为了满足人自身的需要，“是自然界对人说来的生成过程”②。因此，只有人才与外物“发生”一种“为我而存在的”关系。“为我而存在的”关系包括物与物的关系，但又不等于物与物的关系，它是人在实践活动中所形成的与客体的关系，体现着人的本质力量和社会关系。

人是一种主体性的存在，这种主体性的存在与外部世界的关系是一种对象性的关系。动物肯定自然的直接存在状态，人则是以自身的活动否定自然的直接存在状态，赋予它合乎人类目的、需要的形式，即在自然的直接存在状态中注入人的本质力量和社会关系的内涵，使“自在之物”转化为合乎人的目的、需要的“为我之物”。所以，马克思在批判旧唯物主义时指出，对于现存事物不能只从客体的或直观的形式去理解，而要把它们当作感性的人的活动，当作实践去理解，从主体方面去理解。所谓当作实践去理解，从主体方面去理解，就是从“为我之物”去理解对象，从“为我而存在的”关系去理解人与对象的关系。

“为我而存在的”关系具有三个特征：

第一，在“为我而存在的”关系中，主体是中心，客体是满足主体需要的客观事物。客体之所以成为客体，之所以能够被主体作为活动的对象，就是因为客体对主体有用、有价值，即能够满足主体的需要。主体在活动中对客体的改造就是为了使客体满足主体的需要。在主体改造客体，客体满足主体需要的同时，主体的本质力量就在客体中表现出来。因此，在“为我而存在的”关系中，主体是中心，是目的，客体是满足主体需要的客观事物，是体现主体本质力量的对象。因此，人的主体性是理解“为我而存在的”关系

---

① 《马克思恩格斯选集》第1卷，161页。

② 《马克思恩格斯全集》第42卷，131页。

的关键。

第二，在“为我而存在的”关系中，主体与客体之间的关系不是既定的、一成不变的，而是历史性的、变化发展的。主体不断地改造自然，使自然以新的形态展现在人面前，使物以人的方式存在。处在“为我而存在的”关系中的自然，是人的活动的结果，是人为自身创造了现实的环境，这是一方面；另一方面，现实的环境一旦形成，就反过来制约人的活动，使人自身发生变化。人在改造世界的同时，使自身得到改变，即人创造环境，环境也创造人。“‘在作用于外间自然时，人改变了自己本身的天性’。在这几句话中包括着马克思的历史理论的全部本质”①。

第三，在“为我而存在的”关系中，主体自身二重化了，并形成了感性的现存世界和观念的理想世界。具体地说，主体要有效地改造自然，就要认识并尊重自然规律。为此，人必须在改造自然的过程中，不断提高自己的认识能力，从而不断深化对自然规律的认识。这样，作为主体的人就分化为肉体的、服从自然规律的“我”和精神的、超越外在自然的“我”。同时，主体不会满足于自然界的现存状态，而必定会通过自己的实践活动改造自然，使其成为符合自己理想的、“为我而存在的”世界。因此，在人的活动中，不仅产生了感性的现存世界，而且形成了观念的理想世界。所谓理想世界，就是人为“我”而绘制的“客观世界图景”。“为自己绘制客观世界图景的人的活动**改变**外部现实，消灭它的规定性（＝变更它的这些或那些方面、质），这样，也就去掉了它的外观、外在性和虚无性的特点，使它成为自在自为地存在着的（＝客观真实的）。”② 观念的理想世界通过人的实践活动又转化为“为我而存在的”感性的现存世界。在人的实践活动中，现存世界与理想世界之间的矛盾不断产生，又不断得以解决。

第二节　发展的过程性

世界的普遍联系必然引发事物的相互作用，相互作用又必然导致事物的运动、变化和发展。发展是必然性与偶然性的统一，必然性决定着事物发展

① 《普列汉诺夫哲学著作选集》第1卷，676页，北京，生活·读书·新知三联书店，1959。
② 《列宁全集》第55卷，187页。

的方向，偶然性则使必然性的实现具有这样或那样的特征。

一、发展：事物运动、变化的上升性

发展与运动、变化属于同一序列的概念。如前所述，就最一般的意义来说，运动是物质的存在方式，包括宇宙中发生的一切变化和过程，标志着事物变动不居的动态过程；变化主要指运动的内容，即运动的多样性，运动的不同过程、状态和趋向，事物内部联系和外部联系的演变，等等；发展是指进化，是在运动、变化的基础上进一步揭示运动、变化的整体趋势和方向性的范畴，体现着事物由一种质态向另一种质态的飞跃，或从一种运动形式中产生另一种运动形式的过程，体现着事物由低级到高级、由简单到复杂、由无序到有序的上升性的运动过程。事物的运动、变化、发展使事物不断具有新的形式，因而呈现出历史性。“联系不断采取新的形式，因而就表现为‘历史’”①。换言之，没有发展和“新的形式”，就没有历史。

因此，把握辩证法的发展范畴，需要深刻理解运动、变化的丰富内涵，包括运动、变化的多向性与上升性的统一，量变与质变的统一，事物自我运动与向他事物转化的统一，新事物产生与旧事物灭亡的统一，等等。

运动、变化、发展之间的统一及其方向性，是通过运动形式的多样性及其相互转化表现出来的。恩格斯依据当时科学达到的水平，按照从低级到高级、从简单到复杂的顺序，把运动归结为机械运动、物理运动、化学运动、生物运动、社会运动和思维运动六种基本形式。运动的每一种基本形式又包含着具体的运动形式。例如，物理运动形式就包含声、光、热、电、磁等运动形式。如果把机械运动、物理运动、化学运动和生物运动归为自然运动，那么，运动形式可划分为三种基本形式，即自然运动、社会运动和思维运动。“而辩证法不过是关于自然界、人类社会和思维的运动和发展的普遍规律的科学”②。

社会运动形式不同于自然运动形式。“**客观**过程的两个形式：自然界（机械的和化学的）和人的有**目的**的活动”③，而“历史**不过是**追求着自己目的的人的活动而已”④。列宁、马克思的观点实际上说明，自然运动与社会运动属于两个不同系列的发展形式：自然运动是一种自在形式，社会运动则是

① 《马克思恩格斯选集》第1卷，160页。

② 《马克思恩格斯选集》第3卷，520页。

③ 《列宁全集》第55卷，158页。

④ 《马克思恩格斯全集》第2卷，118-119页。

一种自为形式，自然运动从机械运动、物理运动、化学运动到生物运动，都以一种自发的、无目的的方式存在着，发展的必然性通过一种自发的、无目的的活动为自己开辟道路；而社会活动的主体是人，人总是按照自己设定的目标从事社会活动，任何历史规律的实现都离不开人的有意识的、有目的的活动。正如恩格斯所说，“在自然界中（如果我们把人对自然界的反作用撇开不谈）全是没有意识的、盲目的动力，这些动力彼此发生作用，而一般规律就表现在这些动力的相互作用中。在所发生的任何事情中……没有任何事情是作为预期的自觉的目的发生的。相反，在社会历史领域内进行活动的，是具有意识的、经过思虑或凭激情行动的、追求某种目的的人；任何事情的发生都不是没有自觉的意图，没有预期的目的的”①。

思维运动形式又不同于自然运动形式、社会运动形式。思维既以自然运动形式为前提，又以社会运动形式为基础，但思维运动形式具有自己的相对独立性。从根本上说，思维运动形式是实践活动结构在人脑中的内化和升华。外部世界运动的规律与人的思维运动的规律“这两个系列的规律在本质上是同一的，但是在表现上是不同的，这是因为人的头脑可以自觉地应用这些规律，而在自然界中这些规律是不自觉地、以外部必然性的形式、在无穷无尽的表面的偶然性中实现的，而且到现在为止在人类历史上多半也是如此”②。更重要的是，各种思维要素之间又相互作用，后人的思维过程是从前人的思维中引发出来的。“历史方面的意识形态家……在每一科学领域中都有一定的材料，这些材料是从以前的各代人的思维中独立形成的，并且在这些世代相继的人们的头脑中经过了自己的独立的发展道路”③。

不同的运动形式既相互区别，又相互联系，并依据一定的条件相互转化。不同的运动形式之间的区别，在于不同的运动形式有着不同的物质基础和特殊矛盾。同时，不同的运动形式之间又是相互联系、相互转化的，低级运动形式是高级运动形式的基础，高级运动形式包含低级运动形式。发展就是在低级运动形式中分化出高级运动形式的运动。

事物运动、变化的多向性主要表现为三个方向：一是单一水平的运动，即同一等级运动形式之间的变化；二是下降的运动，即从高级形式向低级形式、从有序向无序、从复杂向简单的变化，如化合物和有机体的分解、生命

① 《马克思恩格斯选集》第4卷，253页。
② 《马克思恩格斯选集》第4卷，250页。
③ 《马克思恩格斯选集》第4卷，642－643页。

体的死亡，以及一切机械的、电磁的、化学的和生命的运动向热运动形式的转化；三是上升的运动，即由低级向高级、由无序向有序、由简单向复杂的变化，如从生物运动形式向社会运动形式的转变。其中，上升性在运动、变化的多向性中占主导地位。发展就是体现着前进性、上升性的运动、变化。

二、发展的实质：新事物的产生与旧事物的灭亡

承认发展的总体方向是前进的、上升的，就必然要承认新陈代谢是普遍的、不可抗拒的规律。运动、变化的总的方向、基本趋势和整体特征是发展，发展的实质是新事物的产生与旧事物的灭亡。

所谓新事物，是指合乎历史发展方向的、具有必然性的东西。与此相反，旧事物则是历史发展过程中逐渐丧失存在必然性的、日趋灭亡的东西。区别新事物与旧事物，不能单凭出现时间的先后，不能根据形式上、现象上是否新奇，更不能靠人们主观上的任意判断。新事物与旧事物相互区别的根本标志就在于，它们是否符合历史发展的必然趋势。

任何事物的发展，都要经历一个由小到大、由不完善到比较完善的过程。新事物的成长也是这样，它在最初出现的时候总是比较弱小，总是难免有这样或那样的缺陷，而旧事物则往往比较强大，显得合乎“常规”。在社会历史中，由于新事物与旧事物的利益冲突和旧事物对新事物的抵抗，新事物的成长必然要经历一个曲折的过程。然而，历史发展的总趋势是，暂时显得弱小的新事物不管经过怎样的困难和曲折，终究要战胜表面上强大的旧事物。新生事物不可战胜的规律，在社会历史中的表现是异常明显的。

新事物必然要战胜旧事物，是由新事物与旧事物的本性决定的。

第一，就新事物与旧事物同环境的关系来说，新事物之所以“新”，是因为它有新的结构和功能，适应已经变化了的环境和历史条件；而旧事物之所以“旧”，就在于它的结构和功能已经不能适应环境的变化和新的历史条件。

第二，就新事物与旧事物之间的关系来说，新事物是在旧事物“母腹”中孕育成熟的。对于旧事物来说，新事物既是促使其灭亡的因素，又是其赖以存在的因素，它是旧事物本身无法克服、无法消除的因素；对于新事物来说，新事物否定了旧事物中消极的、过时的、腐朽的东西，吸取、继承了旧事物中积极的、仍然适合新的历史条件的东西，并添加了为旧事物所不能容纳的新东西，因而它在内容上比旧事物丰富，在形式上比旧事物高级，具有旧事物不可比拟的优越性和强大生命力。

第三，在社会历史领域，新事物是代表先进生产力的阶级之创造性活动的产物，符合大多数人的根本利益，体现了社会发展的必然性，尤其是“无产阶级的运动是绝大多数人的，为绝大多数人谋利益的独立的运动”[1]，因而最终能得到绝大多数人的支持。因此，凡是符合社会发展规律、顺应人心所向的新生事物，不管经过怎样艰难曲折的道路，终究是不可战胜的。“封建社会代替奴隶社会，资本主义代替封建主义，社会主义经历一个长过程发展后必然代替资本主义。这是社会历史发展不可逆转的总趋势，但道路是曲折的。资本主义代替封建主义的几百年间，发生过多少次王朝复辟？所以，从一定意义上说，某种暂时复辟也是难以完全避免的规律性现象。一些国家出现严重曲折，社会主义好像被削弱了，但人民经受锻炼，从中吸收教训，将促使社会主义向着更加健康的方向发展。”[2]

三、发展的决定性

“决定”和决定论问题，是人们生活和认识中的一个普遍的、难以回避的问题。人们探究事物“为什么会如此”并对之做出解释，就意味着承认或否认某种决定关系。所谓发展的决定性，是指事物发展具有因果联系性、必然性、规律性。凡是承认事物的运动、变化、发展具有因果联系性、必然性、规律性的，都属于决定论。决定论实质上就是一种承认并说明事物的运动、变化、发展具有根本的制约性和规定性的思想理论。任何事物的运动、变化、发展都是内部因素与外部因素相互联系、相互作用的结果；同时，相互联系、相互作用又制约着、规定着事物的发展趋势、方向和未来。因此，“决定”意味着相互联系、相互作用，意味着事物运动、变化、发展具有根本的制约性和规定性，意味着事物的运动、变化、发展是一种“自然历史过程”[3]，是自我运动、自我变化、自我发展的过程。

与决定论对立的是非决定论。非决定论或者否定必然性，认为事物的运动、变化、发展都是偶然的；或者否定因果关系的客观性，认为因果关系只是人们的联想或习惯，并不存在客观的因果关系；或者认为宏观世界的运动、变化、发展有必然性、规律性，而微观世界的运动、变化、发展不具有必然性、规律性，一切都是偶然的、随机的；或者认为自然界的运动、变化、发展具有必然性、规律性，而人类社会的运动、变化、发展根本不具有必然性、规律性，一切都是偶然的、随机的。这些观点的共同性就是否定发

① 《马克思恩格斯选集》第1卷，411页。
② 《邓小平文选》第3卷，382－383页。
③ 《马克思恩格斯全集》第23卷，12页。

展的必然性、规律性。

就决定论本身而言，决定论有机械决定论、统计决定论和辩证决定论之分。

机械决定论充分运用了力学理论，以动力学规律论证决定论。但是，机械决定论犯了简单化和绝对化的错误，它把经典力学的思维方式当作哲学的思维方式，从而把力学定律表述的决定关系当作唯一的普遍的决定方式，认为世界上一切运动、变化、发展的结果都是按力学公式产生的，一切都是由先前的状态和条件完全地、一成不变地决定的，任何结果都注定是不可避免的，甚至断言：只要知道自然界一切组成部分的相对位置和全部作用，一亿年以前的情况和一亿年以后的状况，都可以精确无误地计算出来，历史、现在和未来的一切早在宇宙诞生时便已完全被确定了。可见，机械决定论虽然肯定了因果性、必然性、规律性，但由于它只承认单一的机械的因果关系，并把一切偶然性都上升到必然性高度，所以最终导致了预成论和宿命论。

统计决定论依据的是统计学规律。以基本粒子物理学为代表的现代科学证明，客观世界中某种事物的出现有很大的偶然性和随机性，事物的运动、变化、发展并不一定是按单值因果关系运行的，而更可能是按概率分布规律运行的。事物概率分布的统计表明，事物的具体运行过程并不是直线的、单向的，但其总的过程和趋势仍然是确定的。例如，抛掷同一个质量均匀的硬币，出现正面或反面都是随机的，但在大量抛掷的情况下，正面、反面都有1/2的概率出现则是确定的。这就是统计学规律。统计学规律比动力学规律更符合现实发展过程的实际情况。

辩证决定论确认事物的发展具有普遍的制约性和规定性，并科学地揭示了原因与结果、必然与偶然之间的关系。马克思主义哲学主张辩证的决定论。

原因与结果的联系是决定论的客观依据。客观世界到处都存在着引起与被引起的关系，这种引起与被引起的关系就是因果联系或因果关系。其中，引起某种现象的现象是原因，被这种现象引起的现象是结果。在事物的发展过程中，总是原因在先，结果在后，这是因果关系的特点之一。但并不是任何表现为先后相继的现象都是因果关系。因果联系是一种包括时间先后顺序在内的、由某一现象必然引起另一现象的本质的联系。

第一，当我们把特定的对象从普遍联系中抽引出来进行单独考察时，原因与结果的差别就显示出来了，每一组具体的因果关系都有自己确定的内容，原因不是结果，结果不是原因；既不能倒果为因，也不能倒因为果。正如恩格斯所说，“为了了解单个的现象，我们必须把它们从普遍的联系中抽出来，孤立地考察它们，而**在这里**出现的就是不断变换的运动，**一个**表现为原因，**另一个**表现为结果”①。

第二，当我们把特定的对象放到普遍联系中进行考察时，原因与结果经常互换位置、互为因果。具体地说，同一现象在一种关系中是结果，在另一种关系中则变成了原因；在无限发展的链条中，事物的发展往往是互为因果的，如热是引起燃烧的原因，反过来，燃烧又成为产生大量热的原因。这就是说，事物的因果联系不是单向的，而是双向的，表现为原因与结果的相互作用、相互转化、互为因果。

第三，原因与结果的关系是复杂多样的。一种现象的产生往往有着各种不同的原因，如内部原因与外部原因、主要原因与次要原因、直接原因与间接原因、诱因与根本原因，等等。一般可以把因果联系的复杂性和多样性划分为不同的类型：一因多果，同因异果；一果多因，同果异因；多因多果，复合因果；等等。

任何事物都受因果联系的支配，因果制约性存在于一切事物的发展过程中。有些现象的原因暂时还没有被认识，但产生这些现象的原因肯定是存在的，并且或迟或早总会被人们认识。有些活动似乎毫无结果，但实际上这只是没有达到预期的结果，而并非真的没有结果；没有取得预期的结果本身就一种结果，而且这种结果也是有原因的。“人的活动对因果性**作出验证**”②，“可以说是对因果性作了**双重的**验证”③。所以，恩格斯认为，由于人的活动，人们建立起因果观念。

必然性与偶然性范畴是对原因与结果范畴的深化。我们深入思考因果联系，就会发现两种联系，即必然性的联系与偶然性的联系。必然性是指事物发展过程中合乎规律的、确定不移的趋势，是一定条件下的不可避免性和确定性；偶然性是指事物发展过程中呈现出来的某种摇摆、偏离，是可以这样出现也可以那样出现的、不确定的趋势。作为事物发展过程中的两种不同趋势，必然性与偶然性起着不同的作用。必然性产生于事物内部的、主要的原因，因而在发展过程中居于支配地位，决定着事物发展的方向；偶然性产生于事物外部的、次要的原因，因而在发展过程中居于从属地位，对发展过程

① 《马克思恩格斯选集》第3卷，920－921页。

② 《马克思恩格斯选集》第3卷，921页。

③ 《马克思恩格斯选集》第3卷，922页。

起着促进或者延缓的作用，使必然性的实现带有这样或那样的特点或偏差。

从总体上看，必然性与偶然性的关系体现在三个方面：

第一，没有脱离偶然性的必然性，必然性的实现总是伴随着偶然性，必然性总是通过大量的偶然性表现出来，并为自己开辟道路。“如果‘偶然性’不起任何作用的话，那末世界历史就会带有非常神秘的性质。这些偶然性本身自然纳入总的发展过程中，并且为其他偶然性所补偿。但是，发展的加速和延缓在很大程度上是取决于这些‘偶然性’的”①。

第二，不存在纯粹的偶然性，偶然性往往产生在两种或多种必然性的交叉处。凡是存在偶然性的地方，其背后总是隐藏着必然性；凡是偶然性起作用的地方，总是受着必然性的支配。“偶然性只是相互依存性的一极，它的另一极叫做必然性。在似乎也是受偶然性支配的自然界中，我们早就证实，在每一个领域内，都有在这种偶然性中去实现自身的内在的必然性和规律性”②。“历史事件似乎总的说来同样是由偶然性支配着的。但是，在表面上是偶然性在起作用的地方，这种偶然性始终是受内部的隐蔽着的规律支配的，而问题只是在于发现这些规律”③。

第三，必然性与偶然性在一定条件下相互转化，即在一定条件下，偶然性转化为必然性，必然性转化为偶然性。例如，生物在内部原因和外部条件的影响下所发生的不定变异，最初只是某一物种非本质的、不稳定的性状，其中，有一些变异因适应环境而得到巩固和发展，最后使有机体发生根本变异，产生了新物种，原来的偶然变异由此变成了新物种的必然性状。这就是偶然性转化为必然性。在新物种形成以后，原有的一些已经消失的必然性状，在一定条件下还有可能作为一种不稳定的因素重新出现，这种生物进化过程中的返祖现象就是必然性转化为偶然性。再如，在商品交换的发展过程中，一般等价物的出现曾经是偶然现象，但随着商品交换的发展，一般等价物被固定在货币上，偶然性由此转化为必然性。反过来，在通货膨胀、货币急剧贬值的条件下，原来那种以物易物的交换方式就会重新出现，但这种情况已经是个别的、偶然的了。这是必然性转化为偶然性。

由于发现了原因与结果、必然性与偶然性的真实关系，马克思主义的辩证决定论深刻地阐明了事物运动、变化、发展的根本制约性和规定性，深刻

---

① 《马克思恩格斯全集》第 33 卷，210 页，北京，人民出版社，1973。

② 《马克思恩格斯选集》第 4 卷，191－192 页。

③ 《马克思恩格斯选集》第 4 卷，254 页。

地阐明了决定论的内在的、客观的依据性，从而为人们预见未来发展提供了科学的方法论。

第三节　发展的规律性及其核心

原因与结果、必然性与偶然性的相互作用，使事物的发展具有规律性。发展的决定性本质上是规律的决定性。根据规律存在领域的不同，可以把规律划分为自然规律、历史规律和思维规律，而贯穿于各种规律中的对立统一规律则构成了规律体系的核心。

一、规律及其实现：从可能到现实

所谓规律，是指事物及其发展过程中本身所固有的本质的、必然的、稳定的联系。

第一，规律是事物及其发展过程中的本质的联系。事物之间存在着普遍联系，但并不是所有的联系都是本质的联系，都可被称为规律。规律和本质是同等程度的概念。规律就是本质的关系或本质之间的关系。例如，万有引力定律是物体之间的力的本质联系，元素周期律是元素的化学性质与原子序数之间的本质联系，生产力与生产关系矛盾运动规律是物质生产方式的内容与形式之间的本质联系，等等。这些定律或规律所反映的关系或联系都是本质的，即体现了事物的根本性质。所谓本质，就是指事物的根本性质。

第二，规律是事物及其发展过程中的必然的联系。规律和必然性也是同等程度的概念，代表着必定如此、确定不移的趋势，如电磁感应定律就是电流变化必然引起磁场改变、磁场变化必然引起感应电流产生的规律。这就是说，某一事物的存在不可避免地引起另一事物的出现，事物发展的这一阶段不可避免地把事物发展引向另一阶段，就是规律的具体体现。规律是一种因果联系，但并不是所有的因果联系都构成规律，某种因果联系只有当构成事物及其发展过程中的本质的、必然的联系时，才具有规律的意义。

第三，规律是事物及其发展过程中的稳定的联系。现象是变动不居的，本质是相对稳定的，规律就是变动不居的现象中相对稳定的联系。所谓稳定的联系，就是指只要具备一定的条件，规律就会反复起作用，某种合乎规律的现象就会重复出现。例如，价值规律是一切商品生产所共有的规律，任何一种生产，只要它是商品生产，商品的价值就必然决定于生产该商品所耗费的社会必要劳动时间。

需要指出的是，规律的重复性并不等于事物的重复性。任何具体事物的产生都是必然性与偶然性共同作用的结果，其中的必然性体现着事物的共同的本质，偶然性则使具体的事物各具特点，不可重复。规律重复的只是贯穿于同类事物中的必然性，不是也不可能是重复其中的偶然性。一言以蔽之，规律的重复性正是在一个个不可重复的事物中体现出来的。

规律是事物及其发展过程本身所固有的本质的、必然的、稳定的联系，这表明规律是客观的。中国古代哲学家荀子所说的“天行有常，不为尧存，不为桀亡”，讲的实际上就是规律的客观性。古希腊哲学家赫拉克利特所说的“这个世界……不是任何神所创造的，也不是任何人所创造的；它过去、现在、未来永远是一团永恒的活火，在一定的分寸上燃烧，在一定的分寸上熄灭”①，讲的实际上也是规律的客观性。任何规律都是客观的，不依人们的意识、意志而存在并发生作用，既不能人为创造，也不能人为消除。“自然规律是根本不能取消的。在不同的历史条件下能够发生变化的，只是这些规律借以实现的**形式**。”② 而在社会领域，“一个社会即使探索到了本身运动的自然规律……它还是既不能跳过也不能用法令取消自然的发展阶段”③。无论是改造自然，还是改造社会，人们都必须遵循规律，合目的的活动必须以合规律为前提。社会的发展不是人们“修正”规律，而是人们不断修正自己的目的，使目的更符合规律、更接近现实，并不断转化为现实的过程。这一过程实际上也就是规律从可能到现实的实现过程。规律的实现、事物的发展，总是从可能到现实的转化过程。

所谓现实，是指事物当下的实际存在性。现实性同规律性、必然性具有内在联系。现实之所以成为现实，是由规律性、必然性决定的。从发展上看，一个事物即使当下还不是现实的，只要合乎发展的必然性，迟早会变成现实；反之，一个事物即便当下是现实的，只要丧失了继续存在的必然性，迟早会变成非现实。凡是在历史中产生的，都会在历史中灭亡，任何事物都会经历由不现实到现实，再到不现实的演变过程。

可能是指现实中所包含的、预示着事物发展前途和方向的种种趋势。可

---

① 北京大学哲学系外国哲学史教研室编译：《西方哲学原著选读》上卷，21页，北京，商务印书馆，1981。

② 《马克思恩格斯选集》第4卷，473页。

③ 《马克思恩格斯全集》第23卷，11页。

能是潜在的、尚未实现的东西，但它在不同程度上有着客观的根据和条件。否则，就是不可能，即在现实中没有任何客观的根据和条件，因而永远不能实现。同时，可能又有现实的可能和抽象的可能之分。现实的可能是指在现实中有充分的根据，因而在目前就可以实现的可能；抽象的可能是指在现实中缺乏充分的根据，因而在目前不能实现的可能。但是，抽象的可能毕竟是一种可能，因而不同于不可能。随着现实的发展、根据的展开和条件的成熟，抽象的可能可以转化为现实的可能。

可能作为事物发展的潜在趋势，着眼于“未来”，预示着事物发展的前途和方向；现实作为现存的客观实际，着眼于“现在”，标志着事物的现存状况。二者具有质的区别。但是，可能与现实又有内在的统一性。可能被包含在现实之中，是没有展开、没有实现的现实性；现实则是已经展开、已经实现的可能性，同时又孕育着新的可能性。发展就是现实不断产生可能、可能又不断变为现实的过程。这是一个永无止境的发展过程。

促进规律的实现，即从可能性向现实性的转化，需要把握或然率和概率。或然率和概率就是对可能性在量上的一种科学测定，即测定偶然事件的数目与可能发生的偶然事件的总数之间的比率。例如，n 是可能发生的偶然事件的总数，而 m 是所要测定的偶然事件的数目，或然率就是 m/n。m 和 n 的比值在 0 和 1 之间：如果或然率等于 0，就是没有可能或不可能；如果或然率等于 1，就是百分之百的可能，这时的可能性就完全成了必然性。测定或然率和概率的方法在自然科学乃至社会科学中，得到了越来越广泛的应用，已经成为预测未来发展的重要方法。

促进规律的实现，即从可能性向现实性的转化，需要创造一定的条件，包括客观条件和主观条件，在变革社会和变革自然的实践活动中，这两种条件都是不可或缺的。单纯的自然历史过程是按其固有的规律进行的，自然规律的实现，即由可能性向现实性的转化，是在自然事物盲目的相互作用中自发实现的。社会历史过程的主体是人，历史规律的实现，即由可能性向现实性的转化，则是在人的自觉活动过程中实现的。尤其是当一个民族或国家处在历史的转折点时，往往存在多种可能性，在这多种可能性中，哪种可能性能够转变为现实性，取决于这个民族的自觉的选择活动，取决于实践活动中的阶级力量的对比。

二、规律的类型：自然规律、历史规律和思维规律

根据规律存在领域的不同，可以把规律划分为三种基本类型，即自然规律、历史规律和思维规律。

自然规律是贯穿于自然领域、支配自然事物运动的规律。人类社会产生之前，自然界就按照其固有的规律运动着；人类社会产生以后，人的活动对自然界产生了巨大的影响，但这并没有消除自然规律，并不意味着自然规律要靠人的活动才能存在和发挥作用，自然规律仍然自发地起作用。

历史规律是贯穿于社会领域、支配人们历史活动的规律。与自然规律不同，历史规律生成并实现于人的活动之中，离开了人的实践活动、社会关系，历史规律就失去了得以存在的载体和现实基础。历史规律只有通过人的有意识的活动才能实现。人们不会为阻止月食规律而组织月食党，但人们为了实现革命规律，必须组织革命党。

思维规律是贯穿于人的认识领域、支配思维运动的规律。思维的主体是个体的人，每一个人都有可能自觉地意识到自己的思维活动，并在一定的意义上自主地决定自己的思维活动。但是，人的思维活动同样存在不以人的意识、意志为转移的规律，即思维规律。不管人们是否意识到思维规律的要求，是否遵循思维规律进行认识活动，思维规律都要起作用。遵循思维规律进行认识活动，是获得正确认识的必要条件；违背思维规律进行认识活动，在认识活动中就无法获得正确认识。人们自主地进行思维活动与自觉地遵循思维规律进行认识活动，既有联系，又有区别，二者之间不能简单地画等号。

历史规律与自然规律既有联系，又有区别。历史规律中的生产力运动规律，体现的就是社会与自然的现实关系。但是，历史规律又不同于自然规律，具有自己的特征。

第一，从形成机制来看，自然规律形成于自然界诸因素盲目的相互作用过程中；历史规律形成于人与自然之间的物质变换、人与人之间的活动互换，以及物质与观念转换的过程中。如前所述，物质实践不仅包含着人与自然之间的物质变换，而且包含着人与人之间的活动互换，包含着人与自然之间的物质和观念的转换，即通常所说的“物质变精神，精神变物质”。物质变换是人的活动和自然运动共同具有的，自然事物相互作用的过程就是物质变换过程，而人与人之间的活动互换、物质与观念的转换则仅仅为人的实践活动所具有。实践活动包括物质变换，表明人的活动也必须遵循物质运动的共同规律；同时，这种物质变换又受到人与人之间的活动互换的制约，而且在一定的观念指导下进行，即同物质与观念之间的转换交织在一起。因此，人的实践活动又体现出新的、为自然运动所不具有的特殊运动规律，这就是体现主体活动特点、包括物质运动在内的人的实践活动规律。全部社会生活在本质上都是实践的。人的实践活动规律实际上就是历史规律。反过来说，历史规律是在人的实践活动中形成的，它是“人们自己的社会行动的规律”①。

第二，从表现形式来看，自然规律更多表现为动力学规律，历史规律主要表现为统计学规律。一般说来，动力学规律揭示的事物之间的规律性关系是一种一一对应的确定联系，它指明一种事物的存在必定导致另一种确定事物的发生，同时，在动力学规律作用下，偶然现象可以忽略不计；统计学规律揭示的不是事物之间简单的一一对应的关系，而是一种必然性和多种随机现象之间的规律性关系。对于统计学规律来说，不仅不能忽视大量的偶然现象、随机现象，相反，正是在大量的偶然现象、随机现象中表现出规律性。历史事件的发生大多具有随机性。在社会领域，事物、现象如果不是“大量”发生，它们之间就表现为一种非确定的联系；如果“大量”发生，它们之间就表现为一种确定的联系。马克思就运用统计学方法揭示了资本主义社会运动的一系列规律，并指出：“在这种生产方式下，规则只能作为没有规则性的盲目起作用的平均数规律来为自己开辟道路”②。马克思在这里所说的“平均数规律”，实际上就是统计学规律。

第三，从实现方式来看，自然规律发生作用的条件是在自然界诸因素盲目的相互作用的过程中自发形成的，自然规律也是通过这种盲目的相互作用实现的；历史规律得以存在并发生作用的必不可少的条件则是人的活动，历史规律只有通过人的有目的的活动才能实现。自然运动是自然界诸因素自发的、盲目的相互作用的结果；社会发展则是有意识、有目的的人相互作用的结果。从根本上说，历史不过是人的实践活动在时间中的展开。

历史规律的特殊性并不是对规律的客观性的否定，相反，历史规律的特殊性本身就以一种特殊的方式表明了规律的客观性。恩格斯指出：“历史是这样创造的：最终的结果总是从许多单个的意志的相互冲突中产生出来的，而其中每一个意志，又是由于许多特殊的生活条件，才成为它所成为的那样。这样就有无数互相交错的力量，有无数个力的平行四边形，由此就产生出一个合力，即历史结果，而这个结果又可以看做一个作为整体的、**不自觉地**和不自主地起着作用的力量的产物。因为任何一个人的愿望都会受到任何另一个人的妨碍，而最后出现的结果就是谁都没有希望过的事物。所以到目

① 《马克思恩格斯选集》第3卷，671页。

② 《马克思恩格斯全集》第23卷，120页。

前为止的历史总是像一种自然过程一样地进行，而且实质上也是服从于同一运动规律的。"① 这就是说，尽管个人都在进行着有意识、有目的的活动，但"历史结果"是历史"合力"运动的结果，不以任何人的"意志""愿望""希望"为转移。

历史规律的特殊性并不是对规律的重复性的否定，相反，历史规律的特殊性本身就以一种特殊的方式表明了规律的重复性。任何规律都具有重复性，不具备重复性，就不是规律。1640 年的英国革命、1789 年的法国革命、1911 年的中国辛亥革命……这一个一个不可重复的历史事件体现的正是资产阶级革命的规律及其重复性。原始社会、奴隶社会、封建社会、资本主义社会、社会主义社会，这五种社会形态的依次更替体现的正是生产关系一定要适合生产力状况的规律及其重复性。只要"把**生产关系**划为社会结构"②，并分析生产关系这一"物质的生产关系"③，就能把"重复性这个一般科学标准，应用到这些关系上来"④。"一分析物质的社会关系（即不通过人们的意识而形成的社会关系：人们在交换产品时彼此发生生产关系，甚至都没有意识到这里存在着社会生产关系），立刻就有可能看出重复性和常规性，把各国制度概括为**社会形态**这个基本概念"⑤，从而发现历史规律的重复性。

思维规律是以概念为"细胞"的思维运动的规律，既不同于自然规律，也不同于历史规律。如果说自然运动规律、历史运动规律是客观辩证法，那么，思维运动规律就是主观辩证法。就表现形式而言，主观辩证法与客观辩证法是两个不同系列的辩证法形式。客观辩证法采取外部必然性形式，表现为外部世界运动的规律；主观辩证法则采取概念的形式，表现为人类思维活动的规律。无论是思维的形式，如概念、判断、推理等，还是思维的方法，如抽象与具体、分析与综合等，这些形式本身都不存在于外部世界，而是为人的思维活动所特有。因此，不能简单地把主观辩证法等同于客观辩证法。相反，要研究主观辩证法的相对独立性。"正如从简单范畴的辩证运动中产生出群一样，从群的辩证运动中产生出系列，从系列的辩证运动中又产生出整个体系。"⑥ 这种概念（范畴）的引申、分化运动从表现形式上构成"思维

① 《马克思恩格斯选集》第 4 卷，605 页。

② 《列宁全集》第 1 卷，109 页，北京，人民出版社，1984。

③ 《列宁全集》第 1 卷，110 页。

④ 《列宁全集》第 1 卷，109 页。

⑤ 《列宁选集》第 1 卷，8 页。

⑥ 《马克思恩格斯选集》第 1 卷，221 页。

自己构成自己”的机制。

但是，思维规律不可能脱离自然规律、历史规律。从内容上看，思维规律不过是自然规律、历史规律在人头脑中的内化和升华，主观辩证法实质上是以概念形式对客观辩证法的反映，或者说，概念辩证法是对现实世界的辩证运动的“自觉的反映”。就主观辩证法的发生和发展而言，包括自然规律、历史规律在内的外部世界的规律是辩证思维最丰富的“文本”，主观辩证法是随着客观辩证法的发展而发展的。脱离客观辩证法，主观辩证法，即概念辩证法，就没有客观性可言，也就不能为人们所理解和把握。正因为如此，恩格斯指出：“我们重新唯物地把我们头脑中的概念看做现实事物的反映，而不是把现实事物看做绝对概念的某一阶段的反映。这样，辩证法就归结为关于外部世界和人类思维的运动的一般规律的科学，这两个系列的规律在本质上是同一的，但是在表现上是不同的”①。

三、对立统一规律：辩证法的实质与核心

相对于人与世界的总体关系而言，自然规律、历史规律、思维规律都属于特殊规律，而质量互变规律、对立统一规律、否定之否定规律是贯穿于这三个不同领域、三种特殊规律中的一般规律或普遍规律，是自然运动、社会运动、思维运动的共同规律。唯物辩证法就是关于自然、人类社会和思维的运动的一般规律的科学，展示了一个规律群，其中，基本规律是质量互变规律、对立统一规律、否定之否定规律。在唯物辩证法的体系中，这三个规律各有侧重，但又相互联系、相互包含、相互贯通，构成了统一的逻辑整体。

质量互变规律揭示出质与量是存在于一切事物中的两种最明显的属性，量变与质变是存在于一切事物变化过程中的两种基本形式或状态，它表明，量变导致质变，质变又导致新的量变，事物就以质变、量变及其互变作为自己的运动形式。

对立统一规律，即矛盾规律，揭示出事物运动、变化、发展的内容和动力，它表明，事物内部固有的矛盾性，即同一性与斗争性，既是事物普遍联系的根本内容，也是事物运动、变化、发展的根本动力。对立统一规律是事物自我运动、自我变化、自我发展的内在根据。

否定之否定规律揭示出事物发展的过程和方向，它表明，事物由矛盾引起的发展，是肯定自身—否定自身—否定这一否定再回到自身的前进运动。把握了这一规律，就可以从整体上理解事物自我运动、自我变化、自我发展

① 《马克思恩格斯选集》第4卷，249－250页。

的全过程。

这三个相互联系着的基本规律，构成了唯物辩证法理论体系的主体。除此之外，唯物辩证法理论体系还包括一系列范畴，其中，主要范畴是原因与结果、内容与形式、本质与现象、现实与可能、必然与偶然，这些范畴关系的展开构成规律，如原因引起结果、内容决定形式、现象表现本质、可能转变为现实、偶然性为必然性的实现开辟道路等，都是事物的客观规律。

在由一系列规律和范畴等诸要素构成的唯物辩证法理论体系中，对立统一规律是实质，处于核心地位。马克思认为，“两个相互矛盾方面的共存、斗争以及融合成一个新范畴，就是辩证运动”①。列宁明确指出：“统一物之分为两个部分以及对它的矛盾着的部分的认识……是辩证法的**实质**”②，“可以把辩证法简要地规定为关于对立面的统一的学说。这样就会抓住辩证法的核心”③。

对立统一规律之所以是唯物辩证法的实质和核心，这是因为：

第一，对立统一规律揭示了普遍联系的根本内容和变化发展的根本动力。辩证法是关于普遍联系和永恒发展的学说，而对立统一规律揭示出事物最普遍、最本质的联系，即相互对立的矛盾双方之间的联系，揭示出事物的内部矛盾是事物发展的源泉和动力，这就从根本上阐明了联系和发展的实质。是否承认事物的内部矛盾，这是辩证法与形而上学两种世界观斗争的焦点，是二者根本区别之所在。形而上学否认事物内部存在矛盾，认为任何一个事物都是与自身同一的，因而也就把发展归结为量的减少或增加；辩证法确认事物内部存在矛盾，认为正是事物的内部矛盾引起的事物的自我运动、自我变化、自我发展，从而揭示出事物由一种质态向另一种质态飞跃的根本原因。

第二，对立统一规律是贯穿于辩证法其他规律和范畴的中心线索。既然对立统一规律揭示了联系和发展的本质，那么，它当然也贯穿于辩证法的其他规律和范畴之中。辩证法的其他规律和范畴从不同的侧面揭示了联系和发展，体现了事物的对立统一关系。质量互变规律揭示的是质与量、质变与量变的对立统一关系；否定之否定规律揭示的是肯定与否定、继承与发展、回复与前进的对立统一关系。原因与结果、内容与形式、本质与现象、现实与

① 《马克思恩格斯选集》第1卷，225页。

② 《列宁全集》第55卷，305页。

③ 《列宁全集》第55卷，192页。

可能、必然与偶然等诸对范畴，在本质上无一不是对立统一的。对立统一规律内在地把辩证法的其他规律和范畴联结成一个整体，从而成为贯穿于辩证法的中心线索。

第三，对立统一规律就是矛盾规律，而矛盾分析方法是认识的根本方法。世界观与方法论具有内在的联系。人们在形成一定的世界观后，就会以此观察、思考和解释各种事物，世界观因此也就成为指导人们认识事物的基本原则，即通常所说的方法论以及与此相联系的思想方法和工作方法。“辩证法的宇宙观，主要地就是教导人们要善于去观察和分析各种事物的矛盾的运动，并根据这种分析，指出解决矛盾的方法”①。对立统一规律，即矛盾规律，转化为认识方法就是矛盾分析方法。方法论本质上是客观规律的主体化，是客观规律的主观应用。认识活动中的主体与客体、思维与存在、感性与理性、具体与抽象、个别与一般、存在与表征等关系，无一不是矛盾对立统一关系，即矛盾关系，辩证法就是以概念的矛盾运动去反映、表达“**对象的本质自身中**的矛盾”②。正因为如此，对立统一规律也是认识活动的规律。

第四，对立统一规律集中体现了辩证法的本质，即批判性和革命性。马克思指出：“辩证法，在其合理形态上，引起资产阶级及其夸夸其谈的代言人的恼怒和恐怖，因为辩证法在对现存事物的肯定的理解中同时包含对现存事物的否定的理解，即对现存事物的必然灭亡的理解；辩证法对每一种既成的形式都是从不断的运动中，因而也是从它的暂时性方面去理解；辩证法不崇拜任何东西，按其本质来说，它是批判的和革命的”③。批判，就是从肯定与否定、生成与灭亡的统一上来理解和对待现存事物，就是肯定应当肯定的事物，否定应当否定的事物；革命，就是从根本上改变已经不符合发展规律的现存事物。“对**实践的**唯物主义者即**共产主义者**来说，全部问题都在于使现存世界革命化，实际地反对并改变现存的事物”④。对立统一规律恰恰从根本上决定着事物的运动、变化、发展，决定着事物从肯定自身到否定自身，推动着新事物的产生与旧事物的灭亡，因而集中体现了辩证法的本质，即批判性和革命性。

---

① 《毛泽东选集》第1卷，304页。

② 《列宁全集》第55卷，213页。

③ 《马克思恩格斯全集》第23卷，24页。

④ 《马克思恩格斯选集》第1卷，155页。

第七章
联系与发展的基本规律

世界处在普遍联系和永恒发展之中，而联系和发展又是有规律的。任何一门科学都以研究和把握某种规律为己任。作为一门科学，唯物辩证法研究并揭示了自然、社会、思维联系和发展的一系列规律，其中，基本的规律是量变质变规律、对立统一规律和否定之否定规律。

第一节　量变质变规律

当人们研究事物的联系和发展时，首先就会遇到质与量的关系。量变质变规律揭示出任何事物都具有质与量两种规定性，都表现为质与量的统一；量变与质变是事物运动的两种基本状态，一切事物的运动都表现为由量变到质变和由质变到量变的质量互变过程。量变与质变的相互过渡、相互交替构成了量变质变规律。

一、质、量、度

一切事物都具有一定的质和一定的量，都是质与量的统一体。

作为哲学范畴，质是指一事物成为它自身并区别于他事物的内在固有的规定性。特定的质就是特定的事物存在本身，质和事物的存在是直接同一的。某物之所以存在，之所以是它自己，并与他物相区别，就在于它具有自身的特殊的质的规定性。由于各种事物都具有自身的特定的质，因而世界上的事物呈现出五彩缤纷、千差万别的生动景象。

质和事物的直接同一具有两方面的含义：其一，事物总是具有一定质的事物，不具有一定质的事物是根本不存在的；其二，质又总是一定事物的质，脱离一定事物的质也是根本不存在的。由于质和事物直接同一，因而它是事物的内在的规定性。这种内在的规定性只有通过这一事物与另一事物的关系、通过事物之间的区别，才能表现出来。一事物与他事物的关系是复杂的，因而事物的质往往表现为多种多样的属性。属性就是一事物与他事物在相互联系中表现出来的质。

事物本身所具有的属性是多方面的，其中，有本质属性与非本质属性。不同的属性，对于确定事物的质具有不同的作用。确定事物的质要考虑到各方面的联系和作用，把握事物各方面的属性。但是，要在事物的诸多属性中，确定哪些是对事物具有决定作用的本质属性，必须考虑到社会实践和现实生活的需要，把实践作为实际的确定者。离开社会实践和现实生活去确定事物的质，也就失去了实际意义。例如，一个杯子具有多方面的属性，作为饮器，杯子应当适宜喝水；作为艺术品，杯子应当样式精致、图案美丽、色彩悦目；作为文物，杯子应当具有考古价值、纪念意义。再如，对于人本身，社会科学主要研究其社会关系的本质属性，而医学则主要研究其生理过程的本质属性。因此，要确定和把握事物的质，就要把事物本身的客观属性和人的实践、生活的实际需要这两个方面结合起来，进行具体的分析，或者说，在事物本身属性和人的实际需要的统一中把握事物的质。

作为哲学范畴，量是指事物的规模、程度、速度以及构成成分在空间上的排列组合等可以用数量表示的规定性。例如，物体的大小、质量的疏密、运动的快慢、温度的高低、分子中的原子数量的多少和排列组合的不同等，都是事物量的规定性。量也是事物所固有的一种规定性。量的规定性又可区分为外延的量和内涵的量。外延的量是表示事物存在的范围和广度的量；内涵的量是表示事物等级程度、构成方式的量。

质与量是事物的两种不同的规定性，质和事物的存在是直接同一的，量和事物的存在并不是直接同一的。同一事物在一定范围内的数量增减、结构变动、功能变化并不影响某物之为某物。量总是存在着一定的变化幅度的。但是，量和质一样都是事物本身所固有的规定性。量总是一定事物的量。离开了具体事物的“纯粹”的量，只存在于思维的抽象中。即使像数学这样“纯粹”形态研究数量的科学，归根到底，也是对现实事物的量与量的反映。正如恩格斯所说：“纯数学具有不依赖于任何个人的**特殊**经验的意义……但是在纯数学中知性决不能只处理自己的创造物和想象物。数和形的概念不是从其他任何地方，而是从现实世界中得来的。”“纯数学是以现实世界的空间形式和数量关系，也就是说，以非常现实的材料为对象的。”①

任何事物都同时具有质与量两种规定性，是质与量的统一体。在现实世界中，不存在有质无量之物或有量无质之物，不存在无量之质或无质之量，质与量总是结合在一起的。

作为质与量之统一的度，就是事物保持自己质的量的限度、幅度、范围，是和事物的质相统一的数量界限。例如，在一个标准大气压下，水的度就是0℃～100℃，在这个幅度内，水保持其自身不变。如果超出0℃～100℃这个范围，突破度的两个关节点或临界点（0℃或100℃），水就失去自己的质，而变成冰或水蒸气了。在度中，质与量是相统一的。

其一，度是质和量的相互结合。一方面，量中有质，度中的量不是单纯的量，而是具有一定质的量；另一方面，质中有量，度中的质也不是单纯的质，而是具有一定量的质。

其二，度是质和量的相互规定。质规定着它的对立面量，如水规定着它的温度是0℃～100℃；量也规定着它的对立面质，如0℃～100℃规定着与这个温度相对的质是水。

质与量的相互结合和相互规定，使质量双方在特定的度的范围内处于统一状态，形成某物之所以为某物的质与量的统一体；一旦某物的质与量的统一体发生分裂，也就是度被破坏，某物就会转化为他物而形成新的质与量的统一体。

质、量、度作为规范事物存在的基本范畴，转化为方法论就是定性分析、定量分析及其统一。

定性分析是判断事物的属性及其状态的分析。认识事物首先是认识事物的质，对事物的研究开始于定性研究。没有对事物性质的大致的研究，就不

① 《马克思恩格斯选集》第3卷，413页。

能把这一事物与他事物区分开来，也就不会有对这一事物更深入的认识。因此，定性分析是定量分析的基础。

定量分析是判断事物的因素、属性的数值和数量关系的分析。要认识和把握事物，仅仅进行定性分析是不够的，还必须在定性研究的基础上进行定量分析。定量分析是定性分析的深化和精确化。马克思认为："一种科学只有在能运用数学的形式时，才算达到了真正完善的地步。"① 的确如此。如果对事物的分析仅仅停留在定性上，不了解决定事物的质的数量界限，那么，对事物性质的认识就不是明确的、具体的、科学的。以人造卫星为例。如果对人造卫星各方面的数量关系，如第一宇宙速度、火箭推力、各种轨道参数等没有精密的数据，那么，对人造卫星性质的了解就是不精确、不完整的，从而也无法把它制造出来，并送上预定的轨道。

在研究事物时，我们可以先采用定性分析的方法，而暂时撇开它的量；进而可以采用定量分析的方法，而暂时撇开它的质。但是，要真正认识和把握事物，就必须由质进入量，必须把定性分析方法与定量分析方法统一起来，把握度，从而在实践活动中掌握"适度"原则。所谓"适度"，其基本含义就是主观行为必须同客观事物的度相适合。通常所说的"注意分寸""掌握火候""划清界限""过犹不及"，讲的都是要"适度"。这就是说，并不是在任何情况下都要使量的变化突破质的规定性或超出度的界限，相反，在很多场合下都要求保持事物的度，从而使量变在一定程度和范围内进行，以保证事物的正常发展。因此，不能认为在任何情况下质的改变、度的突破都是好事，也不能把度的保持都视为保守。"过"和"不及"都是错误的。

二、量变与质变及其相互转化

事物的发展是通过量变与质变表现出来的。量变与质变是事物变化的两种基本形式或两种基本状态。

量变，是事物在原有性质的基础上，在度的范围内发生的不显著的变化，包括数量的增减、场所的变动、构成要素排列次序的变化和事物功能的变异等形式。人们平常看到的统一、平衡和静止等，都是事物处于量变过程中所呈现的状态和面貌。

质变，是事物性质的变化，是一种质态向另一种质态的转变。质变表现为根本性的、显著的突变，是对原有度的突破，是事物的连续性和渐进性的中断。统一物的分解、平衡和静止的破坏等，就是质变过程中所呈现的面

---

① 拉法格、李卜克内西：《回忆马克思》，8页，北京，人民出版社，1954。

貌。事物的变化是否超出度，是区分量变与质变的根本标志。

量变不是质变，但量变又可以引起质变；质变不是量变，但质变又可以引起新的量变。量变在度的范围内进行，是一种保持事物的质的相对稳定的状态，但量变又是一种向度的边缘或关节点不断推移的趋势，一旦达到关节点，就会引起质变；质变是原有的量变的终结，又是新的量变的开端，是在新质的基础上进行新的量变。量变—质变—新的量变，如此相互转化、相互交替，构成了事物的发展过程，形成了量变质变规律，即质量互变规律。

量变与质变相互区别，又相互联系、相互包含，并在一定条件下相互转化。

第一，量变是质变的前提。量变是质变的准备，没有一定的量变，就不会发生质变。质变本身是“渐进的中断”，具有突发性，但它不是凭空发生的，而是以量变为基础。质变必须有一个量的积累过程。同时，量变规定了质变的性质和方向。在量变过程中，实际上存在着两种相反的量，如无运动中的吸引与排斥、生物进化中的遗传与变异、阶级社会中不同阶级的力量差异等。事物的质变不仅表现为量的绝对值的增减，而且决定于双方力量对比的变化。这种变化不仅是质变的前提，而且决定着质变的性质和方向。

第二，质变是量变的必然结果。单纯的量变不会无限地持续下去，量变达到一定程度必然引起质变。量的变化本身就意味着对质的某种离异的倾向，具有潜在的破坏质的趋势。例如，现代科学的分化趋势，本身就是对经典科学结构的偏离，这种分化的继续和发展也就要求新的综合，即科学结构的质变。因此，在事物的量变中就孕育着质变，量变的每一种变化都影响并改变着质，当量变到达临界点，就必然引起质变。同时，事物的质是通过属性表现出来的，量变就是不断改变事物的属性以及属性与属性的关系，因而必然引起质变。事物的质变的发生绝不是偶然的，而是必然的，是量变的必然结果。

第三，质变保存、体现量变的成果，并引起新的量变。质变是事物根本性质的变化，它必然使事物呈现出新的因素、新的结构、新的框架。如果没有质变，量变本身就会被旧质的框架限制。质变则打破了限制量变的旧框架，这就保存并体现了量变的成果，同时在新质的基础上、在新质的结构内，开始了更高层次的新的量变，使量变有了新的形式、新的广度、新的深度。因此，质变是事物的旧质向新质转化的决定性环节，它发生在新与旧交替的关节点上。这个关节点，如同事物发展链条中的纽结一样，既是前一阶段量变的结束，又是新的阶段量变的开端，因而成为质量互变的契机或枢纽。

量变与质变的关系说明，事物的发展总是先从量变开始，量变达到临界点超出了度，就导致质变，这是由量变到质变的过程；质变又引起了新的量变，这是由质变到量变的过程。事物的发展就是这样由量变到质变，又由质变到新的量变的循环往复，由低级到高级、由简单到复杂的演进过程。这一过程又表现为连续性与间断性、渐进与飞跃的统一。发展就是量变与质变、连续与间断、渐进与飞跃的统一。

三、量变的复杂性与质变的多样性

量变的复杂性表现在量变形式的多样性和总的量变过程中的部分质变上。

第一，量变引起质变有不同的形式，数量的增减可以引起质变，构成事物的成分在空间的关系，即排列次序、结构形式上的变化也可以引起质变。

第二，事物的根本性质未变，但次要的性质发生了变化，从而使事物的发展呈现出阶段性。这就是总的量变过程中的阶段性的部分质变。阶段性的部分质变是事物的本质属性与非本质属性变化的不平衡性的一种表现。在事物的多方面的属性中，有的是本质属性，有的是非本质属性，本质属性是相对稳定的，同事物共始终；非本质属性往往是变动不居的，在本质属性未变的情况下会出现生生灭灭的现象，只要事物的本质属性未变，事物在总体上就仍处于量变过程。但是，非本质属性发生了变化，就会影响事物存在的状态，事物的发展因此就会呈现出明显的阶段性。这就属于总的量变过程中的部分质变。

第三，事物全局的性质未变，但其中的个别部分发生了性质的变化，这就是总的量变过程中的局部性的部分质变。局部性的部分质变是事物内部各部分之间发展的不平衡性的一种表现。事物的整体是全局，其中的各个部分是它的局部；全局由局部构成，局部隶属于全局。由于各种条件的不同，组成全局的各个局部的变化并不是整齐划一的，其中，有的首先发生变化，有些暂时相对不变，这就出现了各个局部变化的不平衡性。但是，只要全局的根本属性未变，只是其中的某些局部在性质上发生了变化，就属于总的量变过程中的部分质变。

质变的多样性表现在两个方面：

一是由于外部条件的不同，同样性质的事物的质变形式也会不同。事物的质变形式是由事物本身的性质决定的，同时又受它所处的外部条件的制约。所以，“依事物本身的性质和条件，经过不同的飞跃形式，一事物转化为他事物”①。从质变的过程来看，可以把多样性的质变形式划分为爆发式飞跃与非爆发式飞跃两类。爆发式飞跃是解决对抗性矛盾的质变形式，通过新事物与旧事物的对抗，实现新旧事物的更替；非爆发式飞跃是解决非对抗性矛盾的质变形式，是通过新要素与旧要素的对比变化、新要素的逐渐壮大与旧要素的逐渐衰亡而实现的质变。

二是质变过程中具有量的特征。事物从发生质变到完成质变是一个过程。从时间上看，过程的持续有长有短，间隔有大有小，一瞬间实现的水结冰是质变，经历上百万年的由猿到人的转变也是质变；从空间上看，过程的规模不等，大小不齐，有的发生在微观客体，有的实现于宏观客体，有的甚至实现于宇观太空，而无论在哪个层次上发生的质变，都有一个量的延伸或扩张的过程。

在现代，突变论引人注目，有的人以此来否定事物的量变。实际上，突变论并没有否定量变引起质变，而是表明事物质变的形式是多样的，是对质变形式多样性的一种确证和说明。具体地说，法国数学家托姆所创立的突变论是用数学模型方法来考察连续变化的、由一种结构稳定态到另一种结构稳定态突然跃迁的过程。结构稳定态相当于事物的量变状态，不同的结构稳定态之间的突然跃迁，相当于事物的质变状态。突变论用严密的推导证明，当导致突变的连续变化因素少于四个的时候，突变有七种类型，即折叠型、尖角型、燕尾型、蝴蝶型、双曲型、椭圆型和抛物型；当导致突变的连续变化因素多于四个时，情况就更为复杂了。在现代科学，托姆的突变数学模型已被用来解释自然界中由量变而导致质变的多样形式。

第二节　对立统一规律

对立统一规律构成了事物发展的泉源、根本动力和实质内容，只有对立统一规律“才提供理解一切现存事物的‘自己运动’的钥匙，才提供理解‘飞跃’、‘渐进过程的中断’、‘向对立面的转化’、旧东西的消灭和新东西的产生的钥匙”②。正因为如此，唯物辩证法“主要的注意力正是放在认识‘自

① 《毛泽东选集》第1卷，323页。
② 《列宁全集》第55卷，306页。

己’运动的泉源上”①。

一、矛盾：对立统一关系

对立统一规律又称矛盾规律。要把握对立统一规律，首先就要正确理解唯物辩证法的矛盾范畴。所谓矛盾，是指事物内部或事物之间的对立统一关系，矛盾即对立统一。当我们的认识由事物的现象深入本质时，就会形成关于矛盾的观念。

在中国，矛盾的观念早就产生了。《易传》就以阴阳变化来解释世界，称“一阴一阳之谓道”“一阖一辟谓之变”，这就是把阴阳的对立统一看成运动的根本动力。张载从矛盾学说的高度提出了“一物两体”的思想，认为事物“动因非外”，内部对峙的两个方面的相互作用构成了事物变化的根本原因。朱熹把“一物两体”进一步概括为“一分为二”，并认为万物“无独必有对”“凡物皆有两端”，而且“独中又自有对”。“相反相成”“和而不同”“一分为二”“合二为一”等，都是中国古代哲学对矛盾观念的表达。

在西方，古希腊哲学家赫拉克利特就已经意识到，对立双方的相互依存、相互排斥和相互转化构成了事物的对立统一关系，并把这种对立统一关系上升为宇宙万物运动的普遍法则。“互相排斥的东西结合在一起，不同的音调形成最美的和谐”，直与曲、生与死、存在与非存在等都具有统一性，“我们踏进又踏不进同一条河，我们存在又不存在”②。

黑格尔自觉地意识到“从对立面的统一中去把握对立面”是辩证法的“最重要的方面”，并认为对立统一是一切概念的本性，矛盾构成了自然世界和精神世界一切事物的本质、存在的根据和发展的动力。因此，“认识矛盾并且认识对象的这种矛盾特性就是哲学思考的本质”③。但是，黑格尔的矛盾学说是建立在唯心主义基础上的，具有“神秘形式”，因而不能成为认识世界的真正的科学方法。

马克思指出：“我的辩证方法，从根本上来说，不仅和黑格尔的辩证方法不同，而且和它截然相反。在黑格尔看来，思维过程，即他称为观念而甚至把它变成独立主体的思维过程，是现实事物的创造主，而现实事物只是思维过程的外部表现。我的看法则相反，观念的东西不外是移入人的头脑并在

---

① 《列宁全集》第 55 卷，306 页。

② 北京大学哲学系外国哲学史教研室编译：《西方哲学原著选读》上卷，23 页。

③ 黑格尔：《小逻辑》，贺麟译，133 页。

人的头脑中改造过的物质的东西而已。"① 马克思、恩格斯在批判改造具有"神秘形式"的黑格尔概念辩证法的基础上，创立了"合理形态"的辩证法，即唯物辩证法，从而制定了科学的矛盾范畴。

矛盾这一范畴反映的就是对立统一关系。所有的矛盾都是由对立着的两个方面构成的，矛盾关系就是发生在对立面之间的关系，没有对立的两个方面便不能构成矛盾；同时，构成矛盾的对立面又是相互规定中的存在，二者相互依存，一方存在以另一方存在为前提。对立关系和统一关系是两种不同的关系，但这两种不同性质的关系又是结合在一起的。统一关系存在于对立关系之中，而且在它内部就包含着对立关系；对立关系存在于统一关系之中，而且它本身就包含着统一关系。对立是统一中的对立，统一是对立中的统一。

辩证思维方法之所以不同于形而上学思维方法，从根本上说，就在于辩证思维方法在对立的东西中发现统一关系，在统一的关系中发现对立关系，从而深入事物的底蕴，发现和把握事物的本质；形而上学思维方法则在绝对不相容的对立中思维，认为"是就是，不是就是不是，除此之外，都是鬼话"，因而停留在事物的表面，局限于"常识"之中。现代西方哲学家波普尔责难辩证法，认为矛盾学说"必然导致科学的瓦解，批判的瓦解，理性的瓦解"，其错误就在于他把辩证矛盾等同于逻辑矛盾，不理解作为辩证法范畴的矛盾并不是形式逻辑所说的逻辑矛盾，不理解辩证思维把拒斥逻辑矛盾作为自己的思想前提，"不容许有'逻辑矛盾'"②。

所谓逻辑矛盾，是指人们的思维过程不合逻辑、违反逻辑规则所造成的矛盾，它是思维中的自相矛盾，是叙述的矛盾。而辩证法的矛盾则是指事物本身所固有的对立统一关系，它同思维过程中由于违反逻辑规则而造成的逻辑矛盾根本不是一回事。列宁指出："'逻辑矛盾'——当然，在正确的逻辑思维的条件下——**无论**在经济分析中**或**在政治分析中都是不应当有的。"③ 任何科学的认识都要求排除逻辑矛盾，而任何科学的认识又都是研究对象本身所固有的辩证矛盾。"就本来的意义说，辩证法是研究**对象的本质自身中**的矛盾。"④ 从根本上说，认识事物就是认识事物的矛盾。可见，确认事物自身

① 《马克思恩格斯全集》第23卷，24页。
② 《列宁全集》第28卷，132页，北京，人民出版社，1990。
③ 《列宁全集》第28卷，131页。
④ 《列宁全集》第55卷，213页。

中存在矛盾和允许逻辑矛盾是完全不同的。确认并阐明事物自身中存在矛盾是辩证法的本质特征，而陷入逻辑矛盾则是诡辩论的显著特点。

唯物辩证法的矛盾论与现代科学的系统论有着密切的关系。如前所述，矛盾概念反映的是事物以及事物内部诸要素之间的对立统一关系，而系统本身便是矛盾，是要素与要素、系统与要素、系统与环境、整体与部分的对立统一关系。矛盾论以其对事物自我运动、自我变化、自我发展的理解，为系统论提供了哲学依据；系统论则把系统联系、结构-功能联系、控制关系等显现出来，给予这些关系数学模型定量化的描述，从而深化和丰富了矛盾论。在人们的认识活动中，矛盾论和系统论相互补充。

矛盾论与系统论又是相互区别的。矛盾论从更广泛的视角来考察世界，它揭示了一切事物存在和联系的根本内容，指明了事物运动、变化、发展的源泉和动力，即事物“自己是自己的原因”“自己是自己的动力”。系统论从系统联系出发来揭示世界的普遍联系，但系统联系只是普遍联系的一种形式，系统论揭示的只是矛盾运动的一种形式，即要素与要素、系统与要素、系统与环境、整体与部分的矛盾运动。我们不能把所有的联系都归结为单一的系统联系，把所有的矛盾都归结为单一的系统矛盾。矛盾论与系统论属于不同的层次，我们既不能以矛盾论来否定系统论，也不能用系统论来取代矛盾论。

系统论揭示了具有普遍意义的系统联系问题，具有认识论和方法论的意义，但系统论毕竟不是哲学。爱因斯坦在谈及哲学认识与科学认识的关系时指出：“哲学的推广必须以科学成果为基础。可是哲学一经建立并广泛被人们接受之后，它们又常常促使科学思想的进一步发展，指示科学从许多可能的道路中选择一条路。等到这种已经接受了的观点被推翻以后，又会有一种意想不到的和完全新的发展，它又成为一个新的哲学观点的源泉。”① 在科学高度分化与高度综合相统一的现时代，矛盾论与系统论相互区别、相互补充的关系就更为重要了。现代实践、科学以及哲学本身的发展，一方面强化了哲学及其矛盾论的作用，要求科学自觉地以矛盾的观点来设计自己的思维框架，确定自己的思维方向；另一方面又强化了科学及其系统论的作用，要求哲学以包括系统论在内的科学成果来深化和丰富自己的内容，并不断地改变辩证法的形式。

---

① 《爱因斯坦文集》第 1 卷，许良英等编译，480 页。

二、矛盾的同一性与斗争性

作为唯物辩证法的范畴，矛盾就是对立统一关系。矛盾的对立属性又称斗争性，矛盾的统一属性又称同一性，二者是矛盾所固有的两种相反而又相成的基本属性。

矛盾的同一性是指矛盾着的对立面之间相互依存、相互贯通的联系和趋势，具有两层含义：

一是矛盾对立面的相互依存。任何矛盾都存在于具体的统一体内，矛盾双方有着共同的基础。因此，矛盾着的每一方都不是孤立地存在和发展，而是同对立一方彼此相互依存的。矛盾的一方必须以另一方为媒介，一方的存在和发展必须以另一方的存在和发展为条件。自然界、社会和人类思维中的任何事物，无一不是作为这样的矛盾统一体而存在的。正如毛泽东所说："矛盾的两个方面，各以和它对立着的方面为自己存在的前提，双方共处于一个统一体中。"①

二是矛盾对立面的相互转化。矛盾着的对立面不仅存在着共同的基础，而且存在着由此达彼的桥梁，因而存在着向对立面转化的趋势，即"矛盾着的双方，依据一定的条件，各向着其相反的方面转化"②。对立面之间，如遗传与变异、真理与谬误、质变与量变等，在一定条件下能够相互转化。矛盾的转化是向着自己的对立面，包括向对立面的地位的转化，而所谓"自己的对立面"，就是本来就和自己有着内在联系并相互依存的对立面。这种向自己对立面的转化最明显、最深刻地表现了矛盾双方的同一性。

研究和把握矛盾的同一性，对于认识和把握事物的运动、变化、发展具有重要意义。"**辩证法**是一种学说，它研究**对立面**怎样才能够**同一**，是怎样（怎样成为）**同一的**——在什么条件下它们是相互转化而同一的。"③

矛盾的斗争性是指矛盾双方的对立的属性，体现着对立双方相互分离的倾向和趋势。相互限制、相互排斥、相互否定等，都是矛盾斗争性的具体形式。在哲学史上，赫拉克利特最早使用了"斗争"这一概念，并认为"万物都是通过斗争和必然性产生的"④。作为哲学范畴，矛盾的斗争性在内容上有着高度的概括性，在形式上则有着多样性。敌对阶级、敌对势力之间所展开

① 《毛泽东选集》第1卷，327页。

② 《毛泽东选集》第1卷，327页。

③ 《列宁全集》第55卷，90页。

④ 北京大学哲学系外国哲学史教研室编译：《古希腊罗马哲学》，26页，北京，生活·读书·新知三联书店，1957。

的生死搏斗，生物界中所进行的弱肉强食、互相吞噬等生存竞争，固然是矛盾的斗争性，机械运动中的吸引与排斥、物理运动中的阴电与阳电、化学运动中的分解与化合、生物运动中的遗传与变异等之间的互相排斥，乃至社会生活中不同意见的争论，都属于矛盾的斗争性。作为哲学范畴的斗争当然包含着作为政治范畴的斗争，但前者在内容和形式上远比后者更加丰富。换言之，作为哲学范畴的斗争同作为政治范畴的斗争既有联系，又有区别，切不可把二者等同起来。

矛盾的斗争性不仅在不同的矛盾中有不同的情况，而且在同一矛盾的展开过程中也不尽相同。一般说来，某一具体的矛盾产生后，往往要经过一个逐步展开的过程。矛盾产生的初期，矛盾双方就已存在着差异，但此时它们对立的性质还处在萌芽状态；随着差异的深化，矛盾双方的对立就会逐步明朗化并得到充分的展开；最后达到矛盾的解决，旧矛盾让位于新矛盾。随着矛盾的发展，贯穿其中的斗争性总有一个由隐到显、从展开到激化的过程，由此产生了解决矛盾的必要性和可能性，这是一个普遍规律。

无论是不同矛盾的不同斗争形式，还是同一矛盾的不同斗争状况，都只是矛盾斗争性的差别问题，而不是矛盾斗争性的有无问题。我们既不能把矛盾的斗争性仅仅归为它的某一具体形式或发展的某一阶段的状况，也不能把斗争的具体形式的变换看作矛盾斗争性的消失。任何矛盾及其发展的任何阶段，都包含着不同性质的因素、趋势，因而它们之间必定以不同的形式斗争着。凡是矛盾，必有斗争。因此，不能把矛盾的斗争形式或阶段的差异性同矛盾斗争的有无混同起来。

同一性与斗争性是矛盾的两种相反的属性，但二者又是相互联系的。矛盾双方的同一是对立中的同一，对立是同一中的对立。因此，必须在矛盾双方的对立中把握它们的同一，同时，在它们的同一中把握对立。

一方面，同一性不可能脱离斗争性而存在，没有斗争性就没有同一性。同一是以差别和对立为前提的，是包含着差别和对立的具体的同一。黑格尔认为，那种排除差异和对立的同一性，是“抽象的同一性”，如果把这种“抽象的同一性”绝对化，就会否认矛盾本身。恩格斯指出：“真实的具体的同一性自身包含着差异、变化。”① 没有矛盾双方的相互对立、相互斗争，就谈不到它们之间的相互依存、相互转化。

另一方面，矛盾的斗争性也不可能脱离同一性而存在，没有同一性就没

① 《马克思恩格斯选集》第3卷，915页。

有斗争性。斗争是统一体内部的斗争，如果对立面之间没有任何联系，不为某种联系所规定，它们彼此间也就不成其为对立面，因而斗争也就无从谈起。斗争性也总是和同一性相联结，为同一性所制约。“所有的两极对立，都以对立的两极的相互作用为条件；这两极的分离和对立，只存在于它们的相互依存和联结之中，反过来说，它们的联结，只存在于它们的分离之中，它们的相互依存，只存在于它们的对立之中。”①

“外因是变化的条件，内因是变化的根据，外因通过内因而起作用。”②事物的内部矛盾双方既同一又斗争，双方力量彼消此长，不断变化，一旦力量对比发生根本性的变化，双方地位便发生相互转化，于是，新事物战胜旧事物，新矛盾取代旧矛盾。这就是由事物的内在矛盾引起的事物发展的实际过程。从根本上说，发展就是矛盾同一性与斗争性相互作用的结果。相互作用是事物发展的真正的终极原因。“只有从这种普遍的相互作用出发，我们才能认识现实的因果关系。”③ 事物运动、变化、发展的秘密，就在矛盾同一性与斗争性的相互作用中。

事物的发展是矛盾的同一性与斗争性相互作用、共同作用的结果。但是，矛盾的同一性与斗争性在事物发展中的作用是不同的。

矛盾的同一性在事物发展中的作用体现在三个方面：

第一，矛盾双方在相互依存中得以存在和发展。对立面的相互依存，即一方的存在以另一方的存在为条件，一方的发展也以另一方的某种发展为条件，这是事物得以存在和发展的前提。矛盾双方力量的变化是在相互依存的矛盾统一体中实现的，矛盾双方的发展是在矛盾统一体中的发展，不是脱离对立面的孤立发展。

第二，矛盾双方相互吸取有利于自身的因素，在相互作用中各自得到发展。那些对立面之间不存在根本利害冲突的矛盾是这样，那些对立面之间存在根本利害冲突的矛盾也是如此。在一切矛盾中，对立双方总是包含着可以彼此利用的某些共同因素。新事物的发展总是要利用旧事物中有利于自己发展的某些因素，同时，矛盾双方的每一方也可以为另一方的发展所利用。

第三，矛盾双方的相互依存规定着事物发展的基本趋势。发展是一物转

---

① 《马克思恩格斯选集》第 3 卷，945 页。

② 《毛泽东选集》第 1 卷，302 页。

③ 《马克思恩格斯选集》第 3 卷，920 页。

化为他物，是转化为“**自己的**他物，是向**自己的**对立面的发展”①。例如，生物的进化是在遗传与变异的矛盾运动中实现的，而遗传与变异的相互依存规定着生物进化的基本趋势只能是旧物种转化为同它有着内在联系的新物种，而不会转化为与它毫不相干的其他物种。离开了矛盾的对立面之间的具体同一性，就无法确定事物发展的基本趋势。

矛盾的斗争性在事物发展中的作用首先体现在事物的量变过程中。矛盾的斗争性在事物量变过程中的作用，就在于它推动着矛盾双方力量的变化。矛盾的发展过程首先是矛盾双方力量的此消彼长的过程。这一过程是由对立面的相互斗争所推动的。在对立面的斗争中，双方此消彼长，造成双方力量发展的不平衡性，没有对立面的斗争所引起的矛盾双方力量对比的变化，事物的质变就不可能发生。

更重要的是，矛盾的斗争性在发展中的作用体现在事物质变过程中，而且这种作用更加明显。具体地说，当矛盾双方力量的发展在斗争中沿着各自的方向达到它的极限时，就只有通过斗争才能突破这个极限，从而使旧的矛盾统一体分解，新的矛盾统一体产生，一事物转变为他事物。事物的质变过程，就是原有的矛盾对立面彻底分离的过程，是矛盾的斗争性得到彻底贯彻的过程。

矛盾的同一性与斗争性在事物发展中的作用体现了相对性与绝对性的关系。

矛盾同一的相对性主要是指它的有条件性。任何矛盾统一体以及贯穿其中的同一性的存在，都受着特定条件的限制，只有当某种特定条件具备时，矛盾双方才具有同一性，才能共处于一个统一体中；当这种特定条件消失时，矛盾双方就失去了同一性，就不能共处于一个统一体中。所以，同一性是有条件的、相对的。同时，同一性赖以存在的条件不是凝固不变的，而是不断变化的，因此，矛盾的同一性又是暂时的、相对的。

矛盾斗争的绝对性主要是指它的无条件性。所谓无条件性并不是说它不需要任何具体条件或不处在任何具体条件之中，而是指矛盾的斗争性既存在于具体条件之中，受特定条件（也就是同一性赖以存在的条件）限制，同时，又能够打破这些具体条件的限制，创造事物发展所必需的新条件。矛盾的斗争性是在任何条件下都要贯彻下去的趋势，因此，斗争性是无条件的、绝对的。

① 《列宁全集》第55卷，222页。

要把握矛盾同一的相对性和斗争的绝对性的关系，需要正确理解矛盾转化。矛盾的转化过程是旧的矛盾统一体解体和新的矛盾统一体建立的过程。在旧的矛盾统一体完全瓦解之前，矛盾双方并未完全割断联系，并未完全失去同一性。但是，此时的同一已是瓦解中的同一，同一既存在又不存在。矛盾转化过程中这种同一的特殊状况，进一步说明了同一的相对性。与此同时，矛盾双方的斗争倾向则越来越强烈，以致最终使矛盾双方彻底分离，旧的矛盾统一体解体而让位于新的矛盾统一体，从而使原来的矛盾得以解决，新的矛盾运动开始。矛盾转化是集中体现矛盾同一的相对性与斗争的绝对性关系的综合范畴，具体说明了矛盾是推动事物发展的动力。正如毛泽东所说："有条件的相对的同一性和无条件的绝对的斗争性相结合，构成了一切事物的矛盾运动。"①

三、矛盾的普遍性与特殊性

要深刻把握对立统一规律，还要进一步理解矛盾的普遍性与特殊性的关系。

矛盾的普遍性有两重含义：从共时性看，矛盾存在于一切事物之中，处处有矛盾；从历时性看，每一事物的发展过程自始至终都存在着矛盾，时时有矛盾。正如毛泽东所说："矛盾的普遍性或绝对性这个问题有两方面的意义。其一是说，矛盾存在于一切事物的发展过程中；其二是说，每一事物的发展过程中存在着自始至终的矛盾运动。"② 这就是通常所说的矛盾无处不在、无时不有。

矛盾是普遍存在的，没有什么事物不包括矛盾。矛盾是一切现实存在的事物及其运动过程的本质。所谓事物的本质包含矛盾，就是说，不仅要承认一个事物在本质上与自身是同一的，而且还要承认一个事物在本质上与自身又是对立的。只有承认每一事物的本质中都包含着肯定自身与否定自身两种不同的因素，才能把事物的运动、变化、发展理解为事物的自我运动、自我变化、自我发展，才能达到对事物本质的科学认识。"要认识在**'自己运动'**中、自生发展中和蓬勃生活中的世界一切过程，就要把这些过程当作对立面的统一来认识。"③

事物及其发展过程中不存在无矛盾状态，但矛盾却有一个逐步展开的过

---

① 《毛泽东选集》第1卷，333页。

② 《毛泽东选集》第1卷，305页。

③ 《列宁全集》第55卷，306页。

程，差异、对立、对抗、转化就是表达矛盾不同发展程度的概念。其中，较难理解的是差异、转化与矛盾的关系。差异就是矛盾，是矛盾的潜在状态或萌芽状态。在这个时候，某种矛盾尚未成熟，因而在矛盾体系中处于从属的地位。但是，差异表明矛盾已经存在，而不是无矛盾状态。对立、对抗是矛盾由潜在走向显在，转化则是矛盾对抗达到一定程度时产生的一个过程向另一个过程、一种矛盾系统向另一种矛盾系统的飞跃。转化不仅体现了矛盾的同一性，而且包含了破坏同一性的斗争性，是同一的相对性与斗争的绝对性获得充分而集中显示的阶段。当然，并非所有的矛盾发展都要经过上述几个阶段，但在这些阶段中都体现着矛盾。

矛盾是普遍存在的，但现实中的矛盾却各不相同，矛盾的普遍性需要通过具体矛盾表现出来。每一领域、每一事物及其运动过程中的矛盾，既有共同性，即共性，又有特殊性，即个性，从而体现出矛盾的差异性和多样性。矛盾的差异性和多样性都属于矛盾的特殊性。矛盾的特殊性就是指矛盾的性质、地位以及解决矛盾的具体形式各有其特点。

第一，矛盾性质的特殊性。

每一种不同的事物、不同的运动形式都包含着特殊矛盾，从而构成使自己与其他事物、其他运动形式区别开来的特殊本质；同一事物运动过程的不同阶段也包含着特殊矛盾，区分这些不同阶段的根据，就是它们各自包含的特殊矛盾。只有了解事物发展过程及其不同阶段的特殊矛盾，才能认识和把握这一过程的本质及其不同阶段的特点。

决定事物发展过程的是事物内部的根本矛盾。所谓根本矛盾，是指贯穿于事物发展过程始终并规定其本质的矛盾。例如，同化与异化是生物体的根本矛盾，它规定生物体的性质及其运动过程，这个矛盾运动一旦停止，生物体就会死亡，而生物运动中所包含的物理、化学等矛盾，虽然也贯穿于生物发展过程的始终，但它们并不规定生命过程的本质，因而是生物运动过程中的非根本矛盾。根本矛盾不到过程终结之日是不会消亡的，“但是根本矛盾在长过程中的各个发展阶段上采取了逐渐激化的形式。并且，被根本矛盾所规定或影响的许多大小矛盾中，有些是激化了，有些是暂时地或局部地解决了，或者缓和了，又有些是发生了，因此，过程就显出阶段性来”①。这些阶段都包含着各自的特殊矛盾。

第二，矛盾地位的特殊性。

① 《毛泽东选集》第1卷，314页。

任何事物都是由多种矛盾构成的矛盾群。在复杂的矛盾群中，各种矛盾力量是不平衡的，在事物发展中占有不同的地位，起着不同的作用。其中，有一种矛盾由于它的存在和发展，规定或影响着其他矛盾的存在和发展。这种在事物发展的一定阶段上处于支配地位的、对事物的发展起决定作用的矛盾，就是主要矛盾。与此相反，那些处于从属地位、对事物的发展不起决定作用的矛盾，就是次要矛盾。

不论是主要矛盾，还是次要矛盾，矛盾双方的力量都是不平衡的。其中，一方处于支配地位，起着主导的作用，另一方则处于被支配的地位；前者为矛盾的主要方面，后者为矛盾的次要方面。事物的性质是由主要矛盾的主要方面决定的。

无论是主要矛盾还是次要矛盾，无论是矛盾的主要方面还是矛盾的次要方面，都是相互制约、相互影响、相互作用，并在一定条件下互易其位、相互转化的。把握主要矛盾与次要矛盾、矛盾的主要方面与次要方面，就要坚持“两点论”与“重点论”相结合。“两点论”要求在分析任何事物的任何矛盾时，不仅要看到矛盾双方的对立，而且要看到矛盾双方的统一；不仅要看到矛盾群中存在着主要矛盾、矛盾的主要方面，而且要看到次要矛盾、矛盾的次要方面等。同时，唯物辩证法的“两点论”是有重点的“两点论”，它要求把握矛盾的不平衡性并把它贯彻于对矛盾的分析之中，首先要抓住重点，即抓住主要矛盾、矛盾的主要方面，并把它们作为解决一切矛盾问题的根本点和出发点。

第三，矛盾解决形式的特殊性。

矛盾性质、地位的特殊性决定了矛盾解决形式的特殊性及其多样性。要用不同的方式解决不同的矛盾。从总体上看，可以把解决矛盾的形式归纳为四种基本形式：

一是矛盾的一方克服另一方。例如，生物通过自然选择，使能够适应环境变化的物种生存下来，不适应环境变化的物种被淘汰，这就是以优胜劣汰的形式解决矛盾，实现由旧物种到新物种的质变。代表先进生产力的革命阶级战胜体现着落后的生产关系的反动阶级，也是一方克服另一方的形式。

二是矛盾双方“同归于尽”，为新的矛盾所代替。例如，奴隶阶级与奴隶主阶级之间矛盾的最终解决就是双方“同归于尽”，为新的矛盾，即农民阶级与地主阶级之间的矛盾所代替。人类历史所经历的几大阶级的对抗，就其最终结局来说，都是以这种形式解决的。

三是矛盾双方经过一系列的发展，最后达到“融合”，即融合成一个新的事物，使矛盾得到解决。例如，随着生产力的不断发展，城市与乡村、脑力劳动与体力劳动这类非对抗性的矛盾之间的差别，就会不断缩小，最终达到“融合”，形成新型的劳动。马克思甚至认为：“两个相互矛盾方面的共存、斗争以及融合成一个新范畴，就是辩证运动。”①

四是创造矛盾双方能在其中运行的适当形式，从而使矛盾得以解决。例如，太阳系的行星和太阳之间的吸引与排斥的矛盾，就是以这种形式得以解决的。这里，既不是吸引克服排斥，即向心力克服离心力，使行星落入太阳而烧毁，也不是排斥克服吸引，即离心力克服向心力，使行星飞离太阳，而是矛盾双方都能够保持原来的特点正常运行，从而构成了一个稳定的矛盾统一体。再如，马克思认为：“商品的交换过程包含着矛盾的和互相排斥的关系。商品的发展并没有扬弃这些矛盾，而是创造这些矛盾能在其中运动的形式。一般说来，这就是解决实际矛盾的方法。”②

“由于特殊的事物是和普遍的事物联结的，由于每一个事物内部不但包含了矛盾的特殊性，而且包含了矛盾的普遍性，普遍性即存在于特殊性之中，所以，当着我们研究一定事物的时候，就应当去发现这两方面及其互相联结，发现一事物内部的特殊性和普遍性的两方面及其互相联结，发现一事物和它以外的许多事物的互相联结。”③ 矛盾的普遍性与特殊性这种“互相联结”的关系就是矛盾的共性与个性的关系。就人类的认识程序来说，是由个别、个性到一般、共性，然后，又用这一般、共性去研究新的个别的、特殊的事物，从而丰富和发展这种共同的本质的认识。科学的认识就是这种循环往复、不断深化的过程。

共性与个性相结合是认识的根本方法。正是在这个意义上，毛泽东指出：“这一共性个性、绝对相对的道理，是关于事物矛盾的问题的精髓，不懂得它，就等于抛弃了辩证法。”④ 矛盾的普遍性与特殊性，即共性与个性的关系原理是中国特色社会主义的哲学基础，在建设中国特色社会主义的实践中，我们一定要高度重视这一基础和方法，用它分析新情况、开拓新思路、解决新问题。

---

① 《马克思恩格斯选集》第1卷，225页。
② 《马克思恩格斯全集》第23卷，122页。
③ 《毛泽东选集》第1卷，318页。
④ 《毛泽东选集》第1卷，320页。

第三节 否定之否定规律

质变意味着新事物的产生与旧事物的灭亡，表明新事物对旧事物的否定。这种否定是事物的自我否定，是事物内部矛盾运动的结果。任何事物内部都包含着肯定因素与否定因素，二者的相互作用推动着现存事物转化为自己的对立面，由肯定达到对自身的否定，进而再由否定达到新的肯定，即否定之否定。否定之否定规律显现出事物自己发展自己的完整过程。

一、肯定与否定

任何事物的内部都包含着肯定与否定两个方面或两种因素。肯定的方面是事物中维持其存在的方面，即肯定这一事物为它自身的方面；否定的方面是事物中促使其灭亡的方面，即破坏现存事物、促使它转化为他物的方面。

肯定与否定是相互排斥的。黑格尔指出："肯定的一面是一种同一的自身联系，而不是否定的东西，否定的一面，是自为的差别物，而不是肯定的东西。"① 肯定不是否定，因为肯定维持着事物的质的规定性，当肯定的方面处于优势时，事物保持其原有的性质和自身的存在；否定不是肯定，因为否定就是要消解肯定的规定性，一旦否定的方面在发展过程中取得了支配地位，就使事物转化到自己的对立面，达到对事物自身的否定。事物的自我否定，也就是事物发展过程中的质变、矛盾的转化和解决。

肯定与否定是相互渗透的。肯定包含否定，否定又包含肯定。世界上既没有不包含任何否定的纯粹的肯定，也没有不包含任何肯定的纯粹的否定。从发展的过程来看，如果肯定中不包含否定的因素，事物就会停滞不前。

一方面，肯定中总是渗透、包含着否定，在这个意义上，肯定就是否定。肯定与否定之间又存在着对立与斗争。这就必然使事物的发展进入自我否定的阶段，并因自我否定而自我发展。这就是肯定中包含否定、肯定就是否定的真实含义。所以，黑格尔认为，在肯定的"自身中就具有否定性，所以它超出自身，并**引起自己的变化**"②。

另一方面，否定中又总是渗透、包含着肯定，在这个意义上，否定就是

① 黑格尔：《小逻辑》，贺麟译，255页。

② 引自《列宁选集》第55卷，117页。

肯定。黑格尔指出："否定的东西也同样是肯定的；或说，自相矛盾的东西并不消解为零，消解为抽象的无，而是基本上仅仅消解为它的特殊内容的否定；或说，这样一个否定并非全盘否定，而是自行消解的被规定的事情的否定，因而是规定了的否定。"① 所谓"规定了的否定"，就是指否定本身有着肯定的意义。就是说，否定的结果不是虚无，而是产生新的规定。正是在这个意义上，"否定也是规定"，即否定也是肯定，否定包含肯定。

辩证的否定是这样一种否定，它是通过事物的内在矛盾运动而进行的自我否定，即自己否定自己，并通过自我否定，实现自我发展。辩证的否定具有两个重要特点：其一，它是发展的环节，标志由旧质到新质的转变、旧事物向新事物的飞跃；其二，它又是联系的环节，新事物产生于旧事物，并以保留和改造旧事物中的积极因素作为自己生存和发展的前提。作为发展环节和联系环节相统一的辩证否定，用黑格尔的话说，就是"扬弃"。"'扬弃'一词有时含有取消或舍弃之意，依此意义，譬如我们说，一条法律或一种制度被扬弃了。其次，扬弃又含有保持或保存之意。在这个意义下，我们常说，某种东西是好好地被扬弃（保存起来）了。这个字的两种用法，使得这字具有积极的和消极的双重意义。"② 一言以蔽之，辩证的否定就是既克服，又保留。克服是发展中的连续性的中断，是发展中的非连续性；保留是发展的历史延续，是发展中的连续性。辩证的否定，就是非连续性与连续性的对立统一，是包含着肯定因素的否定。

我们不仅要一般性地看到辩证否定的双重性，而且要深入分析辩证否定双重性之间的关系。"辩证法自身包含着否定的要素，并且这是它的最重要的要素。"③ 这是因为，辩证法在对现存事物的肯定的理解中同时包含对现存事物的否定的理解，而这种"否定的理解"集中体现了辩证法的批判的和革命的本质。在辩证的否定中，克服的意义尤为重要，因为辩证否定的作用就是要克服旧事物，保留是在克服的基础上实现的。作为发展的环节，否定是对旧事物整体、原有的矛盾统一体的否定。没有对这一整体、统一体的否定，旧事物就不能灭亡，新事物就不能产生。辩证的否定中所包含的肯定绝不是对旧事物整体、原有矛盾统一体的保留，而是对旧事物整体、原有矛盾统一体中的合理因素的保留；即使对合理因素的保留，也不是原封不动地将

---

① 黑格尔：《逻辑学》上卷，杨一之译，36页，北京，商务印书馆，1966。

② 黑格尔：《小逻辑》，贺麟译，213页。

③ 《列宁全集》第55卷，195页。

它挪到新事物中，而是要对其进行改造，进行创造性转换，从而把它们融入新事物的整体、新的矛盾统一体中。

辩证的否定观是辩证法批判的、革命的本质之所在，是观察和分析问题的方法论原则。这一原则要求我们，对一切事物都要采取科学分析的态度，肯定一切或否定一切，都是错误的。正如邓小平所说："彻底的唯物主义者，只能实事求是地肯定应当肯定的东西，否定应当否定的东西。"①

二、否定之否定

事物的否定不是一次完成的，而是经历了事物自己发展自己的三个阶段、两次否定的有规律的过程。事物的发展"按本性说是对抗的、包含着矛盾的过程，一个极端向它的反面的转化，最后，作为整个过程的核心的否定的否定"②。因此，否定之否定规律所揭示的"肯定—否定—否定之否定"三个阶段的历史进程，是矛盾的"每个极端向它的反面的转化"，是矛盾自我展开的综合性、总括性的过程。

否定之否定"是自然界、历史和思维的一个极其普遍的、因而极其广泛地起作用的、重要的发展规律"③。否定之否定规律之所以同量变质变规律、对立统一规律一样，是自然界、社会和思维发展的普遍规律，其根据就在于，任何事物的发展过程本质上都是矛盾的发展过程，而矛盾的发展过程都要经历从形成到展开及尖锐化，再到矛盾解决这样三个阶段。事物的矛盾运动决定了事物的发展必然表现为否定之否定过程。

第一，否定之否定规律表明，事物的发展都是经历三个阶段、两次否定实现的。

事物发展过程的三个阶段是指：矛盾的形成阶段，此时，肯定因素占据主导地位，肯定因素与否定因素的矛盾处于潜在阶段；矛盾的展开阶段，此时，否定因素的力量越来越大，与肯定因素的对立越来越尖锐化，并开始否定肯定因素，原来的矛盾统一体开始解体；矛盾的解决阶段，即原有的矛盾统一体解体，新的矛盾统一体形成，旧事物消亡，新事物产生。事物发展的两次否定是指，矛盾的展开（对立的尖锐化）对形成阶段（矛盾的潜在阶段）的否定和矛盾的解决（结果）对矛盾的展开（对立的尖锐化）的再否定。

---

① 《邓小平文选》第2卷，333-334页。

② 《马克思恩格斯选集》第3卷，519页。

③ 《马克思恩格斯选集》第3卷，519-520页。

从事物内部的矛盾运动来看，事物的发展都要经历从矛盾的形成阶段向矛盾的展开及尖锐化阶段的转化，再到向矛盾解决的转化。因此，否定之否定规律具有综合性的特征，凸现了事物自我运动、自我发展的全过程，显示出事物自身发展的“真正的、自然的、历史的和辩证的否定”①。

第二，否定之否定规律表明，事物的发展包含着通常所说的回归性，即“在更高阶段上”“重新达到了原来的出发点”②。

在肯定—否定—否定之否定的发展过程中，结果、新事物把起点、旧事物中的一些因素以改变的形式“保持、保存”，即肯定下来，从而使“高级阶段重复低级阶段的某些特征、特性”，形成“回到出发点的运动”。实际上，这只是“仿佛”回到出发点，“仿佛是向旧东西的复归”③，其实质是在更高的阶段并以改造过的形式再现低级阶段上的某些特征、特性。马克思指出：“从资本主义生产方式产生的资本主义占有方式，从而资本主义的私有制，是对个人的、以自己劳动为基础的私有制的第一个否定。但资本主义生产由于自然过程的必然性，造成了对自身的否定。这是否定的否定。这种否定不是重新建立私有制，而是在资本主义时代的成就的基础上，也就是说，在协作和对土地及靠劳动本身生产的生产资料的共同占有的基础上，重新建立个人所有制。”④

列宁十分重视“回到出发点的运动”，并认为“一般说来，运动和变易可以不重复，不回到出发点，**于是**，这个运动也就不是‘对立面的同一’。但是，无论天体运动，或机械运动（地球上的），或动植物和人的生命——它们都不仅把运动的观念，而且正是把回到出发点的运动即辩证运动的观念注入人类的头脑”⑤。承认事物内部的矛盾是事物运动的源泉，事物的运动是自我运动，这已经超越了形而上学。然而，在列宁看来，这还不足以揭示事物运动的辩证性质。问题的关键在于，事物的发展是“回到出发点的运动”，也就是事物通过对自身的否定，再通过对否定的否定回到自身的过程，即达到肯定与否定这两个“对立面的同一”的过程。只有深刻理解否定之否定的实质就是“对立面的同一”，才能深刻理解发展是“对立面的同一”，深刻理解恩格斯所说的“作为整个过程的核心的否定之否定”。

---

① 《马克思恩格斯全集》第20卷，673页。

② 《马克思恩格斯全集》第20卷，673页。

③ 《列宁全集》第55卷，191、295、191页。

④ 《马克思恩格斯全集》第23卷，832页。

⑤ 《列宁全集》第55卷，295页。

第三，否定之否定规律表明，事物的发展是螺旋式上升、波浪式前进的过程。

上升、前进是事物发展的根本方向和总体趋势。发展就是由辩证的否定所构成的链条，其中，每一次否定都是“扬弃”，它不仅舍弃了前一个环节中的消极因素，而且保留了其中的积极因素；更重要的是，每一次否定都会产生新的东西，从而把事物的发展推向更高的阶段。黑格尔在谈到概念的否定之否定过程时指出：“它从简单的规定性开始，继之而来的规定性就愈益**丰富**、愈益**具体**。因为结果包含着自己的开端，而开端的进程用新的规定性丰富了结果。”在这个过程中，“它不仅没有因为自己的辩证的前进而丧失什么，也没有丢下什么，而且还带上一切收获，使自身不断丰富和充实起来”①。黑格尔说的是概念辩证法，但他的概念辩证法折映出客观辩证法，表明事物正是通过否定之否定而实现由简单到复杂、由低级到高级的发展的。

第四，否定之否定规律表明，事物的发展是通过辩证的否定得以实现的。

辩证的否定是事物的自我否定，事物的自我否定是由事物内部所固有的矛盾运动引发的，因此，它不可能“无中生有”，只能“推陈出新”。任何事物的发展都要继承并改造旧事物中的合理因素作为自己的前提；同时，任何事物的发展都必然要否定自己从前的存在形式，否则，新事物就无法产生。正因为如此，辩证的否定是联系环节和发展环节的统一。正如列宁所说，“辩证法的特征的和本质的东西不是单纯的否定……而是作为联系环节、作为发展环节的否定”，是“保持着肯定”的否定。② 这就是事物自我否定的辩证“本性”。

三、否定性的辩证法

否定之否定规律在不同的领域有不同的表现形式。实践是人的存在方式和社会生活的本质，历史不过是人的实践活动在时间中的展开，而“在历史上进步表现为现存事物的否定”③。人们正是在实践活动中以否定的方式实现自身与世界的统一的，从而形成了“否定性的辩证法”。换言之，否定之否定规律在人类历史中表现为“否定性的辩证法”。

“黑格尔的《**现象学**》及其最后成果——作为推动原则和创造原则的否定性的辩证法——的伟大之处首先在于，黑格尔把人的自我产生看作一个过

---

① 引自《列宁全集》第55卷，199、200页。

② 《列宁全集》第55卷，195页。

③ 《马克思恩格斯选集》第3卷，908页。

程，把对象化看作失去对象，看作外化和这种外化的扬弃；因而，他抓住了**劳动的**本质，把对象性的人、现实的因而是真正的人理解为他**自己的劳动**的结果。"[①] 黑格尔的"否定性的辩证法"之所以"伟大"，就在于黑格尔"把**劳动**看作人的**本质**，看作人的自我确证的本质"，看作"**人在外化**范围内或者作为**外化的人**的**自为的生成**"[②]，实际上是以一种特殊的形式表达了人类历史运动的辩证法。

黑格尔之所以能够提出"作为推动原则和创造原则的否定性的辩证法"，就在于他对劳动进行了深刻、富有启发意义的哲学思考。按照黑格尔的观点，劳动是人对自然物进行"赋形"的活动，即对自然物加以改造的活动，它构成了人与自然之间的"否定的中项"。正是借助这个"否定的中项"，人从自然界中分离出来，并在自然物上打上人的烙印，否定了自然物的原生形态；同时，在这个过程中，人使自身力量得以外化，并占有、获取自然物。

问题在于，劳动的否定性使人本身的力量外化，即对象化，但这种对象化所形成的客体又反过来同人发生矛盾，即支配主体产生异化。所以，否定不仅表现为外化、异化，而且还表现为外化、异化的扬弃。这是一个否定之否定的过程。在黑格尔看来，"这个否定性是自身的否定关系的单纯之点，是一切活动——生命的和精神的自身运动——最内在的源泉，是辩证法的灵魂，一切真的东西本身都具有它，并且唯有通过它才是真的"[③]。但是，在黑格尔那里，只有抽象的思维活动、精神活动，才具有本源意义上的能动性和创造性，物质的、感性的劳动只是"精神的样式"；真正的人在本质上是自在自为的自我意识，人的本质的一切异化都不过是自我意识的异化，对异化的本质的重新占有不过是把这种本质合并于自我意识，返回到自我意识。

这表明，黑格尔的否定性的辩证法实际上是在唯心主义的基础上，以一种"抽象的、逻辑的、思辨的"形式表达了人类历史活动的辩证法。正如马克思所说："由于黑格尔根据否定的否定所包含的肯定方面把否定的否定看成真正的和唯一的肯定的东西，而根据它所包含的否定方面把它看成一切存在的唯一真正的活动和自我实现的活动，所以他只是为那种历史的运动找到**抽象的、逻辑的、思辨的**表达。"[④]

---

① 《马克思恩格斯全集》第 42 卷，163 页。

② 《马克思恩格斯全集》第 42 卷，163 页。

③ 黑格尔：《逻辑学》下卷，杨一之译，543 页，北京，商务印书馆，1976。

④ 《马克思恩格斯全集》第 42 卷，159 页。

马克思批判继承了黑格尔的否定性的辩证法。当马克思把实践理解为人的存在方式和社会生活的本质，并把物质实践理解为人与自然关系的基础时，否定性的辩证法就获得了一个现实的基础，成为一种“合理形态”的辩证法。

人要维持自己的存在并发展自己，即肯定自身，就要对自然界的现存形态进行否定性的活动，即改变自然界的现存形态，对自然界现存形态的否定正是对人自身的肯定。这种肯定、否定的辩证法使人与自然处于双向运动中，实践不断改造、创造着自然，又不断改造、创造着人本身，包括人的思维方式、价值观念、社会关系等。实际上，实践本身就生成着“否定性的辩证法”。如果说客观辩证法是“本然”的运动，那么，实践辩证法就是按照人的需要而展开的“应然”的活动。实践辩证法是人的有目的的活动，是人这一主体有意识的社会化行为。因此，实践辩证法这一“否定性的辩证法”以主体化、社会化的形式展现着客观辩证法，展现着人与自然关系的辩证法。

人与自然的关系不同于动物与自然的关系。人不是像动物那样肯定自然的直接存在状态，使自己消极地适应自然，而是以自身的实践活动否定自然的直接存在的状态，并赋予它合乎人的需要和目的的形式。但是，目的本身并不能直接加于对象之上。要把目的赋予对象，还必须有把二者统一起来的中介，即劳动工具。人是持有某一工具或某一工具系统、为着某种目的进行改造自然的实践活动的。工具与目的、对象都具有同一性：一方面，工具作为人的肢体的延伸，是合乎人的目的的，或者说，与目的具有同一性；另一方面，工具本身也是一个物质客体，与实践的物质对象具有同一性。因此，工具能够在目的的支配下以其物质性与实践对象的物质性相互作用，并将人的目的赋予实践活动的对象，使其具有属人性质，也就是使自在自然转化为人化自然，“自在之物”转化为“为我之物”，自然的物转化为“社会的物”。在这个过程中，自然“对人生成”，人与自然的关系成为一种“为我而存在”的关系。这种“为我而存在”的关系本身就是一种特殊而复杂的否定性的矛盾关系。

人对自然的否定性活动发展到一定程度、一定阶段，产生了生产资料私有制，私有制的存在使人的活动本身发生异化，即劳动异化。异化的存在标志着人类历史进入人受异己力量支配的阶段，即物支配人、奴役人的阶段，而物之所以支配人、奴役人，实际上是少数人借物的力量支配、奴役多数人。“关键不在于**物化**，而在于**异化**，外化，外在化，在于巨大的物的权力不归工人所有，而归人格化的生产条件即资本所有，这种物的权力把社会劳动本身当作自身的一个要素而置于同自己相对立的地位。”① 资本主义社会是异化的典型和极端形式。同时，它又为个人的全面发展创造和建立了物质条件。换言之，资本主义社会在把异化推向极端的同时，又为扬弃异化准备了条件，劳动与资本的对立达到极限，必然导致私有制的灭亡。

从异化的产生到异化的扬弃具有历史的必然性，是在保存“资本主义时代成就的基础上”的否定之否定的过程。马克思指出：“**共产主义**是**私有财产**即**人的自我异化**的**积极的**扬弃，因而是通过人并且为了人而对**人的**本质的真正**占有**；因此，它是人向自身、向**社会的**（即人的）人的复归，这种复归是完全的、自觉的而且保存了以往发展的全部财富的。这种共产主义……是人和自然界之间、人和人之间的矛盾的**真正**解决，是存在和本质、对象化和自我确证、自由和必然、个体和类之间的斗争的真正解决。”共产主义在“历史的全部运动”中，“在私有财产的运动中，即在经济中，为自己既找到经验的基础，也找到理论的基础”②。无疑，这是一种现实的否定性的辩证法。马尔库塞由此认为，在马克思主义哲学中，“现实的否定变成了一个历史条件……变成一个与社会的特定历史形式相联系的社会条件”，“马克思的辩证法的历史特征包含着普遍的否定性，也包含着自身的否定。特定的关系状态就意味着否定，否定之否定伴随着事物新秩序的建立”③。

马克思的否定性的辩证法既不同于黑格尔的否定性的辩证法，也不同于阿多尔诺的“否定的辩证法”。在阿多尔诺看来，同一性与非同一性是绝对对立的，矛盾实质上是“同一性掩盖下的非同一性”，否定的辩证法就是要用“非同一性”代替“同一性”，用“绝对的否定”代替否定之否定，因为事物的发展是不带有肯定的否定、否定、再否定，“被否定的东西直到消失之时都是否定的”；否定的辩证法就是“瓦解的逻辑”，是批判、破坏，通过解释现实来否定现实。阿多尔诺力图“在矛盾中进行思考”，他在对同一性的批判过程中强调“异质性和独特性”，反对“屈从于世界的抽象齐一性”，在一定程度上抓住了西方传统哲学的根本缺陷，以及黑格尔辩证法的不彻底性，这无疑具有合理性。但是，阿多尔诺没有真正理解矛盾，没有真正理解

① 《马克思恩格斯全集》第46卷下，360页。

② 《马克思恩格斯全集》第42卷，120、120-121页。

③ 马尔库塞：《理性和革命——黑格尔和社会理论的兴起》，程志民等译，284、285页，重庆，重庆出版社，1993。

否定与肯定的真实关系，因而并没有达到他自己所期望的“否定的深度”。

阿多尔诺对同一性的批判，不仅是哲学的批判，而且是政治的批判，是对资本主义制度的批判，阿多尔诺意识到“物化世界”是被资本同一性逻辑整合起来的“被管理的世界”，意识到“在奴役一切的同一性原则之下，任何不进入同一性的东西、任何在手段领域逃避计划的合理性的东西都成了为同一性带给非同一物的灾难而进行的可怕的报复”①。所以，阿多尔诺把否定与“革命”联系起来，力图否定资本主义现实，具有积极的理想指向。

但是，阿多尔诺只是小心翼翼地在特定的历史语境中展示其否定的辩证法，这种否定的辩证法却否定人的自由依存于实践活动，并没有真正理解马克思提出的“使现存世界革命化”的真实内涵。阿多尔诺所说的“否定”不仅意味着“革命”，而且意味着“灭亡、恐惧、绝望”。用阿多尔诺自己的话来说就是：“否定辩证法＝崩溃性的破坏。”在阿多尔诺那里，否定的辩证法直接表现为一种美学的浪漫主义和宗教式的救世主义情怀。显然，阿多尔诺的“否定的辩证法”不是马克思主义辩证法，并不符合事物运动的、客观的否定之否定规律。

① 阿多尔诺：《否定的辩证法》，张峰译，319页，重庆，重庆出版社，1993。

第八章

社会发展的规律与历史的创造者

人是社会的主体，但社会发展又不以人的意识、意志为转移，具有其内在的客观规律，其中，生产力与生产关系矛盾运动规律、经济基础与上层建筑矛盾运动规律构成了社会发展的基本规律。社会发展规律具有客观性，但社会发展规律不仅生成于人的活动中，而且只有通过人的活动，尤其是人民群众的历史活动才能实现。人民群众是历史的创造者，杰出人物则是历史活动的发起者、组织者和领导者。

第一节　社会发展的基本规律

生产力、生产关系（经济基础）、上层建筑涉及社会生活的基本领域，即经济生活、政治生活和精神生活，体现了社会的基本关系，即人与自然的关系，人与人的经济关系、政治关系和思想关系。生产力与生产关系的矛盾运动、经济基础与上层建筑的矛盾运动因此形成了社会发展的基本规律，即生产关系一定要适合生产力状况的规律，上层建筑一定要适合经济基础状况的规律。在阶级社会中，社会发展的基本规律集中表现为阶级斗争规律。

一、生产力与生产关系的矛盾运动及其规律

物质生产是人类社会得以存在和发展的基础。物质生产存在着双重关系，即人与自然之间的关系和人与人之间的关系。生产力体现了人与自然的关系，生产关系体现了人与人的关系。生产力与生产关系的矛盾构成了社会发展过程中的根本矛盾。

生产力与生产关系及其矛盾运动是人们在为满足自身需要而进行的物质生产活动中产生和发展的。

人的需要的对象归根到底来自自然界，这就使人与自然之间必然发生一定的关系；自然界又不会自动地满足人的需要，不能现成地提供人的需要的对象，这就决定了人与自然的关系是一种矛盾关系。在这种矛盾关系中，人是能动的主体，总是力图解决这种矛盾，以满足自身的需要。因此，人必须进行物质生产活动。正是在这种实践活动中形成了现实的生产力。换言之，生产力是在人的需要向物质生产活动的转化中形成的，是人们的实践能力。

人的需要向物质生产活动的转化一开始就是在社会中、在生产关系中实现的。人们只有在生产中结成一定的关系，才会有生产，才会有他们与自然界的现实关系。生产关系就是人们在物质生产活动中发生的一定的、必然的、不以他们的意志为转移的关系。生产关系既是同生产力的一定发展阶段相适应的经济关系，又是人们的“物质的和个体的活动所借以实现的必然形式”①，人们总是在一定的生产关系中才能实现对自然的占有。换言之，生产关系与生产力同时形成，是生产力的社会存在形式。

生产力具有无限发展的必然性。这是因为，人的需要向物质生产活动转化，物质生产活动也向人的需要转化，即“已经得到满足的第一个需要本身、满足需要的活动和已经获得的为满足需要而用的工具又引起新的需要”②。由于人的需要在与物质生产的相互作用中不断增长和扩大，所以，人类进行物质生产活动的动因客观上是永恒的。在物质生产活动中形成的生产力的发展因此具有必然性和无限性，处于不断变化、发展之中。生产关系则是相对稳定的，一定的生产关系一经确立以后，就会为生产力的发展提供一个新的社会空间，因而在一定历史时期内保持相对不变。生产力与生产关系

---

① 《马克思恩格斯选集》第4卷，409页。

② 《马克思恩格斯选集》第1卷，159页。

的各自特征，决定了生产力发展到一定程度后必然与生产关系发生矛盾，并引起生产方式的变革。正如马克思所说："社会的物质生产力发展到一定阶段，便同它们一直在其中运动的现存生产关系或财产关系（这只是生产关系的法律用语）发生矛盾。于是这些关系便由生产力的发展形式变成生产力的桎梏。那时**社会革命**的时代就到来了。"①

在生产力与生产关系的相互作用中，生产力的状况（包括生产力的性质、水平和发展要求）决定生产关系的状况。

其一，生产力的性质和水平决定生产关系的性质和具体形式。内容决定形式，形式取决于内容，有什么样的生产力，就会有什么样的生产关系。在生产力发展的一定阶段上，生产力的性质和水平决定生产关系的性质和具体形式。"在人们的生产力发展的一定状况下，就会有一定的交换［commerce］和消费形式。在生产、交换和消费发展的一定阶段上，就会有相应的社会制度形式、相应的家庭、等级或阶级组织，一句话，就会有相应的市民社会"②，即生产关系的具体形式。任何一种具体的生产关系都是建立在特定的生产力基础之上的。马克思所说的"手推磨产生的是封建主的社会，蒸汽磨产生的是工业资本家的社会"③，讲的就是这个道理。

其二，生产力的发展要求决定生产关系的变革。随着生产力的发展，原来同它相适应的生产关系就会变得越来越不适应，以致不能继续保持其稳定不变的状态。在这种情况下，就不得不进行生产关系的部分变革以暂时维持它的存在。当这种生产关系已经完全不能适应生产力发展的要求时，即"由生产力的发展形式变成生产力的桎梏"时，就必须进行生产关系的全面变革，用适合生产力发展要求的新的生产关系代替原来的、业已丧失其存在必然性的生产关系。"随着新的生产力的获得，人们便改变自己的生产方式，而随着生产方式的改变，他们便改变所有不过是这一特定生产方式的必然关系的经济关系。"④ 随着生产关系的变革，人类历史上先后形成了五种生产关系，即原始公有制的生产关系、奴隶主占有制的生产关系、封建主占有制的生产关系、资本家占有制的生产关系和社会主义公有制的生产关系。

为生产力所决定的生产关系，又能动地反作用于生产力。生产关系对生

① 《马克思恩格斯选集》第2卷，8页。

② 《马克思恩格斯选集》第4卷，408页。

③ 《马克思恩格斯选集》第1卷，222页。

④ 《马克思恩格斯选集》第4卷，410页。

产力的反作用表现在两个方面：当生产关系同生产力的发展要求相适合，即成为“生产力的发展形式”时，它就有力地推动生产力的发展；当生产关系不适合生产力的发展要求，即变成“生产力的桎梏”时，它就严重地阻碍生产力的发展。历史上生产关系每一次合乎规律的变革，都促进了生产力的发展。例如，资本主义生产关系曾为生产力的发展开辟了新的社会空间，所以，资产阶级在不到100年的统治时间内所创造的生产力，就超过了以往一切时代所创造的生产力的总和。

新的生产关系之所以能够促进生产力的发展，就在于它为生产力诸要素的结合，特别是人与物的结合，提供了较好的形式，从而把可能的生产力变为现实的生产力；旧的生产关系之所以阻碍生产力的发展，就在于它不能把生产力诸要素，特别是人与物较好地结合起来，不能把可能的生产力变为现实的生产力，无力把生产力中的积极因素充分调动起来发挥其作用，相反，却使它们受到压抑和摧残。落后的生产关系对生产力发展所起的阻碍作用，有时表现为使生产力的发展遭到破坏或陷于停滞状态；有时也表现为生产虽有发展，但不能达到应有的规模和速度，生产力的潜力不能得到应有的发挥。

马克思主义哲学首先坚持生产力决定生产关系，同时也极为重视生产关系对生产力发展的能动的反作用，认为生产关系对生产力的反作用有时会十分突出，即当不变革旧的生产关系，生产力就不能继续发展的时候，生产关系对生产力的巨大的反作用就异乎寻常地表现出来。但是，不能由此得出结论：不是生产力决定生产关系，而是生产关系决定生产力。这是因为，生产力在任何时候都具有冲破一切障碍、不断发展的内在动力，生产关系可以在一定时期内阻碍生产力的发展，但最后总会被打破。当生产关系同生产力的发展不能相容，必须改变生产关系的时候，即生产关系对生产力的反作用最突出的时候，也正是生产力改变生产关系的客观要求最为强烈、生产力冲破旧的生产关系的内在力量最为成熟的时候。生产关系的改变以及此时它所表现出来的巨大作用，归根到底，是由生产力的发展所决定的。“各个人借以进行生产的社会关系，即**社会生产关系，是随着物质生产资料、生产力的变化和发展而变化和改变的**。”①

生产力的发展具有连续性。每一代人都继承了前一代人所创造的生产力，并在这个基础上继续发展生产力。生产力的这种继承和发展，世代相

① 《马克思恩格斯选集》第1卷，340页。

传，构成了每一代人与前一代人的根本关系，构成了人类历史的连续性。然而，生产力并不是凝固不变的，而是处于不断的发展过程中，当人们适应生产力的发展而变革生产关系时，就使经济形态乃至社会形态之间显示出质的差别，从而使人类历史又具有间断性。人类历史正是这种连续性和间断性的统一。“历史不外是各个世代的依次交替。每一代都利用以前各代遗留下来的材料、资金和生产力；由于这个缘故，每一代一方面在完全改变了的环境下继续从事所继承的活动，另一方面又通过完全改变了的活动来变更旧的环境。”①

生产力与生产关系的相互作用形成了生产方式的矛盾运动，生产力与生产关系的矛盾运动构成了生产关系一定要适合生产力状况的规律。生产关系一定要适合生产力状况的规律，概括了生产力与生产关系相互作用的两个方面：一方面，生产力的状况决定一定的生产关系的产生，决定它产生后变化、发展的方向和形式；另一方面，生产关系反作用于生产力，它适合或不适合于生产力的状况，对于生产力的发展起着促进或阻碍作用。生产力决定生产关系，其本身就意味着生产关系必须适合生产力的具体状况，这是生产力发展的客观要求；而生产关系对生产力的反作用，正是生产力发展的客观要求的体现。这种“决定”和“反作用”的矛盾形成了生产关系一定要适合生产力状况的规律性运动。换言之，生产关系由适合生产力状况到不适合生产力的发展，再到适合生产力发展的矛盾运动，就是“一定要适合”的具体体现。

在理解和把握生产关系一定要适合生产力状况的规律时，应当注意，并不是生产力的任何变化都会立即引起生产关系的变革。在生产力与生产关系之间，一个是经常变动的，另一个则是相对稳定的。只有当生产力的变化积累到一定程度，原有的生产关系已经基本不适合它的发展时，才会形成变革生产关系的必要性与可能性。生产关系变革的物质前提有其客观尺度：从质上看，一种新的生产力已经形成；从量上看，这种新的生产力在国民经济中占主导地位或者说已经掌握了国家的经济命脉。二者的统一是生产关系变革的物质前提，是生产关系何时变革以及怎样变革的客观标准。如果生产力的发展已经要求变革生产关系而不去变革，致使生产关系落后于生产力，这无疑是生产关系不适合生产力状况的表现；当生产力还没有得到足够的发展时，单凭生产力有某些发展的事实，就贸然地去变革生产关系，人为地“拔

① 《马克思恩格斯选集》第1卷，168页。

高”生产关系，也是生产关系不适合生产力状况的一种类型。

由于科学揭示了社会发展的根本规律，即生产关系一定要适合生产力状况的规律，揭示了生产力是社会发展的最终决定力量，马克思主义哲学必然得出一个重要的结论，即生产力的发展是“整个社会发展的主要标准”①。社会的发展体现在经济、政治和文化等多方面的发展上，但集中地体现在生产力的发展上。在一个社会，生产力能以它应有的速度向前发展，并超过其他社会的发展速度，实际上体现了该社会的社会结构更为合理，社会关系更为先进，社会制度更为优越。“社会主义制度优越性的根本表现，就是能够允许社会生产力以旧社会所没有的速度迅速发展，使人民不断增长的物质文化生活需要能够逐步得到满足。”②

社会主义革命必须以一定的社会化大生产为前提，社会主义制度的具体形式必须以生产力的具体状况为依据，社会主义制度必须随着生产力的发展不断改变自己的存在形式；社会主义制度的真正确立和巩固，必须以“生产力的巨大增长和高度发展为前提”。没有生产力的巨大增长和高度发展，“那就只会有**贫穷**、极端贫困的普遍化；而在**极端贫困**的情况下，必然重新开始争取必需品的斗争，全部陈腐污浊的东西又要死灰复燃”③。社会主义的实践充分证实了马克思这一论断的真理性、超前性。

毛泽东指出：“中国一切政党的政策及其实践在中国人民中所表现的作用的好坏、大小，归根到底，看它对于中国人民的生产力的发展是否有帮助及其帮助之大小，看它是束缚生产力的，还是解放生产力的。”④ 生产关系一定要适合生产力的状况的规律，是中国共产党制定路线、方针和政策的根本依据。新民主主义革命的胜利、社会主义改造的完成、中国特色社会主义建设的巨大成就，都是中国共产党自觉运用生产关系一定要适合生产力状况规律的生动体现。正确理解和把握生产关系一定要适合生产力状况的规律，具有极其重要的理论意义和实践意义。

二、经济基础与上层建筑的矛盾运动及其规律

马克思形象地把社会比作一座大厦，由此把生产关系，即经济结构，看作这座大厦的经济基础，把政治结构和观念结构看作这座大厦的上层建筑。

---

① 《列宁全集》第41卷，72页，北京，人民出版社，1986。
② 《邓小平文选》第2卷，128页。
③ 《马克思恩格斯选集》第1卷，166页。
④ 《毛泽东选集》第3卷，1079页。

经济基础与上层建筑的矛盾和生产力与生产关系的矛盾密切相关，构成了社会的基本矛盾，形成了社会发展的基本规律。因此，在了解生产力与生产关系的矛盾运动及其规律以后，还必须了解经济基础与上层建筑的矛盾运动及其规律。

在经济基础与上层建筑的关系中，首先是经济基础决定上层建筑。经济基础对上层建筑的决定作用主要表现在以下三个方面：

第一，经济基础决定上层建筑的产生。经济基础是根源，上层建筑是派生物，无论是政治的上层建筑，还是观念的上层建筑，都根源于经济基础。"在不同的财产形式上，在社会生存条件上，耸立着由各种不同的，表现独特的情感、幻想、思想方式和人生观构成的整个上层建筑。整个阶级在其物质条件和相应的社会关系的基础上创造和构成这一切。"① 上层建筑根源于经济基础，是从归根到底的意义上讲的。所谓归根到底，就是说上层建筑的"一切"都适应经济基础的需要而产生，任何上层建筑现象都可以从经济基础中找到根源、得到说明。当然，上层建筑本身又有历史继承性和相对独立性。但是，继承什么、怎么继承都是由现实的经济基础决定的。

第二，经济基础决定上层建筑的性质。有什么样的经济基础，或迟或早就会有什么样的上层建筑。在经济关系领域居于统治地位的阶级，必然要在政治和思想领域中居于统治地位。国家总是一定阶级的国家，是在经济基础中占统治地位的阶级的国家，而"占统治地位的思想不过是占统治地位的物质关系在观念上的表现，不过是以思想的形式表现出来的占统治地位的物质关系"，"一个阶级是社会上占统治地位的**物质**力量，同时也是社会上占统治地位的**精神**力量。支配着物质生产资料的阶级，同时也支配着精神生产资料"②。一言以蔽之，"统治阶级的思想在每一时代都是占统治地位的思想"③。

第三，经济基础决定上层建筑的变革。"随着经济基础的变更，全部庞大的上层建筑也或慢或快地发生变革。"④ 经济基础的变化、发展不仅推动了上层建筑的变化、发展，而且也决定着上层建筑变化、发展的方向。在社会发展过程中，不仅经济基础根本性质的变革决定上层建筑根本性质的变革，

---

① 《马克思恩格斯选集》第1卷，695页。

② 《马克思恩格斯选集》第1卷，178页。

③ 《马克思恩格斯选集》第1卷，178页。

④ 《马克思恩格斯选集》第2卷，3页。

而且在同一个社会形态中，当经济基础发生部分质变时，上层建筑也要发生相应的变化。例如，在资本主义社会，当经济由自由竞争发展到国家垄断时，它的上层建筑也会发生一定的变化，如国家经济职能的加强。在当代发达资本主义国家，政府不仅对经济运行过程进行干预，以维持宏观经济平衡，而且就国民经济发展的总体方向和重要目标制订计划，并制定各种政策来实施这些计划。纯粹的自由市场经济在现实中已不复存在。

经济基础决定上层建筑，上层建筑对经济基础又有反作用。上层建筑的"天职"就是反映并服务于经济基础。上层建筑为自己的经济基础服务包括三个方面：

首先，服务的方向。上层建筑为经济基础服务的方向，可以概括为相互联系的两个方面：一方面，千方百计地促进自己的经济基础的巩固和完善；另一方面，千方百计地排除自己的经济基础的对立物，既同有害于自己的旧的经济基础和上层建筑的残余做斗争，又同威胁自己生存的新的经济基础和上层建筑的萌芽做斗争。上层建筑服务于经济基础的过程，就是在"保护自己"与"排除异己"的对立统一中实现的。

其次，服务的方式。上层建筑通过对社会生活的控制来为经济基础服务。政治上层建筑把人们控制在一定的秩序之内，观念上层建筑通过影响人们的思想来支配人们的行为。没有这种强制与非强制的控制作用，整个社会生活就会陷于混乱。上层建筑为经济基础服务的方式是多样的，如动员作用、组织作用和保证作用等。上层建筑通过这些方式组织社会生活，使整个社会"机器"能够正常地运转起来。

最后，服务的效果。从效果看，上层建筑对经济基础的发展既可以起促进作用，也可以起阻碍作用。当上层建筑同经济基础相适应，与经济基础在同一方向上运动，能够满足经济基础发展的要求时，就会对经济基础的发展起促进的作用；当上层建筑同经济基础不相适应，与经济基础不在同一方向上甚至是逆向运动，不能满足经济基础发展的要求时，就会对经济基础的发展起阻碍甚至破坏作用。恩格斯指出："国家权力对于经济发展的反作用可以有三种：它可以沿着同一方向起作用，在这种情况下就会发展得比较快；它可以沿着相反方向起作用，在这种情况下，像现在每个大民族的情况那样，它经过一定的时期都要崩溃；或者是它可以阻止经济发展沿着某些方向走，而给它规定另外的方向——这种情况归根到底还是归结为前两种情况中的一种。但是很明显，在第二和第三种情况下，政治权力会给经济发展带来巨大的损害，并造成大量人力和物力的浪费。”①

上层建筑的反作用是巨大的，它不仅“对历史斗争的进程发生影响并且在许多情况下主要是决定着这一斗争的**形式**”，而且“能在某种限度内改变经济基础”②。但是，这种反作用终归是有限度的。从根源看，上层建筑反作用经济基础的可能性，得之于经济基础及其发展的力量，就是说，上层建筑的反作用是经济基础赋予的；从最终结局看，上层建筑的反作用只有同经济基础发展的趋势相适应，而不是相违背，才能持久并具有积极意义。如果同经济基础的发展趋势不适应，那么，上层建筑的反作用就会阻碍并延缓经济基础的发展，但不会改变经济基础，即经济关系发展的总趋势及其决定性，“经济关系不管受到其他关系——政治的和意识形态的——多大影响，归根到底还是具有决定意义的，它构成一条贯穿始终的、唯一有助于理解的红线。”③

上层建筑与经济基础具有同一性，但二者毕竟是社会结构的不同部分，彼此间不可能绝对一致，会不断出现某种程度或局部性的矛盾。这是因为，新的上层建筑在刚刚形成时，不可能完善，它的某些不完善部分就会同经济基础发生矛盾；无论是上层建筑反映经济基础（由经济基础到上层建筑），还是上层建筑服务于经济基础（由上层建筑到经济基础），都要经过许多具体环节来传递信息和发挥作用，这就可能在某些环节上使上层建筑同经济基础发生矛盾；当经济基础已经变化，上层建筑不能立即随之变化时，二者就会发生矛盾。

经济基础与上层建筑的相互作用及其矛盾运动，体现了它们之间的本质的必然联系，这就是上层建筑一定要适合经济基础状况的规律。上层建筑一定要适合经济基础状况的规律有两方面的含义。其一，经济基础决定上层建筑发展的方向和形式，凡是方向和形式上适合经济基础状况的上层建筑，就能够继续存在下去；凡是方向和形式上不适合经济基础状况的上层建筑，就意味着它丧失了存在的必然性。其二，上层建筑反作用于经济基础，即上层建筑必须为经济基础服务，这种服务只有在上层建筑适合经济基础状况时才能形成正面效果，否则，就会出现阻碍经济基础发展和变革的情况，而历史发展的趋势是不会让这种不适合的情况长期存在下去的。在经济基础与上层

① 《马克思恩格斯选集》第 4 卷，610 页。
② 《马克思恩格斯选集》第 4 卷，604、611 页。
③ 《马克思恩格斯选集》第 4 卷，649 页。

建筑矛盾运动过程中，经济基础始终是决定性的，上层建筑一定要适合经济基础的性质、水平和客观要求，这种确定的关系是不可逆和不可能改变的。

同生产关系一定要适合生产力状况的规律一样，上层建筑一定要适合经济基础状况的规律也是社会发展的基本规律，是中国共产党制定路线、方针和政策的客观依据。自觉地把握上层建筑一定要适合经济基础状况的规律，对于建设中国特色社会主义同样具有极其重要的理论和实践意义。

三、阶级斗争的规律及其历史作用

“当文明一开始的时候，生产就开始建立在级别、等级和阶级的对抗上，最后建立在积累的劳动和直接的劳动的对抗上。没有对抗就没有进步。这是文明直到今天所遵循的规律。”① 除原始社会外，到目前为止的社会历史都是阶级斗争的历史。人类几千年的文明史，从某种意义上说，就是阶级斗争的历史。阶级矛盾是社会基本矛盾，即生产关系与生产力、上层建筑与经济基础的矛盾在阶级社会中的直接体现，阶级斗争规律是社会发展基本规律，即生产关系一定要适合生产力状况的规律、上层建筑一定要适合经济基础状况的规律在阶级社会中的集中体现，并在社会发展中起着重要的作用。

阶级斗争是经济利益根本对立的阶级之间的斗争。换言之，阶级斗争根源于阶级之间经济利益的根本对立和冲突。各个历史阶段上的不同阶级通过政治纲领而表现出来的政治要求，归根到底，都是以争取更大的经济利益为根本目标的。“人们奋斗所争取的一切，都同他们的利益有关。”② “‘**思想**’一旦离开‘**利益**’，就一定会使自己出丑。……资产阶级在1789年革命中的**利益**决不是‘**不成功的**’，它‘**压倒了**’一切，并获得了‘**实际成效**’，尽管‘**激情**’已经消失，尽管这种利益用来装饰自己的摇篮的‘热情’之花也已经枯萎。这种**利益**是如此强大有力，以至顺利地征服了马拉的笔、恐怖党的断头台、拿破仑的剑，以及教会的十字架和波旁王朝的纯血统。”③ 资产阶级和地主阶级之间的斗争是这样，无产阶级和资产阶级之间的斗争也是如此，“土地占有制和资产阶级之间的斗争，正如资产阶级和无产阶级之间的斗争一样，首先是为了经济利益而进行的，政治权力不过是用来实现经济利益的手段”④。不同的地方只是在于，“过去的一切运动都是少数人的，或者为少

---

① 《马克思恩格斯全集》第4卷，104页，北京，人民出版社，1958。

② 《马克思恩格斯全集》第1卷，82页。

③ 《马克思恩格斯全集》第2卷，103页。

④ 《马克思恩格斯选集》第4卷，257页。

数人谋利益的运动。无产阶级的运动是绝大多数人的，为绝大多数人谋利益的独立的运动”①。

一切阶级斗争，归根到底都是围绕着经济利益这个轴心展开的。历史上的一切剥削阶级总是凭借其所占有的生产资料和在生产关系中所处的统治地位，对被剥削阶级实行经济掠夺。同时，为了维持和加强其在经济上的统治地位，又必然对被剥削阶级实行政治压迫和思想控制。被剥削阶级为了维持自己的生存，维护自己的经济利益，摆脱受剥削、受压迫的地位，就不得不起来进行反抗。阶级斗争是阶级社会客观存在的现象，并贯穿阶级社会的全部发展过程。

阶级矛盾是社会基本矛盾在阶级社会中的直接表现，阶级斗争是阶级社会发展的直接动力。在阶级社会中，生产力与生产关系、经济基础与上层建筑的矛盾发展到一定程度，必然会通过阶级矛盾、阶级斗争表现出来。社会发展的经济动因与阶级斗争的动力是联系在一起的。“到目前为止，生产力就是由于这种阶级对抗的规律而发展起来的。”② “一切重要历史事件的终极原因和伟大动力是社会的经济发展，是生产方式和交换方式的改变，是由此产生的社会之划分为不同的阶级，是这些阶级彼此之间的斗争。”③

首先，阶级斗争的历史作用突出地表现在社会形态的更替中。当旧的生产关系不适应生产力的发展而变成生产力的桎梏时，维护旧的生产关系的反动阶级，必然同代表生产力发展要求的先进阶级形成尖锐的对抗。这时，只有通过先进阶级反对反动阶级的社会革命，才能推翻反动阶级的统治，建立新的社会形态，从而使生产关系适合生产力的状况，上层建筑适合经济基础的状况。可见，阶级斗争发展到一定程度必然引起社会革命。革命阶级在社会发展中的作用就在于，革命是解决社会基本矛盾的基本形式，是实现社会形态更替的决定性环节。

其次，阶级斗争的历史作用表现在同一社会形态的量变过程中。在阶级社会中，被剥削阶级反对剥削阶级的斗争不同程度地打击了剥削阶级的统治，迫使统治阶级做出某些让步，不得不调整经济关系和社会关系，使社会矛盾得到一定程度的缓和，从而或多或少地推动生产力的发展和社会的进步。历史上著名的斯巴达克起义，陈胜、吴广起义，以及其他的奴隶起义和

① 《马克思恩格斯选集》第1卷，411页。
② 《马克思恩格斯全集》第4卷，104页。
③ 《马克思恩格斯选集》第3卷，760页。

农民起义，都沉重地打击了奴隶主阶级或封建地主阶级的统治，迫使奴隶主阶级或封建地主阶级做出一定的让步。无产阶级反对资产阶级的斗争，也沉重地打击了资产阶级的统治，迫使资产阶级调整生产关系和社会关系，从而在一定程度上推动了生产力的发展。当代西方发达国家就在资本主义制度允许的范围内，在税收、福利政策、企业组织结构以及加强国家对经济的干预等方面采取了一些新的措施，调节并在一定程度上缓解了生产资料私人占有对生产力发展的制约，阶级矛盾和社会矛盾也有一定程度的缓和，从而使得资本主义生产关系不仅能够容纳现实的生产力，而且生产力还在发展。

最后，阶级斗争的历史作用还表现在，阶级斗争是消灭阶级的必经途径，是从阶级社会向无阶级社会过渡的必经途径。与以往的所有阶级不同，无产阶级如果不同时使整个社会永远摆脱剥削、压迫和阶级斗争，就不能使自己从资产阶级的剥削、压迫下解放出来。这是因为，无产阶级不是同资本主义制度的“后果”“处于片面的对立”，而是同资本主义制度的“前提”“处于全面的对立”。因此，无产阶级与资产阶级的斗争，必然导致无产阶级专政，“这个专政不过是达到**消灭一切阶级**和进入**无阶级社会**的过渡”①。随着阶级和阶级斗争的消失，“**社会进化**将不再是**政治革命**”②。“只有在伟大的社会革命支配了资产阶级时代的成果，支配了世界市场和现代生产力，并且使这一切都服从于最先进的民族的共同监督的时候，人类的进步才会不再像可怕的异教神怪那样，只有用被杀害者的头颅做酒杯才能喝下甜美的酒浆。”③

“马克思主义提供了一条指导性的线索，使我们能在这种看来扑朔迷离、一团混乱的状态中发现规律性。这条线索就是阶级斗争的理论。”④ 运用马克思主义的阶级斗争理论去观察和分析阶级社会的历史现象，就是马克思主义的阶级分析方法。阶级分析方法要求我们全面分析阶级状况，分析各阶级的经济地位、政治立场和意识形态，正确理解国际阶级斗争与国内阶级斗争的关系，从而把握阶级斗争规律及其在不同历史条件下的表现形式，深刻理解社会主义初级阶段的阶级斗争是一种特殊形式的阶级斗争，既不能否定阶级斗争在一定范围内仍将长期存在，也不能把阶级斗争扩大化，并“以阶级斗争为纲”。

---

① 《马克思恩格斯选集》第 4 卷，426 页。
② 《马克思恩格斯全集》第 4 卷，198 页。
③ 《马克思恩格斯选集》第 1 卷，862 页。
④ 《列宁全集》第 26 卷，60 页，北京，人民出版社，1988。

第二节　历史的创造者

社会历史是人的活动的历史，人们自己创造自己的历史。围绕着历史的创造者问题，始终存在着两种根本对立的观点，即英雄史观与群众史观。英雄史观认为，历史是由少数英雄人物创造的；群众史观认为，历史是由人民群众创造的。马克思主义哲学坚持群众史观，确认人民群众的历史主体地位，尊重每一个普通个人在社会发展中的作用，同时又认为，历史人物能够加速或延缓历史进程，局部改变历史进程的面貌。

一、历史的参与者与创造者

要理解历史的参与者与创造者的关系，首先就要了解英雄史观与群众史观。

英雄史观主要有两种形式，即主观唯心主义的英雄史观和客观唯心主义的英雄史观。主观唯心主义的英雄史观认为，包括帝王将相在内的少数英雄的思想智慧、品格才能、愿望意志等，是决定社会发展进程的根本原因，英雄是历史的创造者，群众则是英雄的“盲目的追随者”；客观唯心主义的英雄史观认为，历史是由某种“客观”的精神力量决定的，但少数英雄能够自觉不自觉地充当这种“客观”的精神力量的体现者、执行者，如黑格尔认为，拿破仑就是“骑在马背上的世界精神”，而群众只能完全听从这种“客观”的精神力量及其体现者、执行者——英雄的支配。

英雄史观的形成与传播，有着深刻的社会历史根源和认识论根源。从社会历史根源看，随着物质生产与精神生产、体力劳动与智力劳动的分工以及阶级的产生和对立，多数人处在物质生产领域，从事体力劳动，更重要的是，多数人长期处于被统治、被支配的地位，他们的才能和创造力量受到严重束缚和摧残；而少数人，即统治阶级，为了巩固自己的统治地位，总是将人与人之间的社会的、历史的差别说成是自然的、永恒的差别，极力贬低物质生产在历史中的作用，从而否定群众在历史中的真实作用。在资本主义时代，英雄史观开始衰落，精英意识日益增长。这是因为，在资本主义时代，历史进入选民用选票决定谁能成为领导者的时代，而不再是战场上、“马背”上的英雄决定民族、国家命运的时代。资本主义社会的统治者不断轮换，选出来的不再是英雄，而是政治精英，甚至是能言善辩的政客。实际上，精英意识本质上仍然是英雄史观，只不过是英雄史观的一种特殊形式。

从认识论根源看，历史活动的直接的主观动机总是首先与个别人物，尤其是伟大人物相联系，而这种主观动机背后的物质动因，即历史必然性，却是间接的、隐而不显的。在这种情况下，体现历史必然性的人民群众的历史作用，往往被忽视、被遮蔽，而引人瞩目的则是给具体的历史事件、历史进程打上特殊印记的个别人物。如果人们的认识仅仅停留在历史的表面、外观，仅仅关注在历史前台活动的个别人物，就必然会夸大个别人物的历史作用，从而导致英雄史观。

在人类思想史上，首先举起义旗，“毅然反对”英雄史观，确认人民群众创造历史的，是法国复辟时代的历史学派。法国复辟时代的历史学派极为强调人民群众的“首创精神和思想”，并认为人民群众不仅是语言、音乐、诗歌的创造者，而且是具体的社会制度的创造者。无论是1640年的英国革命，还是1789年的法国大革命，都不是某个伟大人物制造的，而是“人民自己起来处理自己的事情”。因此，应当恢复人民群众的历史地位。法国复辟时代的历史学派明确提出了人民群众创造历史，但是，它并没有解决人民群众如何创造历史的问题；更重要的是，它认为人民群众创造历史只是到资本主义制度建立为止，以后的历史只是资产阶级的历史了。

唯物主义历史观的创立，是对英雄史观的彻底否定。在《神圣家族》中，马克思、恩格斯集中批判了以青年黑格尔派为代表的英雄史观，明确指出：“历史**不过是**追求着自己目的的人的活动”①，并认为在这种追求自己目的的活动中，人民群众不是消极的、非历史的因素，恰恰相反，“历史活动是群众的事业，随着历史活动的深入，必将是群众队伍的扩大”②，创造历史、决定历史的是“行动着的群众”③。

需要指出的是，唯物主义历史观反对英雄史观，但并不否定英雄的历史作用，并不反对崇敬英雄。每个民族都有自己的英雄或英雄式的人物。没有英雄的民族是没落的民族；有了英雄而不知爱戴、崇敬的民族是没有希望的民族；任意贬低自己民族的英雄，是民族的自我毁灭。

在考察和解答历史创造者的问题时，马克思主义哲学遵循着三个基本原则，并区分了历史的参与者与历史的创造者。

---

① 《马克思恩格斯全集》第2卷，118－119页。
② 《马克思恩格斯全集》第2卷，104页。
③ 《马克思恩格斯全集》第2卷，104页。

第一，从整体的历史过程来考察和说明历史的创造者及其活动。社会发展过程离不开个人的活动，但整体的历史并非个人历史的简单堆砌。“历史是这样创造的：最终的结果总是从许多单个的意志的相互冲突中产生出来的，而其中每一个意志，又是由于许多特殊的生活条件，才成为它所成为的那样。这样就有无数互相交错的力量，有无数个力的平行四边形，由此就产生出一个合力，即历史结果，而这个结果又可以看做一个作为整体的、**不自觉地**和不自主地起着作用的力量的产物。”① “无论历史的结局如何，人们总是通过每一个人追求他自己的、自觉预期的目的来创造他们的历史，而这许多按不同方向活动的愿望及其对外部世界的各种各样作用的合力，就是历史。”②

这就是说，就每一个人而言，他在一定意义上“创造”了自己的“历史”，即通过自己的人生谱写了自己个体的“历史”，并在这个过程中参与了社会历史。但是，这并不能与创造社会历史画等号，否则，就会得出“人人创造历史”的简单结论，就会把历史的参与者与历史的创造者完全等同起来。马克思主义哲学把个体的历史纳入整体的历史之中来考察，并且立足于整体的历史过程来探究历史创造者问题。创造社会历史的活动，就是体现历史进程的方向和趋势的活动。

第二，从历史必然性入手来考察和说明历史的创造者及其活动。历史必然性不仅形成于人的实践活动中，而且体现并实现于特定的历史主体的实践活动中。历史必然性的一个重要体现，就是生产力的发展必然导致旧的历史主体的衰落和新的历史主体的崛起。新的历史主体不仅追求自身的利益，而且力图把其他历史主体的利益纳入并使之从属于自己的利益体系。如果其他的历史主体的利益有碍于自己利益的实现，那么，这个新的历史主体就必然要牺牲其他历史主体的利益来满足自身的利益，而其他历史主体也必然要反抗这种“牺牲”。这就形成了不同主体的历史活动，产生不同的社会力量。在这些纵横交错的社会力量中，既存在着符合历史必然性、推动社会发展的力量，也存在着违反历史必然性、阻碍社会发展的力量。只有代表前一种力量的个体、群体才属于历史的创造者。马克思主义哲学对历史创造者的考察，旨在进一步揭示历史的必然性，说明不同的个体、群体历史作用的不同性质。

---

① 《马克思恩格斯选集》第 4 卷，605 页。

② 《马克思恩格斯选集》第 4 卷，254 页。

第三，从人与历史关系的不同层次来考察和说明历史的创造者及其活动。可以从三个层次来考察历史主体，即人类（作为总体的人）、群体（包括阶级）、个体。与此相对应，人与历史的关系也具有类与历史、群体与历史、个体与历史这三层关系。把类当作历史主体来看待，是从最抽象的形式考察历史主体的活动，是肯定总体的人在总体的历史过程中的主体地位。正是在这个意义上，马克思认为，“人们自己创造自己的历史”①，并以此同神创造历史、观念创造历史和超人创造历史等唯心史观划清界限。但是，马克思主义哲学并没停留在一般地承认“人们”创造历史这个层面上，而是深入而具体地考察群体与历史、群体与个人的关系，区分了历史的参与者与历史的创造者。恩格斯指出：“整个历史进程——指重大事件——到现在为止都是不知不觉地完成的，也就是说，这些事件及其所引起的后果都是不以人的意志为转移的。历史事件的参与者要么直接希求的不是已成之事，要么这已成之事又引起完全不同的未预见到的后果。”② 所谓历史的参与者，就是指以不同形式从事一定认识活动和实践活动的人；历史的创造者则是指体现社会发展规律并以此为基础推动社会发展的人。历史的创造者当然是历史的参与者，但历史的参与者并不一定就是历史的创造者。从历史进程的基础、主导力量、决定力量来看，人民群众是历史的创造者。

二、人民群众：历史的创造者

“人民群众”是相对于“个人”，尤其是“历史人物”而言的，是一个集合概念或综合范畴，是指社会成员中的绝大多数人，其主体部分是劳动者。人民群众又是一个历史范畴。在阶级社会的不同历史时期以及同一时期的不同国家，人民群众具有不同的内涵，在特定的历史条件下，甚至包括剥削阶级。例如，在法国大革命时期，资产阶级也属于人民群众的范畴，而在中国的新民主主义革命时期，一切反对帝国主义、封建主义的阶级、阶层和社会集团，都属于人民群众的范畴。

从根本上说，社会历史是物质生产发展的历史，人民群众的活动，尤其是物质生产活动，构成了整个社会生活的基础。人民群众从根本上推动着社会的发展，是历史的创造者。

首先，人民群众是社会物质财富的创造者。人类社会赖以存在和发展的基础是物质生活的生产方式。物质生产活动的主体是群众。作为物质生产的

---

① 《马克思恩格斯选集》第1卷，669页。

② 《马克思恩格斯全集》第39卷，405页。

承担者，人民群众创造了人们必需的生活资料和社会活动必需的物质前提。包括知识分子在内的人民群众在生产过程中不断地积累生产经验，不断地发明生产工具，不断地改进生产资料，从而不断地推进生产力的发展，而生产力是社会发展的最终的决定力量。

其次，人民群众是社会精神财富的创造者。人民群众的生活、实践是一切精神财富形成和发展的源泉。一切科学理论、一切文学艺术，都来源于人民群众的生活和实践。例如，中国古代的科技著作《氾胜之书》《齐民要术》《天工开物》《农政全书》等，都是在直接总结古代劳动人民生产实践经验的基础上产生的。文学艺术也是如此，许多文学名著，如《水浒传》《三国演义》《西游记》《浮士德》等，都是在民间文学和民间传说的基础上提炼创作而成的。人民群众还直接参与精神财富的创造，创造出优秀的精神产品，如中国古代的敦煌石窟、龙门石窟的雕塑和壁画，古代印度和欧洲的史诗作品，古埃及的金字塔文化，等等。人民群众的奋斗史处处跃动着创造历史的篇章，汇聚起来就是一部人民的史诗。人民群众是文学艺术之母。人民群众的生活和实践是一切文学艺术取之不尽、用之不竭的唯一的源泉。

最后，人民群众是社会变革的决定力量。人民群众在创造社会财富的同时，也在创造并改造着社会关系。生产关系的变革、社会制度的更替最终取决于生产力的发展，但这种变革和更替只有通过人民群众的革命实践才能实现和完成。历史已经证明并正在证明，一切社会革命运动，实质上都是人民群众组织起来摧毁旧的社会制度的斗争。人民群众的人心向背体现了社会发展的趋势，人民群众是社会变革的主导力量。在社会变革时期，人民群众创造历史的作用就突出地显示出来了。1789 年的法国大革命，使法国复辟时代的历史学派意识到人民群众创造历史的作用，列宁则形象而深刻地指出："革命是被压迫者和被剥削者的盛大节日。人民群众在任何时候都不能像在革命时期这样以新社会制度的积极创造者的身份出现。"① 如果说伟大人物是历史规律的发现者，那么，人民群众就是历史规律的最终实现者，是历史的创造者。因此，尊重历史发展规律与尊重人民群众的历史创造者地位是一致的。

人民群众创造历史，但是，人民群众也不可能随心所欲地创造历史。马克思指出："人们自己创造自己的历史，但是他们并不是随心所欲地创造，并不是在他们自己选定的条件下创造，而是在直接碰到的、既定的、从过去

---

① 《列宁选集》第 1 卷，616 页。

承继下来的条件下创造。”①

首先，经济条件对人民群众创造历史的活动具有首要的、决定性的影响。一定历史阶段所达到的生产力水平，是该时期人民群众创造活动的物质条件，人民群众创造历史的活动，首先要适应生产力状况这一根本的历史条件；生产关系的状况也制约着人民群众创造历史的活动，不同的生产关系为人民群众创造历史活动提供的可能性是很不相同的，处在什么样的生产关系或经济制度中，这对人民群众创造性的发挥具有直接影响。

其次，政治条件对人民群众创造历史的活动具有直接的影响。在不同的政治制度中，人民群众的政治地位和政治权利不同，因而在政治领域以至整个社会生活的创造作用发挥的程度和广度也就不同。列宁指出：“只有当全体居民都参加管理工作时，才能把反官僚主义的斗争进行到底，直到取得完全的胜利。”②

最后，文化条件对人民群众创造历史的活动具有深沉而持久的影响。人们总是自觉不自觉地受到一定的文化传统和意识形态的影响。“一切已死的先辈们的传统，像梦魇一样纠缠着活人的头脑。”③ 文化条件不仅制约着人民群众创造物质财富和精神财富的活动，而且直接制约着人民群众政治积极性的发挥。列宁认为，“文盲是处在政治之外的”④，并指出“直到今天我们还没有达到使劳动群众能够参加管理的地步，因为除了法律，还要有文化水平”⑤。

“凡是承认人们确实能创造自己的历史的哲学，也都得把它本身跟当时的各种历史条件联系起来。它要广泛地估计到，某一时期，人们进行活动的各种条件的比重。”⑥ 任何时代，人民群众创造历史的活动都要受到历史条件的制约。历史条件既为人民群众创造历史的活动提供了前提，又使人民群众创造历史的活动受到制约；人民群众创造历史的活动既受到历史条件的限制，又不断地突破这种限制。人民群众在历史条件制约下创造历史的过程，在一定意义上，就是这种限制和突破限制的过程。每一特定时代的人民群众创造历史的力量都是有限的，然而，人民群众世世代代延续下去，其创造历

① 《马克思恩格斯选集》第1卷，669页。
② 《列宁全集》第36卷，154页，北京，人民出版社，1985。
③ 《马克思恩格斯选集》第1卷，669页。
④ 《列宁全集》第42卷，200页，北京，人民出版社，1987。
⑤ 《列宁全集》第36卷，155页。
⑥ 胡克：《历史中的英雄》，王清彬等译，2页，上海，上海人民出版社，1964。

史的力量又是无限的。人类社会正是在这种从有限趋向无限的矛盾运动中不断发展的。

马克思主义哲学关于人民群众是历史创造者的原理，是中国共产党的群众观点和群众路线的理论基础。群众观点的基本内容是，坚信人民群众自己解放自己、全心全意为人民服务、一切向人民群众负责和虚心向群众学习。把群众观点贯彻和运用到具体工作中，就形成了群众路线：一切为了群众，一切依靠群众，从群众中来，到群众中去。站稳人民立场，坚持群众路线，尊重人民群众的主体地位和首创精神，这是中国共产党的根本立场，是中国共产党战胜一切困难的根本保证。如同新民主主义革命、社会主义建设的历史一样，一部改革开放的历史就是中国人民不懈奋斗的历史，是中国共产党依靠人民群众，“团结带领人民共同创造历史伟业”① 的历史。

三、个人在历史中的作用

历史是由世世代代无数个人的活动所造就的，历史的结果总是从许多单个意志的相互冲突中产生出来的。所有个人都在一定程度上、一定范围内起到一定的作用。列宁指出：“全部历史本来由个人活动构成，而社会科学的任务在于解释这些活动。”②

个人在历史上的作用的大小、性质又是不同的。按照对历史影响的大小，可以把个人区分为普通个人与历史人物。

普通个人对社会发展都有或大或小的贡献，其总和构成了人民群众创造历史的活动。恩格斯指出：“各个人的意志——其中的每一个都希望得到他的体质和外部的、归根到底是经济的情况（或是他个人的，或是一般社会性的）使他向往的东西——虽然都达不到自己的愿望，而是融合为一个总的平均数，一个总的合力，然而从这一事实中决不应作出结论说，这些意志等于零。相反，每个意志都对合力有所贡献，因而是包括在这个合力里面的。”③

历史人物则是指对社会发展有过重大影响、给历史事件打上深刻的个人印记的人物，包括杰出的政治家、思想家、科学家、艺术家、军事家等。在历史人物中，按其对历史作用的性质，即是否促进社会发展，又可区分杰出的历史人物与反动的历史人物。杰出的历史人物，又称伟大人物，是指那些顺历史规律及其发展趋势而动，代表先进阶级或阶层利益，对社会发展起显

① 习近平：《在纪念马克思诞辰200周年大会上的讲话》，17页。

② 《列宁全集》第1卷，360页。

③ 《马克思恩格斯选集》第4卷，605页。

著促进作用的人物；反动的历史人物则是指那些逆历史规律及其发展趋势而动，对社会发展起阻碍作用的人物。伟大人物与反动人物、流芳百世与遗臭万年的分界线，就在于他们是否认识到和如何处理人与历史规律的关系：凡是顺历史规律及其发展趋势而动、促进社会发展者，是伟大人物，流芳百世；凡是逆历史规律及其发展趋势而动、阻碍社会发展者，是反动人物，遗臭万年。

历史人物，尤其是伟大人物在社会发展过程中起着特殊的作用：

其一，历史人物是历史事件的当事人和策划者。历史人物往往是重大历史事件的直接参与者、策划者、指挥者，因而他们总要在历史事件上留下自己鲜明的印记，并使具体的历史事件具有独特的“个性”。例如，秦王嬴政与统一中国，康有为、梁启超与“戊戌变法”，罗伯斯庇尔与法国大革命，列宁与俄国十月革命，等等。历史人物对历史事件有深刻影响，他们往往在重大的历史事件中打上了自己个性的烙印，使之具有这样或那样的特征，甚至能够决定社会发展“个别面貌”或“局部后果”，从而加速或延缓历史进程。

其二，历史人物是历史任务的发起人和组织者。在历史进程中，历史规律往往是伟大人物首先发现的，新的历史任务往往是由伟大人物首先提出来的。伟人之所以是伟人，就在于他们比一般人站得高、看得远，因而能首先发现历史规律，首先把历史进程所形成的新的历史任务揭示出来，并提出解决历史任务的可行方案，组织完成新的历史任务的历史活动。正如普列汉诺夫所说：“伟人确实是发起人，因为他的见识要比别人的远些，他的愿望要比别人的强烈些。他把先前的社会理性发展进程所提出的紧急科学任务拿来加以解决；他把先前的社会关系发展过程所引起的新的社会需要指明出来；他担负起满足这种需要的发起责任。”①

历史人物，包括伟大人物都有自己的个性，唐宗宋祖、秦皇汉武、成吉思汗，克伦威尔、罗伯斯庇尔、林肯……都有自己鲜明的个性，都在发起、组织历史活动的过程中，把自己的思想、品质、情感、风格等个人因素带到历史进程中，从而使历史事件打上了个人的烙印，使每个历史事件都呈现出它特有的面貌。历史事件在现象上的多样性，是同历史人物个性的多样性密切相关的。但是，历史人物的个性对历史进程的影响及其广度和深度，要受到特定的社会关系以及社会力量的制约。“个人的性格只有在社会关系所容

① 《普列汉诺夫哲学著作选集》第 2 卷，373 页，北京，生活·读书·新知三联书店，1961。

许的那个时候、地方和程度内，才能成为社会发展的‘因素’。”①

实际上，历史人物都是特定的社会关系的产物，其产生本身就体现着特定的历史必然性，体现着必然性与偶然性的辩证关系。“人类始终只提出自己能够解决的任务，因为只要仔细考察就可以发现，任务本身，只有在解决它的物质条件已经存在或者至少是在生成过程中的时候，才会产生。”② 历史任务生成、成熟，一定会有人发现并提出这个任务，提出完成这一历史任务的方案，这是必然的。谁来做这件事，恰巧是某个人而不是别人，这又是偶然的。但是，偶然之中有必然。如果没有这个人，那就会有另外的人来代替，并且这个代替者或迟或早总是会出现的。正如恩格斯所说：“恰巧某个伟大人物在一定时间出现于某一国家，这当然纯粹是一种偶然现象。但是，如果我们把这个人去掉，那时就会需要有另外一个人来代替他，并且这个代替者是会出现的，不论好一些或差一些，但是最终总是会出现的。”③

从根本上说，时势造英雄。特定的历史条件所形成的时势，提供了以往历史所没有或罕见的机会，使一些平时默默无闻的“小人物”成为历史人物、伟大人物。惊心动魄的法国大革命把一些理发匠、修鞋匠、店员等“小人物”造就成资产阶级共和国的将军和领袖。波澜壮阔的中国新民主主义革命使一些放牛娃、“煤黑子”、普通学生等“小人物”成长为人民共和国的将军和领袖。伟大人物的产生具有历史必然性，或者说，他们本身就是历史必然性的体现者。马克思引用并赞同爱尔维修的观点，即每一个时代都需要有自己的伟大人物，如果没有这样的人物，它就要创造出这样的人物来。有什么样的时代，就会产生什么样的伟大人物、历史人物。

实际上，伟大人物都是时代的需要和历史的考验相结合而形成的，没有一个伟大人物是从历史条件中自然生长出来的，而是在艰辛探索、艰苦磨炼的过程中成长起来的。政治家、科学家、军事家乃至艺术家都是如此。莎士比亚是某年某月某日在某地由某对夫妻生出来的，但生出来的莎士比亚并不是作为伟大戏剧家的莎士比亚，而是一个除了呱呱啼哭以外什么也不会的婴儿。鲁迅说得好，即使天才，生下来的第一声啼哭也不是一首好诗。作为伟大戏剧家的莎士比亚是成长起来的，是当时英国的社会环境、文化传统和他本人的努力奋斗造就的。社会、历史、时代的需要及其实现往往凝结在伟大

① 《普列汉诺夫哲学著作选集》第2卷，359-360页。
② 《马克思恩格斯选集》第2卷，3页。
③ 《马克思恩格斯选集》第4卷，649-650页。

人物的成长过程中。

任何历史人物，包括伟大人物，总是在一定的历史条件下活动的。历史条件对普通个人和历史人物同样起着制约作用，再伟大的人物也不可能摆脱历史条件的制约。历史人物凭借自己的才能、性格等特点能够改变具体的历史事件的面貌或历史的某些结果，但他们不可能改变社会发展的规律及其趋势。历史的总体进程不会因“英雄”的出世而改变，也不会因“伟人”的陨落而易辙。“一个伟大人物之所以伟大，并不因为他的个人特点使各个伟大历史事变具有其个别的外貌，而是因为他自己所具备的特性使他自己最能致力于当时在一般和特殊原因影响下所发生的伟大社会需要。”①

任何历史人物，包括伟大人物的力量，都不可能超过人民群众的力量。个人再伟大，也是个人；群众再平凡，也是集体，而集体的力量是包括伟大人物在内的任何个人无法比拟的。人心向背，体现着社会发展的趋势和要求。“得人心者得天下，失民心者失天下”，这是一条历史规律。在历史上，只有人民群众选择某个历史人物、伟大人物作为领袖，而不是领袖选择人民群众；只有人民群众抛弃某个领袖，而任何一个历史人物、伟大人物一旦“抛弃”群众，就只能成为向隅而泣的孤家寡人，被历史抛弃。“鱼失水则死，水失鱼犹为水也。”忽视伟大人物的历史作用是错误的，无视人民群众的历史作用更是错误的。无产阶级政党必须“学会把领袖和阶级、领袖和群众结成一个整体，结成一个不可分离的整体”②，从而进行历史性的创造活动。无论在革命、建设时期，还是改革时期，中国共产党始终保持同人民群众的血肉联系，凝聚成为一个不可分离的整体，“团结带领人民共同创造历史伟业”，“依靠人民推动历史前进”③。

任何历史人物都是一定时代和具体的历史条件的产物，必然带有时代特征和历史局限性；阶级社会中的历史人物不可避免地要受到特定的阶级关系的制约，必然反映和代表特定阶级的特征与阶级局限性。因此，在评价历史人物时，应坚持历史分析方法和阶级分析方法。

历史分析方法要求从特定的历史背景出发，根据当时的历史条件，将历史人物置于他们所处的历史环境中，对他们的是非功过进行具体的、全面的考察，如实地反映历史人物与当时历史条件的关系，如实地反映历史人物的

---

① 《普列汉诺夫哲学著作选集》第2卷，373页。

② 《列宁选集》第4卷，160页。

③ 习近平：《在纪念马克思诞辰200周年大会上的讲话》，17、18页。

历史作用，从而给予恰当的评价。无视历史人物的历史局限性，夸大、美化、拔高古人是不对的；脱离具体的历史条件，用现代人的标准苛求前人，也是不可取的。“判断历史的功绩，不是根据历史活动家**没有提供**现代所要求的东西，而是根据他们比他们的前辈**提供了新的东西**。”① 同时，应当注意，历史人物本身是变化的，应当从历史的观点给予如实的评价。同一个历史人物，在不同的历史时期可能会有不同的历史作用，有时甚至会有性质相反的历史作用。

在阶级社会里，贯彻历史分析方法就要坚持阶级分析方法。这是因为，在阶级社会中，具体地考察历史条件与历史人物的关系，必然包含分析一定的阶级条件与历史人物的关系。阶级分析方法要求把历史人物置于一定的阶级关系中，同他所属的阶级联系起来加以考察和评价。一定的阶级总是要推举或产生出自己的代表人物，以表达自己的利益和愿望，历史人物的作用必然受到阶级关系的制约；历史人物的命运，也往往同他所属的阶级的兴衰沉浮息息相关。在历史上，阶级的局限性决定了它的代表人物的局限性。在阶级社会中，离开了一定的阶级背景，就难以理解历史人物的产生、作用及其性质。

第三节　社会形态更替的决定性与人的活动的选择

社会形态标志着社会结构的类型，即标志着“具有独特的特征的社会”。每一种社会形态都是人类发展史上的一个阶段，原始社会、奴隶社会、封建社会、资本主义社会和社会主义社会的依次更替构成了人类总体历史。正因为如此，列宁把五种社会形态的更替称为“人类历史的总规律”。社会形态的更替具有规律性、统一性，同时，每个民族在自己的历史活动中建立何种社会形态又有选择性，从而使社会形态的更替以及同一种社会形态的存在形式具有多样性。

一、社会形态：经济结构、政治结构和观念结构的统一体

社会形态与社会是两个既有联系又有区别的概念。社会标志着由人所形成的集合体，标志着人与人之间独特的关系及其与自然界的区别。但是，现

① 《列宁全集》第2卷，154页，北京，人民出版社，1984。

实的社会总是具体的，并且具有自己的独特性，社会形态就是对众多具体社会的共性的理论概括，其核心是社会结构和社会制度的性质。

"人们在自己生活的社会生产中发生一定的、必然的、不以他们的意志为转移的关系，即同他们的物质生产力的一定发展阶段相适合的生产关系。这些生产关系的总和构成社会的经济结构，即有法律的和政治的上层建筑竖立其上并有一定的社会意识形式与之相适应的现实基础。"① 马克思在这里揭示了社会的基本结构。社会形态就是指社会结构的类型，即同生产力发展的一定阶段相适应的经济结构（生产关系）、政治结构和观念结构的统一体。由于整个社会结构好像是一座建筑物，既有自己的基础，又有自己的上层建筑，所以，马克思又形象地把经济结构比喻为社会的经济基础，把政治结构和观念结构比喻为社会的上层建筑。在这个意义上，社会形态就是指同生产力发展的一定阶段相适应的经济基础和上层建筑的统一体。

在社会形态中，作为基础的、占统治地位的生产关系决定社会形态的性质，从而使不同的社会形态从根本上区别开来。正是在这个意义上，马克思指出："**生产关系总合起来就构成所谓社会关系，构成所谓社会，并且是构成一个处于一定历史发展阶段上的社会**，具有独特的特征的社会。**古典古代**社会、**封建**社会和**资产阶级**社会都是这样的生产关系的总和，而其中每一个生产关系的总和同时又标志着人类历史发展中的一个特殊阶段。"② 到目前为止，人类经历了五种社会形态，即原始社会、奴隶社会、封建社会、资本主义社会、社会主义社会。这五种社会形态都是"具有独特的特征的社会"，标志着社会发展的五个历史阶段。

社会形态并不等于每一个具体的社会共同体，不能把每一个具有自身特色的国家都看成一个独立的社会形态。例如，不能把美国社会看成一种社会形态，把德国社会看成一种社会形态，把日本社会看成一种社会形态，等等。事实上，现在的美国、德国、日本等国家虽然各有特点，但都属于同一种社会形态，即都属于资本主义社会。不同时代、不同地区存在过不同的社会制度，它们各有自己的特色。社会形态这个概念就是对这些不同的社会制度的概括，以期找出它们之间共同的基础性的东西，从而把握社会发展的规律。正如列宁所说，历史唯物主义"把**生产关系**划为社会结构"，并分析生产关系这种"物质的社会关系"从而"看出重复性和常规性，把各国制度概

---

① 《马克思恩格斯选集》第2卷，2页。

② 《马克思恩格斯选集》第1卷，340页。

括为**社会形态**这个基本概念。只有这种概括才使人有可能从记载（和从理想的观点来评价）社会现象进而以严格的科学态度去分析社会现象，譬如说，划分出一个资本主义国家和另一个资本主义国家的不同之处，研究一切资本主义国家的共同之处”①。

社会形态与社会经济形态也是两个既有联系又有区别的概念。在马克思主义哲学中，社会经济形态具有狭义和广义两层含义。狭义上的社会经济形态就是指生产关系，即由生产关系的总和构成的经济结构。列宁就认为，马克思“从各个社会经济形态中取出一个形态（即商品经济体系）加以研究，并根据大量材料（他花了不下25年的工夫来研究这些材料）对这个形态的活动规律和发展规律作了极其详尽的分析。这个分析仅限于社会成员之间的生产关系。马克思一次也没有利用这些生产关系以外的任何因素来说明问题，同时却使人们有可能看到商品社会经济组织怎样发展，怎样变成资本主义社会经济组织而造成资产阶级和无产阶级这两个对抗的（这已经是在生产关系范围内）阶级”②。广义上的社会经济形态是指物质生活的生产方式。马克思指出：“大体说来，亚细亚的、古代的、封建的和现代资产阶级的生产方式可以看作是社会经济形态演进的几个时代。”③

但是，无论是狭义的社会经济形态概念，还是广义的社会经济形态概念，都不能等同于社会形态概念。社会形态以经济形态为基础，但又不等于经济形态；社会形态既包括经济形态，又包括政治形态、意识形态，是经济形态、政治形态和意识形态的统一体。列宁指出，在《资本论》中，马克思“完全用生产关系来说明”资本主义社会形态的构成和发展，生产关系的分析因此构成了“《资本论》的骨骼”。同时，马克思又“随时随地探究与这种生产关系相适应的上层建筑，使骨骼有血有肉。《资本论》的成就之所以如此之大，是由于‘德国经济学家’的这部书使读者看到整个资本主义社会形态是个活生生的形态：有它的日常生活的各个方面，有它的生产关系所固有的阶级对抗的实际社会表现，有维护资本家阶级统治的资产阶级政治上层建筑，有资产阶级的自由平等之类的思想，有资产阶级的家庭关系”④。可以说，社会形态理论以浓缩的形式凝结着马克思主义哲学关于社会基本矛盾、

---

① 《列宁选集》第1卷，8页。

② 《列宁选集》第1卷，9页。

③ 《马克思恩格斯全集》第13卷，9页，北京，人民出版社，1962。

④ 《列宁选集》第1卷，9页。

社会基本结构、阶级斗争以及社会主义必然代替资本主义理论的全部内涵。

马克思主义哲学的社会形态概念与西方社会形态学的社会形态概念既有共同之处，又有本质的不同。西方社会形态学也研究社会结构，从各个层次上"关注""社会的物质形态"，并分析了经济形态、政治形态、宗教形态。但是，西方社会形态学更为关注的是人口结构、群体结构，甚至认为"严格意义上的社会形态学"的研究对象就是人口，"在研究社会其他领域的形态学时，我们最终也都归结到人口问题"①。更为重要的是，西方社会形态学在考察社会结构时循着这样一条思路，即物质空间形态—群体结构—集体意识（心理），并把社会形态看作集体意识的外在表现。"我们的考察就从表面上的物理形态、地理状态（诸如空间位置、大小、密度）过渡到了有机的生物统计的层面上（性别、年龄）"，最终到达"一种结构坚实"的"集体意识"，"我们对这些物质形态加以观照，其目的是透过这些物质形态，找到部分集体心理的因素"②。可以说，西方社会形态学的社会形态概念的核心是集体意识，社会形态学从"社会的物质形态"中透视出集体意识；马克思主义哲学的社会形态概念的核心则是生产关系，马克思主义哲学从集体意识中"透视"出"物质的社会关系"，即生产关系。二者具有本质的不同。

二、社会形态更替的决定性与选择性

社会形态更替的决定性本质上是指社会运动具有规律性，其具体内容是，社会领域中具有普遍的因果关系，人们活动的每一个结果以及历史事件都有其内在的原因；社会运动中的主要的、必然的因果关系构成历史规律序列，从根本上说，历史的规律性就是经济必然性对人类历史行程的制约性，在经济必然性的支配下，人类历史行程呈现出一定的轨迹和趋势。正如恩格斯所说："人们自己创造自己的历史，但是到现在为止，他们并不是按照共同的意志，根据一个共同的计划，甚至不是在一个有明确界限的既定社会内来创造自己的历史。他们的意向是相互交错的，正因为如此，在所有这样的社会里，都是那种以**偶然性**为其补充和表现形式的**必然性**占统治地位。在这里通过各种偶然性来为自己开辟道路的必然性，归根到底仍然是经济的必然性。"③

如前所述，历史规律同样具有重复性。但是，历史规律的重复性并不等

① 哈布瓦赫：《社会形态学》，王迪译，197页，北京，商务印书馆，2021。

② 哈布瓦赫：《社会形态学》，王迪译，135、145页。

③ 《马克思恩格斯选集》第4卷，649页。

于历史事件的重复性。任何一个历史事件的产生都是必然性和偶然性共同作用的结果，规律重复的只是同类历史事件中共同的本质的东西，不是也不可能是重复其中的偶然因素；偶然性则使历史事件各具特色，不可重复。因此，可重复的历史规律正是在一个个不可重复的历史事件中体现出来的。只要我们把社会关系归结于生产关系，把生产关系归结于生产力状况，就能看出社会发展的规律及其重复性。例如，尽管大洋彼岸的美国、欧洲的法国以及亚洲的日本各具特点，但在社会形态上具有本质上的共同性，即同属于资本主义社会形态，而且这些不同的国家是在不同的地区和不同的时期走上共同的发展道路，即资本主义道路的，究其根本原因，都是生产力与生产关系矛盾运动的结果。这表明，历史规律同样具有重复性，即在一定条件下，某种历史规律就会反复发生作用，成为一种常规现象。

以此为前提，马克思主义哲学提出了“五种社会形态”理论，认为社会形态的更替是“人类历史的总规律”，具有决定性。“社会的物质生产力发展到一定阶段，便同它们一直在其中活动的现存生产关系或财产关系（这只是生产关系的法律用语）发生矛盾。于是这些关系便由生产力的发展形式变成生产力的桎梏。那时社会革命的时代就到来了。随着经济基础的变更，全部庞大的上层建筑也或慢或快地发生变革。”“大体说来，亚细亚的、古代的、封建的和现代资产阶级的生产方式可以看作是社会形态经济演进的几个时代。资产阶级的生产关系是社会生产过程的最后一个对抗形式……但是，在资产阶级社会的胎胞里发展的生产力，同时又创造着解决这种对抗的物质条件。因此，人类社会的史前时期就以这种社会形态而告终。”① 马克思这一论述深刻地揭示了社会形态更替的决定性。

从人类总体历史来看，“五种社会形态”的依次更替体现了社会发展的一般规律，并表现为一个决定过程。从人类总体历史来看，社会主义社会产生于资本主义社会之后，资本主义社会产生于封建社会之后，封建社会产生于奴隶社会之后，奴隶社会没有也不可能产生于原始社会之前，所有的民族在“人猿相揖别”之后，进入的都是原始社会。原始社会是人类社会的“原生形态”。之所以如此，是因为前一种社会形态的发展过程中孕育着后一种社会形态产生的可能性、必然性，任何一种社会形态的更替，都是前一种社会形态中的生产力与生产关系矛盾运动的结果。“无论哪一个社会形态，在它们所能容纳的全部生产力发挥出来以前，是决不会灭亡的；而新的更高的

① 《马克思恩格斯全集》第13卷，8-9页。

生产关系，在它存在的物质条件在旧社会的胎胞里成熟以前，是决不会出现的。”①

就具体民族历史而言，社会发展并不是严格地按照“五种社会形态”的序列演进的。这里，历史选择性表现出重要作用。所谓历史选择性，实际上是指人的活动具有选择性，即具体的历史主体以一定的方式在可能性空间中有意识、有目的地指向确定对象的活动。当一个民族的历史处在一个转折点时，社会发展往往显示出多种可能的途径。在这多种可能性中，哪一种可能性能够实现，则取决于这个民族的自觉选择。马克思主义的历史决定论是从社会发展具有规律性这个角度而言的，针对把历史中的一切都归于偶然性的观点，而不是否定人的活动的选择性，更不是宿命论。同时，马克思主义的历史决定论又是针对唯意志论而言的，正如列宁所说：“决定论思想确认人的行为的必然性，摒弃所谓意志自由的荒唐的神话，但丝毫不消灭人的理性、人的良心以及对人的行动的评价。恰巧相反，只有根据决定论的观点，才能做出严格正确的评价，而不致把什么都推到自由意志上去。”②

历史选择可以使一个民族跨越一种或几种社会形态，通过不同的道路向着较高级的社会形态迈进。一个民族之所以做出这种或那种选择，有其特定的原因：

第一，取决于民族利益。不同的民族有不同的利益。民族的利益是一个民族进行历史选择的直接动机，规定着这个民族历史选择的方向。

第二，取决于民族交往。一个民族的发展根源于这个民族内部的生产力与生产关系的矛盾。但是，任何一个民族总是直接或间接地处于交往中。交往使一个民族内部的矛盾运动与外部的各种因素交织在一起，相互作用、相互影响。正是这种相互作用、相互影响，为该民族的发展提供了由多种可能性构成的“可能性空间”。“由于同工业比较发达的国家进行广泛的国际交往所引起的竞争，就足以使工业比较不发达的国家内产生类似的矛盾。”③ 正是在这种“类似的矛盾”的引导下，在先进民族的“历史的启示”下，某一民族可以自觉地选择某种社会形态。

第三，取决于对历史必然性以及本民族特点把握的程度。一般说来，一个民族对历史必然性以及本民族特点把握的程度，直接制约着其历史选择活

① 《马克思恩格斯全集》第13卷，9页。

② 《列宁选集》第1卷，26页。

③ 《马克思恩格斯全集》第3卷，83页。

动的内容和方向。中国人民选择了社会主义而超越了资本主义阶段，与中国人民对历史必然性以及本民族特点的把握有着直接联系。中国从半殖民地半封建社会直接走上社会主义道路，既是中国近代历史发展的必然，又是中国人民的自觉选择，是一次历史性的选择。

人的活动的选择性并不是对社会发展的决定性的否定，相反，人的活动的选择性与社会发展的决定性是内在统一的。历史选择的对象只能存在于既定的可能性空间中，可能性空间是选择活动的前提。问题在于，这个可能性空间却是由人们不能自由选择的既定的历史条件，尤其是生产力的状况决定的。人的活动并不是在自己任意选择的条件下进行的，而是在既定的条件下进行的；人的活动可以改变既定的历史条件，但不可能抛开既定的历史条件，随心所欲地选择。人们的历史选择活动有着既定的前提并受历史规律的制约，并不能改变人类历史的总体进程。

三、社会形态更替的统一性与多样性

社会形态更替的决定性与选择性使社会形态的更替呈现出统一性与多样性。可以从两个方面考察这种统一性与多样性。

从纵的方面看，社会形态更替的统一性就在于，在人类总体历史上，这一过程表现为原始社会—奴隶社会—封建社会—资本主义社会—社会主义社会这五种社会形态的依次更替；在具体民族历史上，这一过程表现为，在没有外来的影响、冲击、干涉的情况下，民族的历史也将依次经历上述五种社会形态。西欧绝大多数民族走的就是这样一条典型的发展道路，即依次经历了原始社会、奴隶社会、封建社会和资本主义社会。正因为如此，马克思认为，“五种社会形态”的依次更替是社会的“自然的发展阶段”，具有不可超越性。

从纵的方面看，社会形态更替的多样性表现为，不同的民族在特定历史条件下可以跨越一种或几种社会形态，从而使社会发展道路呈现出多样性。确认人类总体历史进程的不可超越性，并不是说一切民族，不管它所处的历史环境如何，都注定要走“五种社会形态”依次更替的道路，相反，在特定的历史条件下，某一或某些民族能够跨越某种社会形态而直接走向更高级的社会形态。例如，西欧的日耳曼民族在征服罗马帝国之后，越过奴隶制，从原始社会直接走向封建社会，东欧的一些斯拉夫民族以及亚洲的蒙古族也走着类似的道路；北美洲在欧洲移民到来之前仍处于原始社会状态，随着欧洲移民的到来，北美洲迅速建立起资本主义制度，“在那里，资产阶级社会不是在封建制度的基础上发展起来的，而是从自身开始的；……在那里，国家

和一切以往的国家的形成不同，从一开始就从属于资产阶级社会”①，大洋洲也走着类似的道路；而在非洲，有的民族从奴隶社会，有的甚至从原始社会末期直接走上了资本主义道路。马克思由此认为，资本主义产生有三条道路：一是从封建制度的“衰亡”中产生；二是从奴隶制和农奴制的“解体”中产生；三是从原始公有制的“崩溃”中产生。②

在把握社会发展的秩序和线索时，既要看到统一性，又要看到多样性，把握二者的真实关系：

一方面，社会形态更替的统一性往往通过各个民族不同的发展道路表现出来，社会发展的一般规律并不排斥不同民族在发展秩序上的独特性。正如列宁所说：“世界历史发展的一般规律，不仅丝毫不排斥个别发展阶段在发展的形式或顺序上表现出特殊性，反而是以此为前提的。”③

另一方面，社会形态更替的多样性并不能否定人类总体历史进程。某一民族可以跨越一定的社会形态，但它的历史运行路线是不可能同人类总体历史进程逆向的，相反，其跨越的方向同人类总体历史进程是一致的，而实际存在着的社会形态及其生产力状况规定着其跨越的限度，较先进的社会形态对其跨越具有导向作用。例如，日耳曼民族跨越了奴隶社会，从原始社会末期直接走上了封建社会的道路，这是日耳曼民族在征服了罗马帝国后适应罗马帝国生产力状况的结果。正如马克思所说：“封建制度决不是现成地从德国搬去的。它起源于征服者在进行征服时军队的战时组织，而且这种组织只是在征服之后，由于在被征服国家内遇到的生产力的影响才发展为真正的封建制度的。”④ 从历史上看，任何一个民族跨越一定的社会形态，都是在当时的先进生产力的影响下，在当时的较先进的社会形态的引导下实现的。没有资本主义生产方式的存在及其对落后国家的影响、冲击和渗透，一些民族就不能跨越封建社会、奴隶社会而直接走向资本主义社会，中国也不可能跨越资本主义社会而直接走向社会主义社会。

从横的方面看，社会形态更替的统一性就在于，同类社会形态有共同的本质；社会形态更替的多样性表现为，同类社会形态在不同的民族那里有自己的特殊表现形式，各有自己的特点。例如，封建社会的本质特征就在于，

① 《马克思恩格斯全集》第46卷上，4页。
② 《马克思恩格斯全集》第46卷上，14页。
③ 《列宁选集》第4卷，776页。
④ 《马克思恩格斯选集》第1卷，207页。

在经济基础上是封建土地所有制，以地主阶级占有生产资料和不完全占有劳动者为基础。但是，封建社会在不同的民族那里又有自己的特殊表现形式，如中国的封建制度在经济方面主要采取土地国家所有制，西欧的封建制度主要实行“采邑”制；中国封建社会没有西方封建社会的领主庄园制，不存在贵族与农奴，只存在地主与小农。实际上，每一种社会形态在不同的民族那里都有自己的特殊表现形式。

从人类总体历史看，社会形态的更替体现了人类解决自身矛盾的能力及其创造性；同类社会形态在不同的民族那里有不同的特点，则体现了不同的民族解决其内在矛盾的能力及其独特的创造性。一般来说，不同的民族总是自觉或不自觉地依据本民族的特点、历史传统以及“从外部发生作用的历史影响”来设计、创造自己的社会存在形式，从而使同类社会形态呈现出不同的特点。实行改革开放，建设中国特色社会主义，既是历史的必然，又是中国人民新的自觉选择和伟大创造。实行改革开放是决定当代中国命运的关键抉择，是实现中华民族伟大复兴的关键抉择。

第九章 认识与实践

人的行为方式的特点是先思后行、以知统行，而且人的活动越理性化，这种知先行后、以知统行的特点就越明显。这就容易产生错觉，以为认识是先于实践产生的，是认识决定实践。实际上，在认识与实践的关系中，实践是认识的基础，归根结底，是实践决定认识，而不是认识决定实践。实践是认识发生的现实基础，认识本质上是主体在实践的基础上对客体的能动反映。

第一节 认识的发生

这里讲的认识的发生，不是指人们对某一具体事物认识的发生，而是指人的认识能力是如何从无到有地发生的。对于认识的发生，不同的哲学流派有不同的解释，马克思主义哲学把认识发生的自然因素和社会因素结合起来，确认人的实践活动是认识发生的现实基础。

一、实践：认识发生的现实基础

人是自然界长期发展的产物，认识的发生无疑要以一定的自然条件为前提。物质普遍具有的反应特性，物质反应特性的长期进化，在人类的祖先——高级类人猿身上达到了相当高的程度，形成了高级猿类的智能活动。高级猿类的智能活动具有了人的认识的萌芽，但这种智能活动还不是人的认识活动。更重要的是，在高级猿类智能活动的自然发展中，并不存在人的认识发生的必然性根据。人的认识发生的最切近、最现实的基础不是生物的自然发展的过程，而是人能动地改变世界的实践活动。

首先，实践提出了人以观念方式把握世界的客观要求，即提出了人认识世界的必要性。从认识发生的动力学角度看，实践提供了认识发生的根本动力。

动物的生存方式是一种消极适应自然的本能活动，它不需要实际地改变自然界，所以，动物只用感性直观的方式反映对象就足够了。与此不同，人要生存就需要改造自然界，按人的方式创造世界，这就必须深入事物的内部认识事物的本质和规律，从而超越事物的个别的、当下的状态，从个别到一般，通过现象认识本质。显然，动物的以感觉为主、对个别事物的直观反映方式，不能满足人的实践活动的要求。人必须以能动的方式，抽象地、创造性地认识和把握客观事物及其本质和规律，这就形成了以观念把握客观事物的认识方式。因此，认识发生于实践活动，实践使人的认识的发生成为必需和必要。

其次，实践以工具性活动作为条件保证，使主体对客体的观念把握，即形成人的认识，具有了现实的可能性。

从认识的客体来看，正因为有了实践这种人所特有的工具性的操作活动，才能够具体地暴露客观事物内部的各种属性和事物之间的相互关系，使之成为人的观念所把握的内容。动物没有工具性的实践活动，因而深入不到、认识不了客观事物的内在结构和本质。人以工具为中介同认识对象发生相互作用，就能够深入和认识到客观事物的内在结构和本质，使客观事物成为人的观念所把握的对象。

从认识的主体来看，人的实践活动不仅促进了人脑的发展，而且通过实践活动的内化，产生了人所特有的认识结构和认识图式，形成了专属于人的认识能力。这是认识发生的关键。作为人的认识能力的标志的，不是人脑的生物结构，而是人所特有的社会性的认识结构，即每个成熟的认识个体头脑中都存在的感知活动和思维活动的程序、程式与模式。这种程序、程式与模式就是主体认识图式。心理学和发生认识论的研究表明，主体认识图式并不是人脑中先验预存的，而是在实践活动中，在人与对象的相互作用过程中，通过活动的内化而逐步形成的。人的五官感觉以及思维能力、认识图式等，并不是纯粹自然进化的产物，而是以自然进化为前提的人的实践活动的产物。

最后，实践生成着人的社会交往，使人的认识活动具有了社会性和公共性，成为社会性的认识活动。

个人总是在一定的社会环境中形成自己的思维能力、认识图式的，所以，个体的认识活动必然受到社会因素的制约。个人只有以一定的方式同其他社会成员交往，结成一定的社会关系，形成一定的社会群体，才能从事实践活动，并在这个过程中实现活动的内化，即形成人的认识；同时，也只有在这个过程中，才能以认识活动的结果去引导、控制和调节实际改造对象的活动，即实现活动的外化或对象化。通过这种不断发生、发展着的交往以及活动的内化与外化，人不仅改造着客观世界，而且改造和重新建构了主体的认识结构与认识图式。与此同时，人的认识活动也就相应地具有了社会性和公共性，并随着社会历史的发展不断发展。

人的实践活动从一开始就是社会的。以实践为基础的交往的扩大和语言的发展作为两个重要的推动力，使认识从认识个体的大脑中“走出来”，成为人所特有的社会性的认识活动。人在社会交往中通过语言、符号使思想获得了共同的表达方式，使认识超出了个人体验的狭隘范围；人通过语言符号不仅能够掌握世世代代人的经验，而且能够掌握他人的和集体的经验，从而使人的认识活动获得了不同于生物遗传的社会遗传方式。正是因为能够运用语言、符号，作为认识主体，人能够在观念中对客体进行思维操作，即通过使用语言、符号把客体在观念中分解开来，对其进行加工和改造，从而使人对客体的观念把握成为可能。

总之，以工具性、社会性为特征的人的实践活动是认识发生的现实基础和决定因素。这种活动一方面内化为主体的认识结构，另一方面外化出人生活于其中的对象世界。人通过工具、语言、符号系统作为社会传递物，使其所取得的实践成果和认识成果不会随着个体的消亡而丧失。相反，人的实践成果和认识成果以社会传递物为中介，以社会遗传进化方式一代又一代地传递和发展着，每一代人都以上一代人的实践成果和认识结果为起点，开始新的具有自身特点的实践活动和认识活动。

二、认识的种系发生

认识的发生表现为两种形式，也就是认识的种系发生和认识的个体发生。

认识的种系发生又称认识的系统发生，指的是人类主体的认识发生过程。由于对这一发生过程的研究要追溯到认识在早期原始人类中的发生，所以，认识的种系发生又被称为认识的原始发生。认识的原始发生或种系发生学，着重考察的是现已达到成熟形态的认识结构的构成因素及其内在联系、实现形式、功能表现等，是怎样伴随着人类的形成而形成的，是在怎样的条件下和基础上形成的，即着重对整个人类认识的胚胎萌发期的考察。确认实践是认识发生的现实基础，并不是说在认识发生以前已经有一种现成形态的“实践”存在着，然后由这种实践把人类的“认识”发生出来。实际上，认识的发生与实践的发生以及从猿到人的进化是一个统一的过程。劳动在从猿到人的进化过程中起着决定性的作用，随着人类最后脱离动物界，人类的反映形式也就最终摆脱动物的反映形式，形成了专属于人的社会反映形式，从而使人类的认识得以发生和形成。

对原始人来说，使认识得以形成和发生的实践不是某种既成的活动形式，而是正在生成、变化、发展中的活动。和这种处于生成、变化、发展状态的实践相联系，原始人的身体结构、大脑、社会化程度、语言等，也处在相应的生成、变化、发展的状态中，这些都成为人的认识发生的必要因素。其中，打制原始石器的活动对人的认识的发生，特别是抽象能力的提升是极其重要的。

为了打制原始石器，原始人要从有不同硬度的天然物中辨别出石头是最硬的，这是认识的第一级抽象；从各种石头中选择出最适宜做打制石器的“砾石”来，这是认识的第二级抽象。在人制造和使用工具的这种最初的、原始的实践活动中，已经产生了抽象的萌芽，尽管这种抽象一开始只是同实物结合在一起的低水平的抽象，但它已经包含着观念上的逻辑操作，即需要把物体进行逻辑上的分类和比较，并形成合乎逻辑的选择。可见，劳动不仅使人与事物处于实践关系中，而且也使人与事物发生了认识关系。随着实践的发展及其形式的多样化，原始人的一切劳动形式和社会活动都逐步成为认识所指向的对象，成为原始人的思维基础和抽象原型，人类的认识活动同动物的反映活动的距离越来越远。体现在原始人的工具性活动中的理性因素，就逐步在从猿到人的进化过程中积淀和建构起来了。

随着从猿向人转变的最终实现，人的认识的种系发生过程就结束了，随之开始的是人类主体认识和改造世界的历史。但是，人类主体是由无数个体所构成，并在无数个体的世世代代的更替中得以存在和发展的。对每一个个体来说，他的认识都不是与生俱来的，而是伴随着生命的孕育与延续、机体的发育与成长，经历着一个渐进的发生的过程。人类认识的种系发生就是在无数原始个体认识发生的过程中实现的。正是无数原始个体的心理、意识、思维的不断发生，构成了人类认识种系发生的过程。这个过程使人的认识逐步超越动物的感觉和心理，从一种“动物式的意识”转变为“纯粹的意识”，使人成为“有意识的类存在物”。

三、认识的个体发生

认识的个体发生，是指人类的每一个个体在出生后，随着生理、心理的发育、成熟以及参加社会活动等所经历的从无认识能力向有认识能力的发生过程，从儿童的前认识水平发展到成人的认识水平的过程。

任何一个人，当他降生在这个世界上，就生活在一个充满各种信息的社会之中。但是，他此时并不能接受，更不能理解这些信息。换言之，儿童虽然身处属人世界之中，但他还不是真正意义上的“社会人”，只能是“自然人”或“生物人”。同时，儿童的成长又要依赖这个属人世界，需要从这个世界中获取他生存的东西，需要建立同他人、社会的联系和关系。而社会从一开始就力图按照一定的程序，把社会生活的“规范”教给儿童，使这些“规范”内化为儿童的活动方式。就在个人与社会、个体与环境的相互作用过程中，随着儿童生理-心理的逐步成熟，儿童逐步融入社会之中，逐步建立起与社会相一致的活动方式；这种活动方式又内化为儿童所特有的认知-思维的结构和模式，使儿童逐步形成认识能力，建构起认识图式。

因此，儿童个体的认知-思维的结构既不是天生的，也不是认识对象赋予的，而是儿童通过工具化、符号化的学习活动和实践活动逐步“建构”出来的。就像在认识的种系发生过程中，实践最初是一种处于发生形态中的、不断演化的活动一样，在认识的个体发生过程中，儿童的“实践”也要经历一种从本能到自觉、从个体到交往、从身体到工具的发展、转化过程。这种“实践”的发生过程，也就是儿童“认识”的发生过程。

从总体上看，儿童认识能力的发生经历了三个阶段。

第一个阶段：动作-感知思维阶段。儿童的思维是同它的动作相联系的，但儿童一开始只会从身体发出一些简单动作，如吮吸、抓握、摆弄等。此时，儿童本身处于一种无自我意识的状态，处于一种主体与客体不分的状态。随着儿童生理-心理的发展，儿童的活动就不再囿于自身，而开始涉及对物体的影响，这就形成了主体与客体的分化、动作与动作结果的分化，并在此基础上开始发生思维的萌芽。这是一种同感知动作相伴随的思维，即动作-感知思维，其特点在于，儿童只能思考自己动作所接触的事物，只能在动作中思考，而不能在动作之外思考，更不能考虑自己的动作、计划自己的动作和预计自己动作的后果等。

第二个阶段：形象-具体思维阶段。随着成长和社会化，儿童开始掌握一些语言、符号，并逐步走向语言、符号与实物的对应关系。由此，儿童认识的发生就进入了形象-具体思维阶段，其特点在于，由于信号功能和象征功能的出现，儿童开始从具体动作中摆脱出来，大脑中出现了象征性格局，并凭借这种格局进行“表象性思维”，表象性思维的形成使儿童具有了运用象征性符号进行思维的能力。但是，此时儿童还不具有概念思维的能力，既不能认识同一类客体中的相同的个体，也不能认识不同个体中的同一性；还不会进行合乎逻辑的推理，往往是从一个个别推到另一个个别，而这两个个别很可能并无内在联系。因此，儿童此时的思维是前概念的、具体的、不合逻辑的。

第三个阶段：符号-运算思维阶段。随着成长和进一步社会化，儿童不仅具有了物理方面的经验，而且逐步产生数理逻辑方面的经验。物理方面的经验是对客体自身属性的反映，如轻重、软硬、粗细等。数理逻辑方面的经验不是对客体自身属性的反映，而是主体通过自己的动作以及以后的运算作用于客体后才产生的。例如，10 粒石子，不管你把它们怎样排列，也不管你从哪一粒石子开始数，总数总是 10。在数石子的过程（这是儿童以活动作用于石子）中，儿童产生了守恒的概念。这就是外部活动内化为主体的运算结构。由此，儿童的思维进入了符号-运算思维的阶段。随着符号-运算结构不断发展，儿童就进入可以脱离具体事物的形式运算的阶段，即由运用表象转化为运用符号，并运用符号系统去处理抽象的事物和关系的阶段了。至此，儿童的认识能力已经接近成人的水平了。

可以看出，在个体认识的发生过程中，一方面是儿童的可塑性的活动所引起的主体与客体之间的相互作用，另一方面是由社会对儿童的影响并引起儿童反应的个体与社会之间的相互作用。这两方面的相互作用交织在一起，不仅使儿童发生着由外部动作向内部动作的转化，而且发生着由个体性存在向社会性存在的转化。在这个过程中，儿童将自己初步形成的认知-思维结构运用于对象，使内部活动发生向外部活动的转化，即对象化或外化，外化的结果作为原因又反过来影响思维结构的建构。儿童的认识能力就在这种内化与外化的双重建构中逐渐发生出来，儿童由此逐步成为成熟的认知与思维的主体。

认识的个体发生与认识的种系发生之间存在着密切的联系，认识的个体发生以简略、概括、浓缩的形式再现认识的种系发生，犹如认识的种系发生的“缩影”。这就是说，认识的个体发生与认识的种系发生具有一种“重演”的关系。

所谓“重演”，是指生物机体的个体发育与种系发生之间在过程上有一种相似、重复或再现的关系。由于在这种重演中，种系的基本特性和本质规定在个体的结构与功能中得以保存、巩固、再现，个体则由此获得与种系的相似性质和继承关系。生物学家海克尔因此把这种相似性质和继承关系称为“生物重演率”。作为生物进化的最高形式，作为个体性与总体性、生物性与社会性、物质性与精神性相统一的活动过程，人类认识的个体发生与种系发生之间的重演关系格外突出，重演率的作用表现得格外明显。正如恩格斯所说：“正如母体内的人的胚胎发展史，仅仅是我们的动物祖先以蠕虫为开端的几百万年的躯体发展史的一个缩影一样，孩童的精神发展则是我们的动物祖先、至少是比较晚些时候的动物祖先的智力发展的一个缩影，只不过更加压缩了。”①

认识的个体发生对认识的种系发生的重演关系表明，人类通过认识的种系发生和进化而形成的认识能力，以潜在的形式积淀在人类的遗传基因中，使每个个体在出生的时候就以先天遗传的形式获得了认识发生的可能性，从而使个体不再需要像认识的种系进化那样经历漫长的过程，而只需较短的时间并在一定的外部条件作用下完成认识发生的过程。认识的个体发生是在与认识的种系发生完全不同的自然-社会条件下进行的，当儿童出生时，社会因素就已经作为既与的东西存在着，并影响着儿童的发育、成熟和成长，这些是认识个体发生的外部条件。认识的个体发生并不单纯是儿童个体自身的行为，认识的个体发生过程始终体现着个体与类、个人与社会之间的矛盾，是在个体不断解决这些矛盾的活动过程中实现的。

第二节　认识的本质

了解认识的发生，是理解和把握人的认识活动的前提。要深刻而全面地

① 《马克思恩格斯选集》第3卷，997页。

理解和把握人的认识活动，还需要进一步揭示认识的本质，以及认识的反映性、社会性和创造性。

一、认识：主体对客体的能动反映

如何理解和把握认识的本质，这是认识论的关键问题，直接涉及认识的内容以及认识者（主体）和认识对象（客体）的关系。围绕这一问题，不同的哲学派别展开了激烈的争论。在马克思主义哲学产生之前，对认识本质的理解大体上有三种观点，即唯心主义先验论、不可知论和旧唯物主义直观反映论。

唯心主义先验论认为，人的认识是主观自生的，从西方古代的“回忆”说（把认识看作人对头脑中已有的东西的一种回忆）、中国古代的“生而知之”论，一直到西方近代的“天赋观念”论，都是唯心主义先验论的表现形式。唯心主义先验论的根本错误就在于，它把认识封闭在主观精神的圈子内，否认了认识的客观来源，实际上取消了人能否通过主观正确反映客观的问题。在唯心主义先验论中，认识成了无源之水、无本之木。

不可知论认为，人的认识是否正确反映了客观事物是无法证明的。休谟认为，人所知道的只能是自己的感觉，所谓通过认识而发现的客观规律或因果必然性，不过是人们在多次重复感觉以后形成的习惯性联想，至于这种因果必然性是否真实地存在于客观世界中，则是无法证明的。康德和休谟有所不同。在康德看来，在人的意识之外存在着一个“自在之物”，它引起人的感觉。但是，“自在之物”只能提供认识的材料，认识的结果则是人们依据先验认识图式对这些材料进行加工改造而成的。因此，人们所认识的只是“自在之物”作用于感官所形成的表象，至于“自在之物”本身，则是永远认识不了的。不可知论怀疑人的认识的可靠性，实际上也就取消了人能否通过主观认识正确反映客观世界的问题，并在主观认识与客观世界之间人为地划了一条不可逾越的鸿沟。

旧唯物主义直观反映论认为，认识是人脑对客观世界的反映，这是正确的。但是，旧唯物主义直观反映论仅仅把认识的主体看作一种生物性的自然存在，仅仅从客体来说明认识的形成及其本质，把认识简单地看作主体被动接受对象的刺激和对象把自身“烙印”在主体大脑中的结果，把人对客观事物的反映看作认识者被动接受客观事物刺激的过程。这是旧唯物主义直观反映论的根本缺陷。正因为如此，旧唯物主义无法解释从物质到观念这两种“异质”存在的转变。

在对认识本质的理解上，马克思主义哲学坚持唯物主义的反映论原则，即把反映的特性看作人类认识的基本规定性。所谓认识的反映性或摹写性，是指人的认识必然以客观事物为原型，在人的认识中一定含有反映或摹写某种客观事物的内容。坚持人的认识具有反映性或摹写性，也就是坚持了认识的客观性。水中的月亮是天上的月亮，眼中的人是眼前的人。从根本上说，认识是主观对客观存在的反映。这是一切唯物主义认识论的共同原则，是马克思主义认识论的理论前提。

更重要的是，在坚持这个理论前提的同时，马克思主义认识论又以科学的实践观点为基础，唯物而又辩证地解答了认识的本质问题。

其一，认识的来源是实践。实践是认识的来源，主要是指认识的内容是在实践活动的基础上产生和发展的。人们在实践活动中接触事物的现象，并通过思维活动透过现象发现本质、透过个别把握一般、透过偶然掌握必然，从而达到对事物的规律性认识。就个人认识而言，其绝大部分认识来自间接经验，任何人都不必也不可能事事直接经验；就人类总体认识而言，认识归根到底来源于实践。在你为间接经验、间接认识，在他人则是直接经验、直接认识，反之亦然。人类的一切认识，归根到底，都是来自实践。荀子所说的“不闻不若闻之，闻之不若见之，见之不若知之，知之不若行之。学至于行而止矣”，强调的就是实践是认识的来源。

其二，认识具有能动性和创造性。人的认识活动不同于动物的反映活动，它是一种能动的、创造性的活动，是主体对于客体的能动的、创造性的复现。人们为了从事实践活动，不仅要反映事物的现象，还必须透过现象认识事物的本质和规律。为了认识事物的本质和规律，人们就必须在实践的基础上进行“思维操作”，在观念中分解、加工和改造对象，运用一系列的科学抽象方法进行创造性的思维活动。正如列宁所说：“认识是人对自然界的反映。但是，这并不是简单的、直接的、完整的反映，而是一系列的抽象过程，即概念、规律等等的构成、形成过程。”① 因此，认识活动的结果不再是同直观客体相对立的感性的形象，而是以抽象的概念、符号、公式、图形等形式出现的精神“建构”物。

其三，认识能够创造出符合主体需要的理想客体。人的认识的显著特点就在于，它不仅能反映出对象的“本来如此”的状态，而且能够创造出对象对于满足人的需要“应当如此”的形态。自在自然中只有山川、河流等自然物质，并没有铁路、桥梁等符合人的需要的物质形态，铁路、桥梁等物质形

① 《列宁全集》第55卷，152页。

态都是人们创造出来的，是人的实践活动的对象化。与动物不同，人在实际改变自然物质的现存形态之前，就已经在头脑中把自然界对人来说所“应当如此”的面貌创造出来了。然后，又通过实践活动把这些观念形态转化为物质形态。没有这种超前性、创造性的思维活动及其成果，认识就不能指导实践活动，也就不成其为人的认识。

因此，在人的认识活动中，反映、摹写的方面与能动、创造的方面是不可分割的。反映和创造不是认识的两种不同的功能，而是同一功能的两个不同方面。反映离不开创造，反映是在创造过程中实现的；创造也离不开反映，创造是受反映对象的客观本性所制约的。只承认认识的反映、摹写的方面，否认认识的能动、创造的方面，就会成为消极直观的反映论；只承认认识的能动、创造的方面，否认认识的反映、摹写的方面，就会滑向唯心主义先验论。马克思主义认识论则以实践的观点为基础，把认识的反映、摹写的方面和认识的能动、创造的方面有机结合起来了，并确认认识的本质是主体在实践的基础上对客体的能动的反映。马克思主义认识论因此是能动的、革命的反映论。

作为对客体的能动的反映，认识既是人们观念地把握世界的方式，也是实际地改造世界的前提。马克思主义认识论立足于实践的观点，全面而深刻地分析了人与世界的关系，认为人与世界的关系首先是改造与被改造的关系，在此基础上产生出认识与被认识的关系。人是在自觉、主动地改造世界的过程中反映世界的。正是在这双重的关系中，人们既改造着客观世界，也改造着自己的主观世界，人对世界的认识能力是随着实践的发展而发展的。正如恩格斯所说：“人的思维的最本质的和最切近的基础，正是**人所引起的自然界的变化**，而不仅仅是自然界本身；人在怎样的程度上学会改变自然界，人的智力就在怎样的程度上发展起来。”①

二、认识的社会性

实践本身就是一种社会活动，以实践为基础的人的认识活动必然具有社会（历史）性的内容。从总体上看，马克思主义以前的哲学家之所以没有揭示出人的认识是对客观事物的能动的反映，一方面是因为他们没有看到认识对象与改变对象的一致性，把认识等同于直观；另一方面是因为他们没有看到人的认识的社会性，把人的认识等同于生物个体的反映活动。认识确实发生在一个个认识个体的大脑中，但认识活动在本质上是社会性的，人的认识

① 《马克思恩格斯选集》第 3 卷，922 页。

的本质是同人的社会的本质密切相关的。

首先，作为认识主体的人是社会性的存在物，其认识活动具有社会（历史）性。

认识的能动性首先体现为认识主体对未知世界、未知领域、未知事物的积极探索，这就是通常所说的“好奇心”。好奇心的确对认识的发展起着推动作用，但在一定的时期，为什么是这种事物而不是那种事物成为人们好奇心关注的焦点，为什么在不同的历史时期人们的好奇心是不一样的，则是由实践需要、社会需要决定的。古代人不可能对纳米技术或基因技术产生好奇心，现代人也不会再对钻木取火或打制石器产生好奇心。从根本上说，推动人们不断认识世界的原因就是实践需要、社会需要。“社会一旦有技术上的需要，这种需要就会比十所大学更能把科学推向前进。”① 人是社会存在物，社会需要反映到个体的头脑中，才成为个人的好奇心，成为个体认识活动的动力。

其次，作为认识对象的客体也是社会（历史）性的存在。人的社会需要和改造自然的能力不是一成不变的，而是随着社会实践、社会交往的发展而不断发展的。社会实践、社会交往把越来越多的事物纳入人们的生存和活动范围，变为人们认识的客体。人们“周围的感性世界决不是某种开天辟地以来就直接存在的、始终如一的东西，而是工业和社会状况的产物，是历史的产物，是世世代代活动的结果，其中每一代都立足于前一代所奠定的基础上，继续发展前一代的工业和交往，并随着需要的改变而改变他们的社会制度。甚至连最简单的‘感性确定性’的对象也只是由于社会发展、由于工业和商业交往才提供给他的。大家知道，樱桃树和几乎所有的果树一样，只是在几个世纪以前由于**商业**才移植到我们这个地区。由此可见，樱桃树只是**由于**一定的社会在一定时期的这种活动才为费尔巴哈的‘感性确定性’所感知”②。作为认识对象的客体，是社会地、历史地构成的。

最后，作为认识的中介系统，即工具也是社会（历史）性的存在。人不仅仅是凭借肉体的感觉器官去认识客观事物的，更重要的，是凭借“社会人的生产器官”，即工具，去认识客观事物的。人眼只能接受 380 纳米～770 纳米的电磁波（光波），人耳只能接受 20 赫兹～20 000 赫兹频率范围内的振荡波（声波）等，但是，人们可以借助射电望远镜观察到 100 亿光年以外的天

① 《马克思恩格斯选集》第 4 卷，648 页。
② 《马克思恩格斯选集》第 1 卷，155－156 页。

体，可以使用电子显微镜把物体放大百万倍以上，电子计算机每秒上亿次的运算速度使人们对事物的认识变得更快、更准确，互联网的发展扩展了人们的认识范围，极大地提高了人们的认识能力。

物质中介是社会的、历史性的存在，文化中介更是如此。以语言符号为载体的精神产品，特别是以概念、公理、法则为内容的科学知识以及科学方法，都是社会的产物。一个人如果不掌握和运用社会所提供的认识工具，就不可能从事认识世界的活动，而掌握和运用社会所提供的认识工具，个人的认识活动就不再是单纯个人的活动了，而是以社会一员的身份，和其他社会成员一起共同进行认识活动。正如马克思所说："甚至当我从事**科学**之类的活动，即从事一种我只是在很少情况下才能同别人直接交往的活动的时候，我也是**社会的**，因为我是作为**人**活动的。不仅我的活动所需的材料，甚至思想家用来进行活动的语言本身，都是作为社会的产品给予我的，而且**我本身的**存在**就是**社会的活动。"①

三、反映客观世界与创造客观世界

认识是主体在实践基础上对客体的能动的反映。能动的反映或反映的能动性有两层含义：其一，人对客观世界的反映或认识不是消极坐等得来的，而是通过人的积极主动的活动获得的；其二，人的反映或认识不仅仅是对客观世界的摹写，更重要的，是一种创造。正如列宁所说："人的意识不仅反映客观世界，并且创造客观世界。"②

人的需要的对象归根到底存在于自然界之中，但自然界又不会自动地满足人的需要。所以，人决心以自己的行动改变世界，使"自在自然"转化为"人化自然"，"自在之物"转化为"为我之物"，"自在世界"转化为"属人世界"。在这个过程中，人们在实际改变自然物质之前，就在自己的头脑中把自然物质对人来说"应当如此"的面貌创造出来了。"应当如此"以"本来如此"为基础，但"应当如此"又是目前在现实世界中还不存在的东西，是一种超前性、创造性的反映或认识。这种反映或认识属于观念世界，但它为人们实际地改造世界、创造世界提供了蓝图，并通过实践活动转变为客观世界。这就是人的认识所具有的创造客观世界的功能。

人的认识所具有的创造世界的功能，与人的认识所具有的反映世界的功能并不是截然对立的，实际上，创造离不开反映，反而要以反映为基础；创

① 《马克思恩格斯全集》第42卷，122页。

② 《列宁全集》第55卷，182页。

造本身就是一种反映，而且是一种超前性的反映。作为一种超前性的反映，创造并不是一种无事实基础的纯主观的创造，而是以对客体“本来如此”的面貌，即对客观事物的正确反映为基础，同时，结合主体自身的需要塑造出理想客体。例如，自然界能飞翔的动物就是飞机最初的原型，人的需要＋气体动力学的规律＋仿生学的构思，就是人制造飞机的创造性的思维元素和认识来源。如果创造离开了对事物的正确反映，就会失去客观基础，走向主观臆想的歧途；如果反映失去创造的动力与方向，就会失去认识所应有的意义与价值。

总之，人的认识是在实践中发生和发展起来的，实践要求并赋予认识反映性和创造性相统一的特征。由于人的认识不仅反映客观世界，而且创造客观世界，所以，认识才能指导实践，并使人的实践活动越来越科学化。人类的认识在“以行而求知，因知以进行”“行其所不知以求其发见”“行其所不知以致其所知”“因已知而更进于行”① 的过程中不断地发展着。这就是认识与实践、知与行的辩证法。

第三节　认识的结构

认识发生的前提，即认识的主体与客体及其相互作用，都是在实践活动中形成的，而且认识的内容也是在实践活动的基础上产生和发展的，思维的“格”本质上是实践的“格”在人脑中的内化和升华。因此，在了解了认识的发生、认识的本质之后，还需要分析和说明认识的结构及其功能，从而进一步把握人类能动地反映世界的特点。

一、认识活动与实践活动的同构性

认识活动与实践活动具有同构性，这种同构性表现为这两种活动在要素和运行方式上的相似性、一致性。在实践活动中，实践的主体、客体以及连接二者的中介——工具等，构成了实践活动的基本要素；在认识活动中，认识的主体、客体以及连接二者的中介等，构成了认识活动的基本要素。主体、中介、客体既是实践活动的基本要素和基本框架，也是认识活动的基本要素和基本框架。同时，主体、中介、客体这三个实体要素的连接方式、运

① 《孙中山选集》，160、185、185、160 页，北京，人民出版社，1981。

行方式也具有相似性、一致性。无论是认识活动，还是实践活动，都是主体运用一定的中介作用于客体，表现为主体与客体按一定的方式实现的相互作用。

认识活动与实践活动的同构性、一致性发生于认识活动与实践活动这两种活动内在的同源性、统一性。人类从其产生之日起就要解决人与世界的矛盾，正是在不断解决这一矛盾的过程中形成了实践与认识两种基本的活动方式。就直接的目的和功能而言，实践活动是以主体实际改变、占有客体为目的的活动，认识活动是以主体观念地改变、占有客体为目的的活动，二者是两个不同的目的-功能系统。但是，认识主体不可能脱离实践主体，而且二者本来就是同一个主体。同时，认识客体与实践客体也是一致的，实践指向的对象也必然是认识指向的对象。认识的工具起初也是和实践的工具合一的，只是随着认识的功能与实践的功能分化，认识的工具作为专门进行科学研究、科学探索的工具才逐步从实践工具中分离出来，有了相对独立的作用与意义。

在认识活动中，主体对认识诸要素的结合方式起着决定作用。认识的主体首先具有社会构成形式。同实践主体一样，认识主体既不是脱离社会的抽象的个人，也不是脱离个人的抽象的社会，而是个人与社会的统一。如同实践主体一样，认识主体也有自己的构成形式，即社会主体、集团主体和个人主体。其中，每一种形式都按主体从事认识活动的组织方式而相互区别，同时，这三种形式的主体又相互依赖、相互联系，构成统一的主体活动系统。人类的认识活动是由无数个人的认识活动构成的，而任何个人的认识活动又不可能脱离社会的认识活动而单独进行，人的认识活动就是在个人与社会的交互作用中发展的。

在认识结构中，直接担负认识功能的是主体的理性结构。这种理性结构是在前人的社会活动和认识活动的基础上形成的，但它一旦形成就成为一种相对固定的框架或模式，构成后人从事认识活动的前提和准备状态，认识活动总是表现为把原有的认知模式延伸并运用于将要认识的客体。所以，主体的认识结构，尤其是理性结构决定着主体从不同的层次、不同的角度加工、整理客体的信息，并对客体的含义、意义做出自己的解释。主体原有的理性结构不同，对客体的理解也就会出现差异。俗话说，“仁者见仁，智者见智”，不同的人从同一事物中领悟出不同的含义和意义，从认识论的视角看，就是由认识结构，尤其是理性结构的差异造成的。

在认识结构中，还有以情感和意志为主，包括冲动、欲望、习惯和本能在内的非理性因素。通常，人们还把认识活动中不能被逻辑思维的概念包括的心理因素，如幻想、想象、顿悟、直觉、灵感等也包括在非理性因素之中。实际上，情感、意志、习惯等不属于人的认识能力，而是作为一种精神力量渗透到人的认识活动中，因而属于非理性因素；想象、直觉、顿悟等则属于人的认识能力，但它们同理性思维相比，具有非逻辑性、不自觉等特点，因而属于思维的非逻辑形式。情感、意志等非理性因素本身不属于认识能力，不具备观念地把握客体的功能，但是，它们对认识活动的发动或停止、对认识能力的发挥或抑制，往往起着导向、选择、激发和调节的作用。

作为社会存在物的认识主体，是知、情、意相统一的整体，而且是有理想、有热情、有追求的社会存在物，所以，在人的认识结构中，不仅有理性因素，而且有非理性因素；在人的认识活动中，不仅理性因素在起着支配作用，而且非理性因素也参与其中，起着一定的作用。正如马克思所说，人是“有激情的存在物。激情、热情是人强烈追求自己的对象的本质力量”①。

在认识结构中，客体是与主体相对应的另一极。所谓认识客体，是指被主体认识活动指向的客观对象。认识客体与认识主体是相互规定的，纯粹的自在意义上的客观事物，当它没有同人发生认识与被认识的关系时，还不是认识客体。只有随着实践和认识的发展而进入人的认识活动范围内的客观事物，才能成为认识的客体。

实践的客体，即自然形式的客体、社会形式的客体和精神形式的客体也是认识的客体，它们构成了统一的、发展着的认识客体系统。认识客体以自己的多种属性、多层结构、多重关系制约着主体对它的认识，不仅决定了主体对它的认识不能一次完成，而且也决定了主体对它进行认识的“程序”和“规则”。因此，“认识是思维对客体的永远的、无止境的接近”②，是一个由不知到知、由较肤浅的知到较深刻的知、由较片面的知到较全面的知的无限发展过程。

如果仅有认识主体与认识客体，还不能进行现实的认识活动，在认识的主体与客体之间还有一个把二者联系和沟通起来的中介。认识的中介是以各种形式的认识工具为要素，包括运用这些工具的程序和方法在内的系统。认识的中介是人们的认识活动发展水平的客观标志，并决定着人们认识活动的基本方式。

---

① 《马克思恩格斯全集》第42卷，169页。

② 《列宁全集》第55卷，165页。

从构成要素看，认识的中介主要由物质性认识工具和知识性认识工具所组成。

物质性认识工具是指，主体以观念方式把握客体时所凭借的物质手段或物质条件。物质性认识工具是逐步产生和发展起来的。原始人没有专门的认识工具，实践工具同时也执行着认识工具的功能。随着实践活动和认识活动的发展，从实践工具中逐渐分化出专门进行认识活动的工具，如作为感觉器官放大和延长的感知工具（望远镜、显微镜等），作为思维器官延伸的思维工具（手动的、机械的、电子的计算器等）。在当代，认识工具的发展越来越精密、越来越专门化、越来越自动化，如遥感技术以及运算速度极高极强的电子计算机、互联网的出现，使人的认识活动进入一个全新的时代。

知识性认识工具主要是指以观念形态存在的观测框架和思维框架。前者是指观测客体的时空构架，后者是指进行思维的概念体系以及思维方式等。在知识性认识工具中，语言符号起着极其重要的作用。无论是感性认识，还是理性认识，认识活动都是主体从客体中获取信息、加工信息、传输信息的过程。但是，移入人脑中的客体信息必须取得一种适合主体需要、能为主体思维所把握和操作的恰当表现形式。这种恰当表现形式就是语言符号。语言符号是人所特有的认识工具，它首先是指称一定的客体、表达一定客体的意义，是客体意义的“代码”，即以符号的形式对客体的意义所做出的约定俗成的共同规定。

第一，语言符号的运用使认识主体与客体之间的信息变换成为可能。在认识活动中，主体首先是通过认识工具以及感官的作用，把客体的信息转化为被主体的感官接受的信息。问题在于，如果客体向主体发出了某种信息，而主体没有相应的语词来表征这一信息，那么，主体就不能把客体的这一信息分离、提取和接收过来。可见，语词作为表达客体信息的基本单位，在主体与客体信息变换的过程中起着信息规范和信息约束的作用。一旦客体的信息被某一语言符号确定下来，客体的信息就转化为代码信息。此时，语言符号就代替了具体事物，人们由此可以对客观事物进行思维加工，从而达到对客观事物的观念把握。

第二，语言符号是认识主体进行思维操作的有效形式。语言符号是抽象概念的物质载体，一系列的符号单元（符号元素）代表着客体的多种规定及其关系。运用语言符号可以把具有许多规定的客体在思维中分解开来，以编码的方式对这些代表一定信息内容的语言符号进行思维操作，并进而通过对符号单元的联系、组合来再现具有许多规定的具体客体。进一步说，人们根据符号的意义，按照一定的逻辑规则和逻辑程序，对符号单元进行组合、再组合，建立起一种具有严密逻辑结构的意义符号系统，就会形成关于客体的知识或理论。由语言符号所表达的概念、范畴是对事物共性的抽象和综合，它是人们进行逻辑思维的基本单元，人们利用表达概念的语言符号进行逻辑推演，就会使思维从抽象规定深化到思想总体，从而从理论上再现事物的内在联系。

第三，语言符号是表达和交流认识成果的根本形式。语言是“思想的直接现实”，人们通过语言符号使思想获得了共同的表达方式，从而使认识超出了个体经验的狭隘范围，具有了社会的、公共的形式。认识不仅表现为主体对客体信息的编码、组合等逻辑推演的活动，而且通过语言符号的表达和交流取得了社会的、公共的形式。语言符号，尤其是书面语言，是人的认识的独特的物质表现形式，是人的知识的存在形式。随着语言符号，尤其是书面语言的发展，人类形成了一个特有的世界，这就是波普尔所说的“客观知识世界”，即以各种形式表现出来的对象化、客观化的知识世界。具体地说，人类的个体无疑会死亡和消失，但个体所取得的认识成果由于语言文字的记载而进入“客观知识世界”，从而得以保存、延续和发展。这就是说，语言符号是人们表达认识成果和交流认识成果的基本手段，是人类认识成果得以保存、延续和发展的基本手段。

无论是物质性工具，还是包括语言符号在内的知识性工具，其共同特点是，它们既是主体活动的产物，又是主体进一步认识客体的手段。主体的活动越发展，这些工具就越发达，主体观念地把握客体的能力因此也就越强。所以，认识的中介是连接主体与客体，并在主体与客体之间往返流动的一个“变量”。认识的主体与客体通过认识的中介（工具）联系和整合在一起，构成了一个动态发展的认识活动系统，从而不断实现主体以观念方式把握客体，即能动地反映客体的职能。

二、认识主体和客体的相互作用及其特征

在认识活动中，主体以观念方式把握客体，从而实现对客体的能动的反映。这就决定了认识活动中的主体与客体的相互作用和实践活动中的主体与客体的相互作用既有联系，又有区别。认识活动中主体与客体的相互作用具有自身特点。

第一，在认识活动中，主体与客体的相互作用以信息的相互作用为本质特征。

在认识活动中，主体以认识客体（对象）为目的，二者之间是认识关

系。认识关系的特点在于，客体以信息的形式进入人的大脑，取得了观念的形态，而主体则通过这种形式从客体中获得了观念的内容，即认识了对象。可见，在认识结构中，主体、客体、中介（工具）是围绕着信息相互作用的关系组成一个整体的。客体是信息源，它是信息的发出者；主体是信息的收集和加工者；中介则帮助主体促使客体释放信息，或帮助主体加工、操作信息。

在这种信息的相互作用中，认识主体与客体之间的作用是双向的：一方面，客体的属性和规律的信息进入主体的头脑，被主体的意识反映，意味着客体对主体的意识产生了影响，是客体作用于主体的结果；另一方面，主体在反映客体的同时，也就在观念地改造着客体，这不仅表现为主体接受客体的信息，并把客体的信息改变为主体所特有的思维形式和内容，而且表现为主体在处理客体的信息过程中形成改造客体的目的、计划、办法等实践观念。因此，主体与客体在认识活动中是通过中介的作用，以信息的形式相互作用的。

认识主体与客体之间信息的相互作用，不能脱离物质、能量的相互作用而单独进行，它总要受到物质的相互作用的制约。例如，认识主体运用一定的仪器作用于客体，其目的是从客体中获取有用的信息，而运用仪器作用客体的过程就是物质、能量和信息三者统一的过程。只不过此时运用认识工具"改造"客体并不是为了以物质的方式占有客体，满足主体的物质需要，而是为了激发客体释放信息，即为了以观念方式把握客体。因此，在认识活动中，主体与客体之间的相互作用包含着物质、能量和信息的相互作用，同时，这种相互作用是以信息的相互作用为本质特征的。认识主体的能动性在此就表现为尽可能地使用一切方法和手段，使这种信息的相互作用得以实现和完成，从而达到认识客体（对象）的目的。

第二，在认识主体与客体的相互作用中，主体既具有能动性，又具有受动性，是能动与受动的统一。

在认识活动中，主体与客体的关系是以认识为目的而发生的相互作用的关系，但这种相互作用的关系不是自然形成的，主体对这种关系的形成起着决定性作用。从一定的意义上说，客体是主体选择和设定的结果。主体只有通过能动的活动，把物质存在的某一部分、某一层次、某一要素纳入认识范围内，同主体结成相互作用的关系，才能认识这种客观对象。这是认识主体的能动性的表现之一。

主体通过认识工具对客体施加作用和影响，这是认识主体能动性的突出表现。如同在实践活动中一样，在认识活动中，主体也不是仅仅凭借自身有限的自然力去作用于客体，而是利用工具作为自身自然器官的放大与延伸，极大地提高了与客体发生相互作用的广度和深度。正因为主体以工具为中介积极作用于客体，才使得认识主体与客体之间的信息的相互作用得以实现。

认识主体不仅要以一定的方式激发客体释放信息，而且还要在思维中加工、整理这些信息，通过思维操作形成客体的观念模型来认识客体。主体通过思维操作对客体的这种建构或重构，是认识主体能动性的又一体现。主体对客体信息的思维操作是认识形成的决定性条件。没有这一环节，主体观念把握客体的目的就不可能实现。

在确认认识主体在同客体相互作用中主导、能动的方面的同时，还要看到认识主体在同客体相互作用中的受制约、受动的方面。认识主体的活动要受到客体的限制与约束。认识的客体是客观存在物，有其自身存在和发展的规律。当认识主体凭借认识工具作用于客体时，认识工具的选择与运用应当也必须适应客体的性质和状态，否则，就达不到激发客体释放信息的目的。同时，主体认识能力的发挥与运用，必须以认识和遵循客体自身存在与发展的规律为前提。认识的目的就是要正确地反映客体的属性、状态、关系、本质和规律，主体对客体信息的能动加工、建构都是为了观念地再现客体，使主观思想正确反映客观存在，即形成按事物的本来面目反映事物的认识。这表明了认识客体对主体的制约性，即表明认识主体的受动性。认识主体是能动性与受动性的矛盾统一体。

第三，在认识主体与客体的相互作用中渗透着实践关系、价值关系。

认识的主体是人，但不是纯粹的生物学意义上的人，而是处在一定社会关系中的社会的人，是从事改造世界活动的实践着的人。认识主体首先是实践主体，人的认识能力是在实践中形成发展起来的；认识客体同实践客体也紧密相关，绝大部分认识客体本身就是主体实践改造着的对象，一些认识客体（如天文观测的对象等）尽管目前还尚未纳入实践改造的范围，但其作为人类活动指向或探索的对象，总是这样或那样地同人类的总体实践活动相关联。因此，主体与客体之间的认识关系并不是外在于主体与客体之间的实践关系的，相反，认识关系形成于实践关系，并渗透着实践关系。

认识主体与客体之间的相互作用，除了受实践关系的制约以外，还渗透着主体与客体之间的价值关系。价值关系是主体与客体之间的利益关系，即主体对客体的需要与客体满足主体需要之间的关系。在主体与客体的价值关系中，客体是作为价值的承担者，即能够满足主体某种物质或精神需要的物质载体而出现的。但是，“物”只有在同主体的一定的关系中才能成为价值的客体，同时，主体也只有从自己的某种需要出发，把一定的客体实际地设定为价值对象的时候，才能成为价值的主体。价值关系一旦形成，又反过来制约和影响人的认识活动，并渗透在认识关系中。作为主体活动的内在尺度，主体的价值观念对于主体认识活动的方向性、选择性及其过程具有调节、控制作用。

总之，主体与客体之间的关系具有多重形式。其中，实践关系是主体与客体之间首要的和基本的关系，它决定主体与客体之间的认识关系。认识关系受实践关系决定，但又具有相对独立性并反作用于实践关系。同时，在主体与客体的认识关系中，又渗透着实践关系、价值关系，实践关系对认识关系起着决定作用，价值关系对认识关系起着制约作用。

三、认识结构的演化及其特点

实践是认识的基础，认识结构与实践结构具有同构性。认识结构形成与演化的秘密，就在人的实践活动中。实践在发展，认识结构的要素以及要素的结合方式也相应地演化，处在发展过程中。从总体上看，认识结构的演化具有三个特点。

第一，认识结构的容量不断扩大。认识以主体与客体为两极、以工具为中介这一基本结构，在任何时代都是共同的、不变的。但是，在不同的时代，认识结构的容量却有很大的差别。人类历史越是往前追溯，认识结构的容量就越狭小。随着人类实践活动、认识活动的发展，认识工具越来越发展，越来越多样化，认识客体也随之不断扩大，认识结构在容量上也就不断扩大。更重要的是，主体不仅不断地把外部的自在存在的客观事物纳入认识活动中，而且通过自己所特有的对象化的活动，把自己的本质力量积淀、凝聚和物化在客体中，使客体成为自己对象化活动的产物。这种“对象化的产物”既是前人活动的结果，又成为后人认识活动的对象，即成为主体认识活动的客体。这就是说，主体通过对象化的活动不断地创造着认识客体，同时，不断地提高自身的本质力量，包括认识能力。在这种主体与客体相互作用的过程中，认识结构在量上不断扩大，在质上不断更新。

第二，认识结构的水平不断提高。随着认识结构容量的不断扩大，随着认识工具越来越精密化、专门化、自动化，主体通过中介与客体的结合方式也在不断发生变化，认识结构的水平也就不断提高。在当代，人类认识活动一方面指向宇观层次的类星体，另一方面又深入微观层次的微观粒子；一方面“在地看天”，看到百亿光年以上的遥远天际，另一方面又“从天观地”，感知地球上人迹未到的角落……从而极大地拓展了人们的认识空间，极大地提高了认识活动的能动性。同时，随着当代认识工具高度精密化、专门化和自动化，主体、中介、客体等认识要素之间的结合方式正在发生革命性变革，其结构不断完善，已经成为一种在自组织、自控制、自调节和自发展方面能力极强的有机系统。这些变化标志着主体认识结构的水平在大幅度地提高。

第三，认识结构的相对独立性不断增强。认识结构的演化过程，也就是认识结构的相对独立性不断增强的过程。在人类历史早期，实践活动和认识活动混沌不分。随着社会分工的形成和发展，实践活动和认识活动开始相对分离，逐步形成专门以认识为目的的认识系统，认识结构因此具有了相对独立性，而认识工具的不断发展，又使得认识结构的相对独立性不断增强。认识有自己特定的活动方式，它以实现主体对于客体的观念把握为目的。当主体运用认识成果去进行实际改造客体的活动时，认识成果就转化为实践要素。科学技术成为“第一”生产力，就是认识结构的相对独立性不断增强的标志。认识结构在向实践活动开放的过程中，不断增强自身的相对独立性，从而不断实现着自身的演化。

第十章
认识过程与思维方法

主体对客体的观念把握是一个有规律的发展过程，表现为认识形式的不断发展与转化。认识过程与思维方法密切相关。要深刻而全面地把握认识的本质、结构和过程，提高认识能力，就要了解和把握思维方法及其在认识过程中的作用。马克思主义认识论不仅研究认识的发生、本质和结构，而且揭示认识的形式、过程和方法，从而展示出认识活动的辩证法。

第一节　主体观念把握客体的基本形式

人的认识活动有两种基本形式：感性认识与理性认识。感性与理性既是认识活动的两种不同的因素，又是认识活动的两种不同的形式，形成了人们观念把握世界的两种不同水平的认识。

一、认识：感性直观与理性思维的统一

在哲学史上，哲学家们很早就注意到，要认识事物，不能没有感性直观

的形式，也不能没有理性思维的形式，感性与理性是人的认识活动不可缺少的两种因素。早在中国先秦时期，墨家学派就提出了“知”与“虑”的区分，认为“知，接也”，是通过眼、耳、鼻、舌、身五种感官与外界事物相接触而产生的；“虑，求也”，是依靠心的思虑作用“循所闻而得其意”，通过思考而求得的。西方古代哲学对感性与理性关系的争论，既涉及感觉与对象、思维与对象的关系，也涉及感性与理性二者之间的关系。马克思主义认识论立足于实践，揭示出感性直观与理性思维的本质，指出二者是人以观念方式把握世界的两种基本形式，既相互区别，又相互联系，具有内在的统一性。

把人的认识区分为感性直观与理性思维两种形式，既有主体的依据，也有客体的依据，主体认识结构与客体自身结构的一致性是感性直观与理性思维相统一的客观基础。

从认识的主体来说，人具有以感觉器官为“门户”、以大脑为中心的反映系统，其中，眼、耳、鼻、舌、身是心灵的“窗户”，是大脑与外部世界相联系的“通道”。人要认识客观世界，首先必须通过感觉器官接触对象，接受对象的刺激，获取对象的信息。然后，大脑接受从感觉器官传递过来的关于对象的信息，并以此为基础进行思维加工和操作。因此，人必须具有对外部世界感性直观的能力，必须先经过感性直观的形式才能认识对象。

但是，感性直观所获得的只是个别的、形象的认识，它不能给主体提供具有普遍性、必然性的认识，因而不能给主体的实践活动提供普遍性、必然性的尺度。因此，人们还必须凭借抽象的思维对生动的直观进行逻辑加工，这就产生了人们理性思维的认识形式。作为认识主体，人所具有的这种感官于“外”、大脑于“内”并相互联系的认识结构，不仅决定了人必须具有感性直观与理性思维这样两种相互联系的认识形式，而且决定了认识的程序也必然是先有对客体的感性直观，然后才有对客体的理性思维。感性直观与理性思维是认识主体的两种不可缺少的认识形式，认识既表现为感性直观与理性思维两种形式的分化和统一，又表现为先感性直观、后理性思维，从感性直观上升为理性思维的发展过程。

从认识的客体来说，任何一种客体都既有显露于外的形象和形态，也有深藏于内的本质和规律。其中，客体的外部形态直接和主体的感官相接，它刺激主体的感官并引起主体的感觉和知觉，这是人们认识外部对象的起点。换言之，人们反映对象的最初形式必然是感性直观。但是，感性直观不能揭示事物的本质和规律，这种本质和规律只有以现象为先导并透过现象才能被人们认识和把握。因此，对客体进行深层揭示和把握的要求推动人的认识由感性直观上升到理性思维。客体的特性决定了人的反映方式必然是先现象、后本质，从感性直观到理性思维的认识程序。

感性直观与理性思维是统一的。这种统一，同认识主体系统的统一和认识客体系统的统一直接相关。主体是感觉器官和思维大脑的统一，客体是外在现象和内在本质的统一，这两个系统的对应及其统一，决定了人的认识必然是感性直观与理性思维的统一。

人的感性不同于动物的感性，人的感性是有理性参与其中的感性，这不仅使人的感性直观成为人所特有的反映对象的方式，而且使这种感性直观产生了向理性思维发展的可能性。当人们感觉到一个对象时，这个感觉并不是动物式的纯粹的感觉，而是包含着理性的感觉，并始终受到理性思维的制约。同时，主体的知识结构、价值观念等无不渗透并影响着人的感性直观。荀子就认为，人的理性思维，即“心”对感觉器官的活动有支配的作用。在荀子看来，如果仅仅有感觉器官而“心不传焉”，则“白黑在前而目不见，雷鼓在侧而耳不闻”。在现实生活中，有不同知识背景和思维能力的人，在对同一对象进行“感性直观”时，之所以得到不同的结果，一个重要的原因，就是理性思维对感性直观的制约作用。

同时，人的感性直观是有语言参与，并需要用语言来表达和交流的，而语言是理性思维的元素，具有概括的功能。当人们用语言来表达感性直观时，感性直观就已经不知不觉地和理性思维纠缠在一起了。例如，当人说出“这朵玫瑰花是红色的”时，他已经把对玫瑰花的感觉同一种具有普遍性特征的颜色（红色）结合起来，使个别的感觉具有了同一般相联系的含义。尽管此时的认识还停留在具体的、生动的直观的水平上，但这种具体的、生动的直观已经具有了潜在的共性、一般性。这表明，人的感性直观在任何时候都不是没有理性思维参与的纯粹的感觉，而是和理性思维密切联系，并渗透着理性思维因素的。人的理性思维也不能脱离人的感性直观。如果说感觉无思维则“盲”，那么，思维无感觉则“空”。人的理性思维不仅要以感性直观为基础，而且感性直观始终参与理性思维之中。理性思维以抽象普遍性的方式把握对象，但这种把握不可能通过大脑对对象的理性“直觉”而形成。如前所述，一方面，人只能以感官接触对象，而不能以理性直接接触对象；另一方面，对象暴露给认识主体的只是它外显的状态、现象，二者的对应决定了理性思维对对象的认识方式必须以感觉为中介，始终是间接的。感性直观是认识的起点，也是主体与客体直接联系的中介。不仅人的理性思维要以感性直观为基础，而且理性思维的运作过程也有感性直观的参与和渗透。理性思维是抽象的，但抽象的理性思维往往要借助直观的形象来进行概括和表达。在抽象的理性思维过程中，抽象与具象不可分割地联系在一起。例如，狭义相对论是高度抽象的物理学理论，可是"爱因斯坦火车"的思想实验又有生动的感性具体性，它是思维抽象与感性具象的有机结合。

人的理性思维尽管表现为一种抽象和概括，即通过概念进行判断和推理，但这种抽象的思维活动也必须具有一定的感性的形式，需要借助于具有感性直观性的符号、语言才能进行。就本来的意义来说，符号和语言是一种抽象、概括；就形式来说，符号和语言又是一种具有感性的直观性。理性思维总要借助于一定的符号，这种符号无论是说出的声音，还是画出的图形，抑或是写成的文字等，都具有感性直观的形式，这种感性直观的形式既是思维的载体，也是思维交流的工具。

可见，感性直观与理性思维是人以观念方式把握世界的两种基本的认识形式，二者作为不同水平的认识形式存在着低级和高级的区别，但二者又是统一的、不可分割的认识形式。在人的认识活动中，感性直观与理性思维密切联系、相互交织在一起，既没有纯粹的感性直观，也没有纯粹的理性思维，感性直观中包含着理性思维的因素，理性思维中也包含着感性直观的因素，二者的区分是相对的，不应当也不可能把它们截然分开。

二、认识的感性形式及其社会性

认识主体通过感觉器官直接接触客体获取信息的能力，属于人的感性直观能力，由此而形成的认识成果是感性认识。从内容上看，这种认识成果属于主体对客体的外在现象的认识；从形式上看，这种认识成果属于感性直观的形式。感性直观本身包含着相互联系、依次发展的三种基本形式，即感觉、知觉、表象。

感觉是人通过自身的感觉器官对事物的个别属性的反映，是人的意识与外部世界的直接联系。如果割断了这一联系，人脑就无法反映客观存在，也就不会产生认识。由于人本身的进化和实践的发展，人们形成了用不同的感觉器官分别反映对象的不同属性的能力，如视觉反映事物的颜色、形态，听觉反映事物的声音，嗅觉反映事物的气味，味觉反映事物的滋味，触觉反映事物的硬软、凉热等。通过感觉，人所获取的是同一事物不同方面的特性。

知觉是在感觉的基础上形成的、由多种感觉组合成的整体。人们通过不同感官所获得的关于对象不同方面的信息是分离的，如苹果看着是红的，闻着是香的，吃着是甜的，等等。知觉把这些分离的信息加以综合，形成人对具体事物的一种整体的、形象的反映，如形成关于苹果的整体知觉。知觉能够反映出对象的可感性质的整体性，人靠整体性的知觉辨认出在时间和空间中存在的具体事物。

表象是人的大脑对过去感觉与知觉的回忆和再现，即当感觉与知觉所反映的对象离开或消逝后，人的大脑对感觉与知觉到的事物所留下的印象。认识主体的感觉与知觉产生于客体的直接刺激，但直接刺激消逝后，主体的感性映象并不会随之消失，而是可以短暂或持久地保留着，时时在主体的脑海中浮现。在人的表象中，被知觉过的事物或者失去了某些特征，或者被强化了某些特征，如对张三的表象已不同于对张三的知觉，它可能突出了对张三的某些好的（或坏的）印象，舍弃了对张三的另外一些好的（或坏的）印象。更重要的是，人们可以借助于表象对感觉与知觉的形象进行拆装或重组，形成对客观事物的创造性的再现。因此，表象已经具有初步的概括功能。在表象中已经具有认识从直接向间接、从具体向抽象发展的趋向。

感觉、知觉、表象这三种形式相互联系、依次发展，共同完成认识主体对客体的“生动的直观”。尽管感觉、知觉、表象有不同的特点，但它们都是以感性直观的方式反映对象，都具有形象性、具体性，因而又有很大的局限性。感性直观属于人的初级的认识形式，形成的只是关于对象的外部现象的认识，即感性认识。

尽管感性直观是一种初级的认识形式，但它同样具有社会（历史）性。人的感觉器官是把外部世界的信息传输给人脑的信息通道，但这个通道传输什么、不传输什么则取决于人们在社会中形成的感知能力。人的感性直观并不是被动地接受对象的全部信息，而是能动地选择、接受对象的某些信息，同时，又能动地“忽视”对象的某些信息。正如马克思所说，“任何一个对象对我的意义（它只是对那个与它相适应的感觉说来才有意义）都以**我的**感觉所及的程度为限”①。因此，“对于没有音乐感的耳朵说来，最美的音乐也毫无意义”；“忧心忡忡的穷人甚至对最美丽的景色都**没有什么感觉**；贩卖矿物的商人只看到矿物的商业价值，而看不到矿物的美和特性；他没有矿物学的感觉”②。

之所以如此，是因为人是社会存在物。作为社会存在物，人具有自己的认知定式，而这种认知定式是在既定的社会关系、以往的认识经验的基础上

① 《马克思恩格斯全集》第42卷，126页。
② 《马克思恩格斯全集》第42卷，126页。

形成的。“所以社会的人的**感觉不同于**非社会的人的感觉。只是由于人的本质的客观地展开的丰富性，主体的、**人的**感性的丰富性，如有音乐感的耳朵、能感受形式美的眼睛，总之，那些能成为人的享受的感觉，即确证自己是**人的**本质力量的**感觉**，才一部分发展起来，一部分产生出来。”① 而人的本质在其现实性上，是一切社会关系的总和。因此，只有“当对象对人说来成为**社会的**对象，人本身对自己说来成为社会的存在物”时，才能产生“**具有丰富的、全面而深刻的感觉**的人”。“五官感觉的**形成**是以往全部世界历史的产物。”②

在既定的社会关系、以往的认识经验的基础上形成的认知定式表现为对当下知觉活动的一种预备或准备的状态。人与感知对象之间不断地、反复地相互作用，就会在人脑中形成一种对某类对象的感知模式。当人们再知觉某一新的对象时，就会把原有的感知模式“延伸”并运用到这个新的对象上，使人在一瞬间就能从整体上感知和把握这个新的对象。这就是说，感知模式对感觉材料的组织起着十分重要的作用，在一定意义上可以决定认识主体把客体感知成什么。这表明，人的感性直观并不是在一块“白板”上打上对象的烙印，而是一种社会性的认识活动。

三、认识的理性形式及其特征

理性思维摆脱了对象的感性具体性和形象性，是对事物本质和规律的认识。作为高级的反映形式，理性思维具有间接性和抽象性的特征。从总体上看，理性思维包括相互联系、依次发展的三种基本形式，即概念、判断、推理。

概念是对同类事物的一般特性和本质属性的概括，是思维的“细胞”，也是最基本的思维形式。概念是从感性认识所提供的关于事物的各种属性和具体形象中，抽象概括出共同的本质而形成的认识，这就是理性思维与感性直观的质的区别。如前所述，表象也有一定的概括性，不仅有关于个别事物的表象，也有关于某类事物的共同表象——类表象，但即使类表象也没有达到概念的抽象概括水平。这是两种不同的概括，表象是用某种形象的东西进行概括，是具象的概括，而概念是摆脱了具象的抽象的概括，达到普遍概括的水平。

以“三角形”为例，人脑可以有各种三角形的表象，如锐角三角形、直

---

① 《马克思恩格斯全集》第42卷，126页。

② 《马克思恩格斯全集》第42卷，125、126页。

角三角形、钝角三角形，其中，每一种“三角形”都有一定的概括性。但是，这仍然是用某种图形表示的具象的概括。人们不可能在表象中形成一种既非锐角三角形，又非直角三角形、钝角三角形，但又包括所有这些三角形的一般“三角形”。只有通过概念的抽象，人们才得出，三角形是指任何一种由三条直线围成的封闭图形，这就把所有形状的三角形都概括进了“三角形”这个抽象概念之中。只有从具象到抽象，才具有普遍性，人们才有可能通过这种抽象进行逻辑上的思维操作。理性思维的其他形式，都是在概念的组合、结合、深化的过程中形成和发展起来的。

判断在形式上表现为概念与概念之间的联系或关系，其内容是对事物之间联系或关系的逻辑反映。判断是对事物是什么或不是什么、是否具有某种属性的判明和断定。判断是展开了的概念。

推理在形式上表现为判断与判断之间的联系或关系，它是从事物的联系或关系中从“已知”合乎规律地推出“未知”的逻辑形式。这种逻辑形式或者是从事物的普遍联系推导出特殊、个别的联系，或者是从事物的特殊、个别的联系推导出一般的联系。

推理是判断的延伸，判断是概念的展开，同时，概念又是判断、推理的升华和结晶，即把判断、推理的内容凝聚为具有更为深刻内涵的概念。在理性思维中，概念、判断、推理这三种逻辑形式既相互区别，又相互联系，任何一种形式都不可能孤立地存在和发挥作用。

理性思维不仅表现为个别概念、个别判断，而且还包括由概念、判断和推理所构成的理论体系。理论体系是思维概括地反映客体的系统形式，也是理性思维的最高形式，它的任务就是把事物的本质和规律在思维中全面地再现出来。这也就是说，理性思维的任务不仅要把感性的直观上升为思维的抽象，而且要把思维的抽象上升到思维的具体，从而在思维中再现现实的整体。认识不能停留在概念、判断的形式上，因为个别的观点，即使是正确的，如果孤立起来，也会导致片面的或错误的结论。个别概念、个别判断只能反映事物的某一方面的本质，“一般概念、规律等等的**无限**总和才提供完全的**具体**事物”①。

从总体上看，理性思维具有三个特征：

第一个特征是抽象性，这是理性思维的本质特征。

感性直观以具体性、生动性、形象性为其基本特征，在感性直观的过程

① 《列宁全集》第55卷，239页。

中也有理性思维的参与，但感性直观基本上是无概念的活动，不需要也不可能形成抽象的概念。与此不同，理性思维所面对的不是直接的感性客体，而是作为感性直观结果的具体。从表面上看，感性具体是生动而丰富的，它把对象的可感属性和形态直接呈现在认识主体面前。但是，由于在感性具体中，真相与假象相混杂，必然性隐匿于偶然性之中，所以，必须凭借理性思维进行抽象，才能分清真相与假象，并透过现象发现本质和必然性。

抽象具有矛盾的特点：一方面，它使认识离开了感性客体，在表面上发生了与客体越来越远的运动；另一方面，由于通过抽象提取和分离出客体的各个方面，由此可以深入而全面地把握客体，从而再现客体本身的隐蔽的、本质的、整体的联系，这又使认识发生了同客体越来越近的运动。正如列宁所说，“思维从具体的东西上升到抽象的东西时，不是**离开**——如果它是**正确的**……——真理，而是接近真理。**物质**的抽象，自然**规律**的抽象，**价值**的抽象等等，一句话，**一切**科学的（正确的、郑重的、不是荒唐的）抽象，都更深刻、更正确、**更完全地**反映自然”①。

第二个特征是间接性。

在感性直观中发生的是认识主体与客体的直接的联系，从这个意义上说，感性直观无须通过任何中介。与此不同，理性思维不是直接面对客体，而是直接面对感性直观所形成的关于客体的表象等感性材料。这些感性材料本身已经是认识主体对客体进行能动加工的结果，理性思维则是对这些结果进行再加工，从而发现对象的本质。这表明，在理性思维中发生的是认识主体与客体的间接的联系。

理性思维的间接性特点，使人的认识获得了相对独立发展的可能性。由理性思维所获得的抽象概念，由概念所形成的判断，由判断所形成的推理，这些逻辑形式的连接、组合、推移就构成了概念的逻辑联系，即概念的辩证运动。“正如从简单范畴的辩证运动中产生出群一样，从群的辩证运动中产生出系列，从系列的辩证运动中又产生出整个体系。”② 从根源上说，概念运动是客观世界运动的反映，但概念运动一旦按其固有的逻辑展开，就会成为一个相对独立的系列，形成自身的规律。因此，概念的运动不仅可以和客观世界的运动平行，而且可以走在客观世界的前面，预见客观世界的发展。理性思维基于抽象化而产生的间接性特点，极大地拓展了人的认识空间，使认

---

① 《列宁全集》第 55 卷，142 页。

② 《马克思恩格斯选集》第 1 卷，221 页。

识具有了自身发展的逻辑和对实践的指导作用。

第三个特征是“理解性”。

感性直观具有明显的信息变换的特征，即把认识客体发出的信息传输和转换为主体头脑中的观念映象，这种感性映象一般不能脱离客体的时间-空间特性。理性思维虽然也包含着信息变换，但它的主要任务是对信息的解读，即对客体的理解。感性直观能把对象的信息传输给大脑，但它不能理解这些信息。理性思维的主要功能在于理解，形象地说，是“破译”这些信息的含义，而这些含义是不可感知的。如果说认识客体是一本打开在我们面前的书，它的现象是显现在我们面前的墨迹或符号，那么，它的本质就是这些符号所含有的内容。人们只有“破译”这些符号的内容，才能真正认识和把握客体。而“破译”这些符号正是理性思维的理解功能。例如，人们不能直接感知微观客体的内部结构，只能通过微观客体的宏观表现获得微观客体内部结构的信息，而理性思维的作用，正在于通过对这些信息“破译”，发现微观客体内部结构的秘密。

第二节　认识的过程及其规律

感性与理性既是人的认识活动的两种基本形式，又是认识过程的两个基本阶段，认识的发展过程表现为由生动的直观上升到抽象的思维，以及与此相应的由感性认识到理性认识，再由理性认识到实践的飞跃。

一、从感性认识到理性认识

关于认识的发展过程，列宁做了这样的概括：“从生动的直观到抽象的思维，**并从抽象的思维到实践**，这就是认识**真理**、认识客观实在的辩证途径。”① 毛泽东进一步指出：“一切比较完全的知识都是由两个阶段构成的：第一阶段是感性知识，第二阶段是理性知识，理性知识是感性知识的高级发展阶段。”② 这就是说，认识的发展过程表现为从生动的直观到抽象的思维，从感性认识到理性认识。生动的直观是认识过程的第一个阶段，即感性认识阶段；抽象的思维是观念反映过程的第二个阶段，即理性认识阶段。任何人

① 《列宁全集》第55卷，142页。

② 《毛泽东选集》第3卷，816页。

认识任何事物，都要在实践的基础上从感性认识开始，再从感性认识上升到理性认识。认识之所以必然经历从感性认识上升到理性认识的发展过程，是同现象与本质的关系密切相关的。

任何事物都有现象与本质两个方面，都是现象与本质的统一。现象是事物的外部联系和表面特征，是事物的外在表现；本质则是事物基本要素的内在联系，构成了事物的根本性质。一事物的根本性质，就是该事物的特殊本质。这就是说，现象不等于本质。“如果事物的表现形式和事物的本质会直接合而为一，一切科学就都成为多余的了”①。但是，现象与本质又具有统一性，现象是本质的外在表现，也没有不体现本质的现象；本质不在现象之外，而在现象之中，没有不表现为现象的本质，本质看不见、摸不着，但却通过看得见、摸得着的现象表现出来。现象与本质的区别，决定了科学研究的必要性；现象与本质的统一，决定了科学研究的可能性，决定了人们能够通过现象认识事物的本质。

现象与本质的矛盾性决定了人的认识必然要经历一个先认识现象、后认识本质，先形成感性认识、再上升为理性认识的发展过程。人对客观事物的认识只能从现象开始，把握事物的外在形式、关系等，由此形成感性认识。问题在于，要真正认识某一事物，归根到底，就是认识这一事物的本质，而认识了事物的本质就达到了理性认识。换言之，感性认识处于认识事物的现象的阶段，理性认识则处于认识事物的本质的阶段。这是认识发展过程中的两个不同的认识阶段。

只有通过现象才能认识事物的本质，但现象是丰富、生动、多变和易逝的，具有个别性、流动性，并不是抓住了某一现象，就能发现事物的本质，没有对事物现象较全面的认识，就不可能认识和把握事物的本质。人们由对事物现象的认识上升到对事物本质的认识，即从感性认识上升到理性认识，其前提是“必须充分地占有材料”，尽可能全面地搜集事物的现象。

在充分地“占有”材料之后，就要用理性思维“消化”这些材料。毛泽东把这一过程形象地概括为“去粗取精、去伪存真、由此及彼、由表及里”的过程。所谓“去粗取精”，就是对已经搜集到的大量的感性材料进行分析、筛选；“去伪存真”，就是对感性材料进行分析、鉴别，舍弃假象，把握真实情况；“由此及彼”，就是把大量的、个别的感性材料联系起来思考，从总体上进行研究；“由表及里”，就是透过事物的外部特征，抽象出事物的内在联

① 《马克思恩格斯全集》第25卷，923页。

系，达到对于事物的本质和规律的认识。马克思指出："研究必须充分地占有材料，分析它的各种发展形式，探寻这些形式的内在联系。只有这项工作完成以后，现实的运动才能适当地叙述出来。"①

感性认识与理性认识既相互区分，又相互联系。理性认识依赖于感性认识，从认识的内容和顺序看，人们总是先接触事物的现象，得到一定数量的感性材料，然后才能透过现象认识、把握事物的本质和规律，形成理性认识；同时，感性认识有待于发展到理性认识，才能达到对事物的本质、规律的认识，才能完成认识的任务，因此，人的认识活动必须由感性认识上升到理性认识，从而认识、把握事物的本质、规律和整体性。"我们的实践证明：感觉到了的东西，我们不能立刻理解它，只有理解了的东西才更深刻地感觉它。感觉只解决现象问题，理论才解决本质问题。"②

感性认识与理性认识的关系是对立统一的关系，割裂这种关系就会犯唯理论与经验论的错误。唯理论否认感性认识的重要性，片面夸大理性认识的作用，认为理性认识不依赖于感性认识，而且只有理性认识才是可靠的。相反，经验论否认理性认识的重要性，片面夸大感性认识的作用，认为感性认识无须上升为理性认识，而且只有经验才是可靠的。唯理论与经验论各执一端，在总体上都是错误的。在现代西方哲学中，逻辑实证主义一方面对经验科学做了唯心主义经验论的解释，认为一切经验科学的概念和命题的真假，就在于能否由经验来证实；另一方面又对理论科学，特别是对数学和逻辑学做了唯心主义唯理论的解释，认为一切理论科学的概念和命题都不是来源于感觉经验，而是来源于人的理性的自由创造。实际上，这是把经验论与唯理论折中主义地加以混合，而且具有浓厚的形而上学倾向。

二、从抽象规定到理性具体

从感性认识上升到理性认识，认识、把握事物的本质、规律和整体性，这一过程有其内在的逻辑，这就是，从"感性的具体"出发，经过思维抽象形成"抽象的规定"；从"抽象的规定"出发，经过思维"综合"形成"思想总体、思想具体"，即理性具体。马克思指出，认识有两条道路："在第一条道路上，完整的表象蒸发为抽象的规定；在第二条道路上，抽象的规定在思维行程中导致具体的再现。"③

---

① 《马克思恩格斯全集》第 23 卷，23 页。

② 《毛泽东选集》第 1 卷，286 页。

③ 《马克思恩格斯选集》第 2 卷，701 页。

感性具体形成于感性认识中，感性具体的形成使置于人的感官面前的具体事物成为一个“完整的表象”“直观的整体”。理性具体形成于理性认识中，但理性具体的形成需要经过“抽象的规定”这一中介。所谓抽象规定，是指思维通过对感性具体的分析所抽取出来的一个个单一的规定性。“思想总体、思想具体”就是在这些抽象规定的基础上综合、建构出来的理性具体。理性具体已不是“关于整体的一个混沌的表象”，而是一个“具有许多规定和关系的丰富的总体了”①。

理性具体不同于感性具体。感性具体只是一种“混沌的表象”或“完整的表象”，未深入事物的本质层次，而理性具体，即思维具体经过抽象规定及其综合这一中介，不仅深入事物的本质层次，而且把事物的规定性综合、统一起来了，从而达到了对事物的总体认识。换言之，思维具体是对事物的多种规定的综合和建构，在理性层次上达到了对事物的本质、规律和整体的认识。

理性具体也不同于抽象规定。抽象规定已经包含着对事物本质规定的认识，但仅仅依靠一个个单个的、抽象的规定还不能把握事物的整体联系。只有借助综合的方法，把各种抽象规定联系起来，形成关于事物的总体认识，才能从根本上、整体上认识和把握具有许多规定的客观事物。“具体之所以具体，因为它是许多规定的综合，因而是多样性的统一。因此它在思维中表现为综合的过程，表现为结果”②。

从抽象规定到理性具体仍属于理性认识阶段，是理性思维“综合”各种抽象规定、从总体上再现认识对象的过程，是“把直观和表象加工成概念”③的过程。所以，马克思指出，“从抽象上升到具体的方法，只是思维用来掌握具体、把它当做一个精神上的具体再现出来的方式”④。在马克思看来，这是不同于以艺术精神、宗教精神、实践精神把握世界的“专有的方式”。

要实现从抽象规定到理性具体，从精神上再现实在具体，就要从各种抽象规定中找出最简单、最基本的规定性作为思维“细胞”和逻辑起点，然后，通过概念的矛盾运动再现客观事物的矛盾运动，从而在总体上再现具体的客观事物。马克思的《资本论》是运用从抽象到具体方法的典范。《资本论》以包含资本主义社会全部矛盾“萌芽”的“商品”为逻辑起点，通过对

① 《马克思恩格斯选集》第2卷，700页。
② 《马克思恩格斯选集》第2卷，701页。
③ 《马克思恩格斯选集》第2卷，701页。
④ 《马克思恩格斯选集》第2卷，701页。

商品蕴涵的矛盾层层递进的分析和综合，使“抽象的规定”越来越具体，直至达到资本主义社会在思想总体上的再现。这就是《资本论》的一、二、三卷，即资本的直接生产过程、资本的流通过程、资本生产的总过程。正如列宁所说，“马克思在《资本论》中首先分析资产阶级社会（商品社会）里最简单、最普通、最基本、最常见、最平凡、碰到过亿万次的**关系**：商品交换。这一分析从这个最简单的现象中（从资产阶级社会的这个‘细胞’中）揭示出现代社会的**一切**矛盾（或**一切**矛盾的萌芽）。往后的叙述向我们表明这些矛盾和这个社会——在这个社会的各个部分的总和中、从这个社会的开始到终结——的发展（**既是**生长**又是**运动）。”① 实际上“一般辩证法的阐述（以及研究）方法也应当如此”②。这是其一。

其二，要实现从抽象规定到理性具体，从精神上再现实在具体，还要发挥思维的建构作用。所谓建构，有两方面的含义：从认识发生的角度看，是指人的认识结构的建立的过程；从认识过程的角度看，是指主体在思维中对客体信息的重组的过程。二者密切相关。

从人的认识结构的建构来看，人们形成认识的过程也不是像行为主义的“刺激—反应”公式那样被动映现客观事物的过程，而是在实践活动的基础上能动地吸收、改造客观事物信息的过程。换言之，人的认识结构是人脑在生物结构的基础上，随着实践活动形成和发展而建构的信息性结构。人的实践活动和认识活动不断地反复进行，关于某类事物的信息就会不断地反复同人的神经系统发生相互作用，发生相似性的重演，从而就会以符号的方式积淀在人的神经系统结构之中，作为背景知识储存起来，形成人脑中所特有的信息性结构。更重要的是，人们在从事实践活动和认识活动的过程中，不仅对客观事物的认识越来越扩大和深化，而且其信息知识也在不断地丰富和更新，信息性结构因此也处于不断的“建构”之中。

从主体对所获得的客体信息的“建构”来看，认识过程是主体凭借大脑中已经形成的信息性结构，对所获取的信息在选择、加工、改造的基础上重新组合，即“重构”为观念信息系统的过程。主体思维对客体信息的选择取舍和加工制作，最后都必须通过“重构”这一环节，才能实现主体以观念形式把握客体的要求。如前所述，在思维的逻辑运动中存在着两条道路，第一条道路是“完整的表象蒸发为抽象的规定”，第二条道路是“抽象的规定在

① 《列宁全集》第55卷，307页。
② 《列宁全集》第55卷，307页。

思维行程中导致具体的再现”。这两条道路首尾相接，构成“具体—抽象—具体”的认识发展过程。认识运动的这一逻辑行程同思维的建构是紧密地联系在一起的。在思维行程的第一条道路上，主体是用抽象思维对客体信息进行选择、提炼、抽取，“重构”观念系统的基本单元，即各种“抽象的规定”；在思维行程的第二条道路上，主体则是把这些“抽象的规定”按照主体观念把握客体的要求“重构”为观念系统的理论体系，从而“在精神上”“再现”客体的“具体总体”。

需要指出的是，从感性认识到理性认识，从感性具体到抽象规定、再到理性具体的过程中，并非只有理性、逻辑的因素在起作用。当我们说人是一种有理性的社会存在物时，是就其主导的方面来说的，即理性因素在人的认识活动中起主导作用。这正是人高于动物之处。但是，这并不意味着否认人的非理性因素在认识活动中的作用，更不是说非理性因素对认识活动只起干扰和破坏的作用。实际上，人是一个有情感、有意志并有认知能力的统一体，人的非理性因素也会参与到认识活动中，以这种或那种形式对认识活动的形成与发展发生作用。

所谓“非理性”因素，有狭义和广义两种含义。从狭义上说，非理性因素是指欲望、习惯、情感、意志等这些不以理性思维为基础的精神要素；就广义而言，非理性因素不仅包括欲望、习惯、情感、意志等精神因素，而且包括不能被逻辑思维方法所包含的人的心理因素，如想象、顿悟、直觉、灵感等。因此，非理性因素可分为两类，前一类不属于人的认识能力，而是作为一种精神力量渗透到主体的认识活动中；后一类属于人的认识能力，但它具有不自觉的、非逻辑性特点，因而在广义上也属于非理性因素。

情感、意志等非理性因素本身虽然不属于人的认识能力，但它们对人的认识活动的发动与停止、对认识能力的发挥与抑制起着重要的控制和调节的作用。正如马克思所说，人“是一个有**激情**的存在物。激情、热情是人强烈追求自己的对象的本质力量”①。当人们的激情与认识活动发生共鸣时，认识就会受到情感的激化，从而激发人的认识能力，加速认识的进程；当人们对某种认识活动缺少激情时，人的认识能力就会受到抑制，认识进程就会受到影响。所以，马克思主义哲学倡导“激情的理性”。意志对认识活动也是一种激发和调控因素，是认识活动的支撑力量和推动力量。“在科学上没有平坦

① 《马克思恩格斯全集》第42卷，169页。

的大道，只有不畏劳苦沿着陡峭山路攀登的人，才有希望达到光辉的顶点。”①

在人的认识过程中，逻辑思维方法起着主导作用，但不能由此把认识活动仅仅理解为逻辑思维的加工过程。

其一，在认识过程中，往往存在着这样一种情况，即人们不是掌握了全部事实材料再进行逻辑推理，而是凭借少量事实材料，通过创造性的联想，甚至运用大胆的想象，实现对事物的本质和规律的认识。科学史上的许多发现、发明都不是仅仅对实验现象、实验数据进行逻辑分析而产生的，而是在实验和逻辑分析的基础上借助联想甚至想象实现的。凯库勒提出苯具有环状结构，爱因斯坦创立狭义和广义相对论，都是这方面的例子。但是，联想、想象等非逻辑的思维活动不能脱离概念、判断、推理等逻辑思维活动单独进行，而必须以一定的逻辑思维活动为基础。

其二，在人的认识过程中，往往出现这样一种情况，即当人们探索某一事物的本质、寻求某一问题的答案时，在长时间内百思而不得其解，但有时却突然思想贯通、豁然开朗、顿然醒悟，一下子认识到事物的本质，抓住问题的症结，找到了解决问题的答案。这就是直觉、顿悟。但是，直觉、顿悟的力量也不是凭空产生的，而是归根到底来自人们的实践活动以及认识活动，是人们经过长时间的理性思维，以某种偶然事件为“导火索”而实现的对事物的本质和规律的认识。

在人的认识过程中，既有理性因素、逻辑思维方法的主导作用，又有非理性因素、非逻辑思维方法的补充作用，而且这两种作用又是相互作用的。马克思主义确认非理性因素在认识过程中的作用，但马克思主义绝不是非理性主义。

三、从理性认识到实践

从感性认识上升到理性认识，从抽象规定深化到理性具体，使人的认识实现了从现象到本质、从局部到整体的飞跃。然而，认识过程并没有就此结束，要实现完整的认识过程，还必须由认识再回到实践中去。“马克思主义的哲学认为十分重要的问题，不在于懂得了客观世界的规律性，因而能够解释世界，而在于拿了这种对于客观规律性的认识去能动地改造世界。”② 从理性认识到实践是认识的又一次飞跃，而且是意义更为重要的飞跃。

从认识回到实践之所以必要，从根本上说，就在于通过这次飞跃使认识对象化、物化，使精神力量转化为物质力量，从而改造世界。“批判的武器

① 《马克思恩格斯全集》第23卷，26页。

② 《毛泽东选集》第1卷，292页。

当然不能代替武器的批判，物质力量只能用物质力量来摧毁；但是理论一经掌握群众，也会变成物质力量。”① 具体地说，认识之所以要向实践转化，这是认识活动和实践活动的双重要求。从总体上看，人的全部活动无非是认识世界和改造世界，或者说，一是在实践中形成思想，二是在实践中实现思想。在实践中形成的理性认识，还需要在实践中进行检验，并加以修正、补充和发展；形成理性认识并不是认识的目的，认识的目的是改造世界，换言之，实践是认识的目的和归宿。同时，人的实践活动不同于动物的本能活动，它需要理性认识的指导，只有在正确的理论指导下，人们才能自觉、有效地改造世界。科学技术史表明，技术上的重大发现、发明，几乎都是在科学理论指导下取得的，而社会发展史表明，“没有革命的理论，就不会有革命的运动”②。

同一切矛盾双方的转化一样，认识向实践的转化是在一定条件下实现的。换言之，从理性认识向实践的飞跃需要特定的条件，具有特定的途径。

首先，形成实践理念，即实践观念。所谓实践理念，是指人们在理性认识的基础上形成的关于实践的观念模型或理想蓝图。马克思指出：“蜜蜂建筑蜂房的本领使人间的许多建筑师感到惭愧。但是，最蹩脚的建筑师从一开始就比最灵巧的蜜蜂高明的地方，是他在用蜂蜡建筑蜂房以前，已经在自己的头脑中把它建成了。劳动过程结束时得到的结果，在这个过程开始时就已经在劳动者的表象中存在着，即已经观念地存在着。”③ 这就是说，实践理念是实践活动所创造的实在客体的观念模型，而这种实在客体就是实践理念的对象化、物化。

实践理念与理论理性既有联系又有区别。如果说理论理性是关于客观事物本身的本质和规律的认识，那么，实践理念不仅包括关于客观事物的本质和规律的知识，而且包括关于人们自身的需要的认识；不仅包括关于客体“是什么”和“怎么样”的知识，而且包括关于客体及其与主体的关系“应如何”和“能如何”的判断，包含着对客体意义的评价。理论向实践转化的根本目的，是改变事物的现成形式，以满足人们的需要。“他不仅使自然物发生形式变化，同时他还在自然物中实现自己的目的”④。为此，主体必须以

① 《马克思恩格斯选集》第1卷，9页。
② 《列宁选集》第1卷，153页。
③ 《马克思恩格斯全集》第23卷，202页。
④ 《马克思恩格斯全集》第23卷，202页。

对客体的事实性认识为基础，对客体对于人而言的有用性做出价值评价，才能确定主体对于客体进行实践把握的方式。可见，为了实现由认识向实践的飞跃，不仅要实现一般理论与具体实践的统一，而且要把客观事物的尺度同人的需要的尺度统一起来，形成实践理念。

其次，制定实践方案。实践方案是依据实践理念而制定的改造客观事物的计划、措施和手段。制定实践方案，不仅要看到实践主体本身的主观条件及其能动性，更要看到客观条件及其制约性。正确的理论要在实践中得到有效运用，必须具有适当的手段和条件，拥有一定的措施和技术。例如，质能关系式的发现，揭示了人类利用能源的远景，但要实际利用这一规律，还必须有能使原子发生裂变或聚变的技术装置这一客观条件。把握实践活动的客观条件，这是制定可行性方案的前提；发挥主体的能动性，最大限度地利用已有的客观条件，这是制定可行性方案的又一前提。可行性的实践方案体现了合规律性、合目的性和现实可行性的有机结合。

最后，进行中间实验。实践方案的实行需要以小规模的实践，即中间实验为中介环节。自然科学中的“实验”就是使理性认识向实践转化的必经的探索性活动，它可以为大规模的实践提供经验，为避免失败、取得成功创造经验；社会科学中的“典型”分析，社会活动中的“试点”，也是理性认识向实践转化的必经的探索性活动。实际上，社会科学中的典型分析，社会活动中的试点，就是社会科学、社会活动中的实验室方法。马克思在《资本论》中指出：“物理学家是在自然过程表现得最确实、最少受干扰的地方考察自然过程的，或者，如有可能，是在保证过程以其纯粹形态进行的条件下从事实验的。我要在本书研究的，是资本主义生产方式以及和它相适应的生产关系和交换关系。到现在为止，这种生产方式的典型地点是英国。因此，我在理论阐述上主要用英国作为例证。”①

人们的认识过程是在实践基础上从感性认识上升到理性认识，从抽象规定深化到理性具体，从理性认识再回到实践。在这一过程中，只要某理论在实践中基本得到实现，基本达到预期目的，那么，就可以说，这一具体的认识过程已经结束。但是，认识的全过程并没有结束。实践与认识的矛盾并不是通过实践—认识—实践一次循环就能解决的，而是要经过“实践、认识、再实践、再认识”循环往复以至无穷的不断发展过程才能得以解决。由于主观条件和客观条件的限制，人们对事物的认识往往要经历由实践到认识、由

① 《马克思恩格斯全集》第23卷，8页。

认识到实践的多次反复、多次循环、不断发展才能完成。客观世界及其发展是无限的：从时间上说，一过程向另一过程的推移是无限的；从空间上说，事物之间的联系、物质结构的层次也是无限的。认识与实践的对象的无限性决定了认识与实践也必然是一个不断发展的过程。

从形式上看，认识的发展是认识与实践不断分离和重合的反复循环；从内容上看，认识的每一次循环都进到了高一级或深一层的程度。也就是说，经过每一次实践与认识的循环，人们对客观世界的认识就上升到一个新的水平；通过实践与认识的反复循环，认识就像螺旋曲线一样不断地发展和上升。"通过实践而发现真理，又通过实践而证实真理和发展真理。从感性认识而能动地发展到理性认识，又从理性认识而能动地指导革命实践，改造主观世界和客观世界。实践、认识、再实践、再认识，这种形式，循环往复以至无穷，而实践和认识之每一循环的内容，都比较地进到了高一级的程度。这就是辩证唯物论的全部认识论，这就是辩证唯物论的知行统一观。"①

人的认识过程是主观与客观、理论与实践的矛盾运动过程，认识的任务就是求得它们之间具体的、历史的统一。统一的具体性，就是指认识要同一定时间、地点、条件下的实际相符合；历史性是指认识要同不断运动、变化、发展着的实际相适应。当实践的具体过程尚未结束，原有的矛盾尚未充分展开，向另一具体过程转变的条件还不具备时，如果硬要强制推移，把将来才能做的事情拿到现在来做，企图超越历史阶段，就会犯"左"的错误；当实践的具体过程已经向前推移时，认识就应当随之而转变，如果认识仍然停留在原来的阶段上，就会犯思想落后于实际的右的错误。正因为如此，毛泽东指出："我们的结论是主观和客观、理论和实践、知和行的具体的历史的统一，反对一切离开具体历史的'左'的或右的错误思想。"②

第三节　认识活动中的思维方法

从哲学的视角来把握思维方法，就要理解思维方法的本质及其在认识活动中的作用。对于这一问题的解答，归根结底，在于理解方法论与辩证法、

① 《毛泽东选集》第1卷，296－297页。

② 《毛泽东选集》第1卷，296页。

认识论的一致性。辩证法、认识论和方法论的一致或统一，是马克思主义哲学的基本原则。我们要从人类实践史、科学史、哲学史多重视角来把握辩证法、认识论、方法论的关系，深刻理解辩证法也就是马克思主义的认识论和方法论。

一、辩证法、认识论和方法论

在黑格尔、马克思之前，哲学家通常把哲学划分为本体论、认识论和逻辑学（含方法论）三个部分：本体论是关于存在的学说，研究世界的本原及其规律；认识论是关于认识的学说，研究认识的本质、过程及其规律；逻辑学是关于理论思维的学说，研究思维的逻辑形式、逻辑规律以及思维方法。总的说来，这三个部分是各自独立、互不相关的。

无论是在东方，还是在西方，认识论在古代哲学中就已经产生了。从总体上看，认识论的研究在古代哲学中是直观的和模糊的，并且从属于本体论的研究；认识论的研究在近代西方哲学中占据中心地位，甚至成为构造哲学体系的出发点。在近代认识论中，思维与存在、感性与理性的关系成为研究的主要问题，形成了经验论与唯理论两个流派。经验论强调经验，主张从个别到一般的归纳方法；唯理论推崇理性，主张一般到个别的演绎法。经验论与唯理论各执一端，但又有共同的主要缺点，这就是，不能把辩证法贯彻、应用于认识论。

在古代哲学中，方法论不是一个独立的分支。尽管亚里士多德的《工具论》《形而上学》是有关方法问题的重要文献，但在这两部重要文献中，方法并没有上升到专门的方法论。哲学方法论的形成是与近代工业和科学的发展分不开的。由于工业和科学发展的需要，哲学作为方法论的意义才被突出出来。但是，近代的哲学方法论是沿着经验归纳法与理性演绎法两个不同的方向发展的，形成了经验论与唯理论两个对立的方法系统。这两个对立的方法系统有一个共同的主要缺点，这就是，割裂了方法之间相互联结、相互转化的辩证法。

黑格尔在哲学史上第一次提出了辩证法、认识论、逻辑学三者一致的思想。但是，在黑格尔哲学中，辩证法、认识论、逻辑学三者一致的基础、内容和基本线索却是绝对观念的自我实现，表现为概念的自我运动、自我深化、自我综合、自我发展。正如恩格斯所说，在黑格尔那里，“我们在现实世界中所认识的，正是这个世界的思想内容，也就是那种使世界成为绝对观念的逐步实现的东西，这个绝对观念是从来就存在的，是不依赖于世界并且先于世界而在某处存在的；但是思维能够认识那一开始就已经是思想内容的内容，这是十分明显的。同样明显的是，在这里，要证明的东西已经默默地包含在前提里面了”①。因此，黑格尔哲学并没有科学地解答辩证法、认识论、逻辑学三者一致的问题。

马克思主义哲学深刻地总结了辩证法、认识论、方法论（逻辑学）的历史，并以现代实践和科学的发展为基础，实现了唯物论与辩证法、唯物主义自然观与唯物主义历史观的统一，从而科学地解答了辩证法、认识论、方法论三者一致的问题。从辩证法、认识论、方法论三者一致的内容来看，三者一致的基础是客观辩证法；从辩证法、认识论、方法论三者何以能够一致来看，三者一致的基础是社会实践。

要理解辩证法、认识论、方法论三者的一致性，首先就要把握客观辩证法与主观辩证法的关系。

所谓客观辩证法，是指客观世界的辩证法，即自然界和人类社会的矛盾运动规律；所谓主观辩证法，则是指人的思维的辩证法，即以概念为“细胞”的思维的矛盾运动规律。如果说客观辩证法是外部世界的辩证法，那么，主观辩证法就是思维辩证法，即概念辩证法。

当“我们重新唯物地把我们头脑中的概念看做现实事物的反映，而不是把现实事物看做绝对概念的某一阶段的反映。这样，辩证法就归结为关于外部世界和人类思维的运动的一般规律的科学，这两个系列的规律在本质上是同一的，但是在表现上是不同的”②。这就是说，主观辩证法与客观辩证法之所以具有一致性，是因为从内容上看，主观辩证法是以概念的形式对客观辩证法的反映，二者“在本质上是同一的”。但是，在表现形式上，主观辩证法又不同于客观辩证法。这是因为，客观辩证法是不自觉地以外部必然性的形式表现出来，而主观辩证法则是对客观规律的自觉运用。“这样，概念的辩证法本身就变成只是现实世界的辩证运动的自觉的反映”③。

一方面，辩证法贯穿于认识的全过程。辩证法所揭示的规律同样也是认识发展的规律。认识论所阐明的思维与存在、主观与客观、主体与客体、感性与理性、相对真理与绝对真理等一系列关系，无不是辩证法的规律，尤其是对立统一规律的表现。在这个意义上，辩证法是认识论的内容。“辩证法，按照马克思的理解，同样也根据黑格尔的看法，其本身包括现在称之为认识

① 《马克思恩格斯选集》第4卷，231页。

② 《马克思恩格斯选集》第4卷，249-250页。

③ 《马克思恩格斯选集》第4卷，250页。

论的内容”[①]。离开了辩证法，人们就无法深刻而全面把握认识论的内容。旧唯物主义认识论的基本缺陷之一，就是不能把辩证法应用于反映论；把辩证法贯彻于反映论，则是辩证唯物主义认识论的标志之一。

另一方面，认识论确证着辩证法的真理性和力量。辩证法既然贯穿于人类认识的全过程，既然是人的认识活动所固有的，那么，它的真理性和力量，就要由人类的认识史，包括科学史来检验。离开了认识论所揭示的人的认识活动的辩证法以及认识史，辩证法作为一门科学就难以确立、确证和发展。

因此，辩证法与认识论具有一致性。正是在这个意义上，列宁认为，“辩证法**也就是**（黑格尔和）马克思主义的认识论”[②]。

辩证法与方法论也具有一致性。

一方面，思维方法不是凭空产生的，它本质上是辩证法所揭示的规律在人脑中的内化，辩证法的规律本身就具有方法论的功能。从根本上说，方法不过是客观规律在人脑中的主观运用，是转化为认识的规则、程序的客观规律。思维方法是有“原型”的，这个“原型”就是客观关系和客观规律。例如，比较分析法就是客观事物的统一性和多样性关系的主观运用，有统一性才有“同”，有多样性才有“异”，这才有“异中求同”和“同中求异”的比较分析法。没有辩证法所揭示的客观规律，一切科学概念、判断、推理等思维方法就没有现实基础，因而也无法形成。离开了辩证法，就没有科学的方法论。

另一方面，辩证法如不能转化为方法论，不能成为认识事物的方法，就没有存在的价值。辩证法的重要意义，不仅在于它反映了客观世界本身的规律性，而且在于它为人们提供了认识世界和改造世界的科学的方法论。辩证法只有同时作为方法论，才不仅具有理论意义，而且具有实践意义。

要理解辩证法、认识论、方法论三者的一致性，还要把握客观辩证法、主观辩证法与实践辩证法的关系。

所谓实践辩证法，是指人的有意识、有目的的活动过程及其规律。如果说客观辩证法是“本然”的运动，那么，实践辩证法则是以这一“本然”的运动为前提，按照人的需要和目的而展开的“应然”的运动。正如马克思所说，人的实践活动“不仅使自然物发生形式变化，同时他还在自然物中实现

① 《列宁选集》第2卷，422页。

② 《列宁全集》第55卷，308页。

自己的目的，这个目的是他所知道的，是作为规律决定着他的活动的方式和方法的，他必须使他的意志服从这个目的"①。因此，实践辩证法不等于客观辩证法、主观辩证法，但又包含并体现着客观辩证法、主观辩证法。

同时，实践辩证法又是主观辩证法与客观辩证法相互联系、相互转化的中介。实践辩证法以主体化、社会化的形式展现着客观辩证法，同时又构成了"主观辩证法，即辩证的思维"的"最本质的和最切近的基础"。作为主观辩证法的概念辩证法有其客观内容，是人的实践活动所达到的广度和深度的反映。正如列宁所说，"人的实践经过亿万次的重复，在人的意识中以逻辑的式固定下来，这些式正是（而且只是）由于亿万次的重复才有着先入之见的巩固性和公理的性质"②。这就是说，逻辑的"式"本质上是实践的"式"在人脑中的内化和升华，辩证逻辑，即辩证思维方法本质上是实践辩证法所确证的客观关系和客观规律在人脑中的内化与升华。这正是逻辑推理的力量所在。

二、思维方法的本质与层次

所谓方法，是指为解决理论、实践、日常生活的任务而采用的特定的途径、手段和办法，如工作方法、思想方法、认识方法等。哲学所研究的思维方法是指主体观念地把握客体的理论思维方法，是以揭示事物的本质和规律为目的而进行的理性认识的方法。

思维方法不是纯粹的客观知识。在客观世界中，我们可以找到与知识相对应的实体，诸如原子、天体、劳动对象等，但找不到诸如"分析""综合""抽象"等方法的实体。思维方法本质上是主体化的客观规律，是在客观规律基础上依据主体需要而形成的思维的规则、程序和手段。因此，思维方法的最重要特征就是中介性，即通过思维方法，主体与客体、主观与客观、思维与存在相互联结、相互转化，从而搭起主体客体化与客体主体化双向运动的桥梁。

思维方法具有客观性与主观性的双重特征：

一方面，思维方法具有客观性。思维方法的"原型"是客观事物之间的关系及其规律，是规则化、主体化了的客观关系和客观规律。例如，一般与个别的关系就是归纳法与演绎法的"原型"。

另一方面，思维方法又具有主观性。仅仅有客观性还不能构成思维方

---

① 《马克思恩格斯全集》第23卷，202页。

② 《列宁全集》第55卷，186页。

法，客观关系和客观规律只是提供了思维方法的“原型”，而不是思维方法本身。客观关系和客观规律只有通过人的实践活动内化于人的头脑中，转化为思维活动的规律，通过逻辑形式同思维活动相联系，才能转化为思维方法。思维方法是主体总结和概括出来的思考问题的规则，是主体依据客观规律，经过主观建构而形成的思维规则、程序和手段等。

思维方法具有层次性。按起作用的范围，可以把思维方法划分为三个层次，即哲学的思维方法、一般科学的思维方法和具体科学的思维方法。哲学的思维方法是思维方法中的最高层次，具有普遍的方法论意义，如归纳与演绎、分析与综合、抽象与具体；一般科学的思维方法是适用于各门具体科学的共同的方法，如数学方法、系统方法、模型方法等；具体科学的思维方法是由认识对象的特殊性所决定的特殊方法，如物理学方法、化学方法、历史学方法等都是仅仅适用于自己特定研究领域，并在特定范围内起作用的思维方法。

思维方法是客观规律的主体化，但思维方法一旦形成，就具有了某种相对独立的功能。思维方法对认识活动的基本功能，就是使杂乱的感性材料有序化，使感性材料之间形成某种合理的联系，从而使“材料的生命”“观念地反映出来”①。

首先，思维方法规范着人们的思维如何发动，规范着思维运行的方向和侧重点。例如，经验性的思维方法往往指向历史，用过去的经验来调整现在，因而带有很大的习惯性，而辩证性的思维方法则是在现实的基础上面向未来，用未来来规划现在。思维方法对于思维按什么方向运行，突出什么侧重点，有着规范的作用。

其次，思维方法具有对信息进行选择、组织的功能，具有信息处理和转换的内在机制。认识活动是一个信息加工、处理和转换的过程。如果说人脑是对信息进行处理和加工的“加工厂”，那么，思维方法就是这一加工厂里的“流水线”，外界的信息经过一定的思维方法的处理，成为有序的观念产品。在这一加工过程中，不同的思维方法规范着认识主体对思维材料不同的取舍、加工，决定着思维的具体操作过程，从而也决定着信息运行的线路和转换结果。正是在这一意义上，思维方法具有主体对客体的建构功能。

最后，思维方法直接影响人们认识活动的成果，决定着主体能否正确认识客体及其深度和程度。正因为如此，许多有重大发现或发明的科学家都十

---

① 《马克思恩格斯全集》第23卷，23页。

分重视思维方法。爱因斯坦认为，新方法的产生往往导致新学科的诞生。马克思、恩格斯对方法更为关注，深入而全面地研究了“观察方法”“思维方法”“研究方法”“叙述方法”等，并认为马克思主义的整个世界观不是教义，而是方法，而“唯物主义辩证法”是最好的认识工具和最锐利的批判武器。

除了运用范围外，就思维本身来说，思维有知性思维与理性思维两个不同的层次。

所谓知性思维，是指运用形式逻辑的思维规则所进行的思维，形式逻辑是知性思维的集中体现。形式逻辑的基本规则最早是由亚里士多德所阐明的，它由同一律、矛盾律、排中律所构成。同一律的公式为“A是A”，它是指在同一个思维过程中，一个思想（概念、判断等）所反映的对象是什么就是什么，不能同时是别的什么；矛盾律的公式为“A不是非A”，是指一对矛盾判断或对立判断不能同时为真，其中必有一假；排中律的公式为“A是B或不是B”，是指一对矛盾判断不能同时为假，其中必有一真。知性思维规律要求人们的思维必须是确定的，不能自相矛盾，不能“亦此亦彼”。

理性思维是立足于概念的辩证本性，通过揭示思维形式的内在矛盾而揭示事物本质的思维形式，辩证逻辑是理性思维的集中体现和最高形式。辩证思维就是“以概念本身的本性的研究为前提”① 的，而“概念的关系（=过渡=矛盾）=逻辑的主要内容，并且这些概念（及其关系、过渡、矛盾）是作为客观世界的反映而被表现出来的”②。

知性思维与辩证思维，或者说，形式逻辑与辩证逻辑的关系主要体现在三个方面：

第一，研究思维的方式不同。

正如“形式逻辑”这一名词所标明的那样，它是撇开思维所反映的内容，单纯从形式方面考察思维；撇开思维的发展过程，主要从思维的既成形式中研究思维。因此，形式逻辑侧重按照形式上的结构对概念、判断和推理进行形式化的处理，体现的是知性思维。辩证逻辑则从内容与形式的统一中研究思维，从思维的发展过程来考察思维，并对认识史做出逻辑概括，着重揭示思维形式的内容以及诸种思维形式之间的关系，从而展示出一种辩证思维。辩证思维总是“从不断的运动中”“从暂时性方面”去理解“每一种既

---

① 《马克思恩格斯选集》第3卷，924页。

② 《列宁全集》第55卷，166页。

成的形式”，并确认“每一个时代的理论思维，包括我们这个时代的理论思维，都是一种历史的产物，它在不同的时代具有完全不同的形式，同时具有完全不同的内容。因此，关于思维的科学，也和其他各门科学一样，是一种历史的科学，是关于人的思维的历史发展的科学”①。

第二，反映客观世界的内容和层次不同。

形式逻辑及其形式化的作用，是有其客观依据的，这就是客观事物的相对静止以及不同事物之间的确定界限。当人们的思维活动只限于在这个范围内反映对象，对事物分别进行考察，并把它们明确区别开来时，形式逻辑就是必要的和有效的。但是，如果把形式逻辑所反映的事物的特定方面扩展到一切方面，把形式逻辑的适用范围夸大为适用一切范围，就犯了形而上学的错误。恩格斯指出，把事物孤立起来，撇开总的联系和运动状态进行静态考察的方法“被培根和洛克从自然科学中移植到哲学中以后，就造成了最近几个世纪所特有的局限性，即形而上学的思维方式”②。

辩证逻辑不仅反映事物之间的相互区别，而且反映事物之间的相互联系；不仅反映事物的相对静止，而且反映事物的绝对运动；不仅确认事物自身的同一性，而且确认这种同一性存在于差异性和对立性之中。辩证逻辑“不承认什么僵硬和固定的界线，不承认什么普遍绝对有效的‘非此即彼!’，它使固定的形而上学的差异互相转移，除了‘非此即彼!’，又在恰当的地方承认‘亦此亦彼!’，并使对立的各方相互联系起来”③。为了全面而深刻地反映现实的矛盾运动，思维就不能停留在知性思维，仅仅运用形式逻辑规律，而应同时运用辩证逻辑规律，上升到辩证思维方式。

第三，相互限定、相互补充。

辩证逻辑的必要性和重要性并不排斥形式逻辑存在的必要性和重要性。正确的思维应当具有内在的连贯性、严密的逻辑性，而且同一理论体系的各个原则、各个观点之间在逻辑上应是没有矛盾的。列宁指出：“‘逻辑矛盾’——当然，在正确的逻辑思维的条件下——**无论**在经济分析中**或**在政治分析中都是不应当有的。”④ 列宁在这里所说的“逻辑矛盾”，就是指由于违背形式逻辑规律，使思维丧失了它应有的明确性、确定性、一贯性而造成的

① 《马克思恩格斯选集》第3卷，873-874页。

② 《马克思恩格斯选集》第3卷，396页。

③ 《马克思恩格斯选集》第3卷，909-910页。

④ 《列宁全集》第28卷，131页。

思维混乱。辩证逻辑要反映现实的矛盾运动，首先必须弄清是什么事物在矛盾运动，否则，就会把整个世界看成变幻不定、混沌不清、不可捉摸的东西。否定了形式逻辑规律，实际上也就否定了事物的相对静止，因而也就不会有辩证思维，并会导致诡辩论。

形式逻辑在一定条件下可以保证人们正确思维，但是，要全面而深刻地认识事物的本质和规律，就必须遵循辩证逻辑规律，上升到辩证思维方式。“辩证逻辑则要求我们更进一步。要真正地认识事物，就必须把握住、研究清楚它的一切方面、一切联系和‘中介’。我们永远也不会完全做到这一点，但是，全面性这一要求可以使我们防止犯错误和防止僵化。”“辩证逻辑要求从事物的发展、‘自己运动’（像黑格尔有时所说的）、变化中来考察事物。”①可以说，在思维活动中，辩证逻辑与形式逻辑相互限定、相互补充。

三、辩证思维的基本方法

与知性思维不同，辩证思维是立足于概念的辩证本性而展开的思维活动，其基本方法主要有归纳与演绎、分析与综合、抽象与具体、逻辑与历史等。

归纳与演绎是辩证思维的两种逻辑方法。归纳是从个别上升到一般的思维方法，包括完全归纳法、概率归纳法以及类比法；演绎是由一般性原则到个别性结论的方法，即依据某类事物都具有的一般属性、关系来推断该类事物中个别事物所具有的属性、关系的推理方法。演绎方法通常由前提、逻辑规则和结论三部分构成。归纳是由个别到特殊向一般的思维运动，演绎是由一般到特殊向个别的思维运动。归纳与演绎在认识活动中的矛盾关系是客观事物中的个别与一般、个性与共性矛盾关系的反映。

一方面，归纳是认识的基础，但归纳离不开演绎，没有演绎就没有归纳。归纳从搜集经验材料开始，问题在于，无论是搜集经验材料，还是整理经验材料，都必须有某种理论原则指导，这里就有演绎的作用，演绎规定着归纳的方向。同时，单纯的归纳也无法区分事物的主要方面与次要方面，即使归纳出某特性为某类事物所共有，也无法确证它是不是这类事物的本质特征，不能说明一类事物的共性与另一类事物的共性在演化过程中的关系。这就必须靠演绎来补充和修正。

另一方面，演绎也不能排斥归纳，没有归纳也就没有演绎。归纳是演绎的基础，演绎是以非演绎方法得出的结果为前提的。作为演绎出发点的公

---

① 《列宁选集》第4卷，419页。

理、定律、假设等，都是从归纳法、非演绎法取得的。同时，演绎从一般推到个别，并不能揭示个别事物多方面的属性，而且演绎推理的结论又必须经过归纳来证实、修正和丰富。如果新发现的个别事实与演绎推导出的一般结论不相符合，那么，就要修正演绎所导出的结论。

科学发展史表明，任何重大的科学发现，都必须同时使用归纳法与演绎法。许多重要的自然规律都是先由归纳揭示出来，尔后又通过演绎加以证明，最后通过实践检验才成为科学公理、定律的。一般说来，归纳法对经验材料的研究有着重要的作用，但当科学进入理论思维时，演绎法就起着越来越重要的作用，特别是在建构理论体系及其逻辑结构时，演绎法就成为主要的思维方法了。例如，爱因斯坦就是从相对性原理和光速不变原理这两个公理出发，推导出狭义相对论的。爱因斯坦指出："适用于科学幼年时代以归纳为主的方法，正让位于探索性的演绎法"，"由经验材料为引导……提出一种思想体系，它一般是在逻辑上从少数几个所谓公理的基本假设建立起来的"①。

分析与综合是对归纳与演绎的深化。分析方法是把整体分解为各个部分、方面、因素，以便逐个加以研究的方法，包括定性分析、定量分析、因果分析、结构分析、功能分析、信息分析、模式分析、发生学分析等。分析方法的核心是矛盾分析方法，通过矛盾分析法使人们获得关于研究对象的内在的多种规定性。不同的学科有不同的研究对象，不同的对象有不同的矛盾，矛盾的不同方面及其运动过程又有不同的特点。与此相应，也就有不同的分析方法。

综合方法是在思维中把已有的关于研究对象的各个部分、方面、因素的认识结合起来，形成对对象的整体性认识的方法。辩证思维的综合不是机械的综合，不是加减组合的过程，而是在思维中把研究对象的各个部分、方面、因素按其内在联系有机地结合成统一的整体，达到"许多规定的综合"和"多样性的统一"的过程，从而使事物的本质和规律得以显现，使"材料的生命""观念地反映出来"②。例如，马克思在《资本论》中分析了产业资本、商业资本、信贷资本、地租等资本的具体形态，并把它们综合为资本的整体，这就既看到了资本形态的多样性，又把握住不同资本形态之间的统一性，从而深刻地理解和把握了资本的本质。而历史唯物主义就是"从对人类

① 《爱因斯坦文集》第1卷，许良英等编译，262页。

② 《马克思恩格斯全集》第23卷，23页。

历史发展的观察中抽象出来的最一般的结果的综合”①。

从分析与综合的关系来看，综合离不开分析，分析是综合的基础，没有经过系统的、周密的分析，就不可能有正确的综合；同时，分析又离不开综合，分析中有综合。要认识统一体中的不同矛盾及其各个方面，就必须进行分析。但是，不同矛盾及其各个方面毕竟是相互联系的，因此，要对统一体有全面的认识，就必须理解不同矛盾及其各个方面是如何相互联系、如何统一的，即必须进行综合。在分析事物的过程中必须具有整体观念，必须把握某一部分、方面、因素在整体中的地位及其与其他部分、方面、因素的关联。没有综合，就不可能达到对事物的深刻而全面的认识。在这个意义上说，综合比分析更为深刻。

分析与综合的运行过程是从感性具体到抽象规定，再从抽象规定到理性具体的过程。一般说来，从感性具体到抽象规定更多的是运用分析方法，而从抽象规定到理性具体更多的是运用综合方法。

抽象既是思维的成果，又是思维的方法。作为思维成果，抽象是指思维经过分析从认识对象中抽取出来的规定，是对认识对象的某一方面、某个属性、某种特征的反映；作为思维方法，抽象是指在思维中把认识对象的某一方面、某个属性、某种特征抽取出来，而暂时舍弃其他方面、属性、特征的逻辑方法。

具体有两种形式，即感性具体与理性具体。

感性具体是思维行程的起点，是指人的感官直接感觉到的具体事物。如前所述，在人的大脑中，感性具体是一个“生动的整体”，同时又是一个“混沌的表象”，并没有揭示事物的内在联系和本质规定。

理性具体是各种抽象规定的综合，是人们在思维活动中形成的“思想总体、思想具体”，从本质上、总体上反映和再现了认识对象，理性具体是思维行程的终点、结果、产物。马克思指出：“具体之所以具体，因为它是许多规定的综合，因而是多样性的统一。因此它在思维中表现为综合的过程，表现为结果，而不是表现为起点，虽然它是现实的起点，因而也是直观和表象的起点。”“具体总体作为思想总体、作为思想具体，事实上是思维的、理解的产物”②。

思维的抽象与分析方法密切相关。抽象需要通过分析把感性具体分解成

---

① 《马克思恩格斯全集》第3卷，31页。

② 《马克思恩格斯选集》第2卷，701页。

各个部分、各种规定，从中再抽取出本质规定，然后再经过综合形成理性具体，从而“在思维行程中导致具体的再现”。抽象是一切科学研究都必须遵循的逻辑和使用的方法。自然科学是这样，社会科学更是如此。马克思指出：“分析经济形式，既不能用显微镜，也不能用化学试剂。二者都必须用抽象力来代替。”① 实际上，整个社会科学都是如此。现代语言学家索绪尔的《普通语言学教程》之所以产生重大而深远的影响，不仅在于它是现代语言学的奠基之作，而且在于它使用并体现了从抽象到具体的方法：语言与言语、能指与所指、结构与事件、静态与动态、共识性与历时性、潜在性与现实性、约定性与任意性等，在这些成对范畴从抽象规定到理性具体的逻辑展开过程中，人们获得了关于具有“许多规定”的语言的认识。

需要指出的是，在运用抽象法时，应当把握抽象的“度”，即做什么样的抽象、抽象到什么程度才能结束，转而开始由抽象规定到理性具体的逻辑行程。科学的抽象具有三个特征：一是对事物的本质规定的抽象，如从生命活动中抽象出“蛋白体”；二是在特定研究范围内的高度抽象，即在研究的范围内不需要用事物的其他方面、关系、属性来解释它，而它却能解释事物的其他方面、关系、属性，如“生产关系”就是对社会关系的高度抽象；三是在特定研究范围内的适度抽象，即抽象不到一定程度，就无法发现事物的本质规定，抽象超出了度，就失去了事物的本质规定。例如，费尔巴哈从人出发研究社会本身并不为错，但费尔巴哈对人抽象过“度”了，即把现实的人抽象为生物的“类”。正是从这种脱离社会关系、超出社会范围（度）的“抽象的人”出发研究社会，费尔巴哈陷入了唯心主义历史观。

抽象与具体的方法和逻辑与历史的方法密切相关，后者是前者的内在要求。逻辑与历史相一致，既是思维建构理论体系的基本原则，又是辩证思维的基本方法。

一般说来，历史具有两方面含义：一是指客观实在自身的发展过程；二是指人类认识历史的发展过程，如科学史、哲学史、思想史等。逻辑则是指概念之间的次序、层次、关系等。所谓逻辑与历史的一致，是指历史是逻辑的基础，逻辑是历史在理论思维中的再现，概念体系的逻辑顺序与客观历史的总体进程是一致的。

逻辑与历史的一致不是一一对应的一致，不是时时、处处追随历史的“自然次序”，更不是机械“复制”历史，逻辑对历史的反映是“经过修正

① 《马克思恩格斯全集》第23卷，8页。

的，然而是按照现实的历史过程本身的规律修正的”[①]。这就是说，逻辑对历史的“修正”表现为逻辑按照历史本身的规律来修正，即舍弃了历史的细节而抓住主流，舍弃偶然性而抓住必然性，舍弃曲折、偏差而抓住根本方向、基本线索，从而形成理论的概念体系，严密的逻辑使历史本身的规律性以“纯粹的形态”更鲜明、更突出、更清晰地显示出来。显然，按照历史本身的“逻辑”“修正”过的逻辑顺序，比起未加“修正”的自然主义的描述，更深刻地反映了历史。例如，土地所有制和地租的出现在历史上先于资本和利润，然而，马克思在《资本论》中首先论述的却是资本和利润。这是因为，“不懂资本便不能懂地租。不懂地租却完全可以懂资本。资本是资产阶级社会的支配一切的经济权力。它必须成为起点又成为终点，必须放在土地所有制之前来说明”[②]。

逻辑方法与历史方法的一致集中体现为在成熟而典型的发展点上考察历史，把握认识对象。历史的方法是根据历史的“自然次序”来研究历史的方法。为了再现历史的完整图景，历史的方法必须追随历史的偶然性、曲折性，研究具体的历史事件以及与之相关的历史人物。但是，仅仅依靠历史的方法难以揭示历史的规律性。要揭示历史的规律性，“逻辑的方式是唯一适用的方式。但是，实际上这种方式无非是历史的方式，不过摆脱了历史的形式以及起扰乱作用的偶然性而已”[③]。这就是说，逻辑方法与历史方法本质上是一致的，这种一致性集中体现为，在某个历史要素、某种历史关系“完全成熟而具有典型性的发展点上”[④] 考察历史，研究和把握认识对象。之所以如此，是因为只有当事物的各种因素、各种关系全面形成、充分展开、完全成熟并具有典型性时，人们才能真正理解该事物的形成和发展、本质和规律。所以，马克思指出：“对人类生活形式的思索，从而对它的科学分析，总是采取同实际发展相反的道路。这种思索是从事后开始的，就是说，是从发展过程的完成的结果开始的。”[⑤]

因此，在研究资本主义社会以及前资本主义社会时，马克思就是“从事后”“从发展过程的完成的结果”开始的，即以当时的资本主义生产方式“完全成熟而具有典型性的发展点”——英国为逻辑起点的，并认为“资产

① 《马克思恩格斯选集》第 2 卷，14 页。
② 《马克思恩格斯选集》第 2 卷，707 - 708 页。
③ 《马克思恩格斯选集》第 2 卷，14 页。
④ 《马克思恩格斯选集》第 2 卷，14 页。
⑤ 《马克思恩格斯全集》第 23 卷，92 页。

阶级社会是最发达的和最多样性的历史的生产组织。因此，那些表现它的各种关系的范畴以及对于它的结构的理解，同时也能使我们透视一切已经覆灭的社会形式的结构和生产关系"[①]。同时，又不应抹杀历史差别，把现实等同于历史。"如果说资产阶级经济的范畴适用于一切其他社会形式这种说法是对的，那么，这也只能在一定意义上来理解。这些范畴可以在发展了的、萎缩了的、漫画式的种种形式上，总是在有本质区别的形式上，包含着这些社会形式。"[②] 在马克思主义哲学中，逻辑的方法与历史的方法高度地统一起来了。

辩证思维方法是哲学思维方法，它与科学思维方法属于两个不同系列，但二者之间又存在着密切的联系。辩证思维方法的基本原则贯穿于科学思维方法之中，系统论方法与普遍联系的观点、控制论方法与内因外因的观点、突变论方法与量变质变的观点、信息论方法与相互作用的观点之间都有着内在的联系。实际上，辩证思维方法与科学思维方法本来就是交叉的。哲学的基本范畴，如物质、运动、时间、空间等，也是科学的基本范畴，系统、结构、信息、反馈等范畴，随着其意义的确定和转换，不断地从科学范畴上升为哲学范畴。科学思维方法日益丰富和深化着辩证思维方法。在科学既高度分化又高度综合的现时代，辩证思维与科学思维的联系变得越来越紧密了。因此，我们应自觉地把辩证思维方法与科学思维方法有机地统一起来，发挥它们的不同功能，从而更深刻、更全面地把握人与世界的关系。

---

① 《马克思恩格斯选集》第 2 卷，705 页。

② 《马克思恩格斯选集》第 2 卷，706 页。

第十一章 真理与价值

人的认识向实践转化的过程既是通过实践而发现真理的过程，又是通过实践而实现价值的过程。从根本上说，人的全部活动的任务和目的就是追求真理，创造价值，同时实现人自身的价值。因此，在理解了认识活动的本质和规律之后，还需要进一步把握真理与价值及其关系，从而在实践的基础上实现真理与价值的统一。

第一节 真 理

通常所说的“认识”具有动词和名词两方面的含义。作为动词的认识，是指人们所进行的指向特定对象的认识活动；作为名词的认识，则是人们的思维活动的结果，是在一定条件下形成的对特定对象的认识。为了有效地进行改造客观存在的实践，人们必须使自己的认识准确地反映客观存在，使自己的主观认识符合客观实际，这就提出了认识的真理性问题。真理问题既是主体观念把握客体的目标，又是主观见之于客观的实践活动的内在要素。

一、真理：标志主观与客观相符合的范畴

真理就是思想符合实际的真实道理，是人们对客观事物及其规律的正确反映。人的认识既可能产生正确的认识，也可能产生错误的认识，前者就是真理，后者则是谬误。谬误是同客观事物及其规律相违背的思想内容，是认识主体对客体本来面目的歪曲反映。中国古代哲学家通常把谬误称为“非”，并用与“非”相对立的“是”来表述认识的真实性。人的认识的真实性依靠认识而同客观实际相符合。依靠同事物的实际相一致来保证认识的真实性，并依据实践来检验认识的真实性，这就是“实事求是”。只有实事求是，才能获得真理。

如何理解真理问题是理解主观与客观对立统一问题的关键，也是历来哲学家所关注的重要问题。根据以往哲学家理解真理问题的理论的性质，可大致分为肯定性的真理观与否定性的真理观。

肯定性的真理观是近代哲学以及古代哲学的认识传统，其基本特征是肯定真理的存在，从主观与客观的符合上理解真理。肯定性的真理观主要有旧唯物主义反映论与唯心主义理念论两种形式。狄德罗和费尔巴哈是旧唯物主义反映论的主要代表，他们都把真理看成是人们的认识与客观对象的相符合。狄德罗指出：“真理就是我们的判断与现象的一致。”① 费尔巴哈认为，真理就是“真实的，反映客观的思维”②。黑格尔是唯心主义理念论真理观的典型代表。黑格尔指出：“真理就在于客观性和概念的同一”③，是思想的内容与其自身的符合。知道某物如何存在，这只是形式的真理，只是“不错”。在黑格尔看来，真理的含义是双重的，既是指作为普遍规律支配事物的理念，又是指符合理念的认识。

否定性的真理观是现代哲学的主导思潮，其主要特征是否认真理或离开主观与客观的关系理解真理问题。分析哲学和实用主义哲学是这种思潮的主要代表。

分析哲学脱离主观与客观的关系，着重从问题的真假关系来理解真理问题。按照卡尔纳普的观点，欲解决真假问题，须先解决问题的真假，除了逻辑命题和经验命题，所有超经验的问题都是假命题，是毫无意义的；本质、

① 《外国哲学史研究集刊》第3辑，188页，上海，上海人民出版社，1980。

② 《费尔巴哈哲学著作选集》上卷，荣震华等译，178页。

③ 黑格尔：《小逻辑》，贺麟译，399页。

规律一类的超经验的问题既然无法成立，那么，黑格尔式的真理就不能成立。① 在艾耶尔看来，逻辑命题不报道任何事实，经验命题虽然描述经验事实，但不确定，因为“没有通常设想的那种真理问题。把真理看作‘实在的性质’或‘实在的关系’这种传统概念，就和许多哲学错误一样，乃是因为没有对句子作出正确的分析”②。罗素认为，要确定知识与事实之间的真假关系，只能依靠对逻辑形式的信念，“真理是信念的一个性质，间接也是表示信念的句子的一个性质”③。分析哲学实际上否定了真理的真实性、客观性，实际上否定了真理的存在。

实用主义哲学也是脱离主观与客观的关系，但主要从有用与无用的关系理解真理问题。詹姆士认为，“‘它是有用的，因为它是真的’，或者说‘它是真的，因为它是有用的’。这两句话的意义是一样的，也就是说：这里有一个观念实现了，而且能被证实了。‘真’是任何开始证实过程的观念的名称。‘有用’是它在经验里完成了作用的名称”④。这就是说，真理所符合的不是和观念相关的事实，而是观念所产生的效果。实用主义哲学实际上也否认了真理的客观性，仅仅把真理看成效用的产物。

西方传统哲学的肯定性的真理观肯定了真理的存在，从主观与客观的符合关系理解真理问题，其基本方向是正确的，其中，唯物主义按反映论的观点规定真理的性质，是正确的。现代西方哲学的否定性的真理观，离开主观与客观的关系理解真理问题，其基本倾向是错误的，但它提出的问题，如真理有没有客观性，怎样理解主观与客观的一致，真理与事实、有用是什么关系等，却具有启发性，应该给予科学的回答。马克思主义哲学批判继承了肯定性真理观的合理因素，同时，又对否定性真理观提出的问题给予了科学的解答。

凡是真理都具有客观性，这是真理之所以为真理的首要条件。真理也因此被称为客观真理。所谓真理的客观性或客观真理，是指在真理性的认识中包含着不以人的意志为转移的客观内容。列宁指出：“有没有客观真理？就是说，在人的表象中能否有不依赖于主体、不依赖于人、不依赖于人类的内容？”⑤

---

① 卡尔纳普：《哲学和逻辑句法》，傅季重译，17－18页，上海，上海人民出版社，1962。

② 艾耶尔：《语言、真理与逻辑》，尹大贻译，99页，上海，上海译文出版社，1981。

③ 罗素：《人类的知识》，张金言译，183页，北京，商务印书馆，1983。

④ 詹姆士：《实用主义》，陈羽纶等译，104－105页，北京，商务印书馆，1981。

⑤ 《列宁选集》第2卷，81－82页。

一切唯物主义哲学都从世界的物质性、客观性和可知性出发，认为真理就是人的认识与客观事物相符合，是对客观事物的正确反映。承认并强调真理的客观性，坚持客观真理论，这是唯物主义反映论在真理观上的具体体现。正如列宁所说，“认为我们的感觉是外部世界的映象；承认客观真理；坚持唯物主义认识论的观点，——这都是一回事”①。马克思主义哲学继承并发展了唯物主义的真理观，科学地解答了真理本质的问题，即真理是标志主观与客观相符合的范畴，是思维对客观事物及其规律的正确反映；真理与客观事物之间的符合关系是建立在实践活动基础上的，是通过人的能动的反映而实现的，真理必然随着实践的发展而不断深化和拓展。

真理是对客观事物的正确反映，是人脑通过概念、判断、推理等主观形式对客观事物及其规律进行观念加工的产物，因此，真理具有主观性；同时，真理与客观事物之间的关系是反映与被反映的关系，客观事物及其规律存在于人脑之外，是被反映者，是不以人的主观意志为转移的客观存在，真理的内容就是客观存在及其规律，所以，真理在形式上是主观的，在内容上是客观的，客观性是真理的本质属性。

真理的主观形式是人的一切认识所固有的，但是，使某一认识成为真理的决定性条件，并不在于它采取何种主观形式，而在于它的客观内容，即在于它正确地反映了客观事物及其规律。对同一客观内容，不同的认识主体可以用不同的主观形式去表达它，但真理之为真理的内容却不会随之改变。例如，对同一个物理学规律可以用不同的数学公式、语言文字形式来表述，但作为不同的数学公式、语言文字的共同内容的物理学规律却不会随着表述形式的改变而改变。一切科学定律、学说、理论之所以是真理，就是因为它们同客观事物及其规律相符合，否则，就不是真理。凡是真理，都具有客观性，都是客观真理，不存在主观真理。

真理是认识主体对客体的正确反映，在这个意义上，真理具有主体性。但是，真理的主体性只是就真理是认识“主体”对客体的正确反映而言的，只是就真理是认识“主体”能动地、创造性地反映客体而言的。换言之，真理的主体性是作为认识主体的“人类”的主体性，而不是指个别的、特殊的主体性。真理所反映的内容是客观存在，这种客观存在本身对任何主体都是一样的。任何主体，无论是个人主体，还是群体主体，其揭示的真理都为人类的真理性认识增添了新的内容，但任何个人主体、群体主体都不可能占有

① 《列宁选集》第2卷，89－90页。

真理。马克思指出："真理是普遍的，它不属于我一个人，而为大家所有；真理占有我，而不是我占有真理。"①

承认真理的客观性，就必然进一步承认真理的存在与否不依赖谁发现了它、谁掌握了它、谁如何对待它。真理的主体只能是整个人类，而不是其中的个人、阶级、民族，换言之，真理不具有个体性、阶级性、民族性。在阶级社会，一切科学，包括自然科学的真理都可能同阶级的利益有关，并引起不同的阶级对真理做出不同的反应。正如列宁所说："有一句著名的格言说：几何公理要是触犯了人们的利益，那也一定会遭到反驳的。自然史理论触犯了神学的陈腐偏见，引起了并且直到现在还在引起最激烈的斗争。"② 但是，这只是说如何对待真理是有阶级性的，而不是说真理本身有阶级性。真理，无论是自然科学的真理，还是社会科学的真理，本身都没有阶级性。我们不能把真理与真理的社会作用和意义混为一谈。

凡是真理都具有唯一性，即就对某个确定的认识对象来说，真理只有一个。真理多元论认为，对同一个认识对象可以有多种认识结论同时并存，而这些结论都是真理，不存在谁对谁错的问题。在认识某一事物时，有时确实会出现不同的认识，但这并不能说明真理是多元的。不管有多少人对同一个认识对象有多少种不同的认识，也不管这个认识对象本身如何变化，在特定的条件下对同一个对象的正确认识只有一个，即那种达到了主观与客观相符合的认识。当然，人们对同一个对象的不同方面、不同层次的认识可以得出不同的正确结论，这些结论在各自的范围内都是真理。但是，就这一对象的整体，即整个事物而言，这些正确的结论只有有机结合起来，形成一个整体认识，才能达到对这一对象的总体的正确认识，达到具体真理。就对某个确定的认识对象而言，真理只有一个，即同这个确定对象的本质和规律相符合的认识。认识只有达到主观与客观相符合，才能成为真理。真理是一元的，而不是多元的。

真实的认识是真理的前提，真理都一定是真实的认识，但并不是一切真实的认识都是真理。对客观事物的真实的反映，既包括对客观事物的现象的真实的反映，也包括对客观事物的本质的真实的反映。对现象的反映，即对对象的感知，虽然已经有了正确与错误之分，但这"只是形式的真理，只是

---

① 《马克思恩格斯全集》第 1 卷，7 页。

② 《列宁选集》第 2 卷，1 页。

'不错'罢了"[①]，如"这朵花是红的""北京在中国"。如果把这类认识也称为真理的话，那么，也只能称为黑格尔所说的"形式真理"。只有对对象的本质和规律的正确认识才能称得上真理，才是达到最高层次的主观与客观相统一的认识。

这是因为，真理不仅是正确认识，而且还包括对人的活动的有效性的指导作用。这种有效性必须以正确反映客观事物为前提，同时，又要以改造客观事物使之符合主体需要为目的。只有对具有普遍性的规律的正确认识才能指导这样的主体活动，只有正确反映客观事物的本质和规律的认识才能称得上真理。真理之所以是最高层次上的主观与客观的统一，就在于它是对事物的本质和规律的正确反映。

真理的本质属性就在于主观与客观相符合，这种符合是在主观对客观的超越中实现的。真理对客观对象的超越是主观的选择性和创造性综合作用的结果：要反映真实，就必须区分真相与假象，有选择地反映真相；要反映本质和规律，就必须区分内在的东西与外在的东西、个别的东西与一般的东西、暂时的东西与恒久的东西、多变的东西与稳定的东西等。只有经过这样的分析和选择，才能达到对对象的本质和规律的认识。在主观对客观的反映过程中，始终离不开主观的创造性。从物质形态向观念形态的转化，本身就是一种创造。要以概念形式反映对象，必须进行思维抽象，然后才能以概念系统的形式在思维中实现与对象的统一。这一从感性具体到理性具体的过程，就是主观的创造过程。只有经过主观的选择和创造，才能形成既反映对象又超越对象的真理。真理与对象的符合，包含着对客观事物的具体形态的超越，是符合与超越的统一。

凡是真理都具有效用。真理既然是用来指导实践的，当然具有效用性。但是，真理的效用性与客观性并不是对立的。认识如果不具有客观性，就不能指导实践并获得成功；只有正确地反映了客观规律的认识，才能在实践中具有效用性。因此，真理的效用性离不开客观性；同时，真理的客观性也离不开效用性，真理的客观性只有在实现主观目的、实现其效用的实践活动中才能得到证明。真理是效用性与客观性的统一。

真理具有效用，但不能由此得出结论，认为"有用即真理"或"真理即效用"。实用主义哲学认为，观点、思想、理论等不过是人们为达到某种预期目的而设计的工具，如果这些观点、思想、理论对人们达到预期目的的有

① 黑格尔：《小逻辑》，贺麟译，399页。

用，那么，这些观点、思想、理论就是真理。实用主义哲学真理观的要害就在于，不理解真理的效用性与客观性的关系，因而也就没有正确理解真理的本质。真理确实有用，否则，人们就不会为真理而斗争，但有用的并非就是真理。

二、真理的绝对性与相对性

承认真理的客观性，承认真理的客观内容不以人的主观意志为转移，这是在真理问题上的唯物主义；承认真理既是绝对的，又是相对的，这是在真理问题上的辩证法。每个真理都既具有客观性，又具有绝对性、相对性，或者说，每个真理都是客观真理，同时又是绝对真理与相对真理的统一。

所谓真理的绝对性，是指任何真理都标志着主观同客观相符合，都包含着不依赖于人的主观意志为转移的客观内容，都同谬误有原则的界限。这一点是无条件的、绝对的。在这个意义上，承认了真理的客观性，即客观真理，也就是承认了真理的绝对性，即绝对真理。人类认识按其本性来说，能够认识无限发展着的世界，认识每前进一步，都是向无限发展着的世界的接近。在这个意义上，承认世界的可知性，承认人能够获得关于无限发展着的世界的正确认识，也就是承认了真理的绝对性，即绝对真理。

所谓真理的相对性，是指人们对客观事物及其规律的正确认识总是在一定的条件下获得的，总是具有局限性、不完善之处。从对客观世界的认识来说，任何真理性的认识都是对客观世界的某个部分或片段的正确反映，人类已经达到的认识总是有限的、不完全的，并且是处在一定的空间和时间内的认识，不可能穷尽对客观世界中的无限多样和无限发展的事物的认识，因而是历史的、有限的；就对特定事物的认识而言，任何真理性的认识都是对这一特定事物的一定方面、一定层次、一定程度的正确反映，不可能穷尽这一特定事物的所有方面、所有层次及其变化、发展，认识反映事物的深度和广度总是有限的，具有近似的性质。承认我们的认识有待深化，承认世界上尚有未被认识的事物，承认认识对象及其发展的无限性，承认我们的认识有待于深化和发展，也就是承认了真理的相对性，即相对真理。

真理的绝对性与相对性是真理的两种不同的属性，但二者之间又相互依存、相互包含。人们对客观事物的每一个正确认识，都是在一定条件下、一定范围内和一定程度上的认识，因而是有条件的、相对的。但是，在这一定条件下、一定范围内和一定程度上，这种认识又是对客观事物的正确反映，永远不能被推翻，因而又是无条件的、绝对的。任何一个真理，从一种意义或角度上看，是相对真理或具有相对性，从另一种意义或角度上看，又是绝对真理或具有绝对性。离开这种矛盾关系而孤立自存的、纯粹的绝对真理或相对真理，都并不存在。

这就是说，真理的相对性之中有绝对性，任何真理都与谬误有本质区别，都是人们在一定范围、一定层次上达到的对客观事物的正确认识，包含着确定的客观内容，这一点是绝对的；同时，真理的绝对性寓于相对性之中，任何真理所包含的客观内容都是人们在特定的历史条件下所把握到的，都只是对客观世界的某一领域、某一层次，客观事物的某一方面、某一层次的正确的反映，因此，真理的绝对性之中有相对性，绝对真理通过相对真理表现出来。

真理的绝对性与相对性根源于人的思维、认识能力的矛盾“本性”，是人的思维的至上性与非至上性、人的认识能力的无限性与有限性的矛盾在真理性认识的形成和发展中的体现。换言之，人的思维，是至上性与非至上性的对立统一，人的认识能力是无限性与有限性的对立统一。因此，作为人的思维、认识成果的真理必然是绝对与相对的对立统一。

按思维、认识的“本性”及其发展的可能性来说，人的思维是至上的，人的认识能力是无限的，人类完全能够认识无限发展着的客观世界；按思维、认识的每一次具体状况来说，人的思维又是非至上的，人的认识能力又是有限的。人类对客观世界的认识总是通过世世代代及其一个个具体的个人来实现的，而每一代人、每一个人的思维、认识在主观方面都要受到认识主体的认识水平、知识结构、价值观念等因素的制约，在客观方面都要受到认识客体本质的暴露程度、认识工具以及个人生命有限性等因素的限制，因而是有限的。正如恩格斯所说，“人的思维是至上的，同样又是不至上的，它的认识能力是无限的，同样又是有限的。按它的本性、使命、可能和历史的终极目的来说，是至上的和无限的；按它的个别实现情况和每次的现实来说，又是不至上的和有限的”。“思维的至上性是在一系列非常不至上地思维着的人中实现的”①。

真理是绝对性与相对性的统一表明，真理是具体的，而不是抽象的。列宁指出：“真理就是由现象、现实的**一切**方面的**总和**以及它们的（相互）**关系**构成的。”② 正因为如此，任何真理都有自己的适用条件和范围。

在哲学史上，黑格尔批评了抽象真理的观点，明确提出了具体真理这一

① 《马克思恩格斯选集》第 3 卷，463 页。

② 《列宁全集》第 55 卷，166 页。

概念，并认为“健康的理性”趋向于具体的东西，如果真理是抽象的，那么，它就是不真的。黑格尔所说的具体真理是“健康的理性”的要求，实际上就是他的“绝对理性”的要求，换言之，黑格尔的具体真理观是建立在唯心主义基础上的。马克思主义哲学批判继承了黑格尔的具体真理观，从实践论、认识论和辩证法的相统一的视角揭示了真理的具体性，揭示了具体真理的真实内涵。

真理当然是对具体事物的抽象，但“**一切**科学的（正确的、郑重的、不是荒唐的）抽象，都更深刻、更正确、**更完全地**反映自然”①。经过这样科学抽象，达到“思想总体、思想具体”的真理，并明确具体的适用范围和条件的真理，就是具体真理。强调真理的具体性并不是否定真理的普遍性。任何真理都具有普遍性，只是这种普遍性具有适用范围和条件，是在一定范围内、一定条件下的普遍性。真理总是包含着具体的历史条件和适用范围的普遍性。所以，列宁指出，“辩证法的基本原理是：没有抽象的真理，真理总是具体的”②。

真理的具体性表明，任何真理都不是一次完成的“终极真理”。作为客观事物的正确反映，真理必须不断地、如实地反映变化中的实际。“认识是思维对客体的永远的、无止境的接近。自然界在人的思想中的**反映**，要理解为不是‘僵死的’，不是‘抽象的’，**不是没有运动的，不是没有矛盾的**，而是处在运动的永恒**过程**中，处在矛盾的发生和解决的永恒**过程**中。”③ 这就是说，真理是不断深化和发展的。承认真理的具体性，也就是把真理理解为过程。

人们发现和发展真理的过程，就是在实践活动和认识活动中不断地实现主观与客观相符合、相统一的过程：一是对客观事物的认识程度不断深化的过程，即从现象到本质，从不甚深刻的本质到更深刻的本质的过程，这是不断深化“求是”的过程；二是对客观事物的认识范围不断拓展的过程，人们对客观事物及其规律的认识秩序是从个别判断到特殊判断再到普遍判断，而从个别判断到特殊判断再到普遍判断，意味着真理对客观事物的反映在范围上不断拓展，普遍性程度不断提高，这是不断拓展“求是”的过程。把真理如实地看作思维向存在、主观向客观永远的没有止境的接近，看作人类实践

① 《列宁全集》第55卷，142页。

② 《列宁选集》第1卷，523页。

③ 《列宁全集》第55卷，165页。

活动和认识活动的发展过程，这是辩证唯物主义同形而上学在真理观上的根本区别。

把握了真理的绝对性与相对性的关系以及真理的具体性，我们就能正确理解真理与谬误的关系。

真理与谬误是对立的，在确定的对象和范围内，真理与谬误的对立是绝对的：一种认识同认识对象相符合，就是真理；同认识对象不相符合，就是谬误。在确定的对象、范围和条件下，一种认识不能既是真理，又是谬误。否认了一点，就会混淆是非、颠倒黑白；真理与谬误在一定条件下可以相互转化，正如恩格斯所说，“真理和谬误，正如一切在两极对立中运动的逻辑范畴一样，只是在非常有限的领域内才具有绝对的意义”，把真理与谬误放到广阔的领域去考察二者的关系，就会发现二者的对立变成相对的，“对立的两极都向自己的对立面转化，真理变成谬误，谬误变成真理”①。

真理向谬误的转化，是指真理脱离了它所反映的对象，“张冠李戴”，或超出了其适用的范围，以偏概全。任何真理都有自己特定的对象和适用的范围，如果超出了这些具体规定，哪怕“只要再多走一小步，看来像是朝同一方向多走了一小步，真理就会变成错误”②。

谬误向真理的转化表现在三个方面：

一是谬误总是在一定范围内发生的，当超出这个范围而进入一个新的范围时，它就可能转化为真理。例如，一种化学元素转化为另一种化学元素的原理，在化学运动的范围内被证明是错误的。可是，当深入原子核物理学的范围时，只要用原子核物理学提供的手段，就可以使一种化学元素转化为另一种化学元素，在这个特定范围内和特定的条件下，谬误就转化为真理。

二是有的认识在整体上是错误的，但其中往往包含着某些合理的因素，经过分析、批判，将这些合理的因素转换在整体上是正确的认识中，即使其转化为真理的因素。

三是分析产生谬误的原因，以此为鉴，发现通向真理的途径。正在这个意义上，毛泽东指出：“错误常常是正确的先导”③。

总之，“思维的至上性是在一系列非常不至上地思维着的人中实现的；拥有无条件的真理权的认识是在一系列相对的谬误中实现的；二者都只有通

① 《马克思恩格斯选集》第3卷，467、467－468页。

② 《列宁选集》第4卷，211页。

③ 《毛泽东选集》第3卷，803页。

过人类生活的无限延续才能完全实现”①。

在真理的绝对性与相对性关系、真理与谬误关系的问题上，我们既要反对独断主义，又要反对相对主义。独断主义与相对主义是形而上学真理观的两种具体表现形式，二者的共同点是，把真理的绝对性与相对性对立起来，片面夸大一个方面而否定另外一个方面。独断主义片面强调真理的绝对性，否认真理的相对性。在独断主义看来，任何真理一旦确立下来，就是永恒不变的，不需要也不应当随着客观实际的变化而不断深化和发展。独断主义把人类认识路途中的“里程碑”变成了“终点站”。相对主义则片面强调真理的相对性，否认真理的绝对性。按照相对主义观点，只要出现新的真理，原来的真理就被推翻了，就不再是真理了；一切真理都不过是被人们暂时当作真理的假设罢了，无所谓真理或谬误。实际上，真理只能发展，而不可能被推翻。相对主义实际上否认了真理包含着客观的内容，否认了真理与谬误的区别，把真理的相对性歪曲成主观随意性，并由此走向主观真理论，陷入诡辩论。

三、检验认识真理性的标准

检验认识的真理性的标准问题，就是依据什么来判断认识是否正确地反映了客观事物及其规律，依据什么来判断认识是否实现了主观与客观相符合。这既是真理观中的重大理论问题，也是人们认识活动和实践活动中的重大现实问题。在哲学史上，这是一个争论不休的问题，哲学家们提出了各种各样的观点，可谓众说纷纭。

唯心主义哲学否认客观真理，也就必然否认检验认识的真理性的客观标准。唯心主义哲学认为，真理的标准存在于精神范围内，不应在人们的物质活动中寻找它的客观尺度，如贝克莱认为，“集体的知觉”就是“实在性的证据”。这就把检验真理的标准放在主观范围内，实际上是用认识在检验认识。这样的标准是主观的、不确定的，因而是不能成立的。

旧唯物主义哲学承认真理的客观性，以是否符合客观现实作为认识的真理性标准。狄德罗指出：“事物仅仅在我们的理智中时，就是我们的意见，就是一些概念，它们可能是真的，也可能是假的，可能被认可，也可能被反对。它们只有和外界的东西联系起来时才坚实可靠”，并认为应以经验、实

---

① 《马克思恩格斯选集》第3卷，427页。

验和观察作为检验真理的标准，“除了实验以外，没有别的办法可以识别错误”①。费尔巴哈指出：“理论所不能解决的那些疑难，实践会给你解决。”②但是，旧唯物主义的认识论是直观反映论，更重要的是，它对实践的理解是狭隘的和片面的，因而没有科学地解答检验认识的真理性标准问题。

马克思主义哲学科学地解答了检验认识的真理性标准问题。早在马克思主义哲学创立之初，马克思就指出：“人的思维是否具有客观的[gegenständliche]真理性，这不是一个理论的问题，而是一个**实践的**问题。人应该在实践中证明自己思维的真理性，即自己思维的现实性和力量，自己思维的此岸性。关于思维——离开实践的思维——的现实性或非现实性的争论，是一个纯粹**经院哲学的**问题。”③ 马克思的这一著名论断表明，人们只有在实践中才能检验自己认识的真理性。之后，马克思主义的经典作家们反复强调并以十分明确的语言指出：实践，只有实践，才是检验真理的唯一标准。毛泽东指出：“判定认识或理论之是否真理，不是依主观上觉得如何而定，而是依客观上社会实践的结果如何而定。真理的标准只能是社会的实践。”④ 社会实践是检验真理的唯一标准。

实践之所以成为检验真理的唯一标准，这是由真理的本性和实践的特点所决定的。

真理是标志主观同客观相符合的范畴。要判明主观同客观是否符合以及符合的程度，只在主观范围内兜圈子是根本无法解决的。同时，作为认识对象的客观世界本身也不能充当检验真理的标准，客观世界不可能把主观认识同客观现实加以比较对照，因而也无法判明某种认识是否具有真理性。唯一能够充当检验认识的真理性标准的，只能是把主观与客观联系、沟通起来的“桥梁”、“纽带”或“交错点”——人们的社会实践。实践作为人的对象化活动，作为主体与客体、主观与客观相互作用的过程，使人们能够把主观与客观加以比较和对照，使人的主观认识同客观实际具有了可比性和可检验性。

实践是主观之见于客观的活动，不仅和认识一样具有普遍性的特点，而且具有认识所不具有的直接现实性的特点。正如列宁所说，“**实践高于（理**

① 北京大学哲学系外国哲学史教研室编译：《西方哲学原著选读》下卷，153页，北京，商务印书馆，1982。

② 《费尔巴哈哲学著作选集》上卷，荣震华等译，248页。

③ 《马克思恩格斯选集》第1卷，134页。

④ 《毛泽东选集》第1卷，284页。

论的）认识，因为它不仅具有普遍性的品格，而且还具有直接现实性的品格"①。实践的直接现实性是双重的：一方面，实践是客观的物质活动，它本身就具有一种直接现实性；另一方面，实践又能使不具有直接现实性的认识变为直接的现实，从而直接检验出认识是否同客观现实相符合以及符合的程度。实践的主观见之于客观的特征、实践的普遍性与直接现实性的双重"品格"，以及直接现实性的双重性，是它能够成为检验认识真理的"唯一"标准的根据。毛泽东指出："实际的情形是这样的，只有在社会实践过程中（物质生产过程中，阶级斗争过程中，科学实验过程中），人们达到了思想中所预想的结果时，人们的认识才被证实了。""只有人们的社会实践，才是人们对于外界认识的真理性的标准"②。

坚持实践是检验真理的唯一标准，需要正确理解已经被实践所证明的正确认识的作用。已经被实践证明的正确认识，对人们的新的认识活动和实践活动具有指导作用。但是，我们仍然不能把这种正确的认识作为检验真理的标准。这是因为，正确的认识也有它的特定的适用范围，超出它的适用范围，把它作为检验真理的标准，就会把超出它的适用范围的新的认识判定为谬误，例如，如果把经典物理学作为检验真理的标准，那么就会把相对论、量子力学判定为谬误。即使是那些适用范围广泛的普遍真理，所反映的也只是客观事物的一般规律，不可能穷尽客观事物的特殊规定性，用这种作为普遍真理的认识来判定对特殊事物的认识是不是真理，也是无效的。以正确的认识作为检验真理的标准，实际是重新陷入了主观真理论。

坚持实践是检验真理的唯一标准，需要正确理解实践标准的确定性与不确定性及其关系。实践作为检验真理的标准，既是确定的，又是不确定的。列宁指出："实践标准实质上决不能**完全地**证实或驳倒人类的任何表象。这个标准也是这样的'不确定'，以便不让人的知识变成'绝对'，同时它又是这样的确定，以便同唯心主义和不可知论的一切变种进行无情的斗争。"③

认识的真理性归根到底要靠实践来检验，只有实践才是检验真理的唯一标准；即使有些认识不能被当前的实践检验，但实践最终一定能鉴别认识的真理性。这是实践标准的确定性。肯定实践标准的客观性、根本性和唯一性，就必须承认实践标准的确定性。但是，实践检验认识是一个过程，具体

---

① 《列宁全集》第 55 卷，183 页。

② 《毛泽东选集》第 1 卷，284 页。

③ 《列宁选集》第 2 卷，103 页。

的、历史的实践总有一定的局限性，不可能完全证实或驳倒一切认识；即使当具体的实践证实了某种认识是真理时，往往也只是从某一方面、某一层次证实了这种认识同它所反映的客观事物相符合，至于这种认识同客观事物在多大范围内、多大程度上相符合，真理的有效界限在哪里，任何具体的、历史的实践都不可能绝对地、一劳永逸地予以确定。

实践标准是确定性与不确定性的统一。任何实践都是具体的、历史的实践，因而对真理的检验总是具有历史的局限性；同时，实践的发展又不断突破这种局限性。历史的局限性使实践对真理的检验具有一定的不确定性，历史的发展又使实践最终一定能够确定无疑地检验认识的真理性。实践是不断发展的，真理也是不断发展的。马克思主义哲学坚持在实践过程中检验认识的真理性，既反对否认实践标准的唯心主义、怀疑主义和相对主义，又反对把被某一具体实践证明为真理绝对化的教条主义和独断论。

坚持实践是检验真理的唯一标准，需要正确理解逻辑证明在检验认识的真理性的过程中的作用。所谓逻辑证明，是指运用已有的知识并按逻辑规则进行推理，从而对某一认识正确与否进行论证。无论多么复杂的逻辑证明，都是由论题、论据和推理构成的，其中，论题是待证的命题，即推理的结论，论据是推理的前提，推理则是按照逻辑规则由前提过渡到结论的思维活动。在演绎推理中，只要前提为真、推理过程合乎逻辑规则，那么，从前提推论出来的结论就必然是真的。作为一种探索真理、论证真理的方式，逻辑证明是正确思维和表达的必要条件，也是建立科学体系、理论体系的重要途径。逻辑证明在检验认识的真理性过程中具有重要作用。

第一，逻辑证明是对认识的真理性进行实践检验的先导。任何科学理论都是通过抽象、概括而形成的普遍性的知识，都是以全称命题的形式表述的。要对这种具有抽象性、普遍性的科学理论的真理性进行实践检验，首先必须运用假说、从待检验的理论（认识）出发，加上关于先行条件的陈述，推导出关于事实的陈述，或者演绎出关于未知事实的陈述，即预测事实。从待检验的理论和先行条件推导出关于事实的结论后，人们就可以通过观察、实验、试点，即通过实践来检验这些被推断的事实结论，并由此实现对理论本身的检验。例如，人们对爱因斯坦广义相对论的实践检验，就是通过对从它演绎推导出来的水星轨道近日点的移动、光线在引力场中的偏转、光谱在引力场中的红移这三个预言的观测证实而实现的。

第二，逻辑证明是对认识的真理性进行实践检验的必要补充。在对认识的真理性进行实践检验的过程中，实践结果的意义并不是自明的，确定实践结果究竟是证实了还是证伪了某一认识，往往需要逻辑证明。例如，如果观测和实验，即实践证伪了从理论和关于先行条件的陈述演绎出来的事实结论，那么，人们一般是借助于证伪演绎法来确定实践结果意义的：根据充分条件假言推理的规则（否定后件就要否定前件），既然从理论和关于先行条件的陈述推导出来的事实结论不正确，那么，或者是理论本身不正确，或者是关于先行条件的陈述不正确，而要判定关于先行条件的陈述是否正确，又要进行相关的实践检验和逻辑证明。

第三，逻辑证明能够发现和校正对认识的真理性进行实践检验过程中出现的偏差。如前所述，实践标准本身具有不确定性的一面，对认识真理性的实践检验有时会出现这样那样的误差。在发现和纠正具体的实践检验的误差方面，逻辑证明的力量得到了充分展现。例如，门捷列夫就从他所发现的元素周期律出发，通过逻辑推理而预见“类铝”的存在，并推断出“类铝”的某些物理属性、化学属性。之后，法国化学家布瓦博德朗根据实验发现元素镓，这种元素镓的物理属性、化学属性与门捷列夫通过逻辑推理所预见的“类铝”完全符合，只是比重有较大的不同。门捷列夫得知后立即发表文章，指出布瓦博德朗对镓的测定存在误差。布瓦博德朗据此核查了自己的实验，发现镓的纯度有问题。在将镓提纯后，布瓦博德朗重新测定了镓的比重，结果证实了门捷列夫通过逻辑证明而做出的预见。

第四，有些认识的真理性主要靠逻辑证明来论证，而不是直接诉诸实践来检验。科学理论要经受实践的检验，但这种检验往往要经过一些中间环节来实现，并非所有的定律、定理等都可以直接从实践中得到证明。在纯演绎科学中，定理就是以公理为原始论据推导出来的，定理的正确性靠公理的正确性来保证。例如，数学中的一些公式，其正确性要依靠严密的逻辑推演来加以证明，并通过其他学科的中介得到间接证明。实践证明某项物理学或其他学科的研究成果是正确的，也就间接地证明了在这些研究中应用的数学公式的正确性。这种间接证明就是通过逻辑推理完成的。

逻辑证明在检验认识的真理性过程中具有重要作用，但是，逻辑证明不能充当检验认识的真理性的标准，也不可能取代实践在检验认识的真理性过程中的作用。

首先，逻辑证明所展现的只是命题形式之间的必然联系，并不涉及命题的内容。逻辑证明所“证明”的只是前提和结论在思维形式方面的蕴涵关系，即如果肯定了前提，就必然肯定结论。至于前提和结论是否同某种客观事物相符合，是不是真理，这是逻辑证明无法“证明”的，只有实践才能证实或证伪。

其次，逻辑证明规则本身的正确性也是逻辑证明不能“证明”的。实际上，逻辑规则就是在实践中形成的，是实践结构在人脑中的内化和升华。正如列宁所说，“人的实践经过亿万次的重复，在人的意识中以逻辑的式固定下来。这些式正是（而且只是）由于亿万次的重复才有着先入之见的巩固性和公理的性质”①。更重要的是，逻辑规则本身也要在实践中不断地加以检验和发展，非欧几何学的出现就表明了这一点。

最后，逻辑证明的思维过程及其结论是否正确，仅仅靠逻辑证明本身的“证明”是不够的，还需要回到实践中去，通过实践来进行最终的检验。在检验认识的真理性的过程中，逻辑证明只能起到中介作用，只有在某种认识、某个理论假设为实践所证实或证伪的情况下，对认识的真理性的检验才算完成。从上述门捷列夫的逻辑证明和布瓦博德朗的实验可以看出，如果说门捷列夫的逻辑证明对布瓦博德朗纠正其实验的某些不精确之处起了重要作用，那么，布瓦博德朗的再一次精确的实验对证实门捷列夫理论的真理性则起到了更重要的、根本的作用。严格的科学的逻辑证明的作用，不过是实践检验作用的间接的表现。

总之，逻辑证明在检验认识真理性的过程中，具有不可缺少、不可替代的作用。但是，这种作用只是一种辅助作用，逻辑证明不是与实践检验并列的另一种检验真理的标准。检验认识真理性根本的、具有决定意义的标准只能是实践，只有实践才是检验认识的真理性的唯一标准。

坚持实践是检验真理的唯一标准，还需要正确理解知识的客观有效性与人的生存实践的关系。真理的问题不仅仅是人的精神生活的事情。对于人来说，认识的真理性决定了这种知识的客观有效性。具有客观有效性的知识能够合理地规范和引导人的生存实践，一方面使人们能够真实地了解自己的现实的生存状态，另一方面也使人们能够意识到从这种现实出发经过努力所能达到的理想的生存状态。人们从对自身现实的生存状态及其发展趋势的认识开始，根据自身的需要确定发展的目标，通过实践而把这种发展的可能性转变为现实性，体现了具有客观有效性的知识对人的生存实践的规范和引导功能。具有真理性的认识是具有客观有效性的知识。作为具有客观有效性的知识，真理对于人的生存实践具有保障、规范和引导作用，这是真理对于人和人类社会的基本价值。

① 《列宁全集》第55卷，186页。

第二节　价　值

人们认识世界的目的在于改造世界，人们之所以要改造世界，是为了满足自身的需要。这就在真理的问题上引申出价值的问题。人的活动不仅是追求真理，而且是通过掌握真理创造价值，从而不断实现自身及其生活的丰富和发展。真理与价值是人类活动的两个基本原则。正因为如此，任何完整意义上的哲学不仅是关于真理的学说，而且是关于价值的学说。马克思主义哲学同样如此，并认为作为哲学范畴，价值是指在实践基础上形成的主体与客体之间的特定的关系。

一、价值：主体与客体之间的意义关系

在实践活动中，主体总是根据自己的需要掌握和占有客体，利用客体的属性和功能满足自己的需要。这就是说，在主体与客体的相互作用中，存在着一种主体按其需要对客体进行选择、利用和改造的关系，或者说，存在着一种客体对主体需要的满足和实现的关系。这种需要与满足需要的关系就是价值关系，即人们通常所说的意义关系。某事、某物能够满足主体的需要，就是有意义、有价值的；不能满足主体的需要，就是没有意义、没有价值的。价值的大小，归根到底，就是客体满足主体需要程度的大小、客体对主体意义的大小。

作为哲学范畴的价值同作为经济学范畴的价值既有区别，又有联系。

马克思在制定作为经济学范畴的使用价值时指出："使用价值表示物和人之间的自然关系，实际上是表示物为人而存在。"① 这就是说，"使用价值"所反映的是物与人之间的关系，所表示的是这种关系的特定性质或特殊状态，即"物为人而存在"。使用价值"这种语言上的名称，只是作为概念反映出那种通过不断重复的活动变成经验的东西，也就是反映出，一定的外界物是为了满足已经生活在一定的社会联系中的人……的需要服务的。人们只是给予这些物以专门的（种类的）名称，因为他们已经知道，这些物能用来满足自己的需要，因为他们努力通过多多少少时常重复的活动来握有它们，从而也保持对它们的占有；他们可能把这些物叫做'财物'，或者叫做别的

① 《马克思恩格斯全集》第26卷Ⅲ，326页，北京，人民出版社，1974。

什么，用来表明，他们在实际地利用这些产品，这些产品对他们有用；他们赋予物以有用的性质，好像这种有用性是物本身所固有的，虽然羊未必想得到，它的‘有用’性之一，是可作人的食物”①。

马克思在这里分析和规定作为经济学范畴的使用价值的思想，也适用于分析和规定作为哲学范畴的价值。作为哲学范畴，价值是同有用与无用、好与坏、善与恶、美与丑、利与弊、得与失、福与祸、优与劣等常用词义相近，并兼有这些词义共同内容的抽象范畴，从本质上看，是指主体与客体之间一种特殊的关系，即客体满足主体需要的意义关系。满足需要的关系与满足需要的意义关系不能完全等同。考察和分析价值的本质与价值的大小，既要看到客体满足主体需要的程度，又要考虑这种满足的社会性质，因为人的本质是社会关系的总和。

在如何理解价值本质的问题上，存在着客观主义与主观主义两种对立的观点。客观主义价值论只是从客体自身的属性和功能来规定价值，认为价值是事物本身所固有的某种东西，与人无关，与主体无关。主观主义价值论则认为，价值就是主体的兴趣、欲望、情感的表达，与事物无关，与客体无关。这两种观点都是片面的，价值不是实体，而是关系，既不能归结为客体自身的属性和功能，也不能归结为主体的兴趣、欲望和情感。价值本质上是一种关系，是主体与客体之间一种特殊的关系，即意义关系。主体与客体都是价值关系的承担者。

主体及其需要是价值形成的根据。价值是相对于主体而言的，只有人才是价值主体，是价值的创造者、实现者和享有者。在人类产生之前，在人的活动之外，自然界是按照自然规律运行的自在之物，本身并无有用与无用、好与坏、美与丑之分。只是由于有了人和人的活动，物对人的价值关系才形成了，自然界原本不具有的价值现象才产生了。例如，所谓环境危机，实际上是对人而言的危机，环境友好是对人而言的友好，益虫与害虫、水利与水灾等莫不如此。世界上万事万物的价值及其等级秩序，都是作为主体的人按照自己需要的尺度排列的。

客体及其属性是价值关系形成的又一根据。价值总是一定的客体对主体的价值。没有客体，就无所谓主体与客体的关系，也就没有价值关系。正是由于客体具有满足人的某种需要的属性和功能，它才具有对人而言的意义，成为对人的生存、享受和发展有用、有益的东西。正如马克思所说，“一物

① 《马克思恩格斯全集》第19卷，405-406页，北京，人民出版社，1963。

之所以是使用价值，因而对人来说是财富的要素，正是由于它**本身的属性**。如果去掉使葡萄成为葡萄的那些属性，那末它作为葡萄对人的使用价值就消失了；它就不再（作为葡萄）是财富的要素了。作为与使用价值等同的东西的财富，它是人们所利用的并表现了对人的需要的关系的**物的属性**”①。

实践是价值关系形成的基础。

一方面，主体是在实践活动中形成和发展的，主体的需要是在实践活动中不断变化和发展的。人是实践存在物、社会存在物，人的需要因此不同于动物的需要，而是“社会需要即从社会生产和交换中产生的需要”②。随着社会生产、生产工具、社会关系的不断变化和发展，人的需要也在不断变化和发展。马克思、恩格斯指出：“已经得到满足的第一个需要本身、满足需要的活动和已经获得的为满足需要而用的工具又引起新的需要”③。“人以其需要的无限性和广泛性区别于其他一切动物”④。更重要的是，即使在同一时期，人本身的需要也是不同的。在阶级社会中，剥削者与被剥削者、统治阶级与被统治阶级的需要甚至迥然不同。正如马克思所说，在资本主义社会，“一方面所发生的需要和满足需要的资料的精致化，在另一方面产生着需要的牲畜般的野蛮化和最彻底的、粗糙的、抽象的简单化”⑤。

另一方面，客体及其属性是在人的实践活动中被发现、规定和改造的。客体是进入人的活动范围内的事物。人在需要的推动下从事实践活动，把自身之外的客观事物变成自己活动的对象，从而使自己成为主体，使客观事物变成客体。客观事物能否成为现实的客体，不仅取决于客体本身的属性，而且取决于主体的实践能力。“对象**如何**对他说来成为**他的**对象，这取决于**对象的性质**以及与之相适应的**本质力量**的性质；……因为我的对象只能是我的一种本质力量的确证”⑥。

在实践活动中生成的主体与客体的价值关系，实际上就是在主体与客体的相互作用过程中生成的。所谓相互作用，意味着双方各以自己的本性和方式在接触、影响、制约、改变对方，并承受对方的作用。主体与客体相互作用的结果必然使主体与客体之间形成相互接近、相互渗透、相互转化的关

---

① 《马克思恩格斯全集》第26卷Ⅲ，139页。

② 《马克思恩格斯全集》第46卷下，19页。

③ 《马克思恩格斯选集》第1卷，159页。

④ 《马克思恩格斯全集》第49卷，130页，北京，人民出版社，1982。

⑤ 《马克思恩格斯全集》第42卷，133页。

⑥ 《马克思恩格斯全集》第42卷，125-126页。

系，即主体客体化与客体主体化。其中，客体主体化的内容及其表现，就是客体的存在、特征和作用越来越带有主体所赋予的内容，越来越同主体的需要及其发展相接近、相一致。这就是客体对主体的价值，是人们以各种方式理解和表述的“价值”的共同基础。换言之，价值就是客体主体化的结果及其意义，即在主体与客体相互作用过程中所形成的、同主体生存和发展相联系的结果及其意义。因此，价值是在主体与客体相互作用的过程中生成的，是在人的对象化活动中产生的，并且是作为主体需要的对象而实现的。

二、价值的客观前提与主体性特征

客体及其属性和主体及其需要是价值关系形成的根据，实践是价值关系形成的基础。这表明，价值的形成和存在既有其客观前提，又有其主体性特征。价值的主体性特征并不排斥价值的客观性。价值的主体性特征只是进一步表明，在价值这种主体与客体的特定关系中，人是物趋向的中心，没有人的创造性活动，物就不会获得对于人的价值。

价值的客观前提体现在三个方面：

首先，价值关系中的客体及其属性是客观的，这决定了价值来源的客观性，某事、某物对人是否有价值，首先取决于该事、该物是否有某种特定的属性。“珍珠或金刚石所以有价值，是因为它们**是**珍珠或金刚石，也就是由于它们的属性，由于对人有使用价值”①。一种事物只要内在地具有某种特定的属性，也就潜在地具有某种价值，即使这种价值还没有被人发现和利用，但它一旦被人发现和利用，就会成为有价值的东西。当然，客体及其属性本身并不等于价值，但它们是价值形成不可缺少的前提和来源之一。客体及其属性的客观性决定了价值的形成不是主观自生的，而是具有客观性。

其次，价值关系中的主体及其需要是客观的。主体的客观性本质上是人的生存、发展及其条件的客观性，表现为人的生命活动的客观性，表现为人的需要及其变化发展不以人的主观意志为转移。更重要的是，人的需要以及满足的程度和方式受到社会实践、历史条件的制约，这同样是价值的客观前提。人不仅是自然存在物，而且是社会存在物。正是这种社会特质，使人成为价值主体，在自己的活动中与客体形成价值关系。价值总是同人的社会性联系在一起。人的需要在本质上是社会性的需要。这种社会性的需要归根到底受社会物质生产的制约，并随着物质生产的发展而发展。物质生活的生产方式不仅决定人的需要的内容和满足这种需要的程度，而且满足需要的活动

① 《马克思恩格斯全集》第26卷Ⅲ，176页。

和已经获得的为满足需要而使用的工具又会引起新的需要。因此，同人的社会存在相联系的主体需要，也是形成价值的客观前提。

最后，价值关系中的主体与客体相互作用的结果表现为一种客观事实，即价值事实。主体的需要是否得到满足，客体对主体的生存和发展是否起到作用，这种作用同主体及其需要的发展是否相适合、相一致或相接近，这种结果必然作为一种事实而存在。与科学事实不同的是，价值事实是一种在主体身上存在，并通过主体自身的变化表现出来的事实。例如，食物对人的价值是提供营养和热量，这一价值只有通过人吃食物后的生理保障和活动保障表现出来。再如，某种社会制度、社会体制、社会政策对一定的民族、阶级、群体来说有什么价值，归根到底，也就是给这些民族、阶级、群体带来什么结果，即形成某种价值事实。价值事实虽然依主体不同而具有不同的特点，但它也是客观事实。

既然价值的本质是客体与主体的一致，是客体对主体有用，客体为主体“服务”，那么，具体的主体性倾向就必然构成价值的主体性特征。所谓价值的主体性，是指价值的形成、特点及其变化同价值关系中的主体的特点直接相联系，价值的特性表现或反映人的主体性的内容。

第一，价值的主体性表现为，在价值关系中，不是人趋近物，而是物趋近人。尽管价值体现在具有某种属性的物上，但物的属性本身并不是价值。某物对人是否有价值，不是以某物自身的属性为基准，而是以主体在历史发展中生成的需要为基准。主体现实的需要是某物是否具有价值以及这种价值大小的内在尺度。可以说，现实的主体是整个价值关系的中心。

第二，价值的主体性表现为主体的创造性。与动物不同，人的需要本质上是社会性需要，仅仅依靠自然物直接的、现成的存在形态，不能满足人所特有的社会性需要。同时，自然物及其属性是多样的，可以在不同方面对人有用，但哪些属性对人有用、有何用，自然物本身不会自动显示出来；即使能显示出对于人的某种有用性，但在人们未发现和掌握对它的使用方法时，对人仍不具有现实的价值。因此，主体与客体之间的价值关系不是一种自然的、现成的关系，而是对自然的现成的关系的超越。这种超越性是通过主体的创造性活动实现的，因而是主体在实践基础上确立的同客体之间的一种创造性的关系。在这个意义上说，价值体现的是主体的创造性本质。

第三，价值的主体性表现为依主体的不同层次而表现出具体主体的特殊性。以人类为主体的价值具有人类性，以民族为主体的价值具有民族性，以阶级为主体的价值具有阶级性，以个人为主体的价值具有个人性。价值的独特性，根源于不同主体的结构、需要和能力的特殊规定性。一个主体有什么样的结构、需要和能力，就同客体发生什么样的价值关系。正因为如此，不同客体对于不同主体具有不同价值，甚至同一客体对于不同主体也具有不同价值。

要确定某一客体有什么或能够有什么价值，就要在确定这一客体“对谁”和“对主体的哪一方面”来说的前提下才有意义。这里，“对谁”是非常重要的。这正是价值与真理的根本不同之处。对于真理，不能说“它对谁来说是真理”；对于价值，则必须说“它对谁来说有价值”。之所以如此，是因为价值归根到底不是指客体的属性，而是指客体对主体的作用和意义，是以主体为中心的主体与客体的统一关系。“对谁”的价值就是对不同主体的价值。同时，“对主体的哪一方面”也是前提之一。对于主体来说，价值关系或价值都具有多维性或多面性。主体自身结构的每个方面都产生对客体的需要，都可能形成一定的价值关系。人是自然存在物，有自然需要；人是社会存在物，因而又使这些自然需要成为社会需要；人还是“有意识的类存在物”，由此产生了人的精神需要。围绕这些需要就形成多方面的价值关系，不同客体甚至同一客体因此就具有不同的价值。

第四，价值的主体性表现为价值具有时效性，即随着主体的变化而变化的时间性特征。由于价值关系具有具体主体的特殊性，因而必然随着主体的变化表现为时间中的流变，显示出价值的时效性。每一种价值都具有时间性，随着主体在时间中的变化，特定的客体对于主体的价值也会发生变化，甚至从有价值变成无价值。价值的时效性归根到底取决于主体需要的不断变化。主体需要的每一次满足都产生新的需要，对于未被满足的新的需要来说，原来获得的价值就不再是价值。价值的时效性也同客体有关。如果没有客体相应的属性，就不会产生满足主体一定需要的价值。事物的属性会随时间流逝而变化，而它对主体的价值也会随之变化。但是，就价值本身来说，它的时效性主要还是取决于主体需要的状况。因此，价值的时效性本质上属于价值的主体性。

价值的时效性体现了价值的相对性。从总体上看，价值的相对性是由两种情况造成的。

其一，在一定的历史条件下，人们对某种事物的属性、本质、结构的认识是有限的、相对的，因而对于某物究竟能在多大范围和程度上满足人的需要，即对客体实际价值的认识和把握也是有限的和相对的。“每一种这样的物都是许多属性的总和，因此可以在不同的方面有用”。发现物的不同属性，

"发现这些不同的方面，从而发现物的多种使用方式，是**历史的事业**"①。这就使物对人的价值表现出相对性。

其二，在一定的历史条件下，人们的需要也是具体的、有限的，他们对价值客体的选择和利用不可能是无条件的，因而使物对人的价值表现出相对性。在一定的历史条件下，每个具体事物对人的价值都是具体的、有条件的，因而是相对的。

实践活动和认识活动的不断发展又会使人们不断发现事物价值的新的方面，从而使人以新的方式占有物，不断满足人们日益增长的需求，由此构成了价值的历史发展。从价值的客体来说，价值的历史发展表现为物的有用性不断丰富和提高，价值对象的种类及数量不断扩大和增多；就价值的主体而言，价值的历史发展表现为人的本质力量不断发展和自我价值不断实现，价值实际上是人的需要、人的本质力量在物身上的体现。物的某种属性的发现和利用使人的需要得以满足，需要的满足又推动人们去发现和利用事物的其他属性，从而创造出新的价值。人的本质力量，即价值主体的本质力量的不断提升，价值客体的不断扩大，使属人的价值世界不断扩展且日益丰富多彩。

三、价值评价：认识的特殊形式

客观事物只是对于人，并且只有经过人，才能获得价值的特性。价值随着人的本质力量、认识活动和实践活动的发展而发展。人是有意识、有目的的实践主体。实践的突出特点就在于它的目的性，在于它具有将"现有"的东西改造成"应有"的东西的意图。在实践活动中，主体不仅意识到自己的需要和在现有条件下满足这种需要的可能性，而且这种意识是包含着主体对自己的目的和要求的意识；不仅提出了"存在什么或存在是什么"的问题，而且提出了"这种存在对于主体来说是什么"的问题。主体的这种自我意识是在价值评价中实现的。客观事物既是人们认识的对象，又是人们评价的对象。人们通过认识现实而真实地面对现实，通过评价现实进而合目的地改变现实，从而实现自己的目的或愿望。因此，主体必须对客体进行价值评价，才能使认识向实践的转化具有可靠性和有效性。

所谓评价，就是主体在对客体属性、本质和规律认识的基础上，把自身需要的内在尺度运用于客体，对主体与客体之间的价值关系进行评判。这种评判是人的意识对主体与客体之间价值关系的反映，反映的是主体需要与客体属性之间的联系。价值评价作为主体观念活动的结果，表现为主体对客体

---

① 《马克思恩格斯全集》第21卷，268页，北京，人民出版社，1965。

是否具有满足自身需要的属性所做的肯定或否定的判断。正是在这个意义上，价值评价也被称作价值判断。

价值评价，即主体对自身与客体之间价值关系的评判，就其属于主体对客体的观念把握而言，仍然是一种认识活动。但是，这是一种特殊的认识形式。作为认识的一种特殊形式，价值评价不同于一般的对客体的属性、本质和规律的认识，而是主体对客体能不能够满足自身需要的一种认识。评价是主体与客体之间的一种特殊的相互作用，体现着主体与客体之间一种特殊的相互关系。价值评价的着眼点是主体与客体之间的效用关系，因而必须考虑主体的需要和利益。也就是说，在评价活动中，必须把主体的需要和利益作为内在尺度运用于被评价的客体，否则，就不是价值评价。

如前所述，价值不同于真理，真理不存在"对谁"而言的问题，而价值则存在"对谁"而言的问题。正因为如此，价值评价必然存在差异，而且这种差异性是无法排除的。这是因为，每个民族、阶级、阶层和个体都是按照自己的方式来进行评价的，这种评价方式受制于他们的需要和利益，以及反映这种需要、利益的立场和观点。"人们奋斗所争取的一切，都同他们的利益有关。"① "**利益**是如此强大有力，以至顺利地征服了马拉的笔、恐怖党的断头台、拿破仑的剑，以及教会的十字架和波旁王朝的纯血统。"② 从来不存在一个不体现任何利益、没有任何立场和观点的价值评价。价值评价，包括对历史事件、历史人物的评价，总是依据评价者的立场、观点和利益的不同而不同，价值评价的主体总是自觉不自觉地代表着某个民族、阶级、阶层的某种利益。

评价与事实不同，事实属于客观存在，评价属于对事实的价值的主观判断，并主要通过主体的态度、情感、意志等主观意向性表现出来。由于在价值评价中必然引进主体的尺度，所以，在评价性认识中就必然具有主体的意向、愿望和要求。如果说事实性认识只追求对客体"是什么"或"怎么样"的认识，那么，评价性认识则以"应该怎样"或"不应该怎样"来表达主体肯定或否定什么的价值要求。面对同一客体，不同的主体从不同的需要和利益出发，会得出不同的价值评价。而科学的、合理的价值评价应当符合两项基本要求：一是对客体实际状况的正确认识，二是对主体实际需要的正确认识。对客体实际状况的正确认识，是形成科学的、合理的价值评价的前提，只有正确、深刻和全面地认识事物，才能确保价值评价的正确性、深刻性和

① 《马克思恩格斯全集》第1卷，82页。
② 《马克思恩格斯全集》第2卷，103页。

全面性；对主体本身实际需要的正确认识，是形成科学的、合理的价值评价的必要条件，只有那些既有利于社会，又对个体有意义的需要，才是真正符合主体利益的需要。这表明，评价与认知既有区别，又有联系。

评价与认知的区别表现在两个方面：

其一，认知以客观事物及其规律为对象，反映的是事物本身的属性和关系；评价则是以价值为对象，反映的是事物的属性与人的需要之间的关系，揭示事物对人的意义。在这里，价值是价值主体与客体之间的一种关系，同时，又成为价值主体评价的对象；评价主体与价值主体可能是同一的，也可能不是同一的。具体的主体可以评价某一客体对自己的价值，也可以评价某一事物对他人的价值。

其二，认知力求真实地反映客观事物的本质和规律，把握客体的本来面目，因而总是力图从认识的内容中排除人的主观因素，在这个意义上，认知是以相对“无我”为特征的认识；评价力求揭示客体对主体的意义，总是力图运用主体的内在尺度去衡量客观事物，具体主体的利益、立场以及情感、兴趣等主观因素在评价活动中起着主导作用，在这个意义上，评价是以“有我”为特征的认识。

评价与认知的联系表现为二者相互渗透、相互制约。具体地说，认识中包含着评价，认知对象的确立、认知手段的选择、认知顺序的安排以及对认知结果的理解等，都渗透着评价因素；评价中包含着认知，评价对象、评价标准、评价结果的各个环节都渗透着认知因素。同时，认知制约着评价，认知提供的事实材料是评价的前提条件，对客体认知的深度和广度影响评价的坐标和范围的确定，以及对价值主体自身的了解；评价又制约着认知，评价的正确与否影响认知活动的方向、过程和结果。认知只有通过评价才能把事物的属性与人的需要合理地结合起来，把客观尺度和主体尺度合理地结合起来，形成实践理念，从而有效地引导人们的实践活动。在实际生活中，人们的评价活动和认知活动总是交织在一起的，既不存在不包含认知因素的纯粹的评价活动，也不存在不包含评价因素的纯粹的认知活动。

价值评价的标准归根到底是主体的需要和利益。问题在于，主体有个体、群体、社会等不同形式，主体需要和利益因此包括个人需要和利益、群体需要和利益、社会需要和利益等不同形式。正因为如此，在判断某客体有无价值时，必须明确是“对谁”的价值，明确以“谁”的需要和利益为尺度。个人需要和利益与社会需要和利益并不是在任何条件下都是一致的，“随着分工的发展也产生了单个人的利益或单个家庭的利益与所有互相交往的个人的共同利益之间的矛盾”[1]。换言之，符合个人需要和利益的并不一定就符合社会需要和利益，对个人有价值的并不一定对社会就有价值。因此，价值评价不仅要判断事物对个人的意义，更要判断事物对社会的意义，把握事物的社会价值。

这里，评价主体的需要、利益和社会关系是否同社会发展规律及其趋势相一致，从根本上决定着他对事物的评价能否超越他自身的历史局限性，做出符合社会发展规律的评价。落后的阶级及其个人充其量可以如实地、明智地判断什么事物对自己是有利或有害，但不可能站在社会发展规律的高度来评价并肯定新生的、体现社会发展规律和方向的事物，而先进的阶级及其个人则能够站在社会发展规律的高度为事物的社会价值做出正确的、合理的、科学的评价。

主体本身的客观需要和利益是实际上的价值评价的根本标准。不管人们是否意识到或承认，主体的客观需要和利益从根本上决定着评价标准的形成和改变。这也就是说，只有真正理解、把握了主体需要什么、能够接受什么，才能确切无误地判断客体对主体的价值。马克思指出，如果我们“想根据效用原则来评价人的一切行为、运动和关系等等，就首先要研究人的一般本性，然后要研究在每个时代历史地发生了变化的人的本性”[2]。所谓“根据效用原则来评价”，是指评定、判断一切事物对于人的价值；研究人的“本性”及其变化，则是指作为价值主体的客观需要及其变化，“**需要**即他们的本性”[3]。只有真正理解和把握了主体的“本性”及其变化，即客观需要及其变化，才能准确地判断客体的价值。换言之，人们要如实地认识客观事物对自己的价值，就必须以自己的客观需要及其变化为标准，以具体的价值事实为凭据来做出评价。这就是价值评价的本质。

第三节　真理与价值的关系

真理与价值各有不同的规定和特性，又有统一的根据和基础，并通过人

① 《马克思恩格斯选集》第1卷，163页。
② 《马克思恩格斯全集》第23卷，669页。
③ 《马克思恩格斯全集》第3卷，514页。

的活动实现具体的历史的统一。人类的生存和发展活动，尤其是自觉的历史活动，无一不是通过追求真理、遵循真理和寻求价值、创造价值而展开的，追求真理和创造价值构成人的活动的基本内容。

一、真理原则与价值原则：人类活动的两个基本原则

人的活动，总的说来，是以追求真理和创造价值为主题的。在人们的行动和观念中，内含着人类活动所特有的、作为其基本内容和最高目的的普遍原则：真理原则与价值原则。真理原则与价值原则因此构成了人类活动的两个基本原则。

所谓真理原则，是指人类必须按照世界的本来面目去认识和改造世界，以及认识和改造人自身，并在这个过程中追求和服从真理；所谓价值原则，是指人类必须按照自己的需要去认识和改造世界，使世界适合人的生存和发展。真理与价值两大原则的根基，就在于马克思所说的人的活动中的“两个尺度”的存在及其作用。

按照马克思的观点，人的活动之所以不同于动物的活动，重要的一点就在于，“动物只是按照它所属的那个种的尺度和需要来建造，而人却懂得按照任何一个种的尺度来进行生产，并且懂得怎样处处都把内在的尺度运用到对象上去；因此，人也按照美的规律来建造”①。马克思在这里所说的尺度是“规定性”“规律”。“任何一个种的尺度”是指任何对象、客体的规定性和规律，马克思后来把它称为“外在目的”，并指出：“劳动尺度本身在这里是由外面提供的，是由必须达到的目的和为达到这个目的而必须由劳动来克服的那些障碍所提供的”②；“内在的尺度”则是指人、主体自身的规定性和规律，马克思后来把它称为作为人类能力发展的“目的本身”。

动物只有一个尺度，即该物种的本能。人却有两个尺度：一个是客体尺度，即对象的规定性和规律；一个是主体尺度，即人自身的规定性和规律。动物，只是自发地按照自己的本能的尺度活动，人却能够意识到这两个尺度，并有意识地在自己的活动中把自己的尺度与对象的尺度，即主体尺度与客体尺度结合起来。“甚至不受肉体需要的支配也进行生产”，“按照美的规律来建造”③。这正是人的活动不同于并高于动物的活动之处。

主体尺度与客体尺度的存在及其作用是人的活动的特殊内涵和本质特

---

① 《马克思恩格斯全集》第42卷，97页。

② 《马克思恩格斯全集》第46卷下，112页。

③ 《马克思恩格斯全集》第42卷，97页。

征。这是因为，人的活动是对象性活动，是主体与客体相互作用的过程。“相互作用”意味着主体与客体各自都有自己的规定性和规律，即自己的尺度，并且都按照自己的尺度去作用对方，并影响、制约、改变对方，同时，又接受对方的作用。主体尺度的作用就在于，一方面使主体的活动符合主体自身的规定性和规律；另一方面使客体按照主体的尺度得以改造，即实现客体主体化，使客体为主体服务。马克思所说的人“把内在的尺度运用到对象上”，指的就是这一点。客体尺度的作用表现为，一方面使客体在受到主体的作用的同时，仍按照客体自身的规律性和规律运动；另一方面反作用于主体，影响、制约、改变主体，即主体客体化，使主体服从客体的规律性。人们通常所说的“尊重事物本身的辩证法”“按照事物的规律办事”，就是对客体尺度及其作用的自觉认识。

真理原则与价值原则就是这两个尺度在人的实践活动中的表现。人是实践的主体，一方面，主体必须了解客体，把握、服从客体的规定性和规律；另一方面，主体又要改变客体，重建客体，使客体为主体的需要和目的服务，这又必须把握主体自身的规定性和规律。这两方面的规定性和规律在人的观念中越来越明确，并贯彻到人的活动中，就形成了人类活动的真理原则与价值原则，成为人的活动必然遵循的两个基本原则。

真理原则与价值原则的形成有一个从无意识到有意识、从不自觉到自觉的历史过程，但是，主体尺度与客体尺度的存在及其作用却自始至终是人类活动中的客观存在。恩格斯曾这样描述远古时代人类意识的发展过程：“随着手的发展，头脑也一步一步地发展起来，首先产生了对取得某些实际效益的条件的意识，而后来在处境较好的民族中间，则由此产生了对制约着这些条件的自然规律的理解。”① 恩格斯在这里所说的关于实际效益的意识和关于制约效益的规律的意识，就是价值意识与真理意识的萌芽。随着人的认识的不断发展，真理原则与价值原则的意识得以发生并明确下来。在一定意义上，人的实践和认识发展的历史，就是真理原则与价值原则发展的历史。具体体现真理原则的思维形式是科学知识，具体体现价值原则的思维形式则是意识形态。

在人的活动中，真理原则与价值原则各有其独特的作用，承担着不同的功能。

第一，真理原则是侧重于客体性的原则，价值原则是侧重于主体性的原

① 《马克思恩格斯选集》第3卷，859页。

则。真理原则要求人们的思想、行动符合客观对象的规定性和规律，即按照客体的尺度来规定主体的活动，体现了一切对象性关系中客体尺度的存在和作用。实际上，真理本身就意味着“提供在必然性中、在全面关系中、在自在自为的矛盾运动中的客体”①。价值原则则要求人们的思想、行动符合人的需要和利益，即按照人的内在尺度使客体为主体服务，体现了一切对象性关系中主体尺度的存在和作用。实际上，人们创造价值就意味“通过消灭**外部**世界的规定的（方面、特征、现象）**来获得具有外部现实形式的实在性**”②，即创造新的同人的内在尺度相一致的客观实在。

第二，真理原则是人的活动中的条件性原则，价值原则是人的活动中的目的性原则。真理所包含的客观对象的规定性和规律，不仅是主体活动的对象，而且是主体活动的前提条件。只有尊重和服从这种前提条件，人的有目的的活动才能成功，否则，就会失败。价值原则则是一种目的性原则，目的性是价值原则的核心。人的任何活动都是以获得一定的价值为目的。正是为了某种目的，人们才调动自己的物质力量和精神力量，去认识和改造客体。因此，价值原则也是人活动的动机和动力原则。当然，在一定的条件下，追求真理本身也是目的，只有在这种特殊的情况下，真理原则与价值原则才是同一的。除此以外，真理都是作为前提决定目的，人们追求真理、坚持真理意味着人们对自己活动的目的要从前提上加以反思和检验。

第三，真理原则是社会活动中的统一性原则，价值原则是社会活动中的多样化原则。真理是一元的，没有个体性、阶级性、民族性，真理的作用就在于，使不同主体的具有不同目的的活动最终服从统一的客观规律。只有符合真理的活动才能成功，这就使不同主体的具有不同目的的活动最终有一个统一的结果和结论。价值却是多元的，价值的主体性通过价值的多元化表现出来，不同的主体有不同的价值关系和价值原则，而且不同的主体都坚持和贯彻自己的价值原则。所以，价值原则的作用是同不同的主体，即个人主体、阶级主体、民族主体联系在一起的，因而是同不同主体的需要、利益的多样性联系在一起的。

真理原则与价值原则的差别和对立，深刻体现了人类生活本身的矛盾性。就人类生活的内容而言，在追求真理和创造价值之间难免会存在矛盾。这些矛盾的存在一方面给人类活动造成了困难甚至困境，另一方面又推动人

① 《列宁全集》第55卷，181页。

② 《列宁全集》第55卷，183页。

类活动不断地发展，从而不断解决真理原则与价值原则的矛盾，推动人类文明的进步。

二、真理与价值的统一及其基础

在人的活动中，真理与价值不仅是对立的，而且是统一的，二者的对立统一是社会进步的根源。真理与价值之所以能够统一，并且人之所以应自觉促进和实现这种统一，主要有两个原因：

其一，作为人类活动的基本内容，真理原则与价值原则是相互补充的。真理与价值都形成于人的活动中，是人类生存和发展不可或缺的内容，二者各自的规定性及要求之间具有内在的联系，并通过相互结合、相互补充构成了人类活动的基本内容。脱离了真理原则的价值原则是失去客观依据的原则，脱离了价值原则的真理原则是没有主体意义的原则。无论是真理原则，还是价值原则，单独一个原则都不可能正确、有效地引导人的活动。

其二，真理与价值都是人类活动追求的目标，人类需要而且能够通过自我调节来解决二者的对立、冲突，使二者达到某种形式的统一。实际上，解决真理与价值的矛盾，使二者不断达到统一，这正是人类一直从事的活动。每当具体的价值与真理发生冲突时，主体就要调节自己的活动，进行抉择：或者总结经验教训，认识真理，根据真理调整自己的需要、目的和计划；或者根据自己的需要去认识新的真理，寻找新的可能性，利用客观规律创造新的条件。一般说来，这种调节总是要使价值服从真理，使需要服从可能。

就人类整体而言，其根本利益、价值原则是同真理原则相一致的。人类以及代表人类根本利益的先进阶级总是能够通过自我调节而达到真理与价值的具体的统一。但是，就具体的主体而言，则往往存在这样一种情况，即某一主体的根本利益、价值原则同真理原则是完全对立的，服从真理就意味着它的灭亡。因此，无论这一主体怎样进行自我调节，他也不愿意且不可能突破自己的利益的“底线”，因而也就不可能克服自己的价值原则与真理的根本对立，其结果只能是这一主体连同它的价值一起消亡，如历史上的奴隶主阶级、封建地主阶级。在一定意义上，这也是解决真理原则与价值原则对立、冲突的一种方式。

真理原则与价值原则在根本上的一致性和总体上的统一性，总是在人们的具体的历史活动中实现并表现出来。真理原则与价值原则具体的历史的统一，突出地表现为二者互为前提、相互引导和检验方式的一致性。

第一，真理原则与价值原则在人的活动中互为前提。没有真理原则的指导，价值原则就不能成功地贯彻下去；没有价值原则的推动，真理原则就难以得到贯彻，并缺乏发展的动力。同时，真理原则适用于价值生活，对于任何价值的认识，特别是评价的认识，人们总是要追问它“是真是假”，以便去伪存真，弃虚求实；价值原则也适用于真理问题，对于每个具体真理，人们也要探究它“有何价值”，以便依据和利用真理，推动社会和人本身的发展。实际上，依据价值原则来看待真理就应该看到，真理对于人类来说是最有价值的。一切价值的创造和获得，只有在不违背真理的前提才具有可能性。在这个特定的意义上，真理是高于一切价值的价值。

第二，真理原则与价值原则在人的活动中相互引导。人的活动总是不断地从价值走向真理，从真理走向价值，实现着二者之间的相互引导。真理原则与价值原则的互为前提，为二者的相互过渡提供了可能性。人们从发现真理到发展真理，是朝着更深刻、更全面理解人的生活和人的价值的方向发展的，这是真理的发展趋向价值。人们对世界有了新的正确认识，就会提出和实现新的价值目标。反过来说，人们对价值的不断追求势必引起对制约实际效益的条件和规律的探索，从而从价值走向真理。人们一方面以真理性认识为基础去追求价值，追求“物”对人的有用性；另一方面以价值为动力去寻求更完备的真理，促进人对“物”的真理性认识。正是在真理与价值的相互作用、相互引导中，人的活动、人类社会才得以不断发展。

第三，实践是真理与价值共同的检验方式。实践既是检验真理的根本途径，也是检验价值的根本途径。“必须把人的全部实践——作为真理的标准，也作为事物同人所需要它的那一点的联系的实际确定者——包括到事物的完整的‘定义’中去。”① 这就是说，真理与价值在检验方式上具有一致性，即实践是真理与价值共同的检验方式。在实践中，不仅主体对客体认识的真理性得到检验，而且主体与客体之间的价值关系和相应的价值评价也得到检验或确定。真理的检验过程与价值的确定过程往往是同一实践过程的两个侧面。例如，实践检验某一认识是不是真理，就是看能否成功，成功，就意味着一定的价值效果的实现。所谓价值效果，或者是指一定的实际效益，或者是指某一认识的效力，而无论是实际效益，还是认识效力，都是一定的价值的实现。正因为如此，真理的验证与价值的验证是在人的实践活动中“难舍难分”的。

实践不仅是检验真理与检验价值的根本途径，而且是真理与价值相统一的基础。实践总是通过检验和发展真理、检验和校正价值目标，来实现真理

① 《列宁选集》第4卷，419页。

与价值具体的、历史的统一。价值与真理是否达到了具体的统一，归根到底要通过实践才能得到证明。全部社会生活在本质上是实践的。作为社会生活基本内容的真理与价值的统一，是以实践为基础的具体的、历史的统一。

真理与价值的统一之所以是具体的，是因为二者的统一是在一定条件下达到的有条件的、相对的统一。实践是具体的，在实践的基础上人们认识的真理当然是具体的，相应提出的价值要求以及价值所能实现的范围、程度等也是具体的，由此决定了真理与价值的统一必然是具体的。

真理与价值的统一之所以是历史的，是因为二者的统一随着实践的发展而不断发展，是在实践的基础上不断打破旧的统一、实现新的统一的矛盾运动过程。发展着的实践推动人们不断认识和发展新的真理，同时，又给人的需要不断增添新的内容。无论是科学的新的真理的发现，还是人的新的需要的形成，都会使真理与价值的统一出现新的矛盾，从而在真理与价值的相互引导中打破原有的平衡，建立新的平衡，即实现新的统一。因此，真理与价值的统一必然是历史的。

真理原则与价值原则在实践基础上具体的、历史的统一是马克思主义哲学的基本原则。深刻把握这一原则，我们就能够更充分地理解和贯彻马克思主义的科学性与革命性的统一，坚持真理与向人民负责的统一，尊重历史规律与争取人类解放的统一。

三、真理、价值、自由

真理与价值各自代表了主体与客体统一的一个方面。真理是以客体尺度为依归的主体与客体的统一，价值是以主体尺度为依归的主体与客体的统一，真理与价值的统一则是主体与客体之间全面的、完整的统一。实现真理与价值的统一所要达到的是真、善、美三种境界相统一的自由。

“真”是获得或达到了真理的境界，是主体在思想和行动上充分接近和适合于客体必然性的状态。这是在主体与客体之间所要达到的实质性统一的第一种境界。没有这种境界，人们就不能在现实世界中站稳脚跟，实践活动就不可能获得成功。求真与守真，是人类第一个理想目标、第一种境界。真理本身并不是价值，它所体现的只是以客体尺度为尺度的主体与客体的统一，但获得真理、实现这种统一本身就是人所需要的，即对主体有价值。从人的活动及其发展来看，“真”是主体与客体达到全面、完整统一的第一个阶段。人们掌握的真理越深刻、越全面，自由的天地就越广阔。

“善”有狭义和广义之分。狭义的善仅仅指道德上合乎待人处世的规范；广义的善则包括使人在自然、社会方面的需要得到满足的实际价值。在主体与客体的关系中，作为主体的社会的人，具有一系列关系到生存和发展的现实需要，如生命保障、物质福利、政治权益等。这些需要表明主体对客体的依赖性，体现着主体的必然性。这些必然性通过使客体为主体服务而变为现实，这就是广义的善。在这个意义上，任何功利上和道德上的正价值都可以称为善。就其普遍本质来说，善是实现了主体必然性的境界。作为主体与客体关系的善，既是主体必然性的实现，实际上也是客体必然性的实现。这是因为，善必须以真为前提，达到主体必然性与客体必然性的统一，而且这种统一的重心从客体转换到主体，因而是在更高的层次上实现的主体与客体的统一。

“美”是真和善相统一的境界。美通过人的美感表现出来。美感产生于主体从客体那里体验到自己生活中健康、积极、和谐的内容和形式。这种内容和形式都不是客体本身固有的，而是在人们的创造性活动中产生的。现实生活中的美有各种形式，如以简洁的形式描述世界的科学美，使人的关系趋向高尚的道德美，通过绚烂多彩的形式展现生活情趣的艺术美。美以真为前提，不真的东西不会美，但美又超越了真，它并非局限于客体的现实性、必然性，而是体现了主体生活中的现实性、必然性；美又以善为前提，不善的东西不会美，但美又超越了善，它并非停留在主体的必然性上，而是进一步显示出主体的自由。因此，美既是一种真，也是一种善，是真和善的综合、升华的新境界。所有美的共同特点就在于，美不是建立在直接功利需求的基础上，而是在超越直接功利需求的基础上被体验到的。美的超功利性和创造性特征充分表明，美是以主体尺度为依归的主体与客体的高度统一。

真、善、美从不同层次和侧面体现了真理与价值的统一。同时，就主要特征而言，真代表真理，善和美属于价值。真、善、美的统一是真理与价值的完整的统一。真理与价值的全面的、完整的统一，就是自由。

作为哲学范畴的自由，是指人的有意识、有目的的活动的自由，其含义是指主体充分的自我实现和自我发展。问题在于，自我实现和自我发展的实质是什么。围绕这一问题，哲学家们展开了激烈的争论。从总体上看，可以把哲学史上关于什么是自由的观点分为四类：一是把自由归结为人对自身之外的某种力量或必然性的服从，如古希腊唯物主义者认为，自由就是按照自然行事；二是把自由归结为人按照自己的天性或必然性行动，如近代唯物主义者斯宾诺莎认为，自由是对必然的认识；三是把自由归结为人的精神上的一种主观状态，如唯意志主义者认为，自由就是按照非理性的意志行动；四是把自由看作主体与客体、目的性与必然性的矛盾统一，如黑格尔哲学已经蕴涵着自由是目的性与必然性的统一，并认为人类历史无非是自由意识的进展。恩格斯甚至认为，“黑格尔第一个正确地叙述了自由和必然之间的关系。在他看来，自由是对必然的认识”①。

马克思主义哲学认为，“自由就在于根据对自然界的必然性的认识来支配我们自己和外部自然”②。恩格斯关于自由的这一定义具有两层含义：一是“服从”两类必然性，即外部的、客体的必然性和人本身的、主体的必然性，对必然性的认识是自由的“根据”；二是“支配”主体的必然性与客体的必然性，从而使客体为主体“服务”。自由就在于认识客观必然性或规律，“从而能够有计划地使自然规律为一定的目的服务。这无论对外部自然的规律，或对支配人本身的肉体存在和精神存在的规律来说，都是一样的”③。对其中的一种乃至两种规律仅仅是服从，不可能达到自由，只有既“服从”规律，又使规律为人的目的“服务”，在“服从”的前提下“支配”“我们自己和外部自然界”，才能达到自由。马克思主义哲学从外部规律与人本身的规律的统一、“服从”与“服务”的统一、“根据”与“支配”的统一、真理原则与价值原则的统一等多重维度，深刻而全面地揭示了自由的内涵、要求和实现途径。

首先，自由是人的发展的一种状态，是人的“那种同已被认识的自然规律和谐一致的生活”④。因此，自由总是人们历史活动的产物，不存在穷尽一切必然性的绝对的、终极的自由。凡是达到一定的自由时，就会面临新的必然性和不自由。马克思曾以劳动为例，说明自由不是摆脱了外部必然性的主观随意性，而是人的需要和能力不断得到发展，不断地把外部必然性转化为自己的目的，从而支配现实的能力。只有这种自由才是“实在的自由”⑤。

其次，自由的前提是对必然性的认识和把握。人们要达到自由，首先就要认识和把握必然性，“意志自由只是借助于对事物的认识来作出决定的能力”⑥。因此，对客体规律与主体规律及其关系的认识越深刻、越全面，意志就越自由。“人对一定问题的判断越是**自由**，这个判断的内容所具有的**必然**

① 《马克思恩格斯选集》第3卷，491页。
② 《马克思恩格斯选集》第3卷，492页。
③ 《马克思恩格斯选集》第3卷，491-492页。
④ 《马克思恩格斯选集》第3卷，492页。
⑤ 《马克思恩格斯全集》第46卷下，112页。
⑥ 《马克思恩格斯选集》第3卷，492页。

性就越大"；而"犹豫不决是以不知为基础的"①。随意的决定、任意的选择表面看是自由，实际上"恰好由此证明它的不自由，证明它被正好应该由它支配的对象所支配"②。

最后，自由存在于人们根据必然性有目的地支配主体与客体及其关系的过程中。恩格斯指出，"自由不在于幻想中摆脱自然规律而独立，而在于认识这些规律，从而能够有计划地使自然规律为一定的目的服务"③。使规律为人的目的服务，归根到底，就是利用客体规律与主体规律来支配客体，同时实现主体自身的发展。自由"必然是历史发展的产物"④，这种发展又是同主体的自我发展联系在一起的。马克思认为，共产主义社会是"以每个人的全面而自由的发展为基本原则的社会形式"⑤，同时，又强调，"在这里，人不是在某一种规定性上再生产自己，而是生产出他的全面性；不是力求停留在某种已经变成的东西上，而是处在变易的绝对运动之中"⑥。这种既根据客体规律与主体规律来支配客体、超越现实，又根据客体规律与主体规律来支配主体自身、实现主体自我发展的统一，即实现了真理原则与价值原则的具体的、历史的、完整的统一，是自由的标志。

① 《马克思恩格斯选集》第 3 卷，492 页。
② 《马克思恩格斯选集》第 3 卷，492 页。
③ 《马克思恩格斯选集》第 3 卷，491 页。
④ 《马克思恩格斯选集》第 3 卷，492 页。
⑤ 《马克思恩格斯全集》第 23 卷，649 页。
⑥ 《马克思恩格斯全集》第 46 卷上，486 页。

第十二章 社会进步与人的发展

社会进步是由人的实践活动所创造的现实，也是基于现实进一步发展的趋势而提出的变革现实、超越现实的要求。社会进步的目标或理想不是超历史的彼岸设定，而是从人类实践活动中产生和提出的。人是社会的主体。人们所追求的社会进步归根到底在于人本身的发展，最高目标是人的全面而自由的发展。社会进步与人的发展既相互依赖又相互促进。人的发展依赖于社会进步，又促进着社会进步；社会进步依赖于人的发展，又促进着人的发展。

第一节 社会进步及其标准

为了正确理解和实现社会进步，就要确立正确的社会进步的观念，确立合理的社会进步的评价尺度。社会进步是人类创造活动的价值目标，人们总是通过对自己的实践活动结果的评价，引导自己的创造活动。

一、社会进步的基本含义

作为哲学范畴的“社会进步”，是指社会合乎规律的发展，是社会由旧的时代向新的时代的转变。社会进步的实质体现在具体的历史内容和发展的必然趋势中。社会进步的内容是具体的，在不同的时代有不同的特点；在此时代是进步的东西，在彼时代可能会变成落后的甚至是反动的东西。因此，对于“进步这个概念决不能在通常的抽象意义上去理解”①，而应做辩证的理解，赋予社会进步具体的、历史的含义。

在西方历史上，有的思想家、文学家断言，过去总比现在好。古希腊诗人赫西俄德就认为，人类从“黄金时代”开始，经过“白银时代”“青铜时代”，现在正处于“黑铁时代”。换言之，人类历史是一代不如一代。关于社会进步的思想，是同文艺复兴时代的到来，同科学技术的发展，同社会生活的跃迁相联系的。“进化观念与达尔文的工作以及他在19世纪中叶对生物学研究的推动密不可分”，但是，“进化观念不是生物学独有，生物学中的进化观念也不是起源于达尔文。《物种起源》出版前的那一代人，已经熟知对社会进化进行专门研究的系统尝试，而且这种研究是通过明显的社会学方法来进行的。在德国、法国和英国，人们已经在‘历史哲学’这一标题下尝试对历史记载作出解释，表明社会现象的更迭是永恒的规律或趋势在人类社会中的展现”②。被称为“历史哲学之父”的维科在其《新科学》一书中，把人类历史的发展划分为三个阶段：神的时代、英雄时代和人的时代，并以具有标志性的事物形象地说明了人类文明的进步。法国启蒙哲学突出强调了社会进步的观念。伏尔泰的历史哲学通过对世界历史，特别是法国历史的考察，得出了一个基本结论：总的说来，人类社会的发展是一个进步的过程。黑格尔的历史哲学确认历史发展的规律性和进步的必然性，但他又把进步的本质归结为观念的进步，社会进步的全部历史从一开始就被置于绝对精神之中。

在古代中国，总的说来，没有明确的对于“进步”的信念，居于主导地位的历史观本质上是一种历史循环论，有时甚至表现为历史衰退论。19世纪中叶，中国的现代化运动开始起步。当时以西方进化论思想在中国的传播为契机，中国人接受了在历史进化论形式下的社会进步观念。康有为借用中国古代著名的公羊三世说阐述其社会进步思想，确认人类有一个光明的前途，并在《大同书》里具体地描绘了人类未来世界的蓝图。严复将赫胥黎的《进

① 《马克思恩格斯选集》第2卷，710页。

② 霍布豪斯：《社会进化与政治学说》，曾一璇译，16页，北京，商务印书馆，2021。

化论与伦理学》译为《天演论》，传播了进步观念，明确提出世道必进，后胜于今。

人们往往在相同或相近的意义上使用进步和进化这两个概念，但在描述具体的变化过程，特别是自然过程时，更多的是使用“进化”概念，而将“进步”概念用于社会过程。“社会变革无论好坏，主要不是取决于人种类型的变化，而是取决于传统的改变，而传统的改变源于社会因素之间的互动。进步不是人种意义上的，而是社会意义上的”①。

首先，社会进步是指社会呈现为一个从低级到高级、从简单到复杂、从不完善到完善的过程。社会进步是曲折的，但总的趋势是向前发展的而不是向后逆转的。社会发展总是既保留了此前的合理因素，又增添了新的创造结果，并在新的形势下将二者加以整合，从而使社会发展跃迁到新的水平，即实现社会进步。但是，社会进步并不是外在于人的纯粹客体的运动过程，而是人的创造活动的结果，社会历史不过是追求着自己目的的人的活动的过程。人是社会的主体，社会进步的信念本质上是人类改善自身状况和发展自身本质力量的内在要求在观念上的反映。当人们说社会是进步的时，就意味着他们希望和相信进步能够发生，并通过实践使进步得以实现。正是在这一过程中，进步由愿望转变为现实，呈现出其真实性。

其次，社会进步的基本含义是向上或向前发展，意味着比原来更好。上与下、前与后是相对的概念，“上”或“前”不具有客观确定性，要依人们的行动方向和目标而定；只有当人们设定了行动方向和目标时，才有“上”或“前”可言，“上”或“前”的意义才被确定。尽管人们可以根据自己的价值尺度，对具体的社会进步做出不同的评价，但有一点是共同的，那就是，社会进步是事实变动向设定的目标即理想状态趋近。事实变动向理想状态趋近，是社会进步概念最基本的含义。社会进步与否，不仅要以客体发展的程度来界定，而且要以客体发展的结果对主体的价值关系来确定，社会进步是同人本身的发展及其价值理想的实现直接相关的。

最后，社会进步以人本身的发展为目的，而不是人以社会进步为目的。“为进步而进步”实际上是进步的异化。作为观念的社会进步是作为主体的人意识到其现实存在的局限性，因而试图超越这种有限性。人具有多方面的本质力量，具有几近无限的潜能，社会进步意味着人的不断展现自身历史的丰富性，从而不断发展和实现自己的本质力量。人的本质力量不仅指理性和

① 霍布豪斯：《社会进化与政治学说》，曾一璇译，31页。

知识物化的力量，而且指在道德和智慧的境界中展现的人性和人格的力量。人们正是在改造世界的过程中，不断丰富和发展自身，创造和实现自身价值的。正是这种追求和创造活动形成了社会的进步。

人类的历史就是社会的历史，人类的历史发展也就是社会的进步，是社会不断向理想形态趋近的运动或变革。社会进步是社会从低级到高级的发展，包括社会的生产方式、生活方式、思维方式的发展，物质生活、政治生活和精神生活的提升与社会形态的更替。进步是社会发展的总趋势，但社会进步并不是直线上升的，而是曲折的，社会进步要付出一定的代价。

二、社会进步过程中的代价

代价是与社会进步的价值取向直接相关的概念，指人类为社会进步所做出的牺牲或付出，以及为实现这种进步而承担的消极后果。具体地说，人们在价值追求过程中付出的代价有三层含义：一是人们在众多价值目标中，由于选择了优先发展的主导性价值目标，而使其他价值目标被抑制、损害甚至牺牲；二是人们在追求价值目标的过程中，由于客观条件和自身条件的制约而导致活动结果对人产生消极作用，甚至与人的价值目标完全相反；三是由于人的错误、失误所造成的背离自身价值取向的消极后果。价值的存在是以主体具有选择性和创造性为前提的，但人的选择和创造必然受到客观条件、人自身局限性与价值目标的理想性之间矛盾的制约。正是这些矛盾导致人类在创造价值、实现自身本质力量的过程中必然付出代价，然后，又努力扬弃这种代价，获得进一步发展。

社会进步是通过人的活动实现的，所以，在衡量社会进步过程中的代价时，通常需要考虑：活动的结果是否与人的价值需求相悖；活动的结果是否会给活动主体带来灾难；活动过程中某种价值目标的实现是否会抑制或阻碍其他价值目标的实现。相对于进步来说，代价无疑是一种否定因素，是同社会进步的价值取向相违背的付出与牺牲。这种代价是众多因素综合作用的产物，是事物在整体发展过程中产生的负面效应，是对既定的价值目标的偏离。

从社会的总体进步来说，代价的付出是不可避免的。这是因为：

第一，社会发展的需要与这种需要的满足之间总是存在一定的距离，越是在生产力不发达的历史阶段，社会发展越要付出较大的代价。在社会发展只能满足人的最基本的生活需要时，就不得不放弃其他方面需要的满足。

第二，无论是社会发展，还是人的发展，都是一个历史过程，在一定的历史时期内，某方面的突出发展必然会抑制或延缓其他方面的发展，从而使社会和人的发展片面化，由此导致在某些方面做出牺牲，即付出代价。在阶级社会，少数人的发展是以多数人的不发展为代价的。应该说，这是社会进步过程中难以避免的代价。

第三，合理的社会发展应当是合规律性与合目的性的统一，但在现实的社会发展过程中，由于活动主体认识上的局限性和价值选择上的盲目性或片面性，活动的结果很难达到这种统一，因而难免付出代价。必要的物质和精神投入是社会发展的客观要求，但在具体的历史条件下，人们为了实现某些目标只能以牺牲其他目标为代价。同时，由于人们认识水平和评价水平等主观因素的作用，人们实际上付出了很多不必要的代价。随着人们认识水平的提高和评价标准的合理化，这种非必要的代价可以由人们对自己行为的合理选择和恰当的投入来加以避免、减少、消除。

但是，这并不是说，在任何历史条件下，社会的进步都必须付出代价。社会进步在总体上付出代价的必然性，并不等于在任何具体历史过程中任何代价付出的必要性。在特定的历史条件下，只要人们所制定的发展目标正确，所采取的途径或手段合理，所运用的防范措施得当，进步就可以少付代价甚至不付代价。在对待代价必要性的问题上，我们不能只重发展，无视代价，甚至不惜任何代价，把任何代价的付出都看作合理的事情。社会进步既不能不付出代价，又不能付出过大的代价，关键在于把握住代价付出的“度”。把代价控制在一定的度之内，才能保证社会和人健康发展，促进社会进步；超过了一定的度，就会抵消发展的积极成果，甚至引起事与愿违的消极后果，任凭消极因素长期积累，就可能要付出更大的代价。在一定历史时期内，在一定历史条件下，合理的度的确定有其基本的标准，那就是，充分考虑民众对代价的承受能力、大多数人的基本利益以及社会的正常运行。

三、社会进步的最高标准

社会进步体现在社会的不同层次、不同方面、不同领域，不仅体现在社会的经济领域，而且体现在社会的政治领域和文化领域，不仅体现在社会的物质生产方式上，而且体现在人们的日常生活方式上……因此，社会每个领域的进步都应有其特定的评价标准，经济尺度、政治尺度、文化尺度等都可以作为社会进步的评价标准，对不同的领域不能使用同一个标准。但是，社会是一个有机整体，其发展是一个合规律的统一过程。因此，社会进步的多层次性、多面性、多领域性并不意味着没有一个总体的、统一的评价标准。与其他评价标准相比，生产力的发展是“社会进步的最高标准”①。

① 《列宁全集》第16卷，209页，北京，人民出版社，1988。

生产力的发展之所以能够成为社会进步的最高标准，主要有三点原因：

第一，生产力的发展是实现社会进步的前提条件。社会进步具有多重目标，如物质生活水平的不断提高，政治制度的不断完善，观念文化的不断发展，人的主体能力的不断提升，生活方式的更加合理，等等。这些目标的实现，归根到底，取决于生产力的发展。从根本上说，没有生产力的发展提供的物质支撑，经济、政治、文化等领域的进步都无从谈起。

第二，生产力的发展是社会进步的根本体现。社会进步体现在社会的不同层次、不同方面、不同领域，但集中体现在生产力的发展上。一个社会的生产力能以它应有的速度向前发展，并超过了其他社会的生产力的发展速度，实际上，就从根本上体现了这个社会的社会制度更加合理、社会关系更加先进、社会活力更加充分。就社会主义社会而言，“社会主义制度优越性的根本表现，就是能够允许社会生产力以旧社会所没有的速度迅速发展，使人民不断增长的物质文化生活需要能够逐步得到满足”①。正是在这个意义上，邓小平认为，生产力的发展是“压倒一切的标准”②。

第三，生产力的发展是社会进步的客观标志。判断一个人，不能以他对自己的看法为依据，同样，判断一个社会进步与否，也不能以它的意识为依据。相反，我们只有从物质生活的生产方式中，从那些既从根本上体现整个社会的状况，又具有可测性的领域来判断社会进步与否。生产力就具有这样的特点，生产力的发展本身就是一种社会进步，它既体现了整个社会的状况，又是“生产的经济条件方面所发生的物质的、可以用自然科学的精确性指明的变革”③。正因为如此，生产力的发展是评价社会进步的客观标准。

以生产力的发展作为社会进步的最高标准并不排斥人的发展，相反，生产力本身就是人的实践能力，是人的综合素质和本质力量的对象化。正因为如此，“发展人类的生产力，也就是**发展人类天性的财富这种目的本身**”④。生产力本身就是人的一种能力，按其本性和可能性来说，生产力的发展与人的发展是一致的。“发展着的、由每一个新的一代承受下来的生产力的历史，从而也是个人本身力量发展的历史”⑤。因此，把生产力的发展作为评价社会进步的最高标准，体现了“物”的不断丰富和人的不断发展的统一。

---

① 《邓小平文选》第2卷，128页。
② 《邓小平文选》第2卷，314页。
③ 《马克思恩格斯选集》第2卷，3页。
④ 《马克思恩格斯全集》第26卷Ⅱ，124页。
⑤ 《马克思恩格斯选集》第1卷，204页。

但是，生产力的发展与人的发展并非在任何时候、任何条件下都是一致的，在特定的社会关系内，生产力的发展甚至导致人的异化。人的发展不仅取决于生产力的发展，而且取决于生产关系的状况，取决于社会关系、社会制度对人的需要和利益实现的程度。只有当人民群众的需要和利益得到肯定、维护、实现，人的发展才能真正得以实现，社会进步才能得以全面实现。人的发展的全面性不仅取决于生产力的发展，而且取决于社会活动的全面性、社会关系的全面性。正如马克思所说，“个人的全面性不是想象的或设想的全面性，而是他的现实关系和观念关系的全面性”①。

把生产力的发展作为评价社会进步的最高标准，从根本上划清了唯物主义历史观与唯心主义历史观、科学社会主义与空想社会主义的界限，无疑具有重要意义。但是，如果从社会进步的“最高目标”来看，仅仅从生产力的发展来评价社会进步，又是不够的。这是因为，发展生产力，这只是社会进步的前提，而不是社会进步的全部，不是社会进步的最高目标，实现人本身的进步，即人的发展，这才是实现社会进步的最高目标。马克思所提出的“每个人的全面而自由的发展”，是具有普遍意义的关于社会进步的价值理想、价值目标。以发展生产力为前提和手段，以每个人的自由发展成为一切人的自由发展的条件为“条件”，从而实现“每个人的全面而自由的发展”，这是马克思主义哲学所追求的社会进步的最高目标。正是在这个意义上，人的发展又是评价社会进步的最高标准。

人是社会的主体，社会发展的所有成果，包括生产力的发展最终都要通过人的发展体现出来，社会的整体进步必然集中并体现于人本身的进步，即人的发展中。如果说以生产力的发展作为评价社会进步的最高标准，是以客体为思维坐标的标准，那么，以人的发展作为评价社会进步的标准，就是以主体为思维坐标的标准。

第二节　人的发展及其历史进程

从总体上看，社会进步及其趋势在社会形态上表现为原始社会、奴隶社会、封建社会、资本主义社会、社会主义社会的更替；在经济形态上表现为

① 《马克思恩格斯全集》第46卷下，36页。

自然经济、商品经济、产品经济的发展；在人的形态上表现为“人的依赖性”、“以物的依赖性为基础的人的独立性”和“自由个性”的转变。推动社会发展、实现社会进步的目标，应是人本身的发展。

一、社会进步中的人的发展

从根本上说，社会进步主要取决于社会生产力的发展、人的需要和利益的驱动、人的能动的创造活动。只有生产力的发展，才能引起社会关系的更新和社会形态的更替，才能不断提高人民群众的物质生活和精神生活水平。而生产力的不断发展又是由人的需要和利益所驱动、由人的能动的创造活动所推动的，同时，推动社会发展、实现社会进步的目的是实现人本身的发展，社会进步的实质是人的发展。社会进步与人的发展是同一个过程的两个方面。社会进步依赖于人的发展，内含着人的发展，并为人的进一步发展创造条件，开辟新的可能性；人的发展又向社会进步提出更高的要求，并以更强的主体能力和主体实践推动社会发展，实现社会进步。没有人的持续而全面的发展，就没有社会持续而全面的发展。所以，马克思、恩格斯把人的解放和社会革命、人的全面发展和社会的全面进步紧紧结合在一起，同时，以人为本，把人的全面而自由的发展作为推动社会发展、实现社会进步的“最高目标”。

西方的人本主义是产生于欧洲文艺复兴时期，针对宗教神学及其神本思想的哲学思潮。人本主义主张用人性反对神性、用人权反对神权，强调人的价值，肯定人的地位，重视人的权利，维护人的尊严，这无疑具有重要的进步意义，尤其是在反对宗教神学和封建专制统治的斗争中发挥了重要作用。问题在于，这种人本主义是以抽象的人性论为其理论依据的，它脱离了人的社会性，脱离了具体的历史条件，用抽象的人性来评判历史，来解释“人本”，因而在根本上是一种唯心主义历史观，并没有真正理解和把握如何以人为“本”。

中国的民本思想源远流长。从《尚书》的“天视自我民视，天听自我民听”，到《管子》的“以人为本。本理则国固”，从孔子的“仁者爱人”“泛爱众”“修己以安百姓”，到孟子的“民贵君轻”等，都是对“民为邦本，本固邦宁”思想的阐发。这些思想含有一定的积极的思想因素，在历史上对限制皇权、抑制对民众的过度剥削具有一定的历史进步性。但是，就其思想实质和社会效果而言，中国古代的民本思想所代表的不是人民群众的根本利益，而是统治阶级的根本利益，从根本上说，是为了维护、巩固剥削阶级的统治而服务的，并没有也不可能真正做到以人为“本”。

马克思主义哲学关注现实的人及其历史发展，其理论主题就是无产阶级和人类解放。实现每个人的全面而自由的发展，这是马克思主义哲学的基本原则和最高目标。

首先，在人与物的关系上，马克思主义哲学突出了人的主体地位，并强调“物为人而存在”①。旧唯物主义仅仅从客体的角度理解“物”，并认为物质是“一切变化的主体”，“人和自然都服从于同样的规律”，从而一笔抹杀了人的主体性。正是在这个意义上，马克思认为，唯物主义发展到了霍布斯那里，变得“**敌视人**”② 了。马克思主义哲学是新唯物主义，新唯物主义确认人的主体性，并从“主体方面”，即从人的实践活动出发理解“对象、现实、感性”何以成为这样的存在，强调“物为人而存在”，物与人的关系是“为我而存在”的关系③。

其次，在人的活动中，马克思主义哲学突出了人的实践活动，并强调“社会生活在本质上是**实践的**”，“环境的改变和人的活动的一致，只能被看做是并合理地理解为**变革的实践**”④。正因为如此，马克思主义哲学既是关于社会历史发展的一般规律的学说，又是“关于现实的人及其历史发展的科学”⑤。这两种表述具有内在的一致性。所谓社会历史，就是人的实践活动在时间中的展开；所谓历史规律，就是在人的实践活动中生成的客观规律；所谓现实的人，就是“这些个人是从事活动的，进行物质生产的，因而是在一定的物质的、不受他们任意支配的界限、前提和条件下活动着的”⑥。马克思主义哲学正是通过对现实的人及其历史发展的研究，发现了社会生活的本质、社会历史的规律；反过来，通过对社会生活的本质、社会历史规律的研究，把握了现实的人及其历史发展的进程，从而为人类解放、人的全面而自由的发展指明了方向和道路。

最后，在人的实践活动中，马克思主义哲学突出了价值追求，并强调实现人的“自由个性”这一“终极”价值目标。合理的实践既是一种合规律的活动，也是一种合目的的活动。实践活动的目的不仅包含着主体对客体的认识关系，更重要的是，包含着主体对客体的价值关系。恩格斯指出，“推动

---

① 《马克思恩格斯全集》第26卷Ⅲ，326页。
② 《马克思恩格斯全集》第2卷，164页。
③ 《马克思恩格斯选集》第1卷，161页。
④ 《马克思恩格斯选集》第1卷，139、138页。
⑤ 《马克思恩格斯选集》第4卷，247页。
⑥ 《马克思恩格斯选集》第1卷，151页。

人去从事活动的一切，都要通过人的头脑……外部世界对人的影响表现在人的头脑中，反映在人的头脑中，成为感觉、思想、动机、意志，总之，成为'理想的意图'，并且以这种形态变成'理想的力量'"①。恩格斯在这里所说的"理想的意图"就是实践活动的目的，它反映了主体对客体的价值诉求。正是在这种"理想的意图"的支配下，人们把自己的知识、激情、能力转变为"理想的力量"，从而进行实践活动，以实现自身的价值。对于马克思主义哲学来说，重要的就是确立"有个性的个人"。无产阶级之所以要"消灭他们迄今面临的生存条件，消灭这个同时也是整个迄今为止的社会的生存条件"，就是"为了实现自己的个性"②，实现人的"自由个性"。

马克思主义哲学对人的价值追求，并不仅仅是一种对人的异化的"抗议"，并不是仅仅出于一种"道德愤怒"，并不是仅仅出于对无产者、劳动者的同情，而是在深刻把握客观尺度与主观尺度、真理原则与价值原则关系的基础上，对无产阶级和人类解放的追求，对每个人的全面而自由发展的追求。马克思不是心怀济世的救世主，而是无产阶级革命家；马克思主义哲学不是劝世箴言，而是科学性与革命性高度统一的理论。马克思对无产者、劳动者当然怀有最真挚的同情，但马克思主义哲学以至整个马克思主义并不是以此作为立论的依据，正像妙手回春的圣医，并不以对病人的同情代替诊断而开出药方一样。马克思主义哲学对人的价值追求的依据就是社会历史发展的规律和人的历史发展的规律。

马克思主义哲学对社会进步的关注，是同对人类命运的关注联系在一起的，探讨社会历史发展的规律和人的历史发展的规律就是寻求无产阶级和人类解放的途径。人们之所以要改变世界，推动社会发展，实现社会进步，就是为了改变人的生存状态，使自己的本质力量得以充分发展和实现；社会进步就体现在它能够为人的发展提供更有利的社会条件、更合理的社会关系、更广阔的社会空间。社会进步与人的发展是交融在一起的。在社会主义社会，推动社会发展，实现社会进步，不仅要依靠人，而且是为了人，人民的共同富裕和人的全面发展，是推动社会发展、实现社会进步的出发点和落脚点；坚持以人为本，就是要以实现人的全面发展为目标，以人民为中心，把人民的利益放到至高无上的地位，让社会进步的成果更公平地惠及全体人民，从而不断推进全体人民共同富裕，不断促进人的全面发展。马克思主义

---

① 《马克思恩格斯选集》第4卷，238页。

② 《马克思恩格斯选集》第1卷，201页。

哲学以人为本，就是以人民为中心，以每个人的全面而自由的发展为最高目标。

二、人的发展的历史形态

人的实践活动在改造世界、创造对象世界的同时，也在改造人自身，创造人自身。根据社会关系，尤其是社会经济形态的发展和人的发展的内在联系，马克思把人的发展过程概括为三种历史形态，即人的依赖性、人的独立性和人的自由个性："人的依赖关系（起初完全是自然发生的），是最初的社会形态，在这种形态下，人的生产能力只是在狭窄的范围内和孤立的地点上发展着。以**物的**依赖性为基础的人的独立性，是第二大形态，在这种形态下，才形成普遍的社会物质变换，全面的关系，多方面的需求以及全面的能力的体系。建立在个人全面发展和他们共同的社会生产能力成为他们的社会财富这一基础上的自由个性，是第三个阶段。"①

人的依赖关系占统治地位，这是人的发展的第一个历史阶段、第一种历史形态。人的发展的这种历史形态是同社会发展中的自然经济形态相联系的，这一历史阶段包括封建社会、奴隶社会和原始社会。"我们越往前追溯历史，个人，从而也是进行生产的个人，就越表现为不独立，从属于一个较大的整体：最初还是十分自然地在家庭和扩大成为氏族的家庭中；后来是在由氏族间的冲突和融合而产生的各种形式的公社中。"② 在这一历史阶段，个人没有独立性，直接依附于一定的社会共同体，尤其是血缘共同体。人们之间的社会联系只限于共同体内部，只是在孤立的地点和狭窄的范围内发生的地方性联系。在这种社会关系中，"无论个人还是社会，都不能想象会有自由而充分的发展，因为这样的发展是同［个人和社会之间的］原始关系相矛盾的"③。

在这一历史形态的最初阶段，人们的一切活动都紧紧围绕着满足自己最基本的生存需要来进行，社会生产力水平低下，没有明确的社会分工，人们的各种活动天然融合在一起，每个有活动能力的成员都必须参与获取生存资料的活动。由于所有活动都需要人们协同合作来进行，因此每个社会成员都必须参加多种活动，拥有刚刚超出动物式本能的多种能力。这是人的能力"原始的丰富性"。即使在封建社会，劳动者仍然停留于自给自足的自然经济

① 《马克思恩格斯全集》第 46 卷上，104 页。
② 《马克思恩格斯全集》第 46 卷上，21 页。
③ 《马克思恩格斯全集》第 46 卷上，485 页。

状态，主要靠自己生产所需要的生活资料和生产工具。为此，劳动者必须熟悉生产的全过程并通晓多种劳动技能。“每一个想当师傅的人都必须全盘掌握本行手艺。正因为如此，中世纪的手工业者对于本行专业劳动和熟练技巧还是有兴趣的，这种兴趣可以升华为某种有限的艺术感。”①

自然经济极其低下的生产力水平，决定了人对自然界狭隘的、严重的依赖关系。对人而言，自然界仅仅是满足自己肉体生存需要的对象。自然物外显的有用性，即使用价值，成为人索取的唯一对象。由于不能发现对象的丰富的属性，人也就不能发展和确证自身的丰富的属性。更重要的是，人对自然界狭隘的、严重的依赖关系决定了人与人之间狭隘的、严重的依赖关系。由于在自然面前软弱无力，人们只有结成某种共同体才能生存下去。最初是以血缘联系为基础的原始共同体，如原始社会的氏族、部落等；随着分工和交换的发展，出现了各种地域共同体，如奴隶社会、封建社会的农村公社和城市公社。在这种共同体内部，“人都是互相依赖的：农奴和领主，陪臣和诸侯，俗人和牧师。物质生产的社会关系以及建立在这种生产的基础上的生活领域，都是以人身依附为特征的”②。

在人的发展的第一个历史阶段，人们对自然界狭隘的、严重的依赖关系决定了人们之间狭隘的、严重的依赖关系，而人们之间狭隘的、严重的依赖关系又决定了人们对自然界狭隘的、严重的依赖关系。这种双重狭隘的、严重的依赖关系“使人的头脑局限在极小的范围内，成为迷信的驯服工具，成为传统规则的奴隶，表现不出任何伟大的作为和历史首创精神”③。

以物的依赖性为基础的人的独立性，这是人的发展的第二个历史阶段、第二种历史形态。人的发展的这一历史形态是同社会发展中的商品经济形态相适应的，主要是指资本主义社会。在这一历史阶段中，“生产表现为人的目的，而财富则表现为生产的目的”④，不是人支配物，而是物支配人，而且社会关系以异己的物的关系的形式同个人相对立，造成了人和人的活动的异化；同时，社会又形成了普遍的物质交换、全面的关系、多方面的要求以及整体能力的体系，“在产生出个人同自己和同别人的普遍异化的同时，也产生出个人关系和个人能力的普遍性和全面性”⑤。

---

① 《马克思恩格斯选集》第1卷，187页。
② 《马克思恩格斯全集》第23卷，94页。
③ 《马克思恩格斯选集》第1卷，853-854页。
④ 《马克思恩格斯全集》第46卷上，486页。
⑤ 《马克思恩格斯全集》第46卷上，109页。

随着自然经济转变为商品经济，个人作为商品生产者和交换者，摆脱了自然发生的联系，摆脱了对直接共同体的隶属或依赖，获得了形式上的独立性。形式上的个人独立是商品经济的人格化表现。商品经济按其性质来说是平等和自由的。如果说商品生产确立了人们经济职能的平等，那么，商品交换则确立了人们经济行为的自由。商品交换以独立的所有权为前提，以自由竞争为条件，要求人们的经济职能平等和经济行为自由。正是在这种平等和自由的基础上，形成了个人的相对独立性。在商品经济关系中，个人和个人利益是整个社会生活运行的轴心，个人的独立性得到社会的承认，并以政治、法律的形式固定下来。“只有到十八世纪，在‘市民社会’中，社会联系的各种形式，对个人说来，才只是表现为达到他私人目的的手段，才表现为外在的必然性。但是，产生这种孤立个人的观点的时代，正是具有迄今为止最发达的社会关系（从这种观点看来是一般关系）的时代。”①

问题在于，个人的这种独立性仅仅是形式上的，而不是实质上的，因为这种独立性是建立在人对物的依赖性基础上的。人对物的依赖性或依赖关系，在外观上表现为社会关系的物化，人受物的统治，其实质是以商品交换的形式表现出来的劳动的社会关系。在商品经济形态中，人与人的关系“采取了一种物的形式，以致人和人在他们的劳动中的关系倒表现为物与物彼此之间的和物与人的关系”②。“在交换价值上，人的社会关系转化为物的社会关系”，“每个个人以物的形式占有社会权力”③。

在这种关系中，个人的生产活动只是作为社会的生产活动的一个环节而存在，生产的产品不是为了满足生产者自身的需要，而是为了满足其他社会成员的需要；商品生产者自身需要的满足，又依赖于其他商品生产者的生产。个别劳动只有实现其交换价值，才能取得社会性质，成为社会所需要的有用劳动，而个别劳动所创造的商品要转化为货币，又必须在商品交换过程中才能实现。交换价值作为整个生产制度的客观基础，从一开始就包含着对个人的强制，个人只有作为交换价值的生产者或所有者才能存在。“每个个人行使支配别人的活动或支配社会财富的权力，就在于他是**交换价值**或**货币**的所有者”④。

---

① 《马克思恩格斯全集》第 46 卷上，21 页。
② 《马克思恩格斯全集》第 13 卷，23 页。
③ 《马克思恩格斯全集》第 46 卷上，103、104 页。
④ 《马克思恩格斯全集》第 46 卷上，103 页。

因此，在商品经济形态、资本主义社会中，人的独立性只是形式上的，社会的总的生产条件、交换价值、货币、资本犹如一只“看不见的手”摆布着人的命运。在资本主义社会，资本具有支配一切的经济权力，它破坏了一切自然的、宗法的和田园诗般的关系，抹去了一切受人尊崇和令人敬畏的职业的神圣光环，把医生、律师、教士、诗人和学者变成了它出钱招雇的雇佣劳动者，甚至把人的尊严变成了交换价值。因此，在资本主义社会这个典型的商品经济社会中，“资本具有独立性和个性，而活动着的个人却没有独立性和个性”①，人和人的活动都异化了，不是人支配物，而是物支配人。所谓人的独立性，是建立在物的依赖性的基础上的、形式上的独立性。正如马克思所说，“活动的社会性，正如产品的社会形式以及个人对生产的参与，在这里表现为对于个人是异己的东西，表现为物的东西；不是表现为个人互相间的关系，而是表现为他们从属于这样一些关系，这些关系是不以个人为转移而存在的，并且是从毫不相干的个人互相冲突中产生出来的。活动和产品的普遍交换已成为每一单个人的生存条件，这种普遍交换，他们的互相联系，表现为对他们本身来说是异己的、无关的东西，表现为一种物”②。

建立在个人全面发展和他们的生产能力成为社会财富这一基础上的自由个性，这是人的发展的第三个历史阶段、第三种历史形态。人的发展的这一历史形态是同社会发展中的产品经济相适应的，主要指未来的共产主义社会。在这一历史阶段，不是物支配人，而是人支配物，生产力、社会关系不再作为异己的力量支配人，而是置于人们的共同控制之下。每个人将在全面的社会关系中获得全面而自由的发展，成为具有自由个性的人。“代替那存在着阶级和阶级对立的资产阶级旧社会的，将是这样一个联合体，在那里，每个人的自由发展是一切人的自由发展的条件。”③ 这同时表明，马克思主义哲学关于人的全面而自由的发展的理想不是指纯粹的个人修养，而是指一种社会理想和社会状态，即共产主义。

三、时间：人的生命尺度和发展空间

人们总是生活在特定的时间和空间中。人类越发展，越需要更多的自由时间和更大的社会空间。人的全面而自由的发展需要充分的自由时间，并且需要人们能够支配这种自由时间。正因为如此，马克思主义哲学高度重视劳

---

① 《马克思恩格斯选集》第1卷，415页。

② 《马克思恩格斯全集》第46卷上，103页。

③ 《马克思恩格斯选集》第1卷，422页。

动时间、自由时间和发展时间问题，并认为“**时间**实际上是人的积极存在，它不仅是人的生命的尺度，而且是人的发展的空间”①。

时间是人的生命尺度，表现为人的生命价值的生成。在生物学中，人与动物往往被作为“同类”的生命现象进行考察，实际上，人的生命现象与动物的生命现象具有本质的不同。“动物和它的生命活动是直接同一的。动物不把自己同自己的生命活动区别开来。它就是**这种生命活动**。人则使自己的生命活动本身变成自己的意志和意识的对象。他的生命活动是有意识的。……有意识的生命活动把人同动物的生命活动直接区别开来。”② 具体地说，动物的本质和它的生命活动是直接同一的，动物个体在获得生命的同时，就具备了它们的本质。动物的种的特性是自然赋予的先天规定性，同动物个体的后天活动没有直接关系。人的本质和他的生命活动不是直接同一的，人类个体在获得生命的同时，并不具备人的现实本质。人的本质是在实践活动中生成的，在现实性上是社会关系的总和。实践因此成为人的独特的生命活动。正如马克思所说，“通过实践创造**对象世界**，即**改造**无机界，证明了人是有意识的类存在物”③。

正是在这种“有意识的生命活动”，即实践活动中，产生了人的生命尺度，即人的生命活动的价值问题。马克思之所以强调“动物只是按照它所属的那个种的尺度和需要来建造，而人却懂得按照任何一个种的尺度来进行生产”，“按照美的规律来建造”，就是为了说明，人只有使自己的生命活动具有价值，即获得了“价值生命”，才能超越自然生命，彰显出人的生命活动的意义。时间是人的生命“尺度”，并不等于时间是人的生命长度。把时间理解为人的生命“长度”的根本缺陷就在于，没有意识到人的生命活动与动物的生命活动的本质区别，只是从物的本性去理解人的本性，从前定的、给予的、绝对不变的方面去理解人的本质，实际上是把人理解为动物。

时间之所以能够成为人的生命尺度，是因为时间能够体现人的生命活动的特点和生命价值。具体地说，人能够按照自身的标准减少不能体现自己生命的意义的活动时间，增加能够体现自己生命的意义的活动时间，从而为实现自己的生命价值创造条件。“劳动时间本身只是作为主体存在着，只是以

① 《马克思恩格斯全集》第47卷，532页，北京，人民出版社，1979。

② 《马克思恩格斯全集》第42卷，96页。

③ 《马克思恩格斯全集》第42卷，96页。

活动的形式存在着。”① 这种活动就是人的实践活动。正是实践活动构成了人的独特的生命活动；正是这种独特的生命活动不断开辟人的新的活动领域，从而不断开辟出人的新的发展空间。

人的发展空间的大小与自由时间的多少直接相关，自由时间的多少直接决定着人的发展空间的大小。所谓自由时间，是指在必要劳动时间之外、可以供人支配的时间，是个人得到自由发展的时间。从时间上划分人的生命活动，总的说来可以分为劳动时间和自由时间两大部分。自由时间在量上直接取决于剩余劳动时间。“剩余劳动一方面是社会的自由时间的基础，从而另一方面是整个社会发展和全部文化的物质基础”②。发展生产力，提高劳动生产率，实际上就是缩短必要劳动时间，增加自由时间，扩大人的发展空间。对个人来说，增加自由时间实际上就是提供了一个活动舞台，舞台越大，发展的空间也就越大，发展的可能性也就越多；就人类而言，整个人类的发展就是对自由时间的运用，只有不断增加自由时间，才能不断扩大发展空间，才能不断发展自身的本质力量。“整个人类的发展，就其超出对人的自然存在直接需要的发展来说，无非是对这种自由时间的运用，并且整个人类发展的前提就是把这种自由时间的运用作为必要的基础。”③

“正像单个人的情况一样，社会发展、社会享用和社会活动的全面性，都取决于时间的节省。一切节约归根到底都是时间的节约。”④ 因此，时间的节约规律便成为调节社会活动的“首要的经济规律”。这个规律不会因为社会制度的改变而被消除，能够改变的只是这个规律实现的社会形式。“社会必须合理地分配自己的时间，才能实现符合社会全部需要的生产。因此，时间的节约，以及劳动时间在不同的生产部门之间有计划的分配，在共同生产的基础上仍然是首要的经济规律。”⑤

“社会发展、社会享用和社会活动的全面性”集中并最终体现在人的发展上。因此，时间的节约规律既是社会发展的首要的经济规律，也是人的发展的首要的活动规律。通过提高劳动生产率，节约劳动时间，实际上就是增加自由时间；自由时间的增加意味着人们有更多的时间从事新的活动；新的活动领域的拓展又标志着人的发展空间的扩大，人的本质力量的提高。正是

① 《马克思恩格斯全集》第46卷上，118页。
② 《马克思恩格斯全集》第47卷，257页。
③ 《马克思恩格斯全集》第47卷，216页。
④ 《马克思恩格斯全集》第46卷上，120页。
⑤ 《马克思恩格斯全集》第46卷上，120页。

在这个意义上，马克思认为，时间是“人的积极存在”。

在原始社会，由于生产力水平极其低下，人们不得不把更多的时间花费在物质生活资料的生产上，自由时间极其有限，人的发展的空间因此也极其有限。在阶级社会，自由时间的创造与占有并不是一致的，相反，二者处在矛盾乃至背离之中。具体地说，少数人通过占有生产资料而占有剩余劳动，他们占有了剩余劳动，也就是占有了社会的自由时间；大多数人则被迫承担整个社会的劳动重负，他们创造了自由时间，却不能占有和支配自由时间。“社会的自由时间的产生是靠非自由时间的产生，是靠工人超出维持他们本身的生存所需要的劳动时间而延长的劳动时间的产生。同一方的自由时间相应的是另一方的被奴役的时间。”① 统治阶级、剥削者由于独占了自由时间而把持了人类发展的垄断权，被统治阶级、劳动者则因此“丧失了精神发展所必需的空间，因为时间就是这种空间”②。这就是说，在阶级社会中，少数人的发展是以剥夺众多劳动者的自由时间为前提的，或者说，少数人的发展是以多数人的不发展或片面的发展为代价的。

这种自由时间的创造与占有的分离、劳动时间与自由时间的对立，在资本主义社会达到了完全、典型的形式。资本在追求剩余价值的角逐中提高了社会生产力，缩短了工人的必要劳动时间，为社会创造了大量的自由时间。但是，资本的本性决定了它必然要把社会的自由时间变成它所有的剩余劳动，不允许工人占有这种自由时间去获得自由发展。这就是说，在资本主义社会，工人的剩余劳动生产出剩余劳动时间、社会的自由时间，但这种自由时间却被不劳动阶级即资本家占有和支配。“在资本方面表现为剩余价值的东西，正好在工人方面表现为超过他作为工人的需要，即超过他维持生命力的直接需要而形成的剩余劳动。”③

“**剩余产品把时间游离出来**，给不劳动阶级提供了发展其他能力的自由支配的时间。因此，在一方产生剩余劳动时间，同时在另一方产生**自由**时间。”④ 在发达的资本主义国家中，随着科学技术的进步和劳动生产率的提高，社会的劳动时间与自由时间的比例有了明显的变化，即劳动时间在缩短，自由时间在增加，人们的闲暇时间在增多。同时，生产过程日益科学

① 《马克思恩格斯全集》第 47 卷，216－217 页。

② 《马克思恩格斯全集》第 47 卷，344 页。

③ 《马克思恩格斯全集》第 46 卷上，287 页。

④ 《马克思恩格斯全集》第 47 卷，216 页。

化，对劳动者的素质提出了新的要求，因而社会的自由时间不得不越来越多地用于发展劳动者的能力。但是，这种发展仍然服从于资本的目的，服从于发展资本主义生产的需要。劳动时间与自由时间的对立并没有消失，只是采取了新的形式。

“时间是人类发展的空间。一个人如果没有自己处置的自由时间，一生中除睡眠饮食等纯生理上必需的间断以外，都是替资本家服务，那么……他不过是一架为别人生产财富的机器，身体垮了，心智也变得如野兽一般。现代工业的全部历史还表明，如果不对资本加以限制，它就会不顾一切和毫不留情地把整个工人阶级投入这种极端退化的境地。”① 消除生产资料私有制，实现工人阶级和人类解放，就是为了使工人阶级具有“自己处置的自由时间”，从而实现每个人的全面而自由的发展。

第三节　必然王国与自由王国

人是追求自由的能动的主体。自由就是在对必然的认识和依据这种认识对世界进行改造的基础上所实现的人的发展。人总是在实践中不断地认识必然，争取自由，其最高境界就是人的全面而自由的发展。人的活动有其必然的领域，也有其自由的领域。就社会而言，前者是必然王国，后者是自由王国。社会进步就是不断由必然王国走向自由王国的历程。

一、从必然王国向自由王国的转变

对于人来说，外在的制约主要是客观必然性。客观必然性对人的活动具有强制性，因而始终支配着人的活动。同时，人又始终追求自由。匈牙利诗人裴多菲甚至写出了这样的诗句：“生命诚可贵，爱情价更高。若为自由故，两者皆可抛。”自由与必然的关系贯穿于人类历史的始终，二者之间的矛盾关系构成了人类存在的本源性结构和发展的永恒性矛盾。

从根本上说，自由与必然的关系之所以构成人类存在的本源性结构和发展的永恒性矛盾，是由人所特有的存在方式决定的。“全部人类历史的第一个前提无疑是有生命的个人的存在。因此，第一个需要确认的事实就是这些

① 《马克思恩格斯选集》第2卷，61页。

个人的肉体组织以及由此产生的个人对其他自然的关系。”① 这就是说，人的存在首先是生命存在，但人的生命存在并非仅仅是自然存在，而是自然存在和社会存在相统一的双重存在，是不断追求生命意义的存在。在一定的意义上说，追求生命意义的存在更深刻地体现了人的生命存在的内涵。与动物不同，人总是通过自己的能动的活动追求自由，实现人生价值。

作为自然存在与社会存在的双重统一，人的活动受到自然必然性与社会必然性双重必然性的制约。但是，人又不会满足现有的生存条件，不愿屈从于现有的自然条件与社会条件的制约，更不愿意受自然必然性与社会必然性的摆布。相反，人们力求获得活动的自由，并不断实现自身的发展和完善。人既不能摆脱自然必然性与社会必然性的制约，又不能没有自我追求和自我实现，不能没有思想自由和行为自由，这就不能不产生自由与必然的矛盾。只要人存在，这一矛盾就存在。

就是说，自由与必然的矛盾并不会随着人们实践水平和认识水平的提高而消除，相反，这一矛盾只会随着人们活动的发展而不断产生新的形式。随着人们的实践水平和认识水平的提高，人们会在更大的范围和更高的水平上获得自由，与此同时，会在新的领域遇到新的必然性。自由与必然的矛盾是同人的活动不可分割、紧紧地交织在一起的，它构成了人的存在和发展的永恒性矛盾，因而也构成了人的活动发展的永恒的动力。人们正是在不断解决自由与必然的矛盾的过程中不断实现自我发展、推动社会进步的。在一定意义上说，社会进步过程就是人类不断从必然王国向自由王国迈进的过程。

马克思把物质生产领域看作人类的“必然王国”，并认为人们在物质生产领域内所能获得的自由是：“社会化的人，联合起来的生产者，将合理地调节他们和自然之间的物质变换，把它置于他们的共同控制之下，而不让它作为盲目的力量来统治自己；靠消耗最小的力量，在最无愧于和最适合于他们的人类本性的条件下来进行这种物质变换。但是不管怎样，这个领域始终是一个必然王国。”“自由王国只是在由必需和外在目的规定要做的劳动终止的地方才开始；因而按照事物的本性来说，它存在于真正物质生产领域的彼岸。”“在这个必然王国的彼岸，作为目的本身的人类能力的发展，真正的自由王国，就开始了。但是，这个自由王国只有建立在必然王国的基础上，才能繁荣起来。”② 在马克思看来，以人类主体的活动目的为尺度，可以把社会

① 《马克思恩格斯选集》第1卷，146页。
② 《马克思恩格斯全集》第25卷，926-927、926、927页。

生活划分为两个不同的领域：一是以获得谋生手段为主要内容的物质生产领域；二是以主体的自我发展为主要内容的自由活动领域。如果说前者是维持人类生存的必然王国，那么，后者就是实现人类发展的自由王国。

其一，必然王国是指以维持人的生存为主要目的的物质生产领域。这一领域之所以被称为必然王国，首先是因为人要维持和再生产自己的生命，必须进行物质生活资料的生产，这是人类无法摆脱的自然必然性。正如马克思所说，"劳动作为使用价值的创造者，作为有用劳动，是不以一切社会形式为转移的人类生存条件，是人和自然之间的物质变换即人类生活得以实现的永恒的自然必然性"①。在这个领域内，人的自由只是相对自然必然性的自由。

其二，必然王国是指资本主义社会以及此前的社会历史，即由自然必然性与经济必然性所奴役的历史时期。这一思想的更深的含义在于，人们在自身的生存活动中受外在的力量奴役的物役性现象，是在人类发展中将被超越的历史现象。从这个特定的意义上，从原始社会到资本主义社会，都属于"人类社会的史前时期"②。在这"史前时期"，人们不可能获得真正的自由，相反，人们处在被外部力量强制性支配的必然王国中。

在人的发展的第一个历史阶段，自然经济乃是自然必然性的王国。在原始社会，人类还处在为满足生存需要而进行的近乎动物式本能的生产活动时期。在这种全面依存于自然界的生存情境中，人们是不可能自由的。在奴隶制和封建制的社会形态中，人们的实践和认识能力有了较大的发展，但其生产劳动始终未超出对土地的依赖。作为这一历史阶段特征的人的依赖关系，对血缘的、地域的共同体的依赖，本质上也是由人对自然的依赖关系决定的。"在土地所有制处于支配地位的一切社会形式中，自然联系还占优势。"③

在人的发展的第二个历史阶段，自然经济被商品经济取代，自然必然性王国开始被超越。资本主义"创造了这样一个社会阶段，与这个社会阶段相比，以前的一切社会阶段都只表现为人类的**地方性发展**和**对自然的崇拜**。只有在资本主义制度下自然界才不过是人的对象，不过是有用物；它不再被认为是自为的力量；而对自然界的独立规律的理论认识本身不过表现为狡猾，

---

① 《马克思恩格斯全集》第23卷，56页。

② 《马克思恩格斯选集》第2卷，3页。

③ 《马克思恩格斯全集》第46卷上，45页。

其目的是使自然界（不管是作为消费品，还是作为生产资料）服从于人的需要”①。这里，出现了人对自然关系上的自由，同时，人类也开始生产人自身和社会的全面性，发现、创造和满足由社会产生的需要。这就是商品经济、工业社会创造的新的经济王国。在这种情况下，一种由社会、历史形成的需要代替了自然的需要。“在资本处于支配地位的社会形式中，社会、历史所创造的因素占优势。”② 在这里，一切关系都是由社会决定的，而不是由自然决定的。个人从原来的依附关系中解放出来，获得了人身自由、在商品交换中的自由。

正是在人类自己创造的经济王国中，马克思发现，人们虽然在面对自然力量时获得了自由，创造出更好的生存条件，但又在一个更深的层次上失去了主体性，受到他们的活动所造成的经济必然性的奴役，因而又失去了自由，资本主义创造的自由并不是人的真正的自由，而只是资本的自由。“资本是资产阶级社会的支配一切的经济权力。”③ “在资产阶级社会里，资本具有独立性和个性，而活动着的个人却没有独立性和个性。”④ 资本的自由彻底排斥了个人自由，使个人完全屈从于以资本为存在形式和建构原则的社会关系。在资本主义社会，人与物的关系是颠倒的，而且物的世界的增值同人的世界的贬值成正比。

主体与客体关系的这种颠倒具有历史必然性，但绝不具有永恒的必然性。凡是在历史中产生的都要在历史中消亡。资本主义制度不可能永恒存在，因而人的发展也不会永远处于这种主体与客体关系颠倒的状态中。正如马克思所说，“这种颠倒的过程不过是**历史的**必然性，不过是从一定的历史出发点或基础出发的生产力发展的必然性，但决不是生产的某种**绝对**必然性，倒是一种暂时的必然性，而这一过程的结果和目的（内在的）是扬弃这个基础本身以及过程的这种形式”⑤。“扬弃”这种“暂时的必然性”，将走向自由王国。

所谓自由王国，是指人的活动的目的就在人自身，人的发展成了目的，劳动和其他一切人类活动都是为了实现人自身的发展。人既是手段，又是目的，人的活动本身就体现了目的与手段、价值创造与价值占有的统一。这就

① 《马克思恩格斯全集》第46卷上，393页。
② 《马克思恩格斯全集》第46卷上，45页。
③ 《马克思恩格斯全集》第46卷上，45页。
④ 《马克思恩格斯选集》第1卷，415页。
⑤ 《马克思恩格斯全集》第46卷下，361页。

是人类活动的自由王国，它的实质性内容就是人本身的发展成为目的。

在这种新的历史条件下，以往人被外部力量支配的物役性被消除了，人们通过认识和利用客观必然性，把经济发展中的“看不见的手”变成了“看得见的手”，即实现了社会全体成员对社会生产条件和过程的共同控制。社会发展由此过渡到实现人的全面发展和自觉创造历史的过程。恩格斯在描述人类发展的这一美好远景时指出：“一旦社会占有了生产资料，商品生产就将被消除，而产品对生产者的统治也将随之消除。社会生产内部的无政府状态将为有计划的自觉的组织所代替。个体生存斗争停止了。于是，人在一定意义上才最终地脱离了动物界，从动物的生存条件进入真正人的生存条件。人们周围的、至今统治着人们的生活条件，现在受人们的支配和控制，人们第一次成为自然界的自觉的和真正的主人，因为他们已经成为自身的社会结合的主人了。人们自己的社会行动的规律，这些一直作为异己的、支配着人们的自然规律而同人们相对立的规律，那时就将被人们熟练地运用，因而将听从人们的支配。人们自身的社会结合一直是作为自然界和历史强加于他们的东西而同他们相对立的，现在则变成他们自己的自由行动了。至今一直统治着历史的客观的异己的力量，现在处于人们自己的控制之下了。只是从这时起，人们才完全自觉地自己创造自己的历史；只是从这时起，由人们使之起作用的社会原因才大部分并且越来越多地达到他们所预期的结果。这是人类从必然王国进入自由王国的飞跃。”①

人类由必然王国进入自由王国，绝不意味着人类不再需要物质生产这个基础，而是说人获得了在社会发展中的主导性的支配地位；人的活动的目的不再是仅仅获得生活资料，而是为了人自身的发展和完善，“发展人类的生产力，也就是**发展人类天性的财富这种目的本身**”②。物质生产领域始终是一个必然王国，始终是人类社会存在和发展的永恒的基础，自由王国只能建立在必然王国的基础上。“像野蛮人为了满足自己的需要，为了维持和再生产自己的生命，必须与自然进行斗争一样，文明人也必须这样做；而且在一切社会形态中，在一切可能的生产方式中，他都必须这样做。这个自然必然性的王国会随着人的发展而扩大，因为需要会扩大”③。人类社会从必然王国向自由王国的转变，需要实现生产力的高度发展和巨大增长，同时，需要消除

---

① 《马克思恩格斯选集》第3卷，671页。

② 《马克思恩格斯全集》第26卷Ⅱ，124页。

③ 《马克思恩格斯全集》第25卷，926页。

资本主义的物役性，扬弃人和人的活动的异化，实现人类解放。

二、人的异化及其扬弃：从片面的人到全面的人

“异化”的基本含义，是指人所创造的事物同人这个创造相脱离，并反过来同人相对立，成为支配、奴役人的异己力量。从词源上看，“异化”一词来自希腊文，意为分离、疏远、陌生化。首先把异化提升为一个哲学概念并加以运用的是黑格尔。黑格尔用“异化”来描述“绝对精神”的外化，自我意识的对象化，本质上是在外化和分离的意义上使用这一概念的。“**人的本质，人**，在黑格尔看来是和**自我意识**等同的。因此，人的本质的一切异化都**不过是自我意识的异化**。自我意识的异化没有被看作人的本质的**现实**异化的**表现**，即在知识和思维中反映出来的这种异化的表现。相反地，**现实的**即真实地出现的异化，就其潜藏在**内部最深处的**——并且只有哲学才能揭示出来的——本质说来，不过是真正的、人的本质即**自我意识**的异化的**现象**。”①在费尔巴哈那里，异化概念的含义被引申了：主体所产生的对象物、客体，不仅同主体本身相脱离，成为主体的异化，而且反转过来束缚、支配乃至压抑主体。这是一个双重对象化的过程：首先是主体将自己的本质对象化，然后是主体沦为这一对象化的对象。

马克思对异化问题的论述是从国家问题开始的。在《黑格尔法哲学批判》中，马克思指出：“政治国家的彼岸存在无非就是要确定它们这些特殊领域的异化。”② 在《论犹太人问题》中，马克思从政治异化开始转向经济异化，并认为“钱是一切事物的普遍**价值**，是一种独立的东西。因此它剥夺了整个世界——人类世界和自然界——本身的价值。钱是从人异化出来的人的劳动和存在的本质；这个外在本质却统治了人，人却向它膜拜”③。在《1844年经济学哲学手稿》中，马克思深入探讨，充分论述了异化劳动理论，同时，马克思特别注意异化与对象化的区别，认为劳动产品就是固定在某个对象中，物化为对象的劳动，劳动的实现就是劳动对象化；异化则意味着“对象化表现为**对象的丧失和被对象奴役**”④。因此，对象化是人类社会存在的共同基础，而异化只是特定历史阶段存在的现象。异化是一个历史范畴。

显然，从历史观来说，异化是指人们活动的产物和结果变成了统治人并

① 《马克思恩格斯全集》第42卷，165页。
② 《马克思恩格斯全集》第1卷，283页。
③ 《马克思恩格斯全集》第1卷，448页。
④ 《马克思恩格斯全集》第42卷，91页。

与人敌对的独立力量，包括作为人的活动产品的“物”对人的支配，作为一个阶级对另一个阶级统治的政治力量即国家，人的精神力量的绝对化并变成超自然、超社会的力量，科学技术向着反对人本身的方向发展，等等。从根本上说，分工、私有制和以此为基础形成的社会关系的片面发展，导致人与物、人与人关系的异化。其结果是，物的世界的增值与人的世界的贬值成正比，人的财产越多，人外化的生命就越大，人的存在也就越微不足道。“异化既表现为**我的**生活资料属于**别人**，**我**所希望的东西是我不能得到的、**别人的**所有物；也表现为每个事物本身都是不同于它本身的**另一个东西**，我的活动是**另一个东西**，而最后，——这也适用于资本家，——则表现为一种**非人的**力量统治一切。”①

在各种异化现象中，劳动的异化是根本性的异化。异化劳动最初产生于人们的自发分工，“只要分工还不是出于自愿，而是自然形成的，那么人本身的活动对人来说就成为一种异己的、同他对立的力量，这种力量压迫着人，而不是人驾驭着这种力量”②。在生产资料私有制形成之后，异化劳动与私有制便处在一种相互作用、互为因果的关系中：异化劳动强化着私有制，私有制又强化着异化劳动。在资本主义这个最后的也是最发达的私有制社会中，异化劳动达到了顶峰。换言之，资本主义制度是雇佣劳动制度，雇佣劳动是最典型的、充分发展的异化劳动。

其一，劳动产品与劳动者的异化。在劳动过程中，劳动者把自己的劳动物化为产品，使劳动对象化。然而，劳动对象化的结果却表现为劳动者所创造的产品的“**丧失**”，即劳动产品不仅不属于劳动者，反而成为一种异己的、独立的力量，并“作为敌对的和相异的东西同他相对立”③。由于这种异化，劳动者所创造的产品越多，他所受到的剥削也就越重；劳动者所创造的产品越多，劳动力也就越成为廉价的商品；劳动者创造的社会财富越多，他也就越相对贫穷。

其二，劳动本身与劳动者的异化。劳动产品的异化与劳动本身的异化密切相关，是劳动本身异化的必然结果。具体地说，作为被雇佣者，劳动者把自己的劳动力卖给雇佣者即资本家后，他的劳动过程便不再属于他自己了，而成为属于别人的异己的过程。因此，对于劳动者来说，劳动本身不是自觉

① 《马克思恩格斯全集》第42卷，141页。
② 《马克思恩格斯选集》第1卷，165页。
③ 《马克思恩格斯选集》第1卷，52页。

的、自由的活动，而是被迫的、被强制的活动。也正因为如此，劳动者“在自己的劳动中不是肯定自己，而是否定自己，不是感到幸福，而是感到不幸，不是自由地发挥自己的体力和智力，而是使自己的肉体受折磨、精神遭摧残”①。

其三，人的本质与人相异化。劳动使人与动物从根本上区别开来。从根本上说，人的本质是在劳动中形成的。正是通过劳动改造对象世界，人证明了自己是有意识的“类存在物”。因此，劳动的对象化就是人的本质的对象化。既然异化劳动从劳动者那里剥夺他所生产的对象，那么，也就剥夺了他的本质。换言之，劳动异化导致了人的本质与人的异化。

其四，人与人相异化。劳动产品、劳动本身、人的本质的异化所造成的直接结果，就是人与人相异化。既然劳动者的劳动产品、劳动活动成为与自己相对立的异己的力量，不为劳动者所占有和支配，那么，他们就必然由另外的力量所占有和支配。这个力量既不属于“神”，也不属于自然界，而是属于另外一些人，即资本家。“通过**异化的**、**外化的劳动**，工人生产出一个跟劳动格格不入的、站在劳动之外的人同这个劳动的关系。工人同劳动的关系，生产出资本家（或者不管人们给雇主起个什么别的名字）同这个劳动的关系。”② 在异化劳动中，劳动者所失去的一切，恰恰是不劳动者即资本家所占有的一切。因此，劳动异化必然导致人与人的异化。劳动产品的异化、劳动本身的异化、社会生活的异化，最终都通过人与人的异化表现出来。

“整个人类奴役制就包含在工人同生产的关系中，而一切奴役关系只不过是这种关系的变形和后果罢了”③。劳动的异化必然导致整个社会生活和全部社会关系的异化，并不断地再生产和强化生产资料私有制；私有制的存在又必然导致并强化劳动的异化。在现实中，私有制是劳动异化的根源。因此，要扬弃异化劳动，就要消除私有制。“私有财产的运动——生产和消费——是以往全部生产的运动的**感性**表现，也就是说，是人的实现或现实。宗教、家庭、国家、法、道德、科学、艺术等等，都不过是生产的一些**特殊的**方式，并且受生产的普遍规律的支配。因此，**私有财产**的积极的扬弃，作为对**人的**生命的占有，是一切异化的积极的扬弃，从而是人从宗教、家庭、国家等等

① 《马克思恩格斯全集》第42卷，93页。
② 《马克思恩格斯全集》第42卷，100页。
③ 《马克思恩格斯全集》第42卷，101页。

向自己的**人的**即**社会的**存在的复归。"①

无论是劳动异化，还是生产资料私有制，都具有历史必然性，但这种必然性只是"暂时的必然性"，而不是"绝对的必然性"，即永恒的必然性。劳动与资本的对立必然导致消除私有制，扬弃劳动异化和人的异化的共产主义革命。"**共产主义**是**私有财产**即**人的自我异化**的**积极的**扬弃，因而是通过人并且为了人而对**人的**本质的真正**占有**；因此，它是人向自身、向**社会的**（即人的）人的复归，这种复归是完全的、自觉的而且保存了以往发展的全部财富的。这种共产主义……是人和自然界之间、人和人之间的矛盾的**真正**解决，是存在和本质、对象化和自我确证、自由和必然、个体和类之间的斗争的真正解决。"②"真正解决"了这多重矛盾、"扬弃"了人的自我异化的社会就是共产主义社会。共产主义就是以每个人的全面而自由的发展为基本原则的社会形式。

三、共产主义：人的全面而自由的发展的社会

在资本主义社会，人与人之间的关系变成了商品关系，货币成了人与人之间进行商品交换的媒介，人与人之间的关系由此物化为货币关系。换言之，个人劳动的直接目的是得到货币，个人的需求必须依靠货币购买商品才能得到满足，人与人之间的依赖性由此转化为对货币的依赖性，货币成为人们社会关系的物化形态。这种物化的社会关系本来是人们交往活动的产物，但它一旦形成又反过来作为一种"外在的强制力量"支配着人及其活动，每个人都受到这种物化的社会关系的统治，受到资本这种社会关系的支配。这就是人的普遍异化的历史阶段。

在人的普遍异化的历史阶段，人的发展也出现了普遍的片面化，每个人都成为"片面的人""单向度的人"。

其一，私有制和强制性分工使每个人的活动范围都固定化了，个人能力的发展也因此片面化了。"当分工一出现之后，任何人都有自己一定的特殊的活动范围，这个范围是强加于他的，他不能超出这个范围：他是一个猎人、渔夫或牧人，或者是一个批判的批判者，只要他不想失去生活资料，他就始终应该是这样的人。"③ 而机器的普遍使用使人的发展更加片面化甚至畸形化了。"自动工具在许多情况下只有通过工人的肉体的和精神的真正的畸

① 《马克思恩格斯全集》第42卷，121页。

② 《马克思恩格斯全集》第42卷，120页。

③ 《马克思恩格斯选集》第1卷，165页。

形发展才达到完善的程度。大工业的机器使工人从一台机器下降为机器的单纯附属物”①。

其二，在大工业和商品经济中，人的一切生存条件、一切片面性都融合为两种最简单的形式——私有制和劳动，人分化为有产者与无产者、资本家与工人，不仅无产者、工人不可能全面发展，而且有产者、资本家也不可能全面发展。正如恩格斯所说，“不仅是工人，而且直接或间接剥削工人的阶级，也都因分工而被自己用来从事活动的工具所奴役；精神空虚的资产者为他自己的资本和利润欲所奴役；法学家为他的僵化的法律观念所奴役，这种观念作为独立的力量支配着他；一切‘有教养的等级’都为各式各样的地方局限性和片面性所奴役，为他们自己的肉体上和精神上的短视所奴役，为他们的由于接受专门教育和终身从事一个专业而造成的畸形发展所奴役”②。

其三，人与人之间的关系被片面化为“纯粹的金钱关系”，使人的活动的目的片面化为单纯追求金钱。在资本主义社会，“钱是一切事物的普遍**价值**，是一种独立的东西。因此它剥夺了整个世界——人类世界和自然界——本身的价值。钱是从人异化出来的人的劳动和存在的本质；这个外在本质却统治了人，人却向它膜拜”③。由此，人的需求片面化了，人的全部感觉变成了单纯拥有钱、占有物的感觉。人成了“单向度的人”。

人的异化必然导致人的发展片面化，或者说，人的异化与人的片面化是同一过程的两个方面。因此，扬弃人的异化必然导致消除人的发展的片面化，从而实现人的全面发展，实现从片面的人向全面的人转化。

需要指出的是，人的异化并不是人的原有的全面性的丧失，不是由人向“非人”的转化，而是由于人们此时还没有创造出全面的社会关系，没有把社会关系置于自己的自觉控制之下，人的异化本质上是以生产资料私有制为基础的、对抗性的社会关系的表现；人向全面性方向发展并不是人的全面本质的“失而复得”，而是通过实践活动创造全面的社会关系来全面创造自己的本质达到的。人们在生产活动和交往活动不断发展的基础上创造着越来越全面的社会关系；这种越来越全面的社会关系又反过来塑造人。换言之，人从这种越来越全面的社会关系中获得了越来越全面的社会规定性，从而成为越来越具有全面性的人。这就是说，社会关系的全面性决定了人的发展的全

① 《马克思恩格斯选集》第3卷，679页。

② 《马克思恩格斯选集》第3卷，679-680页。

③ 《马克思恩格斯全集》第1卷，448页。

面性。正如马克思所说，“个人的全面性不是想象的或设想的全面性，而是他的现实关系和观念关系的全面性”①。

这种全面的社会关系不可能形成于“自然联系还占优势”的原始社会、奴隶社会、封建社会，也不可能产生在“社会、历史所创造的因素占优势”，但社会关系仍建立在私有制基础上的资本主义社会。这是因为，私有制必然造成阶级对立、社会分裂，即必然形成对抗性的社会关系。资产阶级的生产关系是社会生产过程的最后一个对抗形式。“这里所说的对抗，不是指个人的对抗，而是指从个人的社会生活条件中生长出来的对抗”②。这就是说，全面的社会关系以及以此为基础而形成的全面而自由的发展的人，只能产生在消除了私有制、阶级对立的社会形式中。这种社会形式就是共产主义社会，共产主义社会就是以“每个人的全面而自由发展为基本原则的社会形式”③。在共产主义社会，“人不是在某一种规定性上再生产自己，而是生产出他的全面性”④。

相对社会的发展而言，人的全面发展是指“每个人”，即“社会的每一个成员”的发展。可以从全面发展和自由发展两个方面来衡量人的发展。

全面发展是从广泛性上谈每个人的发展的，是指人的各方面能力的协调发展。全面发展是相对片面发展而言的。所谓片面发展，是指人的某方面的能力得到发展，而其他方面的能力则没有机会得到发展，或者是一种能力的发展抑制了其他能力的发展。人的全面发展并不排斥某个人在某个方面或某些方面的特殊能力的发展，并不是把所有的人都塑造成无所不能的“万能”人，事实上，这也不可能；人的全面发展并不是否定人的个性，使“千人一面”，相反，促进人的全面发展就是要消除每个人都是“单向度的”、没有自己个性的人这一历史现象。实现人的全面发展与确立有个性的人是同一过程的两个方面。一言以蔽之，人的全面发展也就是人的“一切天赋得到充分的发挥”⑤。

自由发展是从自主性上谈人的发展的，是指人自觉地发展自己的能力，施展自己的力量。马克思多次强调人的“自主活动”“个人的独创的和自由的发展”“全部才能的自由发展”等。人在一定历史阶段的片面发展，在某

---

① 《马克思恩格斯全集》第 46 卷下，36 页。
② 《马克思恩格斯选集》第 2 卷，3 页。
③ 《马克思恩格斯全集》第 23 卷，649 页。
④ 《马克思恩格斯全集》第 46 卷上，486 页。
⑤ 《马克思恩格斯全集》第 3 卷，286 页。

种意义上，也是一种不自由的发展。就是说，一个人选择什么职业，在哪个方面或哪些方面能够得到发展，往往不是他根据自己的天赋或意愿自觉选择的，而是被外部力量强加的，或者说，是由于外部压力而不得不做出的选择。马克思在《青年在选择职业时的考虑》中就指出："我们并不总是能够选择我们自认为适合的职业；我们在社会上的关系，还在我们有能力对它们起决定性影响以前就已经在某种程度上开始确立了"①。当职业只是谋生的手段，而从事某种职业的人对这种职业缺少兴趣和热情时，它往往使人感到痛苦。人在这种社会关系中的发展只能是不自由的发展；这种不自由的发展虽然也能使人的某一方面或某些方面的能力得到发展和发挥，但这种不自由的发展不能使人自觉、自主、全面地发展和发挥自己的能力，也就不能创造出自己的全面的本质。人的自由发展正是相对这种不自由的发展而言的，它不是指消除一切社会分工，而是指消灭旧式的、强制性的分工，使人不会终身被束缚在某个领域，可以在多个领域发展和发挥自己的能力，在这个意义上，自由发展就是全面发展，全面发展则包含着自由发展。

"每个人的全面而自由的发展"，是指消除由旧式社会分工强加给人们的、使人们不能按自己愿望选择活动方式的状态，每个人通过"自主活动"，即能动的、创造性的、以实现自身本质力量为目的的活动，使自己的全部特性得到确证和实现，同时，使外部可能性空间不断扩展，即可供人们选择的生产、生活的形式不断丰富和多样化。这表明，"个人"全面而自由的发展不仅具有个体的意义，而且具有社会的意义。马克思、恩格斯指出："只有在共同体中，个人才能获得全面发展其才能的手段，也就是说，只有在共同体中才可能有个人自由。在过去的种种冒充的共同体中，如在国家等等中，个人自由只是对那些在统治阶级范围内发展的个人来说是存在的，他们之所以有个人自由，只是因为他们是这一阶级的个人。从前各个人联合而成的虚假的共同体，总是相对于各个人而独立的；由于这种共同体是一个阶级反对另一个阶级的联合，因此对于被统治的阶级来说，它不仅是完全虚幻的共同体，而且是新的桎梏。在真正的共同体的条件下，各个人在自己的联合中并通过这种联合获得自己的自由。"②

马克思主义哲学的理论主题是无产阶级和人类解放，马克思主义哲学的最高目标是每个人的全面而自由的发展。在马克思主义哲学中，"解放"与

① 《马克思恩格斯全集》第40卷，5页。

② 《马克思恩格斯选集》第1卷，199页。

"自由"是同等程度的概念，"无产阶级和人类解放"与"每个人的全面而自由的发展"是内涵一致的命题。

解放意味着摆脱束缚、获得自由。就一般意义而言，人的解放包括从自然力量和社会关系中获得自由两方面的含义。当人们没有认识、把握自然规律和社会规律并运用它们时，就意味着人们还没有从自然力量和社会关系的束缚中解放出来。人们从自然力量中解放出来和从社会关系中解放出来是密切相关、互为因果的。"只有在现实的世界中并使用现实的手段才能实现真正的解放；没有蒸汽机和珍妮走锭精纺机就不能消灭奴隶制；没有改良的农业就不能消灭农奴制；当人们还不能使自己的吃喝住穿在质和量方面得到充分保证的时候，人们就根本不能获得解放。'解放'是一种历史活动，不是思想活动，'解放'是由历史的关系，是由工业状况、商业状况、农业状况、交往状况促成的"①。

人们所向往和追求的社会进步的目标，就是通过"彻底的革命"，"**推翻**使人成为被侮辱、被奴役、被遗弃和被蔑视的东西的**一切关系**"，从而实现"**普遍的人**的解放"②。能够担当这一历史使命的阶级就是无产阶级。无产阶级是一个"被戴上**彻底的锁链**的阶级"，它不是同资本主义制度的"后果"处于"片面的对立"，而是同资本主义制度的"前提"处于"全面的对立"，因而是一个"若不从其他一切社会领域解放出来从而解放其他一切社会领域就不能解放自己"③ 的阶级。一言以蔽之，无产阶级只有解放全人类，才能最后解放自己。

人的解放的每一步，都意味着人在摆脱自然力量和社会关系的束缚、获得自由的进程中前进了一步，因而也就意味着人的发展达到了一个新的水平。人的发展程度与人的解放程度直接相关，人的解放是人的发展的前提。马克思主义哲学所说的人类解放，就是指人们摆脱了以私有制为基础的社会关系的束缚，摆脱了异己的力量的控制，"成为自己的社会结合的主人，从而也就成为自然界的主人，成为自己本身的主人——自由的人"④，从而使"每个人"都得到全面而自由的发展。人类全面而彻底的解放意味着每个人的全面而自由的发展。

---

① 《马克思恩格斯选集》第1卷，154页。

② 《马克思恩格斯选集》第1卷，11、10、12页。

③ 《马克思恩格斯选集》第1卷，15页。

④ 《马克思恩格斯全集》第19卷，247页。

马克思主义哲学关于人类解放和人的发展的理论是建立在深刻理解、把握社会发展规律的基础上的，同时，又包含、体现着对人的价值的深刻理解和追求。实现物质财富极大丰富、人们精神境界极大提高、每个人全面而自由的发展，这是马克思主义崇高的社会理想；诉诸改变世界，消除私有制、阶级的“现实的运动”，建立共产主义社会制度，这是马克思主义指出的实现每个人全面而自由的发展的现实道路。这就是说，共产主义既是一种社会理想、社会制度，又是一种现实的运动。就其是一种理想而言，共产主义还没有实现；就其是一种制度而言，共产主义社会还没有建立；就其是一种现实的运动而言，共产主义运动已经是现实的存在。社会主义革命、建设和改革，都属于这个“现实的运动”，并贯穿、体现着对共产主义理想的追求。共产主义就是要实现每个人的全面而自由的发展，而促进人的全面发展，正是马克思主义关于建设社会主义新社会的本质要求。

共产主义是我们的理想和总的目标，这种总的目标是通过一系列阶段性目标的实现而实现的。所谓阶段性目标，就是指在特定历史阶段要完成的具体任务，不同的历史阶段有不同的具体任务，不同的民族在同一历史阶段也会有不同的具体任务。在当代中国，建设和发展中国特色社会主义，就是共产主义运动在现阶段的目标。坚持共产主义理想，在现阶段集中体现为建设和发展中国特色社会主义。人是立足现实而又追求理想的。“社会主义制度的建立给我们开辟了一条到达理想境界的道路，而理想境界的实现还要靠我们的辛勤劳动。”① 马克思主义哲学是人类解放的“**头脑**”②。在建设和发展中国特色社会主义的“辛勤劳动”中，我们必须认真学习、深刻理解马克思主义哲学，“不断接受马克思主义哲学智慧的滋养，更加自觉地坚持和运用辩证唯物主义世界观和方法论”③。

① 《毛泽东著作选读》下册，781页，北京，人民出版社，1986。

② 《马克思恩格斯选集》第1卷，16页。

③ 习近平：《辩证唯物主义是中国共产党人的世界观和方法论》，《求是》2019年第1期。

阅读文献

1. 马克思：《〈黑格尔法哲学批判〉导言》，《马克思恩格斯选集》第1卷，人民出版社2012年版。

2. 马克思：《1844年经济学哲学手稿》，《马克思恩格斯全集》第42卷，人民出版社1979年版。

3. 马克思：《关于费尔巴哈的提纲》，《马克思恩格斯选集》第1卷，人民出版社2012年版。

4. 马克思、恩格斯：《德意志意识形态（节选）》，《马克思恩格斯选集》第1卷，人民出版社2012年版。

5. 马克思：《哲学的贫困（节选）》，《马克思恩格斯选集》第1卷，人民出版社2012年版。

6. 马克思、恩格斯：《共产党宣言》，《马克思恩格斯选集》第1卷，人民出版社2012年版。

7. 马克思：《致约瑟夫·魏德迈》，《马克思恩格斯选集》第4卷，人民出版社2012年版。

8. 马克思：《中国革命和欧洲革命》，《马克思恩格斯选集》第1卷，人民出版社 2012 年版。

9. 马克思：《鸦片贸易史》，《马克思恩格斯选集》第 1 卷，人民出版社 2012 年版。

10. 马克思：《不列颠在印度的统治》，《马克思恩格斯选集》第 1 卷，人民出版社 2012 年版。

11. 马克思：《不列颠在印度统治的未来结果》，《马克思恩格斯选集》第 1 卷，人民出版社 2012 年版。

12. 马克思：《〈政治经济学批判〉序言》，《马克思恩格斯选集》第 2 卷，人民出版社 2012 年版。

13. 马克思：《〈政治经济学批判〉导言》，《马克思恩格斯选集》第 2 卷，人民出版社 2012 年版。

14. 马克思：《给“祖国纪事”杂志编辑部的信》，《马克思恩格斯全集》第 19 卷，人民出版社 1963 年版。

15. 马克思：《给维·伊·查苏利奇的信》，《马克思恩格斯全集》第 19 卷，人民出版社 1963 年版。

16. 马克思：《给维·伊·查苏利奇的复信草稿》，《马克思恩格斯全集》第 19 卷，人民出版社 1963 年版。

17. 马克思：《资本论》（第 1 卷），《马克思恩格斯全集》第 23 卷，人民出版社 1972 年版。

18. 马克思：《经济学手稿（1857—1858 年）》，《马克思恩格斯全集》第 46 卷（上、下），人民出版社 1979、1980 年版。

19. 恩格斯：《反杜林论（欧根·杜林先生在科学中实行的变革）》，《马克思恩格斯选集》第 3 卷，人民出版社 2012 年版。

20. 恩格斯：《家庭、私有制和国家的起源》，《马克思恩格斯选集》第 4 卷，人民出版社 2012 年版。

21. 恩格斯：《自然辩证法（节选）》，《马克思恩格斯选集》第 3 卷，人民出版社 2012 年版。

22. 恩格斯：《路德维希·费尔巴哈和德国古典哲学的终结》，《马克思恩格斯选集》第 4 卷，人民出版社 2012 年版。

23. 恩格斯：《致约瑟夫·布洛赫》，《马克思恩格斯选集》第 4 卷，人民出版社 2012 年版。

24. 恩格斯：《致康拉德·施米特（1890. 10. 27）》，《马克思恩格斯选集》第 4 卷，人民出版社 2012 年版。

25. 恩格斯：《致瓦尔特·博尔吉乌斯》，《马克思恩格斯选集》第4卷，人民出版社2012年版。

26. 普列汉诺夫：《论一元论历史观的发展问题》，商务印书馆2012年版。

27. 普列汉诺夫：《论个人在历史上的作用问题》，商务印书馆2010年版。

28. 列宁：《什么是“人民之友”以及他们如何攻击社会民主党人?》，《列宁选集》第1卷，人民出版社2012年版。

29. 列宁：《唯物主义和经验批判主义》，《列宁选集》第2卷，人民出版社2012年版。

30. 列宁：《列宁全集》第55卷，人民出版社1990年版。

31. 列宁：《马克思主义的三个来源和三个组成部分》，《列宁选集》第2卷，人民出版社2012年版。

32. 列宁：《卡尔·马克思（节选）》，《列宁选集》第2卷，人民出版社2012年版。

33. 斯大林：《论辩证唯物主义和历史唯物主义》，《斯大林选集》下卷，人民出版社1979年版。

34. 毛泽东：《反对本本主义》，《毛泽东选集》第1卷，人民出版社1991年版。

35. 毛泽东：《实践论》，《毛泽东选集》第1卷，人民出版社1991年版。

36. 毛泽东：《矛盾论》，《毛泽东选集》第1卷，人民出版社1991年版。

37. 邓小平：《建设有中国特色的社会主义》，《邓小平文选》第3卷，人民出版社1993年版。

38. 邓小平：《科学技术是第一生产力》，《邓小平文选》第3卷，人民出版社1993年版。

39. 邓小平：《在武昌、深圳、珠海、上海等地的谈话要点》，《邓小平文选》第3卷，人民出版社1993年版。

40. 江泽民：《始终做到“三个代表”是我们党的立党之本、执政之基、力量之源》，《江泽民文选》第3卷，人民出版社2006年版。

41. 胡锦涛：《树立和落实科学发展观》，《胡锦涛文选》第2卷，人民出版社2016年版。

42. 习近平：《辩证唯物主义是中国共产党人的世界观和方法论》，《求是》2019年第1期。

43. 习近平：《坚持历史唯物主义　不断开辟当代中国马克思主义发展新境界》，《求是》2020 年第 2 期。

44. 习近平：《在纪念马克思诞辰 200 周年大会上的讲话》，人民出版社 2018 年版。

45. 习近平：《在庆祝改革开放 40 周年大会上的讲话》，人民出版社 2018 年版。

46. 习近平：《继续推进马克思主义中国化时代化大众化》，《习近平谈治国理政》第 2 卷，外文出版社 2017 年版。

47. 《中共中央关于党的百年奋斗重大成就和历史经验的决议》，人民出版社 2021 年版。

48. 黑格尔：《小逻辑》，商务印书馆 1980 年版。

49. 黑格尔：《历史哲学》，上海书店出版社 2006 年版。

50. 费尔巴哈：《关于哲学改造的临时纲要》，《费尔巴哈哲学著作选集》上卷，商务印书馆 1984 年版。

51. 费尔巴哈：《未来哲学原理》，《费尔巴哈哲学著作选集》上卷，商务印书馆 1984 年版。

52. 卢卡奇：《历史和阶级意识——马克思主义辩证法研究》，重庆出版社 1989 年版。

53. 柯尔施：《卡尔·马克思》，重庆出版社 1993 年版。

54. 葛兰西：《实践哲学》，重庆出版社 1990 年版。

55. 阿尔都塞：《保卫马克思》，商务印书馆 2010 年版。

图书在版编目（CIP）数据

辩证唯物主义和历史唯物主义原理/李秀林，王于，李淮春主编；杨耕修订、编著. --6版. --北京：中国人民大学出版社，2022.7

高等学校文科教材

ISBN 978-7-300-30810-4

Ⅰ.①辩… Ⅱ.①李… ②王… ③李… ④杨… Ⅲ.①辩证唯物主义-高等学校-教材 ②历史唯物主义-高等学校-教材 Ⅳ.①B02 ②B03

中国版本图书馆CIP数据核字（2022）第123032号

高等学校文科教材

辩证唯物主义和历史唯物主义原理（第六版）

李秀林　王　于　李淮春　主编

杨　耕　修订、编著

Bianzheng Weiwu Zhuyi He Lishi Weiwu Zhuyi Yuanli

出版发行	中国人民大学出版社		
社　址	北京中关村大街31号	**邮政编码**	100080
电　话	010－62511242（总编室）		010－62511770（质管部）
	010－82501766（邮购部）		010－62514148（门市部）
	010－62515195（发行公司）		010－62515275（盗版举报）
网　址	http://www.crup.com.cn		
经　销	新华书店		
印　刷	北京昌联印刷有限公司	**版　次**	1982年3月第1版
开　本	720 mm×1000 mm　1/16		2022年7月第6版
印　张	23插页1	**印　次**	2025年5月第5次印刷
字　数	393 000	**定　价**	49.80元